de Gruyter Lehrbuch

Wolfgang Trillhaas

Religionsphilosophie

Walter de Gruyter · Berlin · New York
1972

Die wissenschaftliche Leitung der theologischen Lehrbücher im Rahmen der
„de Gruyter Lehrbuch"-Reihe liegt in den Händen des ord. Prof. der Theologie D. Kurt A l a n d, D. D., D. Litt. Diese Bände sind aus der ehemaligen
„Sammlung Töpelmann" hervorgegangen.

ISBN 3 11 003868 4

© 1972 by Walter de Gruyter & Co., Berlin 30
(Printed in Germany)
Alle Rechte, insbesondere das der Übersetzung in fremde Sprachen, vorbehalten. Ohne ausdrückliche
Genehmigung des Verlages ist es auch nicht gestattet, dieses Buch oder Teile daraus auf photomechanischem Wege (Photokopie, Mikrokopie) zu vervielfältigen.
Satz und Druck: Franz Spiller, Berlin 36

VORWORT

Die wissenschaftliche Beschäftigung mit der Religion, insbesondere die Religionsphilosophie ist — wenigstens im deutsch-sprachlichen Raume gegenüber den angelsächsischen Ländern und Skandinavien — in den letzten Jahrzehnten zurückgefallen. Das hat innere wie äußere Gründe. Sie liegen ebenso in der kritischen Abkehr der protestantischen Theologie vom Religionsbegriff überhaupt wie im Wechsel des philosophischen Interesses; sie liegen aber auch in dem zunehmenden heimlichen Provinzialismus des kontinentalen Europa.

Ich bin mir des großen Risikos wohl bewußt, das ich mit dem Entwurf einer Religionsphilosophie auf mich nehme. Sie hat eine andere Aufgabe als die Religionsgeschichte und Religionsphänomenologie. Es ist keine Materialsammlung beabsichtigt, die am Schreibtisch allein auch von den Fachleuten oft nur mit eingeschränkter Überzeugungskraft erbracht wird. Überdies hat es die Religionsphilosophie nicht mit der vergangenen Religion, mit der Religion der Primitiven zu tun, sondern mit der Religion, die uns angeht, welche die unsre ist, also mit der Religion im Modus der Gegenwart. Diese Aufgabe kann freilich wiederum nur geleistet werden, wenn man die Philosophie vorausgegangener Geschlechter ins Gespräch zieht. Das ganze Unternehmen steht natürlich immer etwas unter den skeptischen Blicken derer, die „das Material" verwalten.

Dazu gehören vor allem auch die Soziologen. Sie haben nicht nur Material geltend zu machen, sondern auch ihre Methoden, die Fragestellungen und wieder deren Voraussetzungen, was in einigen, wenn auch gewiß nicht in allen Fällen über alles Weitere entscheidet.

Für einen Teil der zeitgenössischen Theologen wird das Unternehmen einer Religionsphilosophie überhaupt unfaßlich sein. Das Interesse dieser Theologen ist auf die christliche Wahrheit beschränkt, sie gewinnt ihr Thema aus Glaube und Leben der christlichen Kirche und Tradition. Die Wahrheit der Offenbarung, so ist die Meinung, wird ebenso durch den allgemeinen Religionsbegriff relativiert, wie es vollends unerträglich ist, den Glauben an diese Offenbarung der philosophischen Befragung, d. h. der Kritik durch die Vernunft zu unterziehen.

Auf die Sachfragen, welche in dem geschilderten Risiko sich verbergen, ist im Buche selber einzugehen.

Die Religionsphilosophie hat natürlich ihre unbestreitbaren Grenzen. Sie ergeben sich daraus, daß ihr eine kritische Aufgabe zukommt. Sie hat nicht nur, im kantischen Sinne von Kritik, die Religion auf die Bedingungen ihrer Möglichkeit zu befragen, sondern sie hat sich selbst dieser kritischen Befragung auszusetzen. Was das erste betrifft: Sie hat nur eine Verstehenslehre der Religion zu leisten, d. h. die Religion als eine geistige Ausdrucksform für eine Erlebnisweise sui generis zu begreifen. Aber das Eigentliche der Religion steht immer außerhalb der Religionsphilosophie; das Eigentliche, die Religion selbst, beginnt erst dort, wo die Religionsphilosophie endet. Diese hat in Fragen einzuführen und nicht Antworten zu geben, die zu geben der Religion allein zusteht. Das Verhältnis der Religionsphilosophie zur Wahrheitsfrage ist also ein eigentümlich gebrochenes:

sie hat die Wahrheitsfrage nicht einfach zu suspendieren, wie die positivistische Religionswissenschaft,

sie hat die Wahrheitsfrage nicht thetisch zu stellen und kerygmatisch zu beantworten wie die Theologie,

sondern sie kennt die Wahrheitsfrage nur in der Sinnfrage verborgen, gleichsam nur in einem casus obliquus; die Religionsphilosophie hat von dem zu handeln, was man hier eigentlich vernünftigerweise überhaupt fragen oder denken kann und was nicht, und was all das, was man denken und fragen kann, für einen „Sinn" hat. Es handelt sich tatsächlich um die alte Frage nach der „Religion innerhalb der bloßen Vernunft", „nicht aus bloßer Vernunft", woran Kant gelegentlich erinnert (Lose Blätter G 27).

„Kritik" im kantischen Sinne der Grenzbestimmung gilt also nicht nur der Religion selbst, sondern nicht weniger der sich mit ihr beschäftigenden Philosophie. Diese Philosophie ist — darin kommt ihre Selbstbegrenzung zum Ausdruck — ganz und gar Einleitung. Es ist genug getan, wenn das Frageverfahren geordnet wird, wenn gewisse Frageformen und Fragen grundsätzlich ausgeschaltet werden und wenn diese Ausschließung philosophisch begründet, für die verbleibenden Fragen aber die Richtung deutlich bezeichnet und der Sinn geklärt wird.

Dahinter verbirgt sich dann doch ein eminent positiver Sinn der Aufgabe. Man kann keine Philosophie der Kunst ohne ein vitales Verhältnis zur Kunst, man kann keine Rechtsphilosophie ohne elementares Bekenntnis zum Recht leisten; man kann keine Philosophie der Mathematik, überhaupt aller denkbaren Einzelwissenschaften ohne einen Sachbezug zu diesen geistigen Bereichen treiben. Es ist darum auch in der Religionsphilosophie ein inneres Verhältnis zur „Sache" nicht abwegig, und wenn sich dieses Sachverhältnis hier selbst kritisch interpretiert, so könnte auch eine Hilfe für den oder jenen erwachsen. Das gehört zur menschlichen Rückseite aller Wissenschaft, und es macht oft die eigentliche Freude an der Wissenschaft aus.

Nach allem Gesagten ist ein Fragmentcharakter des Buches unvermeidlich. Ich kann nicht mehr anbieten als eine Sichtung und Ordnung der hier anstehenden Fragen. Ich kann nur hoffen, daß auch dadurch schon die Landschaft heller und durchsichtiger wird, durch die wir unseren Weg antreten werden.

Ich vermute, daß das Fragmentarische besonders an meiner Heranziehung der Literatur empfunden werden wird. Wenn man, wie ich es in Anspruch nehmen darf, über viele Jahre und Jahrzehnte hinweg sich mit dem Thema beschäftigt hat, dann kann man nur noch schwer nachweisen, was man fremden Anregungen und was man eigenen Nachdenken verdankt. Und das von anderen Gewonnene erweist darin seinen Wert, daß es mit dem eigenen Denken zu einer festen und einheitlichen Überzeugung verwachsen ist.

Religion ist heute ein in sich schon angefochtener Begriff. In dieser Anfechtung verbinden sich die Theorien des Säkularismus mit jener Theologie, die hinter dem Säkularismus nicht an Modernität zurückstehen möchte. Die Anfechtung der Religion ist eine viel tiefer greifende, als es die bloße Mode erkennen läßt. Religion ist nämlich immer vom Verfall, vom Erlöschen bedroht, so wie der Glaube immer mit dem Zweifel und dem Unglauben unter einem Dache wohnt. Darum habe ich in diesem Buch überall auch den negativen Modus der Religion verhandelt: Im Zusammenhang mit dem Göttlichen ist vom Atheismus, im Zusammenhang mit dem Heiligen vom Profanen, im Anschluß an die Sprachprobleme vom Schweigen die Rede. Religion hat ihre primitiven Stufen, von denen bei der Befragung „unserer" Religion und ihres Sinnes nicht mehr die Rede ist. Religion hat auch ihre eigentümlichen Verfallsformen. Verfall und Wiedererweckung sind insofern auch Themen der Religionsphilosophie; denn auch das Schicksal der Religion ist unter die philosophische Sinnfrage zu stellen. Religionsphilosophie hat insofern immer etwas Spätes, etwas Nachgängiges.

Freilich nicht nur das. Sie hat auch etwas Ursprüngliches an sich. Sie appelliert an Fragen, die tief in den Fundamenten aller Menschlichkeit liegen und auf die die Religion Antwort gibt — falls sie „hat", um zu geben. Eben als Wissenschaft von den möglichen Fragen nimmt die Religionsphilosophie an der Würde des Ursprünglichen teil. Sie verwaltet etwas Elementares, vor dem die Augen ängstlich zu verschließen kein gutes Zeichen wäre, für die Philosophie nicht und auch nicht für die Theologie.

„Quid cum ipsa memoria perdit aliquid, sicut fit, cum obliviscimur, et quaerimus, ut recordemur? Ubi tandem quaerimus, nisi in ipsa memoria? Et ibi si aliud pro alio forte afferatur, respuimus, donec illud occurrat, quod quaerimus, et cum occurrerit, dicimus: hoc est; quod non diceremus, nisi agnosceremus, nec agnosceremus, nisi meminissemus. ... Si autem penitus aboleatur ex animo, nec admoniti reminiscimur. Neque omnimodo adhuc obliti sumus, quod vel oblitos nos esse meminimus. Hoc ergo nec amissum quaerere poterimus, quod omnino obliti fuerimus." (Augustinus, Conf. X, 19)[*]

Göttingen, im Juni 1971   Wolfgang Trillhaas

---

[*] Übersetzung des Zitates aus Augustin, Confessiones X, 19:
„Wie aber? Wenn das Gedächtnis selbst etwas verliert, wie es vorkommt, wenn wir etwas vergessen, und wenn wir suchen, um uns zu erinnern? Wo anders suchen wir als im Gedächtnis selbst? Und wenn sich uns dort etwas anderes als das Gesuchte anbietet, dann weisen wir es zurück, bis uns das begegnet, was wir suchen. Und wenn es uns begegnet, sagen wir: „Das ist es!". Das würden wir nicht sagen, wenn wir es nicht erkennen würden, und wir würden es nicht erkennen, wenn wir uns nicht erinnern würden... Ist es uns aber völlig aus dem Sinn geschwunden, dann können wir es uns auch dann nicht ins Gedächtnis zurückrufen, wenn uns jemand ermahnt. Und wir haben bislang noch nicht ganz und gar vergessen, was wir vergessen zu haben uns noch erinnern. Was wir aber vollkommen vergessen haben, das werden wir auch nicht mehr als etwas, was wir verloren haben, suchen können."

INHALTSVERZEICHNIS

Seite
Vorwort V

I. GRUNDLAGEN

1. Kapitel. Die an die Religionsphilosophie geknüpfte Erwartung 1— 19
   1. Religionsphilosophie und Religionswissenschaft *1* —
   2. Die kritische Bedrohung der Religionsphilosophie *4* —
   3. Über das Verhältnis von Religionsphilosophie und christlicher Theologie *7* — 4. Die Funktion der Religionsphilosophie *9* — 5. Ziele der Religionsphilosophie *12.*

2. Kapitel. In welchem Sinne sprechen wir von Religion? ...... 19— 40
   1. Methodische Klärungen *19* — 2. Die Verwechslung von Beschreibung und Deutung *23* — 3. Zur Phänomenologie der Religion *30* — 4. Gibt es ein religiöses Apriori? *37* — Zusatz: Ist das Christentum eine Religion? *39.*

3. Kapitel. Vorkritische und kritische Religionsphilosophie .... 41— 61
   1. Vorkritische Religionsphilosophie *42* — Zusatz über die Gottesbeweise *46* — 2. Skeptische Religionsphilosophie *48* — 3. Kritische Religionsphilosophie *56.*

II. OBJEKTIVIERUNG

4. Kapitel. Subjektivität und Objektivierung .... 62— 80
   1. Intentionales Überschreiten *65* — 2. Religiöse Gewißheitsgrade *71* — 3. Reflexionsstufen der Religion *77.*

5. Kapitel. Objektivierung: Das Göttliche .... 81—102
   1. Die göttliche Dimension *81* — 2. Kritik des Anspruches auf Offenbarung *85* — 3. Bildhaftigkeit und Bildlosigkeit der Vorstellungen von Gott *94.*

6. Kapitel. Gott und Welt .... 102—134
   1. Die religiöse Deutung der Welt *102* — 2. Das Ewige und die Zeit *112* — 3. Das Heilige und das Profane *121.*

7. Kapitel. Gott und Mensch .... 135—176
   1. Gott als Geist und der Geist des Menschen *137* — 2. Der Untergang Gottes in Menschlichkeit *147* — 3. Die Idee der Unsterblichkeit *159.*

8. Kapitel. Gut und Böse .... 176—193
   1. Religion als Praxis und das moralische Mißverständnis *176* — 2. Mysterium iniquitatis *184*.

III. PROBLEME DER INTERSUBJEKTIVITÄT

9. Kapitel. Religion in Gemeinschaft .... 194—219
   1. Heilige Gemeinschaft *194* — 2. Einsamkeit, Vereinzelung *206* — 3. Religion in der modernen Gesellschaft *210*.
10. Kapitel. Die Sprache der Religion .... 219—269
    1. Was meinen wir mit religiöser Sprache? *219* — 2. Sprache und nichtsprachlicher Ausdruck *230* — 3. Religiöse Sprache als Handlung *237* — 4. Uneigentlichkeit und Sachgemäßheit der religiösen Sprache *244* — 5. Das Schweigen *260*.

Register

   a) Personenregister .... 271—273
   b) Sachregister .... 273—278

Im Interesse eines lesbaren Textes sind die Literaturbezüge meist innerhalb des laufenden Textes in den kleingedruckten Absätzen und Exkursen nachgewiesen. Literaturangaben und Abkürzungen nach den Regeln von „Die Religion in Geschichte und Gegenwart", 3. Aufl. Es werden zitiert: Hegel, soweit nicht anders angegeben, nach der „Jubiläumsausgabe in zwanzig Bänden", hrsg. von H. Glockner; „Nietzsches Werke" nach der großen zwanzigbändigen Ausgabe (Kröner), soweit nicht die Texte schon in der Kritischen Gesamtausgabe (KGA), hrsg. von G. Colli und M. Montinari vorliegen; P. Tillich nach der deutschen Ausgabe „Gesammelte Werke", hrsg. von R. Albrecht, die „Systematische Theologie" nach der dreibändigen deutschen Ausgabe 1956 ff.

Inhaltsverzeichnis

:el. Gut und Böse .... 176—193
Religion als Praxis und das moralische Mißverständnis
6 — 2. Mysterium iniquitatis *184*.

III. PROBLEME DER INTERSUBJEKTIVITÄT

el. Religion in Gemeinschaft .... 194—219
Heilige Gemeinschaft *194* — 2. Einsamkeit, Vereinze-
1g *206* — 3. Religion in der modernen Gesellschaft *210*.

el. Die Sprache der Religion .... 219—269
Was meinen wir mit religiöser Sprache? *219* —
Sprache und nichtsprachlicher Ausdruck *230* — 3. Religi-
: Sprache als Handlung *237* — 4. Uneigentlichkeit und
chgemäßheit der religiösen Sprache *244* — 5. Das Schwei-
n *260*.

sonenregister .... 271—273
hregister .... 273—278

---

eresse eines lesbaren Textes sind die Literaturbezüge meist inner-
laufenden Textes in den kleingedruckten Absätzen und Exkursen
sen. Literaturangaben und Abkürzungen nach den Regeln von „Die
in Geschichte und Gegenwart", 3. Aufl. Es werden zitiert: Hegel,
ht anders angegeben, nach der „Jubiläumsausgabe in zwanzig Bän-
3. von H. Glockner; „Nietzsches Werke" nach der großen zwanzig-
Ausgabe (Kröner), soweit nicht die Texte schon in der Kritischen
sgabe (KGA), hrsg. von G. Colli und M. Montinari vorliegen;
nach der deutschen Ausgabe „Gesammelte Werke", hrsg. von
it, die „Systematische Theologie" nach der dreibändigen deutschen
956 ff.

Vorwort

zur „Sache" nicht abwegig, und wenn sich dieses Sachverhältnis hier selbst kritisch interpretiert, so könnte auch eine Hilfe für den oder jenen erwachsen. Das gehört zur menschlichen Rückseite aller Wissenschaft, und es macht oft die eigentliche Freude an der Wissenschaft aus.

Nach allem Gesagten ist ein Fragmentcharakter des Buches unvermeidlich. Ich kann nicht mehr anbieten als eine Sichtung und Ordnung der hier anstehenden Fragen. Ich kann nur hoffen, daß auch dadurch schon die Landschaft heller und durchsichtiger wird, durch die wir unseren Weg antreten werden.

Ich vermute, daß das Fragmentarische besonders an meiner Heranziehung der Literatur empfunden werden wird. Wenn man, wie ich es in Anspruch nehmen darf, über viele Jahre und Jahrzehnte hinweg sich mit dem Thema beschäftigt hat, dann kann man nur noch schwer nachweisen, was man fremden Anregungen und was man eigenen Nachdenken verdankt. Und das von anderen Gewonnene erweist darin seinen Wert, daß es mit dem eigenen Denken zu einer festen und einheitlichen Überzeugung verwachsen ist.

Religion ist heute ein in sich schon angefochtener Begriff. In dieser Anfechtung verbinden sich die Theorien des Säkularismus mit jener Theologie, die hinter dem Säkularismus nicht an Modernität zurückstehen möchte. Die Anfechtung der Religion ist eine viel tiefer greifende, als es die bloße Mode erkennen läßt. Religion ist nämlich immer vom Verfall, vom Erlöschen bedroht, so wie der Glaube immer mit dem Zweifel und dem Unglauben unter einem Dache wohnt. Darum habe ich in diesem Buch überall auch den negativen Modus der Religion verhandelt: Im Zusammenhang mit dem Göttlichen ist vom Atheismus, im Zusammenhang mit dem Heiligen vom Profanen, im Anschluß an die Sprachprobleme vom Schweigen die Rede. Religion hat ihre primitiven Stufen, von denen bei der Befragung „unserer" Religion und ihres Sinnes nicht mehr die Rede ist. Religion hat auch ihre eigentümlichen Verfallsformen. Verfall und Wiedererweckung sind insofern auch Themen der Religionsphilosophie; denn auch das Schicksal der Religion ist unter die philosophische Sinnfrage zu stellen. Religionsphilosophie hat insofern immer etwas Spätes, etwas Nachgängiges.

Freilich nicht nur das. Sie hat auch etwas Ursprüngliches an sich. Sie appelliert an Fragen, die tief in den Fundamenten aller Menschlichkeit liegen und auf die die Religion Antwort gibt — falls sie „hat", um zu geben. Eben als Wissenschaft von den möglichen Fragen nimmt die Religionsphilosophie an der Würde des Ursprünglichen teil. Sie verwaltet etwas Elementares, vor dem die Augen ängstlich zu verschließen kein gutes Zeichen wäre, für die Philosophie nicht und auch nicht für die Theologie.

„Quid cum ipsa memoria perdit aliquid, sicut fit, cum obliviscimur, et quaerimus, ut recordemur? Ubi tandem quaerimus, nisi in ipsa memoria? Et ibi si aliud pro alio forte afferatur, respuimus, donec illud occurrat, quod quaerimus, et cum occurrerit, dicimus: hoc est; quod non diceremus, nisi agnosceremus, nec agnosceremus, nisi meminissemus. ... Si autem penitus aboleatur ex animo, nec admoniti reminiscimur. Neque omnimodo adhuc obliti sumus, quod vel oblitos nos esse meminimus. Hoc ergo nec amissum quaerere poterimus, quod omnino obliti fuerimus." (Augustinus, Conf. X, 19)*

Göttingen, im Juni 1971   Wolfgang Trillhaas

---

* Übersetzung des Zitates aus Augustin, Confessiones X, 19:
„Wie aber? Wenn das Gedächtnis selbst etwas verliert, wie es vorkommt, wenn wir etwas vergessen, und wenn wir suchen, um uns zu erinnern? Wo anders suchen wir als im Gedächtnis selbst? Und wenn sich uns dort etwas anderes als das Gesuchte anbietet, dann weisen wir es zurück, bis uns das begegnet, was wir suchen. Und wenn es uns begegnet, sagen wir: „Das ist es!". Das würden wir nicht sagen, wenn wir es nicht erkennen würden, und wir würden es nicht erkennen, wenn wir uns nicht erinnern würden... Ist es uns aber völlig aus dem Sinn geschwunden, dann können wir es uns auch dann nicht ins Gedächtnis zurückrufen, wenn uns jemand ermahnt. Und wir haben bislang noch nicht ganz und gar vergessen, was wir vergessen zu haben uns noch erinnern. Was wir aber vollkommen vergessen haben, das werden wir auch nicht mehr als etwas, was wir verloren haben, suchen können."

INHALTSVERZEI[CHNIS]

Vorwort ....

I. GRUNDLAGE[N]

1. Kapitel. Die an die Religionsphilosophie g[...]
   1. Religionsphilosophie und Religio[n ...]
   2. Die kritische Bedrohung der Religi[on ...]
   3. Über das Verhältnis von Religionsph[ilosophie und christ-]licher Theologie 7 — 4. Die Funktion [der Religionsphiloso]phie 9 — 5. Ziele der Religionsphilosop[hie ...]

2. Kapitel. In welchem Sinne sprechen wir v[on ...]
   1. Methodische Klärungen 19 — 2. Di[e ...] Beschreibung und Deutung 23 — 3. [...] der Religion 30 — 4. Gibt es ein relig[iöses ...] Zusatz: Ist das Christentum eine Religi[on ...]

3. Kapitel. Vorkritische und kritische Religi[onsphilosophie ...]
   1. Vorkritische Religionsphilosophie 4[2 ...] Gottesbeweise 46 — 2. Skeptische [...] 48 — 3. Kritische Religionsphilosophie [...]

II. OBJEKTIVIER[UNG]

4. Kapitel. Subjektivität und Objektivierun[g ...]
   1. Intentionales Überschreiten 65 — [...] heitsgrade 71 — 3. Reflexionsstufen de[...]

5. Kapitel. Objektivierung: Das Göttliche ..
   1. Die göttliche Dimension 81 — 2. K[...] auf Offenbarung 85 — 3. Bildhaftigk[eit] der Vorstellungen von Gott 94.

6. Kapitel. Gott und Welt ....
   1. Die religiöse Deutung der Welt 102 [— 2.] die Zeit 112 — 3. Das Heilige und das [...]

7. Kapitel. Gott und Mensch ....
   1. Gott als Geist und der Geist des Me[nschen ...] Untergang Gottes in Menschlichkeit 14[...] Unsterblichkeit 159.

I. GRUNDLAGEN

1. Kapitel

Die an die Religionsphilosophie geknüpfte Erwartung

1. *Religionsphilosophie und Religionswissenschaft*

Als Religionswissenschaft im weiten Sinne bezeichnen wir die Religionsgeschichte, die Religionssoziologie, die Religionsphilosophie und die Religionspsychologie. Jede dieser Forschungsrichtungen hat ein eigenes Ziel, das verschiedene Methoden erfordert; jede dieser Wissenschaften hat aber auch ihre eigenen Aporien, ein Ungenügen, das sich dem Bewußtsein des Forschers mitteilt und das sich in allen Fällen dem Gegenstande selbst verdankt. Denn wie die Vernunft, so wird auch die Religion nur von innen her genuin begriffen, und jedes Außer-ihr-sein bedeutet eine bedrohende Fremdheit. Die gleitende Skala von Nähe und Ferne, von Verstehen und Unverständnis verhängt leicht über jeden rationalen Zugriff die Unsicherheit. Je näher uns die religiösen Phänomene stehen, desto zuversichtlicher meinen wir, sie beschreiben und begründen zu können; je weiter sie entfernt sind, desto weniger sind sie einfühlbar, und es ergibt sich die Frage, ob unsere begreifende Sprache wirklich dem gerecht wird, was in einer anderen Sprache, eben der des religiösen Ausdruckes, auf uns zukommt.

In jeder religionswissenschaftlichen Disziplin sieht das etwas anders aus. Die Religionsgeschichte kann unter ihren wissenschaftlichen Schwestern eine Dominanz beanspruchen. Sie ist als historische Wissenschaft nach allen Regeln derselben dem grenzenlosen Felde der Fakten zugewendet, sie sucht die Herkünfte, die greifbaren Gestalten, die Literaturen, Kulte, Dogmen und die Folgegeschichten, Blüte und Verfall auf. Wenn sie die Analogien des religiösen Lebens aufsucht und um ihr Verstehen bemüht ist, wird sie zur Religionsphänomenologie. Wird sie richtig deuten, kann sie alles erkennen, ist sie in ihrem Verstehen gerecht?

Die Religionssoziologie ist weitgehend auf die Religionsgeschichte angewiesen. Aber sie geht nach zwei Seiten über deren Absichten hinaus, wie sie in ihrer soziologischen Fragestellung auch das historische Material in einer gewissen Einseitigkeit befragen muß. Sie geht einmal darin über die Religionsgeschichte hinaus, daß sie auch die profanen Gesellschaftsformen in Betracht ziehen muß, die sich von den religiösen Vergesellschaftungen unterscheiden. Es kann aber auch eine durch die andere begründet sein, die religiöse Gemeinschaft in der profanen, die profane Sozialform in der religiösen. Und auch darin hat die Religionssoziologie ihre Eigentümlichkeit, daß sie an gegenwärtigen religiösen Sozialformen zweckhaft forschen kann und sich dabei der heute üblichen empirischen Methoden, der Statistik, der Enquete u.s.w. bedienen kann, wie es in der heute in Gang kommenden Kirchensoziologie der Fall ist.

Die Religionspsychologie ist, wie alle Psychologie, fast ausschließlich auf den gegenwärtigen Befund angewiesen. Will sie sich älteren, nicht mehr unmittelbar gegebenen Phänomenen zuwenden, ist sie leicht in der Lage der Medizin, die über Generationen und Jahrhunderte hinweg kaum mehr zu zuverlässigen Diagnosen kommen kann. Sie kann am gegenwärtigen Objekt viel erkennen, je spontaner sich die Phänomene darbieten, je weniger sie durch Befragungen präpariert sind, desto mehr wird zu gewinnen sein. Aber die Grenzen liegen auf der Hand. Die Gegenwärtigkeit des Objektes verleiht dem gesuchten Verstehen nicht unbedingt eine höhere Chance. Trotzdem ist die Religionspsychologie ein unverzichtbarer, integrierender Bestandteil der Religionswissenschaft.

Die Religionsphilosophie entfernt sich offenbar von diesen Disziplinen, die alle in ihrer Weise der konkreten Religion auf der Spur sind, erheblich. Sie ist auch auf diese konkrete Religion bezogen — eine andere gibt es nicht —, aber sie befragt sie in einem anderen Sinne. Sie ist, wie alle Philosophie, im Dienste der Vernunft. Sie soll Kategorien zum Verstehen von Religion im Kontext der Vernunft entwickeln.

Man muß sich schon eingangs einige Mißverständnisse aus dem Wege schaffen und Abwege verbauen. Es handelt sich dabei um Auffassungen von Religionsphilosophie, die in früheren Epochen eine gewisse Selbstverständlichkeit für sich in Anspruch genommen haben und auch heute immer wieder ins Spiel gebracht werden. Sie mögen zu ihrer Zeit ein relatives Recht gehabt haben, d. h. diese Auffassungen mögen in einer vergangenen geistigen Situation eine kritische Funktion ausgeübt haben. Aber diese Situation besteht heute nicht mehr.

Vor allem ist auszuschließen, daß die Religionsphilosophie die Aufgabe hätte, eine eigene („vernünftige") Religion zu entwerfen. Das ist die Absicht gewesen in allen Formen der religiösen Metaphysik, in der bestimmte religiöse Ideen wie etwa die eines persönlichen Gottes, die Idee seines geoffenbarten Willens, der von ihm geschaffenen endlichen Welt und die Unsterblichkeit der Seele eine hinreichende philosophische Begründung und Rechtfertigung finden sollten. Wir haben davon noch ausführlich zu sprechen.

Auszuschließen ist ferner eine Religionsphilosophie, die wesentlich oder ausschließlich auf den christlichen Glauben bezogen ist. Eine solche Religionsphilosophie soll dann dem christlichen Glauben eine philosophische Grundlage zu geben. Religionsphilosophie wird zur Fundamentaltheologie. So ist sie in der neuthomistischen Metaphysik der katholischen Philosophie, aber auch — der Sache nach — in den Grundzügen der Religionsphilosophie von Hermann Lotze (1882) verstanden worden. Die ganz im Selbstverständnis einer Nachfolge Hegels entworfene Religionsphilosophie von Friedrich Brunstäd (1922) kommt im Ergebnis auf die Grundlehren des lutherischen Christentums hinaus. Demgegenüber muß festgehalten werden, daß die Religionsphilosophie ohne konfessionelle oder dogmatische Absicht und Bindung sein muß, sie hat für den christlichen Glauben nur dann und nur insoweit Relevanz, als er „Religion" ist und sich als Religion versteht.

Religionsphilosophie ist keine theologische Disziplin. Mit diesem Grundsatz trennen wir uns von allen Versuchen, die die Religionsphilosophie so verstehen wollen, wie es schon im Titel der Werke von Emil Brunner, Erich Przywara und Ulrich Mann geschieht und ebenso von der tragenden These von N. H. Søes Religionsphilosophie gilt[1]. Wie jede religionswissenschaftliche Disziplin kann aber die Religionsphilosophie in den Kreis der Frage-

---

[1] Emil Brunner: Religionsphilosophie evangelischer Theologie; Erich Przywara: Religionsphilosophie katholischer Theologie; beide im Handbuch der Philosophie, hrsg. von M. Schroeder, 1928 — U. Mann: Theologische Religionsphilosophie im Grundriß, 1961— N. H. Søe: Religionsphilosophie, (dän. 1963²) dt. Ausg. 1967; außerdem E. Hirsch: Hauptfragen christlicher Religionsphilosophie, 1963

stellungen aufgenommen werden, welche die christliche Theologie angehen; denn es kommen hier in der Tat lebenswichtige Fragen der Theologie zur Verhandlung. Aber sie kommen nicht in irgendeiner voraus feststehenden Absicht, nicht bestimmten Grundüberzeugungen zuliebe zur Verhandlung, sondern nur im Kontext der Vernunft, wobei dann zu unterstellen ist, daß dieser Kontext die Theologie etwas angeht. Im übrigen ist der Zusammenhang mit der Theologie noch besonders zu klären.

2. Die kritische Bedrohung der Religionsphilosophie

Von allen Disziplinen der Religionswissenschaft ist die Philosophie der Religion am stärksten angezweifelt, in ihrer Sinnhaftigkeit geradezu in Frage gestellt. Diese Bezweifelung, die mitunter in eine förmliche Bestreitung übergehen kann, ist jeweils nach dem in der Kritik vertretenen wissenschaftlichen Interesse, nach weltanschaulichen Voraussetzungen und nach dem Geist der Epoche verschieden. Ich zähle einige der heute aktuellen Anfechtungen auf, ohne daß ich in Anspruch nehmen könnte, die Kritiken einfach zu widerlegen. Es handelt sich um sachlich berechtigte Motive, die auch im Fortgang unserer Arbeit immer wieder störend, förderlich, freilich auch irreführend in unseren Weg treten werden.

Von Seiten der Religionsgeschichte kommt immer wieder ein formaler und ein inhaltlicher Einwand. Formal werden Zweifel geäußert, ob sich die Fülle der Erscheinungen der Religionsgeschichte überhaupt in einem eindeutigen Religionsbegriff wie auf einen gemeinsamen Nenner zusammenfassen lasse. Ein solcher Oberbegriff von Religion wird, selbst wenn er weit gefaßt wird, immer einen Normcharakter annehmen, der dann erzwingt, daß man wichtige religiöse Phänomene aus der Betrachtung ausschließt. Das ist z. B. der Fall, wenn in der Religionsphilosophie von Hch. Scholz (2. Aufl. 1922) der Umkreis der in Betracht genommenen Religionen auf die „ponderablen" Religionen eingeschränkt wird, also auf solche Religionen, die für das moderne Verstehen zugänglich sind und die vor allem keine mythischen Elemente in sich schließen. Auch macht Hch. Scholz bei seiner Religionsauffassung den Glauben an Gott zur Bedingung für die Anerkennung einer Religion, so daß der Buddhismus ausgenommen wird. Das stellt uns vor schwierige Probleme der Begriffsbestimmung. Man darf hier keine Willküraktre vornehmen. So wichtig es ist, an einem grundlegenden Religionsbegriff festzuhalten —

denn alle Religionswissenschaften leben ja von der Voraussetzung eines solchen Grundbegriffes —, so vorsichtig müssen wir sein in der Gewinnung des Grundbegriffs. Ich könnte mir denken, daß er überhaupt nicht vom historischen Material — wenn ich mich einmal so ausdrücken darf —, sondern vom philosophischen Begriff aus gewonnen werden muß. Aber das greift weit voraus, und es soll auch keine voreilige Entscheidung bedeuten. Es soll nur zum Ausdruck bringen, daß die Religionsphilosophie überhaupt auf einer anderen Ebene angesiedelt ist als die Religionsgeschichte. — Der häufig vorgebrachte inhaltliche Einwand ist der, daß seit Schleiermachers „Reden über die Religion" (1799) und überdies seit Rudolf Ottos Buch „Das Heilige" (1917) stillschweigend der Religionsbegriff dieser grandiosen Werke aller Religionsphilosophie unterstellt wird und diese Philosophie damit unausgesprochen, aber wirksam an einen modernen, abendländischen und überdies bürgerlich-ästhetischen Begriff von Religion gebunden wird.

Das bringt uns zu einem weiteren grundsätzlichen und typischen Einwand gegen die Religionsphilosophie. Der Wandel des Selbstverständnisses im Wechsel der Epochen der Neuzeit hat auch einen tiefen Wandel dessen zur Folge, was man unter Religion versteht. Ob man Religion „ernst nimmt" oder nicht, und welche man ernst zu nehmen bereit ist, das unterliegt einem einschneidenden Wechsel. Die Religionsphilosophie ist eine verhältnismäßig moderne Wissenschaft. Sie ist gegenüber den gewachsenen Religionen, historisch geurteilt, immer eine Stufe der kritischen Reflexion. Das hat einschneidende Folgen für das, was man überhaupt als Religion anzuerkennen geneigt ist. Man wird zu einer Zeit etwa dazu neigen, eben die institutionellen („kirchlichen") Formen als die wesentliche Ausformung der Religion zu verstehen, zu einer anderen Zeit wird man darin Erstarrung sehen, Veräußerlichung, und in den nicht an das wissenschaftliche Bewußtsein akkommodierten „Dogmen" Formen eines erloschenen Glaubens. D. h. die Subjektivität dessen, der Religionsphilosophie betreibt, wird ebenso wie die Epoche, deren Kind er mitsamt seiner Wissenschaft ist, Vorentscheidungen treffen, welche die Identität des Gegenstandes dieser Philosophie, nämlich die Religion, zweifelhaft erscheinen lassen. Wo die Religion als die Theologie einer zu Ende gehenden Menschheitsepoche verstanden wird, wie es in der Hegelschen Linken seit Feuerbach und Marx zu den Elementen der Gesellschaftskritik gehört, da wird die Religionsphilosophie zwar nicht ausgelöscht, aber sie verkümmert zu einem Bestandteil der Gesellschaftskritik.

Wenn solchermaßen immer wieder die Vorstellung von einem Normbegriff sich einschleicht, so werden von diesem Begriff aus Seitenphänomene, Randerscheinungen, „krankhafte" Religion ausgeschlossen oder negativ beurteilt. Neben „echtem" Glauben gibt es Aberglauben, neben wahrhafter Äußerung von Religion gibt es Heuchelei (Hypokrisie), es gibt Entleerung, Erstarrung. Kurz, die Religionsphilosophie läßt erkennen, daß sie auch dann, wenn sie zu den inhaltlichen Setzungen religiösen Glaubens keine Stellung nehmen will und kann (denn sie ist ja nicht „Theologie"), doch einen eigenen Wahrheitsbegriff unterstellt, der sich von dem der Religion eigenen — meinetwegen „naiven" — Wahrheitsbegriff des Glaubens unterscheidet. Damit ist aber das Problem der Neutralität der Religionsphilosophie aufgeworfen, ein Gesichtspunkt, den ich hier nur sichtbar machen kann, ohne das Problem auch nur annähernd zu lösen. Es ist jedenfalls eine Problematik, die in vergleichbarer Weise der Religionsgeschichte unbekannt ist.

Ich muß aber noch einer kritischen Bedrohung der Religionsphilosophie gedenken. Es ist ihre Verwerfung durch die Theologie, jedenfalls durch eine bestimmte Richtung der evangelischen Theologie. Die These, um die es sich hier handelt, lautet: Das Christentum bzw. das Evangelium ist keine Religion! Übrigens finden sich im Islam ganz analoge Thesen. Diese These hat ihre deutliche Vertretung in K. Barths Kirchlicher Dogmatik (§ 17), gefunden. Gemeint ist Folgendes: Man weiß sich selbst als Empfänger der ausschließlichen Offenbarung Gottes. Hier, in dem, was man als eigenen Besitz, als das „uns" anvertraute Wort kennt, haben „wir" Gottes Stimme selbst, und das entzieht sich jeder Relativierung. Eine Relativierung nämlich ist in jedem allgemeinen, auf viele Religionsphänomene anwendbaren Religionsbegriff impliziert. Wer Religionsphilosophie treibt, relativiert, und dieser Relativierung gilt es um der Ernsthaftigkeit und Ausschließlichkeit der Offenbarung Gottes willen Widerstand zu leisten. Der Offenbarungsglaube weigert sich, sich einem Gesetz der Relativierung seiner selbst unterzuordnen. Das ist durchaus folgerichtig. Es führt dazu, daß der Begriff der Religion nur auf „die anderen" angewendet wird, auf die „Heiden", man wehrt ihn aber von sich selbst ab. Mit dem Begriff der Religion verbindet sich dann sofort eine Abwertung. Aber diese Auffassung unterliegt doch erheblichen Einwendungen. Denn das, was die Menschen mit der empfangenen Offenbarung machen, wie sie auf dieselbe reagieren, nämlich glaubend, hörend, lehrend, niederschreibend und auslegend, in der weiteren Folge mit Irrtümern und deren Abwehr — das alles ist irdische Geschichte, und zwar ist es die Geschichte einer Religion. Umgekehrt ist auch für die exklusiven Hochreligionen die Frage nach der Wahrheit in den anderen Religionen unabweisbar. So befragen sich Judentum und Christentum gegenseitig nach ihrer Wahrheit, der Islam nimmt jüdische und christliche Traditionen in sich auf, die Mission befragt die „Heiden" nach ihrer Wahrheit. Aber in alledem ist die Religion mehr als nur ein Oberbegriff, ein Sammelname. Sie bezeichnet etwas in der Tiefe, dem wir nicht ausweichen können. Nach ihr fragt die Religionsphilosophie.

Tatsächlich hat die christliche Theologie die Philosophie niemals so weit von sich gewiesen, sondern beide sind sich in einer gemeinsamen Geschichte — jedenfalls im Abendland des Ostens wie des Westens — gegenseitig zum Schicksal geworden. Noch im Atheismus wirkt diese gemeinsame Geschichte fort.

3. Über das Verhältnis von Religionsphilosophie und christlicher Theologie

Es gibt von Anfang an ein naives Verhältnis der christlichen Theologie zur Philosophie. Sobald die Theologie ihren Glauben eigenverantwortlich und im Bemühen um „wissenschaftliche" Deutlichkeit aussprechen will, spricht sie die Sprache der zeitgenössischen Philosophie. Sie verfügt ja über gar keine andere Sprache. Das ist der Wahrheitskern des klassischen Satzes von Adolf Harnack: „daß das dogmatische Christentum (die Dogmen) in seiner Konzeption und seinem Ausbau ein Werk des griechischen Geistes auf dem Boden des Evangeliums ist. Die begrifflichen Mittel, durch die man sich in der antiken Zeit das Evangelium verständlich zu machen und zu versichern versucht hat, sind mit dem Inhalt desselben verschmolzen worden"[2]. Die Dogmatik wird zu einer Philosophie des Christentums. So wenig gewiß diese Rechnung zu allen Zeiten glatt aufgeht, so können aus jeder Dogmatik ganze Themenkreise erhoben werden, in denen die Theologie unerachtet aller biblischen Bezüge philosophiert hat und philosophieren mußte. Ich nenne einige dieser Themen: Die Lehre von Gott und seinen Eigenschaften, die Kosmologie — Endlichkeit der Welt, „Güte" der Welt und Zweckhaftigkeit des Weltgeschehens; die Gottesbeweise im Zusammenhang mit der Kosmo-

---

[2] Dogmengeschichte (einbändiger Grundriß), 1922[6], 4

logie; die Anthropologie — Leib und Seele und Unsterblichkeit, die Vereinigung von göttlicher und menschlicher „Physis" in der Christologie; ferner das Verhältnis von Offenbarung und Vernunft, von Glauben und Wissen, von Natur und Übernatur. Man verkenne nicht, daß selbst in den kritischen Auflösungen der alten Lehrtraditionen wiederum zeitgenössische Philosophie tätig war.

Es gilt im Blick auf die Dogmen- und Theologiegeschichte, daß die Theologie selbst Philosophie getrieben hat. Aber ebenso gilt, daß auch die Philosophie des Abendlandes bis in den Idealismus Theologie betreibt. Nicht erst seit der Summa contra gentiles des Thomas von Aquin ist die natürliche (rationale) Theologie ein hervorragendes Problemfeld der Metaphysik. Bis ins 19. Jahrhundert sind die Philosophen zahlreich, welche in ihrem philosophischen System eine ganze Theologie, womöglich noch mit Einschluß einer Offenbarungslehre entfalten. Das kann ebenso in enger Akkomodation an die Sätze der christlichen Dogmatik erfolgen, bis hin zu einem Ergebnis in gleichlautenden Sätzen. Es kann in freier Spekulation geschehen, oder in dem negativen Modus, der doch von den theologischen Themen nicht loskommt. Es ist das, was ich nachher (im 3. Kapitel) als vorkritische Religionsphilosophie beschreiben werde.

Die Religionsphilosophie ist keine theologische Disziplin. Das sagte ich schon. Es bedeutet, daß sie unabhängig von der Theologie zu denken hat. Das schließt aber ein Interesse der Theologie an ihr nicht aus, und sie kann vielleicht im Raume der Theologie eine ähnliche Kompetenz in Anspruch nehmen wie die profane Historie oder die Rechtswissenschaft. Auch der christliche Glaube will sich im Kontext der Vernunft wissen. Seine Theologie muß ein Interesse an der Kontrolle ihrer Begriffe und an ihrer eigenen Wissenschaftlichkeit haben. Jede Reflexion einer Wissenschaft über ihre Wissenschaftlichkeit, über die ihr eigentümliche Logik im Rahmen der allgemeinen Logik ist philosophischer Observanz. In diesem Interesse denkt die Theologie immer über ihre eigenen Grenzen hinaus. Ihre Prüfung auf „Sinnhaftigkeit" dessen, was sie treibt, vollzieht sich in einem philosophischen Horizont.

Anders als das in einem bestimmten älteren Typus der Apologetik der Fall war, kann und darf die Religionsphilosophie der dogmatischen Theologie keine Voraussetzungen liefern, so daß nur diejenige Religionsphilosophie zu den theologischen Diensten zugelassen wäre, welche die besten Dienste verspricht. Es ist so, daß die

Religionsphilosophie zwar der Theologie, besser einfach dem „Glauben" Raum schaffen kann. Aber vielmehr könnte die Religionsphilosophie auch bestimmte Forderungen an die Theologie stellen. Sie kann sie an Wahrheitspflichten erinnern und eine kritische Funktion in der Theologie ausüben. Sie kann und wird sie (es ist nicht die Absicht des vorliegenden Buches) auf den Sinn ihrer Sätze befragen. Die Interpretation von Sprache wird sich als ein weites Feld religionsphilosophischer Aufgaben erweisen. „Irreligiosität" wird sich — wir kommen darauf ausführlich zurück — als ein Ausschlußfaktor theologischer Sätze erweisen. Aber das kann nur eine Religionsphilosophie leisten, die sich als Philosophie, nicht als theologische Teildisziplin versteht.

4. Die Funktion der Religionsphilosophie

Die Religionsphilosophie muß heute unabgeschlossen bleiben. Sie kann nicht mehr als System in Erscheinung treten. Das zeigt sich an ihrem Anfang und es zeigt sich am Ende. Am Ende werden nicht nur viele Möglichkeiten offen stehen, sondern es wird die Abgrenzung der Thematik unsicher. Am Anfang aber zeigt sich die Offenheit darin, daß schon die Einleitung eine Religionsphilosophie in nuce sein muß.

Es sind fürs erste in diesem Kapitel noch zwei Fragen offen. Einmal die nach der Aufgabe der Religionsphilosophie und dann die nach ihrer Funktion. Was für eine Funktion eine Wissenschaft im Bewußtsein ihrer Zeit hat, das liegt ganz und gar außerhalb ihrer selbst. In der Technik ist es ebenso. Unter welchen technischen Bedingungen die Raumfahrt vor sich geht, ist eine Frage für sich, eine andere Frage ist es, was sie für eine Funktion im öffentlichen Bewußtsein einnimmt. Diese Funktion kann sie u. U. an Menschen ausüben, die weder die Elemente der Technik eines Raumschiffes begreifen noch jemals eine Raumfahrt unternehmen werden. Aber wenn sich das Bewußtsein von der Machbarkeit dessen, was vordem als unmöglich galt, durchsetzt, dann hat die Raumfahrt eine über ihre unmittelbare Zweckhaftigkeit hinausreichende Funktion ausgeübt. Daß man etwas „in den Griff bekommt", verändert das Bewußtsein auch dessen, der selber diese Griffe gar nicht ausüben, sie gar nicht verstehen kann. Insofern liegt die Funktion außerhalb der Sache selbst und gehört doch unmittelbar zur Sache.

So ist es auch mit der Religionsphilosophie. Sie hat im neuzeitlichen Bewußtsein eine Funktion ausgeübt, die völlig unabhängig davon ist, ob der Teilhaber an diesem Bewußtsein philosophischer Gedankengänge fähig ist. Die auf Religionsphilosophie gerichteten Erwartungen richten sich daher auch nicht so sehr auf die wissenschaftliche Aufgabe, auf die exakte Beschreibung der Disziplin selbst (falls das möglich sein sollte), sondern sie richten sich auf die Funktion der Religionsphilosophie. Von ihr soll daher zunächst die Rede sein.

Die neuzeitliche Religionsphilosophie — und nur von ihr haben wir zu handeln — ist eine Folge oder auch eine Begleiterscheinung der Emanzipation wissenschaftlichen Denkens aus der Vorherrschaft der Theologie. Man hat nicht nur Gründe, sich selbst von Kirche, Dogma und Tradition zu distanzieren. Solche Gründe werden in privater Verborgenheit immer schon bestanden haben. Man hat vielmehr die Entdeckung gemacht, daß man in der Wissenschaft diese Distanz dadurch zum Ausdruck bringen kann, daß man die theologischen Bezüge nicht mehr erwähnt oder nur noch am Anfang erwähnt, dann aber die realen Wissenschaften betreibt, wie es eben deren eigener immanenten Logik entspricht. R. Descartes, der am Anfang der neuzeitlichen Philosophie durch eine originale Neubegründung des ontologischen Gottesbeweises (Discours IV, Medit. III. u. V.) auch für die Religionsphilosophie einen Anfang setzt, sagt zu Beginn des Widmungsschreibens, mit dem er seine Meditationen der Pariser theologischen Fakultät zueignet: „Semper existimavi duas quaestiones, de Deo et de Anima, praecipuas esse ex iis quae Philosophiae potius quam Theologiae ope sunt demonstrandae." Man kann das, was er hier schreibt, wohl „gut katholisch" auslegen; wahrscheinlicher ist doch, daß in diesen ersten Sätzen eine neue Zeit anbricht. Für die zentralen Fragen des Gottesglaubens und der Unsterblichkeit der Seele ist die Philosophie in höherem Maße kompetent als die Theologie. Die Selbstgegebenheit der Einsicht des denkenden Menschen ist eine Instanz, der sich der Gläubige und der Ungläubige beugen müssen. Die Vernunft hat stärkere Argumente, als sie dem kirchlichen Glauben und der heiligen Schrift zur Verfügung stehen. Und schließlich ist nicht zu übersehen, daß sich hier eine Reduktion der Thematik ankündigt, welche in der Folgezeit dann zu einer Unterscheidung dessen führen wird, was der Vernunft selbst einsehbar ist und was wir nur durch Offenbarung erfahren können.

Das Pathos der Emanzipation begleitet die Religionsphilosophie der Neuzeit von Stund an, sie gibt dem eigenen Denken über Gott und göttliche Dinge ein philosophisches Alibi. Aber es kommt ein zweites Interesse hinzu, das dem europäischen Bedürfnis in der Zerrissenheit des konfessionellen Zeitalters entspringt. Es ist das Interesse am Toleranzgedanken. Nicht in der konfessionellen Theologie, sondern in der Philosophie wird diesem Interesse Genüge getan. Thomas Hobbes (De cive 1658) und John Locke (1689), argumentieren, wenn auch in sehr verschiedener Weise vom Staatsgedanken aus. Pierre Bayle hat in seinem Philosophischen Kommentar (1686/87) das Verhältnis von Glaube und Vernunft im Blick: die Vernunft ist das Allgemein-Menschliche, der Glaube ist die Sache der persönlichen Entscheidung des Herzens. In der bürgerlichen Ordnung müssen um der Vernunft willen die verschiedenen Glaubensformen gleiche Rechte haben, der Zweifel ist ein Recht der Vernunft und die Toleranz allein ermöglicht das Zusammenleben der Menschen. Er trennt die Fundamente einer vernünftigen Moral erstmals klar und entschieden von ihrer bis dahin zwingenden Begründung in den religiösen Überzeugungen.

Noch eine dritte Funktion kommt der Philosophie im Bewußtsein der Neuzeit zu. Sie gibt dem Vernunftbedürfnis des Einzelnen innerhalb seiner eigenen überlieferten Religion Raum und Recht, sei es, daß man in seinem Glauben vor der eigenen Vernunft ein gutes Gewissen haben möchte, sei es, daß man sich die Freiheit nimmt, auch gegen die überlieferten Sätze seiner eigenen überlieferten Religion zu denken. Hält der eigene Glaube die Probe der Vernünftigkeit aus? Vielleicht ist in der überschaubaren Geschichte keine Hochreligion so sehr philosophiefähig gewesen als — mit dem Judentum zusammen — das Christentum. Das gilt, trotz der ausgesprochen gegenphilosophischen Tendenz, wie sie schon im Kolosserbrief (2,8) zum Ausdruck kommt. Es gibt eine bis heute wirksame Tendenz, die Philosophie und das eigene Denken auszuschließen, zum „Gehorsam" zu rufen, die Paradoxie der Offenbarung gegen die Allgemeinheit der Vernunft durchzusetzen. Dennoch ist dieses Bedürfnis des eigenen Denkens außerhalb und abseits der Überlieferung, der Überlieferung entgegen, sei es im Widerspruch oder im Verstehen, nicht mehr rückgängig zu machen. Letztlich lebt auch die Theologie, mindestens die der Neuzeit als Wissenschaft von dieser Möglichkeit und von der hier errungenen Freiheit.

Das ist die Funktion der Religionsphilosophie im neuzeitlichen Bewußtsein. Lassen sich nun die Ziele derselben deutlich beschreiben und abgrenzen?

5. Ziele der Religionsphilosophie

Um es gleich vorweg zu sagen: es wird hier keine eindeutige Antwort, womöglich im Sinne einer „Definition" geben. Schon die Geschichte der Religionsphilosophie spricht dagegen. Sie bietet ein vielfältiges Bild, und es lohnt sich schon, sich über die Gründe der Vielfältigkeit der Religionsphilosophie Klarheit zu verschaffen. Ich möchte wenigstens vier Gründe nennen. Sie liegen auch nicht alle auf einer Ebene, aber ihre Folgen sind an den tiefen, die Religionsphilosophie durchziehenden Widersprüchen deutlich abzulesen.

Da sind zuerst die Vorurteile zu nennen, welche sich schon in den Leitgedanken und Absichten der einzelnen Religionsphilosophen kundgeben und die dann in aller Regel ihre Arbeit bis ans Ende kennzeichnen. Geht man davon aus, daß die Aufgabe der Philosophie der Religion in der Religionsbegründung und in der Religionskritik besteht, so ist es schon eine schicksalhafte Weichenstellung, wenn ein Denker sich nur auf das eine oder nur auf das andere beschränkt. Die Beschränkung auf Religionsbegründung kann bedeuten, daß man die bestehende, die geltende Religion zu bestätigen versucht. In diesem Sinne kann eine lange Reihe von „christlichen Religionsphilosophen" aufgezählt werden. Oder man versucht, abseits der geltenden Religion ein eigenes positives Konzept von Religion zu entwickeln, etwa in dem Sinne, wie man sich im neuzeitlichen liberalen Bürgertum „Religion" vorgestellt hat. Ebenso kann die einseitige Beschränkung auf Religionskritik verschiedenes bedeuten. Sie kann im radikalsten Modus von vorneherein die Entlarvung der Religion als Wahngebilde oder als eine Ideologie im Dienste der herrschenden Klassen zum Ziele haben. In diesem Sinne hat Karl Marx die Kritik der Religion in der Einleitung zu seiner „Kritik der Hegelschen Rechtsphilosophie" (1844) als die Wurzel aller Gesellschaftskritik beschrieben und mit dem Kampf gegen die Religion gleichgesetzt. Aber Religionskritik kann auch bedeuten, daß man das „Problem" Religion auflöst, indem man es auf andere bekannte Daten zurückführt, auf Moral, auf ästhetische Erlebnisse oder dergl. Jedenfalls ist in diesen Fällen, sowohl im positiven wie im negativen Vorurteil die Religionsphilosophie von vornherein einer bestimmten Idee dienstbar. Das muß nicht gegen die Relevanz dieser Analysen sprechen. Denn diese Analysen werden immer richtige Wahrnehmungen für sich geltend machen können; sie halten das Nachdenken lebendig, sie reizen zu genaueren Beobachtungen, zu schärferem Hinsehen, zu sorgsameren Unterscheidungen.

Ein zweiter Grund für die Verschiedenheit der religionsphilosophischen Entwürfe ist der Wandel der geschichtlichen und gesellschaftlichen Situation, in der sie jeweils entstehen. Herrscht z. B. in der Gesellschaft in ausschließlicher Dominanz eine Kirche, so kann das dem Trend zur Emanzipation des Denkens aus den Klammern der Tradition großen Auftrieb geben. In diesem Sinne ist immer das Unternehmen der Offenbarungskritik Edward Herbert von Cherburys (1581—1648) und die in Spinozas Bibelkritik verborgene vernünftige Religionskritik zu verstehen. Wenn aber solche Umklammerungen wegfallen, dann wird vielmehr die Religionsgeschichte der reale Bezugspunkt für das philosophische Nachdenken. Es ist nicht mehr nötig erst eine philosophisch begründete Bresche in die gegen die Toleranz aufgerichteten Mauern zu brechen.

Als dritter Grund für die Vielgestaltigkeit der Religionsphilosophie ist dann einfach die Vielfalt der philosophischen Voraussetzungen zu erwähnen. Je nachdem hat die Religionsphilosophie eine dominante Stellung, wie das im deutschen Idealismus, von Fichte und Hegel angefangen bis zu den letzten Idealisten in unserem Jahrhundert der Fall ist, oder sie hat eine bis zum Verschwinden geringe Bedeutung.

Viertens und letztens will ich auf einen Grund der verschiedenen Auffassungen von Religionsphilosophie hinweisen, der in engem Zusammenhang mit meinen eigenen Absichten liegt. Ich habe gesagt, daß die Religionsphilosophie die Aufgabe haben soll, die Religion im Kontext der Vernunft zu verstehen. Man kann es auch so ausdrücken, daß sie „Religion als sinnhaft erweisen soll". In diesen gewiß sehr vorläufigen Bezeichnungen ihres Zieles liegt aber eine Weiche verborgen, die ganz verschieden gestellt werden kann, so daß der über diese Weiche fahrende Zug dann ganz verschiedene Richtungen einschlagen wird. Es ist nämlich die Mehrdeutigkeit des Begriffes der Vernunft. Vernunft kann selber einen metaphysischen Rang einnehmen, ein höchster Weltbegriff und selbst von religiösem Rang werden, so daß „Religion in Vernunft" zu erklären fast zu einer Tautologie wird. Aber Vernunft kann etwas ganz anderes heißen. Sie ist dann das Element, das keine Undeutlichkeit zuläßt; sie erzwingt, daß sich alle Gefühle vor der Erkenntnis legitimieren und die festen Umrisse klarer Begriffe annehmen. Rationalität als das Gesetz der Zahl und der Sichtbarkeit ist aller Metaphysik abgeneigt. Im ersten Falle ist die Vernunft selber ein höchster metaphysischer Begriff, wie es der „Logos" meint, der seine souveräne Würde von keinem Menschen zu Lehen nimmt; im anderen Falle ist die Vernunft die scharfe Waffe der menschlichen Kritik. Mit ihrer Hilfe befreit sich der Mensch von allen dunklen und undurchschaubaren Mächten; diese kritische Vernunft ist in allen Revolutionen eine Appellationsinstanz, in ihrem Namen emanzipiert sich der Mensch von den Mächten, die ihn beherrschen, von autoritären Traditionen und irrationalen Bindungen. In diesem Sinne hat die französische Revolution als eine große Proklamation der Vernunft gewirkt, wie es Hegel unüberbietbar in seiner Philosophie der Geschichte ausspricht (XI, 557): „So lange die Sonne am Firmament steht und die Planeten um sie herum kreisen, war das nicht gesehen worden, daß der Mensch sich auf den Kopf, das ist auf den Gedanken stellt, und die Wirklichkeit nach diesem erbaut."

Vernunft kann aber auch in einem ganz unmittelbaren Sinne gemeint sein. P. Tillich nennt es „Intuitive Reason". In diesem Verständnis macht sich die „Vernunft" gerade unabhängig von allen Denkkonventionen, überkommenen Verbildungen, von der zerstörenden verstandlichen Analyse und ist darin „vernünftig", daß sie unmittelbar zugreift. Diese intuitive Vernunft spielt ebenso im Alltag eine wichtige Rolle, wenn wir der Meinung sind, daß der erste Eindruck entgegen allen dazwischen tretenden Reflexionen doch der richtige war; er spielt aber auch in der Philosophie eine Rolle, wenn die Phänomenologie die durch kein Mißtrauen diskreditierten Phänomene, unter Ausschaltung aller Vorurteile, als das Eigentliche und Ursprüngliche zu begreifen sich anschickte. Intuition und Vernunft erscheinen in diesem Konzept nicht als Gegensätze, sondern als Korrelate; Vernunft ist es, nach dem Ursprünglichen zu greifen und es unverändert und unverfälscht durch Deutungen wahrzunehmen.

Wieder ein anderer Vernunftbegriff ist dann der pragmatische. In einem moralischen Alltagsverständnis besagt das: Vernünftig ist es, so zu handeln, daß man „durchkommt". Es ist „unvernünftig", etwas zu riskieren oder gar sich selbst aufs Spiel zu setzen. In einem unpersönlichen und weiten, das Moralische aus dem Spiel lassenden Sinne heißt das dann freilich auch, daß wir es mit der planenden Vernunft zu tun haben. Sie überläßt es nicht dem Schicksal, blind zu walten, sondern will alles selber in die Hand nehmen, und sie ist davon durchdrungen, daß man seine eigene Zukunft vorausplanen, daß man die zukünftigen Verhältnisse „machen kann".

In der Geschichte der Religionsphilosophie haben alle diese Vernunftbegriffe gewirkt, und sie haben jeweils zu sehr verschiedenen Auffassungen geführt. Ein von der Reformation herkommender

Traditionsstrang war ausgesprochen vernunftfeindlich, weil er nur die planende Vernunft im Auge hatte, in der der Mensch sich seiner und seines zeitlichen und ewigen Schicksals mächtig wissen wollte. Bei Hegel ist ein anderer Vernunftbegriff im Spiel. Für ihn vollendet sich die Religion im absoluten Wissen, und die Gegensätzlichkeit von Glaube und Vernunft ist für ihn ein verhängnisvoller Schaden im Selbstverständnis der Religion. Die Aufklärung folgte dem kritisch-analytischen Vernunftbegriff, und der intuitive Begriff von Vernunft hatte wiederum seine mannigfachen, teils unreflektierten, teils von einer hohen Reflexion getragenen Spielarten. Selbstverständlich lassen sich oft diese hier sehr grob unterschiedenen Begriffe nicht völlig trennen. Tatsächlich oszilliert der Begriff der Vernunft im Vollzug des Philosophierens häufig; wir werden darauf öfters aufmerksam werden. —

Diese vier Gründe bewirken, daß uns die Religionsphilosophie in ihrer langen und reichen Geschichte nicht einheitlich erscheinen kann. Sie ist insoweit alles andere als eine „strenge Wissenschaft". Diese Gründe werden sich auch an dem vorliegenden Entwurf der Religionsphilosophie mächtig erweisen.

Unter diesem Vorbehalt soll nun davon die Rede sein, welches Ziel die Religionsphilosophie anstrebt. Das kann nur in einem ersten Vorblick geschehen. In dieser Vorläufigkeit mögen immerhin sechs Aufgaben als unerläßlich genannt werden.

1. Wie schon erwähnt, kann es nicht die Aufgabe sein, selbst so etwas wie eine Religion zu entwerfen. Die Religionen sind schon da. Es gilt, sie zu verstehen. Es gilt, sie in ihrer Eigenart als „sinnvoll" zu erweisen. Wir nennen das die Religionsbegründung. Der mögliche Sinn von Religion muß ein eigentümlicher sein. Er läßt sich nicht in etwas anderes, etwa in Wissenschaft, in Kunst oder Moral auflösen oder auf deren Sinn zurückführen. Auch die Kunst hat einen eigenen Sinn, und wenn von Religion in Kunst („religiöse Kunst") die Rede sein soll, so bedeutet das nicht, daß eine Sinnhaftigkeit in die andere aufgelöst wird, sondern daß sich zwei Sinngefüge verschränken. Ebenso ist es mit der Ethik. Sie ist eigenen Rechtes. Wenn Ethik „religiös" motiviert werden soll oder wird, so ist ebenfalls der Sinn von Religion nicht zugunsten der Ethik aufgegeben, sondern es kommt zu einer Sinnverschränkung. Aber welchen Sinn hat die Religion? Diese Frage läßt sich nur in der Gesamtdarstellung der Religionsphilosophie beantworten.

2. Mit der Sinnfrage ist nicht gemeint die andere, ihr gewissermaßen vorausliegende Frage, was denn „Religion" überhaupt sei. Es ist die Frage nach dem „Begriff" der Religion. Diese Frage ist grundlegend genug. Sie kann leicht in Gestalt einer Definition beantwortet werden, aber solche Definitionen gewinnen dann den Charakter von Normbegriffen, und es kann nicht ausbleiben, daß sich bestimmte Religionen diesem Normbegriff nicht einfügen. Wenn man den Gottesgedanken, den Gottesglauben zu einem integrierenden Bestandteil dieses Normbegriffes erhebt, dann fällt der Buddhismus heraus, auch wird die Problematik negativer Religionsformen, wie ich sie in dem vorliegenden Buche zur Debatte stellen werde, von vornherein sinnlos. Ebenso ist es nicht möglich, um eines vorgefaßten definitorischen Begriffes willen mythische Religionen aus der philosophischen Verantwortung auszunehmen. Beide Sätze beziehen sich auf die Religionsphilosophie von Heinrich Scholz und seinen Begriff der „ponderablen Religion". Demgegenüber scheint es mir, daß die Frage nach dem Begriff der Religion nicht definitorisch, sondern nur deskriptiv gelöst werden kann. Und das bedeutet, daß hier die Aufgabe einer **Phänomenologie der Religion** erwächst.

3. Alle Religion, die wir kennen, gibt sich durch Äußerungen zu erkennen. Vorab durch Sprache, aber durch eine Sprache, die auch den „nichtsprachlichen Ausdruck" umfaßt, also die Kunst, den Ritus, das „Verhalten" in einem weitgefaßten Sinne, Symbol, Mythus, sogar das beredte Schweigen. Diese Sprache der Religion erschließt sich aber zunächst nur von innen her. Sie kann bis zu einem gewissen Grade für die Alltagssprache unzugänglich sein, sie ist vollends von der Sprache der Wissenschaft getrennt. Daraus ergibt sich eine wichtige Aufgabe für die Philosophie. Sie muß diese Sprache sui generis deuten, um ihre Sinnhaftigkeit zu erschließen. Es ist also eine wichtige Aufgabe der Religionsphilosophie, eine **Hermeneutik der Religion bzw. der religiösen Sprache** zu leisten.

4. Die Religion ist sich nicht immer gleich. Nicht nur die vielen Religionen, mit denen wir es in unserer pluralistischen Welt zu tun haben, stellen uns vor das Problem der vielfältigen Erscheinungen. Sondern innerhalb der Geschichte verändern die Religionen selbst ihr Gesicht, ihre Ausdruckformen. Gestiftete Religionen werfen unmittelbar ein Generationenproblem auf. Auf die erste und zweite Generation folgt die Periode der Institutionalisierung. Religionen werden zu

„Kirchen", sie formulieren ihren Glauben in Dogmen. Es kommt zu Mißdeutungen, zu Irrlehren, an denen sich die Orthodoxien konstituieren. Verhärtungen und Entleerungen, Säkularisierungen ereignen sich. Der Eintritt der alten Religionen in die technisierte Neuzeit, die Begegnung der alten Religionen mit der modernen Wissenschaft stellen neue Probleme. Können wir in den neuen Formen noch die alten Religionen, können wir in ihnen überhaupt noch „Religion" wiedererkennen? Die Phänomene des geschichtlichen Wandels erweitern also die Aufgabe einer Phänomenologie der Religion: nicht alle Phänomene der Religion repräsentieren in dem selben Sinne, in einer vergleichbaren Entwicklungsphase „Religion". An dieser Phasenverschiebung nehmen insbesondere die soziologischen Probleme der Religion teil. Es ist ja nicht die Aufgabe einer Philosophie der Religion, auch die Religionssoziologie in sich aufzunehmen. Aber die grundsätzliche Bedeutung des Überindividuellen, der Gemeinschaft in aller Religion muß auch in der Phänomenologie der Religion wahrgenommen, begründet und in das Gesamtbild, in den Gesamtbegriff einbezogen werden. Von da aus nimmt dann die eigentliche Religionssoziologie ihren Ursprung und entfaltet sich als eine Wissenschaft nach eigenen Gesetzen.

Es mag in diesem Zusammenhang wissenschaftstheoretisch angemerkt werden, daß die Religionsphänomenologie keinen selbständigen Zweig der Religionswissenschaft darstellt. Ich habe im Eingang zu diesem ersten Kapitel vier herkömmliche Felder der Religionswissenschaft abgesteckt und ihre Aufgaben kurz bezeichnet. „Phänomenologie" als eine besondere Methode der Wahrnehmung von Erscheinungen mit dem Ziel der Wesensbeschreibung mag auf jedem Felde der Religionswissenschaft ihre Bedeutung haben, wo es eben angebracht ist. Die Religionsphänomenologie steht nicht neben diesen genannten Wissenschaften als eine fünfte, von ihnen unterschiedene, sondern sie zieht sich durch alle diese Wissenschaften hindurch und hat immer dann das Wort, wenn in irgend einem Sinne Wesensfragen zur Debatte stehen. Und das ist im Zusammenhang mit der Religionsphilosophie m. E. vor allem dann der Fall, wenn nach dem Begriff der Religion selbst gefragt wird. „Phänomenologie" hat dann zu verhindern, daß ein vorweggefaßter, „blinder" Begriff von Religion unterstellt wird oder daß Behauptungen über „Religion" aufgestellt werden, die sich bei genauerem Hinsehen auf die Phänomene nicht aufrechterhalten lassen[3].

---

[3] G. van der Leeuw: Phänomenologie der Religion, 1956[2] — M. Eliade: Die Religionen und das Heilige. Elemente der Religionsgeschichte (Traité d'Histoire des Religions, 1953), dt. Ausg. o. J. — Fr. Heiler: Erscheinungsformen und Wesen der Religion, 1961 (Die Religionen der Menschheit, Bd. 1) — G. Widengren: Religionsphänomenologie (Religionens värld, 1953[2]), dt. Ausg. 1969

5. Eine Aufgabe der Philosophie der Religion ist in ganz besonderem Sinne die W a h r h e i t s f r a g e . Es gibt keine Philosophie ohne die Frage nach der Wahrheit. Hier kommt nun ein besonderer Schwierigkeitsgrad in Sicht. Auf der einen Seite ist es natürlich nicht die Aufgabe der Religionsphilosophie, zu den inhaltlichen Thesen, also zu den Glaubenssätzen einer positiven Religion inhaltlich Stellung zu nehmen. Auch diese Aufgabe wurde der Religionsphilosophie mitunter zugewiesen, und die Religionskritik versteht vielfach bis heute die Aufgabe der Religionsphilosophie noch in diesem Sinne: Atheistische Thesen als Inhalt der Religionsphilosophie, bzw. Religionsphilosophie als wissenschaftliche Begründung des Atheismus; oder umgekehrt auch — im positiven Sinne — Religionsphilosophie als philosophische Begründung christlicher (oder anderer) Glaubenssätze — das ist bis heute immer noch eine vielfach angenommene Aufgabe für die Philosophie der Religion. So ist es eine erste Bezeichnung des Schwierigkeitsgrades, wenn ich sage, daß ich die „Wahrheitsfrage" nicht als eine Stellungnahme zur Wahrheit religiöser Sätze, zur Wahrheit oder Unwahrheit von Glaubensaussagen verstehe. Die Religionsphilosophie hat nicht die Aufgabe, Theologie in philosophischer Gestalt zu betreiben. Ich wiederhole damit nur schon Gesagtes. Aber auch in der Sinnfrage ist eine Wahrheitsfrage enthalten. Sie lautet etwa: Wielange ist eine Religion „sinnvoll" und insofern in sich „wahr", nämlich glaubhaft, echt, verstehbar? Und wann ist sie unwahr? Was gibt es für Kriterien für religiöse Unwahrheit im philosophischen Sinne? Das besagt nämlich, daß auch eine Religion, welche der Sache nach — ich unterstelle das zur Probe — „wahre" Sätze aussagt, doch in sich unwahr sein kann, also heuchlerisch, anderen, fremden Zwecken mit religiösen Formeln dienstbar u. dergl.

6. Von da aus ergibt sich auch ein anderes Konzept für R e l i g i o n s k r i t i k . Religionskritik im naiven Sinne bedeutet: Religion ist nicht sinnvoll, sie ist abzulehnen, „kritisch" zu dementieren, sie steht im Widerspruch zur Wahrheit u.s.w., und das wäre dann philosophisch zu begründen. Tatsächlich schließen sich aber Religionsbegründung und Religionskritik nicht gegenseitig aus. Sondern von einem wohlbegründeten Religionsbegriff aus ergeben sich wesentliche Gesichtspunkte für eine Religionskritik. Je unverfänglicher und vorurteilsloser erkannt wird, was „Religion" in „Wahrheit" ist, desto deutlicher lassen sich Entstellungen, krankhafte Fehlformen, Entartungen, Erstarrungen u. dergl. feststellen. Das besagt nicht, daß wir damit doch einen Normbegriff suchen. Normbegriffe würden zur Folge haben, daß

man von ihnen aus urteilt; das ist zutreffend und jenes nicht. Hier aber geht es um einen Wesensbegriff, von dem aus dann Varianten wahrgenommen werden können; beides liegt in erster Linie im Anschaulichen, dem das Begriffliche nur Ausdruck gibt. —

Unsere Religionsphilosophie hat kein System im Auge. Fragestellungen werden in ihr neu auftauchen, weil sie erst unserer modernen Welt bewußt geworden sind, andere Fragestellungen, welche in früheren Epochen die Religionsphilosophie beschäftigt haben, werden sich als veraltet erweisen und nur noch als geschichtliche Erinnerungen aufbewahrt werden. Die sechs Aufgaben einer heutigen Religionsphilosophie dürfen aber nicht mißverstanden werden. Ich meine nicht, daß sie sozusagen das thematische Programm dieses Buches bedeuten müßten. Es gibt wichtige Themen, die in diese Ziele noch nicht mit einbegriffen sind. Und andererseits habe ich Aufgaben genannt, die in den verschiedensten thematischen Zusammenhängen wiederkehren werden. An ihnen wird sich dann erweisen, daß es uns mit der Aufgabe der phänomenologischen Analyse und des kritischen Denkens ernst ist.

2. Kapitel

In welchem Sinne sprechen wir von Religion?

1. *Methodische Klärungen*

Die Religion selbst geht aller Religionswissenschaft, also auch der Religionsphilosophie voraus. Die gelebte und geglaubte Religion hat vor aller Wissenschaft von ihr den Primat; zuerst ist Religion, und sie ist unabhängig davon, daß sich eine Wissenschaft mit ihr beschäftigt. Alle Wissenschaft hat hier etwas Nachgängiges. Wie die Ethik als die Wissenschaft vom Sittlichen das Sittliche nicht hervorbringen kann, sondern es nur sichtbar machen, gedanklich klären, von anderen Phänomenen unterscheiden und im Reiche der Vernunft begründen kann, so kann auch die Religionsphilosophie die Religion nicht erzeugen, sie kann sie nur verstehen und in ihrer Eigentümlichkeit und Sinnhaftigkeit begreifen. Aber in welchem Sinne sprechen wir von Religion?

Diese Frage stellt uns vor die größten Schwierigkeiten. Es scheint, als ob in jede nur denkbare Antwort schon eine weltanschauliche Auskunft, eine philosophische Deutung mit einflösse, als ob jeder, der zu sagen versucht, was die Religion ist, einem heimlichen Zwange unterläge zu sagen, was er von der Religion hält. Je nachdem, ob der „moderne" Mensch der Meinung ist, die Religion sei tot, sie sei ohne Zukunft, oder aber, sie habe eine große Zukunft, oder auch, sie lebe zwar, wenn auch unter den Bedingungen des modernen Bewußtseins in einer bis zur Unkenntlichkeit verwandelten Gestalt — je nachdem wird die Antwort auf die Frage ausfallen: in welchem Sinne sprechen wir von Religion?

Die größten Schwierigkeiten macht uns dabei das historische Bewußtsein. Und historisches Bewußtsein bedeutet immer Modernitätsbewußtsein, d. h. Verfremdung der Vergangenheit. Man kann also der Auffassung begegnen, daß Religion zwar früher sinnvoll und lebendig war, daß sie aber heute vergangen ist. In diesem elementar historischen Sinne hat Fr. Nietzsche seine Botschaft vom „Tode Gottes" wohl gemeint. Es ist eine Veränderung der Welt; früher hat Gott gelebt, nun ist er tot. „Was taten wir, als wir diese Erde von ihrer Sonne losketteten? Wohin bewegt sie sich nun? ... Ist es nicht kälter geworden?" Und die Kirchen sind „die Grüfte und Grabmäler Gottes".

Die entscheidende Stelle ist der Aphorismus 125 „Der tolle Mensch", Fröhliche Wissenschaft, Werke V, 163 f. Dem entsprechen die Stellen in „Also sprach Zarathustra" (KGA VI/1) 7.$_{27}$ ff.; 97$_{26}$ ff.; 111$_{29}$ ff.; 321$_{30}$ ff.; 327$_{17}$ ff.; 352$_{15}$ ff. und bes. 387$_{13}$ ff., wo die Relativität des Satzes vom Tode Gottes ironisch erwogen wird: „Tod ist bei Göttern immer nur ein Vorurteil."

Wenn es aber so steht, daß man der Religion keinerlei gegenwärtige, geschweige denn gar zukünftige Bedeutung zuerkennt, dann gibt es ihr gegenüber nur noch zwei Möglichkeiten. Entweder muß sie als ein Kennzeichen älterer, überwundener Bewußtseinsphasen betrachtet werden. Sofern sie auch heute noch anzutreffen ist, ist demzufolge das Bewußtsein von ihr systematisch zu reinigen; die Religion ist als eine Hemmung, als Irrtum und Täuschung freier Vernunftwesen abzutun. Und soweit man sie, wie das bei K. Marx der Fall ist, als eine Ideologie der herrschenden Klassen ansieht, die der Unterdrückung der ausgebeuteten Klassen dienlich ist, muß sie mit allen Mitteln bekämpft werden. Die andere Möglichkeit ist die historische. Man versteht die Religion als Element eines überwundenen oder doch in der Überwindung begriffenen archaischen Bewußtseinszustandes, der nur noch dem geschichtlichen Verstehen zugänglich ist.

Man kann diese Folgerungen aus dem historischen Bewußtsein freilich auch umgekehrt ziehen. Man kann sie zugunsten der Gegenwart verstehen: erst heute ist es möglich, einen „reinen" Begriff von Religion zu fassen, während man in älterer Zeit die Religion verunreinigt hat mit Magie, mit Mythen und naivem Wunderglauben, die wir heute von der reinen Auffassung der Religion wohl zu trennen vermögen. Ja, die religiöse Tradition von diesen Fremdbestandteilen zu reinigen, das sei gerade die religionswissenschaftliche und nicht zuletzt die religionsphilosophische Aufgabe. Nun führt also das historische Bewußtsein nicht zu einer Verfallshypothese, sondern vielmehr zu einer Lehre von fortschreitender Perfektion der Religion, eine Auffassung, die übrigens seit der Aufklärung in immer neuem Gewande hervorgetreten ist und innerhalb deren die berühmte Entmythologisierungs-These Rudolf Bultmanns nur einen Sonderfall darstellt.

Auf „die Vorstellung von der Perfektibilität des Christentums im Denken der Aufklärung" hat Hans-Walter Schütte in dem Sammelband „Beiträge zur Theorie des neuzeitlichen Christentums", Berlin, 1968, S. 113 ff. hingewiesen. Man kann den Gesichtspunkt unschwer auf die ganze Religionsauffassung ausdehnen: Erst in der Neuzeit, erst in der Gegenwart tritt der Religionsbegriff in seiner ganzen Reinheit und Geistigkeit ins Licht.

Es ist indessen nicht nur das historische Bewußtsein in dem geschilderten Sinne, das die Antwort auf die Frage nach dem Religionsbegriff erschwert. Es kommt hinzu, daß jede positive Religion in sich Entwicklungsphasen aufweist. In den Anfängen, in der Nähe des Stifters, während der Sammlung der ersten Jünger und Anhänger bietet eine Religion noch ein anderes Bild als in den späteren Phasen, in denen dann übrigens noch ganz andere Unterschiede das Bild verwirren können. Selbständige und unselbständige Religiosität, äußerliches Dabeisein und innerste Beteiligung, kindliche und reife Phasen des religiösen Lebens — kurz, alle die Differenzierungen, welche Gegenstand der Religionspsychologie sind, geben dem Gegenstande der Religionsforschung eine wechselvolle und uneinheitliche Physiognomie. Überall kann die Verinnerlichung auf der einen Seite, die Dogmatisierung auf der anderen einen weiteren Spielraum für die Fülle der Erscheinungen eröffnen. Wie viele Religionskritik bis hin zu Feuerbach hat sich einfach damit begnügt, die Lehrsätze der sich dogmatisch verstehenden Religion als „die" Religion zu verstehen. Es kommt hinzu, daß der Religionsverfall noch besondere Probleme aufwirft. Sei es, daß sich Verhärtungen, Ritualisierungen des religiösen

Lebens, Zelotismus u. dergl. als Formen des Verfalls zeigen, sei es, daß im Gegenteil Spiritualisierung und Synkretismus vordringlichste Verfallssymptome sind, immer verunklart sich dadurch das Bild der konkreten Religion.[1]

Die Übersicht über diese Schwierigkeiten drängt nun unmittelbar dazu, einige methodische Grundsätze für die Beantwortung der Frage, in welchem Sinne wir hier von Religion reden, auszusprechen. Einmal wird man sich davor hüten müssen, einen zu engen Begriff von Religion zu fassen. Ein Normbegriff, eine „Definition" von Religion (wenn so etwas überhaupt denkbar ist) könnte leicht religiöse Phänomene ausschließen, die sich dem Begriff nicht fügen, obwohl sie doch offenkundig Phänomene der Religion sind. Ebenso wird man sich in Acht zu nehmen haben, vor unwillkürlichen Modernisierungen, ebenso natürlich vor Beschreibungen, die eigentlich nur auf alte, antike Religionsformen zutreffen. Solche Modernisierungen sind der neueren Religionswissenschaft häufig im Anschluß an den Religionsbegriff der „Reden über die Religion" von Schleiermacher (1799) unterlaufen.

Ich möchte drei allgemeine Bedingungen für jede Auskunft über „Religion", von der die Religionswissenschaft spricht, nennen. Einmal müssen die Aussagen über Religion zu den Manifestationen der Religion stimmen. Diese Manifestationen sind, ganz allgemein, die Traditionen einer Religion, ihre Lehren, wie immer sie gefaßt sein mögen, Dogmen, Urworte, vor allem Mythen, Urgeschichten aller Art, Bekenntnisse, Kultus, Lieder, aber auch alle Lebensformen: Sitte, Sozialformen und das „heilige Recht", mit dem diese Sozialformen geschützt und sanktioniert werden. — Zum Zweiten gehört zum Religionsbegriff die Einfühlbarkeit dessen, was er umgreift. Ich weiß wohl, daß das ein sehr unbestimmtes Kriterium ist. Mancher fühlt, oder gibt vor zu fühlen, wo der andere nichts empfindet. Es ist hier ähnlich wie in der Kunst. Dennoch gibt es hier sicher eine Art von Toleranzgrenze, jenseits derer grundsätzlich nicht mehr nachgefühlt werden kann, wo sich die Phänomene ins Sinnlose verlaufen. Andererseits gilt natürlich, daß Einfühlung nicht Glaube bedeutet. Aber ich kann im Sinne des Verstehens auch dort nachfühlen, mich einfühlen, wo ich die Wahrheit des „Verstandenen" doch nicht glaube. Im „Imponieren" fremder Religion kann diese Einfühlung einen sehr hohen

---

[1] Vgl. W. Trillhaas: Die innere Welt, Religionspsychologie, 1953², Kap. 1, 2, 12, 14

Grad erreichen, und es ist dann eine Sache der Ernüchterung, zu erkennen, daß diese fremde Religion doch nicht „mein Glaube" sein kann. Dieses zweite Kriterium geht nun mit dem ersten, mit der Übereinstimmung mit den Manifestationen, eine Verbindung ein. Die Einfühlung muß sich an den Manifestationen vollziehen. Umgekehrt erklären die Manifestationen über eine Religion erst dann etwas, wenn sie im Medium der Einfühlung verstanden werden. Es kommt noch etwas Drittes hinzu. Jede Beschreibung von Religion muß so ausfallen, daß sich die Religion in der Beschreibung wiedererkennt. Sie muß das aufnehmen, was die Religion selber „meint". Das ist der entscheidende Unterschied der Beschreibung von Religion, also der eigentlichen Phänomenologie derselben, von den verschiedensten Versuchen einer Deutung. Denn die meisten Deutungen schieben, aus welchen Gründen auch immer, der Religion etwas unter, was sie eigentlich gar nicht meint, worin sie sich gar nicht wiedererkennt. Diese letzte Bedingung ist so wichtig, daß wir im nächsten Abschnitt davon ausführlicher sprechen müssen.

2. Die Verwechslung von Beschreibung und Deutung

Ich möchte hier eine Reihe von landläufigen Deutungen der Religion aufzählen, die, z. T. klassischer Herkunft, alle in einer Kurzformel zusammengefaßt werden können und die aussagen sollen, was Religion eigentlich, was sie „im Grunde" ist. Das muß für die Religion gar kein abträgliches Resultat bewirken, ja, manche dieser Deutungen können ebenso in einer positiven wie in einer negativen, kritischen Absicht ausgesprochen werden.

Eine der in der Gegenwart weit verbreiteten Deutungen wird vielfach in der christlichen Dogmatik vertreten. Sie beruht auf dem Postulat, daß Evangelium und Religion im Verhältnis eines äußersten Gegensatzes stehen.

Der locus classicus für diese These findet sich in der Kirchlichen Dogmatik von Karl Barth, Bd. I/2 (1938), und zwar im § 17, der die Überschrift trägt: Gottes Offenbarung als Aufhebung der Religion. Der Leitsatz dieses § lautet: „Gottes Offenbarung in der Ausgießung des Heiligen Geistes ist die richtende, aber auch versöhnende Gegenwart Gottes in der Welt menschlicher Religion, das heißt in dem Bereiche der Versuche des Menschen, sich vor einem eigensinnig und eigenmächtig entworfenen Bilde Gottes selber zu rechtfertigen und zu heiligen. Die Kirche ist insofern die Stätte der wahren Religion, als sie durch Gnade von Gnade lebt." Auch wenn man in Rechnung stellt, daß Barths These ganz wesentlich auf einen bereits innertheologischen Gebrauch des Religionsbegriffes im Konzept der neuzeitlichen Theologie abhebt, und auch wenn man nicht übersehen will, daß im letzten Absatz des Kapitels von einer „wahren Religion", nämlich eben von dem Glauben an die Offenbarung Gottes in Christo die Rede ist, so läßt sich doch nicht verschweigen, daß von diesem Kapitel aus eine radikale Ächtung des Religionsbegriffes durch die unter dem Einfluß K. Barths stehende Theologie erfolgt ist. Sie setzt sich in mannigfacher Weise fort, etwa in der Parole von der „nichtreligiösen Interpretation" biblischer Begriffe (D. Bonhoeffer).

Es liegt auf der Hand, daß diese These an der Phänomenalität der wirklichen Religion gar nicht orientiert ist, sondern von einem exklusiv verstandenen Offenbarungsbegriff aus einen bestimmten Religionsbegriff setzt. Demgegenüber gilt immer die Einsicht Paul Tillichs, daß jedes Innewerden dessen, „was uns unbedingt angeht", eben Religion sei.

Wenden wir uns zu den eigentlich philosophischen Deutungen, wie sie vornehmlich in der Religionskritik begegnen, so ist auf die genetischen Deutungen zu verweisen. D. h. auf jene Deutungen, welche die Wesenfrage durch eine Erklärung des Ursprunges der Religion beantworten möchten. Unter den vielen Beispielen beziehe ich mich hier nur auf David Humes „Natural History of Religion" (1755). Er läßt die Religion in den Anfängen der Geschichte unseres Geschlechtes aus Furcht vor den unser Leben bedrohenden dunklen Gewalten entstehen, aus Unwissenheit und aus dem Bedürfnis nach Ausgleich der Mängel des Lebens. Es ist ein klassischer Reduktionsversuch, d. h. eine Erklärung der Religion durch ihre Zurückführung auf Bekanntes. Zugleich ist dadurch auch ein Motiv der Religionsgeschichte gesetzt. Durch zunehmende Bildung, durch Aufklärung werden die Irrtümer beseitigt. Das kann einen sehr positiven Sinn haben. Schlicht gesagt: die Religion wird durch den Fortschritt der Aufklärung immer besser. Es kann ebenso einen negativen Sinn haben: die Religion in ihrem eigentlichen Sinne geht ihrem Ende durch fortschreitende Aufklärung entgegen.

Die Bedeutung D. Humes für die Religionskritik liegt allerdings weniger bei dem genannten Buche, als in der Kritik des Wunderbegriffes, die sich im X. Abschnitt von Enquiry concerning human understanding findet. Das Änigmatische der „Natürlichen Religionsgeschichte" liegt darin, daß Hume keine bestimmten Tendenzen erkennen läßt, sondern sich darauf beschränkt, die ursprüngliche Religion mehr und mehr von allen jenen Bestandteilen zu entblättern, welche vom Standpunkt einer konsequenten Aufklärung aus betrachtet als Aberglauben erscheinen müssen. Daß es dabei nicht mit einer historischen Betrachtung getan ist, sondern alle gegenwärtigen positiven Religionen mitbetroffen werden, das versteht sich dann von selbst.

Eine der weitest verbreiteten Deutungen der Religion ist die einer fiktiven Spiegelung des menschlichen Wesens. In den Lehren und Glaubenssätzen der Religion projiziert der Mensch seine Wünsche, Befürchtungen und Hoffnungen an den Himmel. Ja, er projiziert in der Vorstellung von Gott sein eigenes Wesen in eine jenseitige Welt. Die Religion wird so zu einer, gewiß mehr unbewußten als bewußten Schöpfung des Menschen selbst. Der übliche Anthropomorphismus der Gottesvorstellungen bestätigt sich auf diesem Wege mühelos, es ist die nächstliegende Erklärung: In der Religion spiegelt sich das Selbstverständnis des Menschen. In diesem Deutungtypus handelt es sich somit nicht mehr um eine „Reinigung" der Religion von abergläubischen Bestandteilen, sie soll nicht mehr auf ein vernünftiges und natürliches Maß gebracht werden, sondern sie wird „durchschaut". Das Bestechende dieser Deutung liegt überdies darin, daß kein Vorwurf auf „Betrug" aufgeboten werden muß, um diese Enthüllung zu vollziehen. Es geht eigentlich nur um die Aufhebung einer optischen Täuschung, um einen Wechsel der Prioritäten, um eine Umkehrung der Ursächlichkeit: nicht Gott hat den Menschen geschaffen, sondern der Mensch ist der „Schöpfer" Gottes, d. h. der Vorstellung von einem Gott, in dem er doch nur sein eigenes Bild wiedererkennt.

Dieser Deutungstypus ist uralt, schon Xenophanes hat mit ihm satyrisch gespielt. In der Neuzeit ist Ludwig Feuerbach (1804—1872) der Klassiker dieser Religionskritik geworden. Nicht nur die beiden wichtigsten Dokumente dieser Kritik, Das Wesen der Religion (1845) und Das Wesen des Christentums (1841) haben sie popularisiert, sondern Feuerbachs ganzes Lebenswerk ist eine einzige negative Theologie. Die Umkehrung der Theologie in Anthropologie ist das durchgehende Thema seines Philosophierens. Dabei ist Religion eigentlich immer gleichbedeutend mit der Summe dogmatischer Sätze; die Religion wird immer als Inbegriff eines Lehrgehaltes verstanden. Der Sinn dieser Feuerbachschen Deutung ist aber ambivalent. Man kann sie so auslegen, daß man nun die Religion aus dem Bewußtsein austilgt, wie es dann ja auch die bei K. Marx und bei Lenin einzig mögliche Konsequenz gewesen ist. Aber man kann Feuerbach natürlich auch so auslegen: Wenn die Religion diesen anthropologischen Sinn hat und wenn man sich darüber klar ist, dann ist sie durchaus sinnvoll. Wenn ich recht sehe, wechseln bei Feuerbach selber die Tonarten seiner Kritik, man kann ihn nicht auf die eine oder die andere Deutung seiner These festlegen. — K. Barth hat Feuerbach zum Kronzeugen seiner Kritik am Religionsbegriff gemacht und ihn damit sozusagen in den Rang eines negativen Zeugen seiner Offenbarungstheologie erhoben. Man kann das insofern anerkennen, als Feuerbach in der Tat aller Religionswissenschaft, und überdies der Theologie, die Aufgabe gestellt hat, sich dem kritischen Einwand zu stellen, daß ihre Gegenstandswelt nur fiktiv sei. Natürlich wird auch Barths eigene Offenbarungstheologie von diesem Einwand mitbetroffen, mit und ohne Religionsbegriff.

Auch Kant hat den Anthropomorphismus, „in der theoretischen Vorstellung von Gott kaum zu vermeiden", „in Ansehung unseres praktischen Verhältnisses zu seinem Willen und für unsere Moralität selbst höchst gefährlich" gefunden; „denn wir machen uns einen Gott, wie wir ihn am leichtesten zu unserem Vorteil gewinnen können". Aber dennoch war Kants Deutung der Religion nicht von daher zu verstehen. Es ist gar keine Frage, daß für Kant der eigentlich verpflichtende Kern der christlichen Religion der praktische und moralische Vernunftglaube ist. Was ihm in der Schrift „Die Religion innerhalb der Grenzen der bloßen Vernunft" (1793), besonders in deren IV. Teil, vor allem zu schaffen macht, ist der darüber gleichsam überschießende Komplex historischer Wahrheiten, die zu der christlichen Religion als natürlicher Religion noch hinzukommen. Kant hat in jenem letzten der vier in seiner Religionsschrift vereinigten Traktate den Religionswahn und den „Afterdienst Gottes" einer gerade wegen ihrer Vorsicht und akademischen Vornehmheit vernichtenden Kritik unterzogen. Es wäre aber eine böse Vereinfachung, wenn man Kant einfach dessen zeihen wollte, er habe die Religion auf Moral reduziert. Tatsächlich bedeutet sie für ihn den Glauben an eine sittliche Weltordnung, Anerkennung der Postulate des sittlichen Selbstgefühls, Bejahung des Daseins Gottes und Glaube an die Unsterblichkeit. Dennoch ist, abgesehen von diesem Umschluß durch eine sittliche Weltordnung, in concreto die gelebte und geglaubte Religion mit der Moral identisch. Eben zu diesem Zweck werden die positiv-geschichtlichen Bestandteile aus dem Bilde der überlieferten Religion ausgeschieden. Eben zu diesem Zwecke werden die kultischen Verrichtungen, die nicht unmittelbar moralisch deutbar sind, als überflüssiger Afterdienst Gottes und Religionswahn abgetan. Das über die Moralgesetze in der Religionsdeutung Kants Überschießende betrifft nicht einen Trost der Religion abgesehen von aller Moral, also Dankbarkeit für das Leben als Geschenk oder Trost durch den Glauben an die Vergebung der Sünden, sondern es betrifft einerseits eine Gewißheit, die nur durch die Prinzipien der strengen Moralität (Postulate der praktischen Vernunft) hindurch erreicht werden kann. Und es betrifft eine Hoffnung, die nur denen gilt, die im irdischen Dasein noch nicht zu vollem Genuß des Ausgleiches aller Geschicke durch eine sittliche Weltordnung gelangt sind. So daß man sagen kann, daß in der Tat für Kant keine Deutung der Religion denkbar ist an der Moral vorbei, sondern nur durch die Moral hindurch.

Es ist nicht darüber zu sprechen, was das geschichtlich bedeutet hat. Hier ist in der Tat der Grund für eine religiös kaschierte bürgerliche Moralität gelegt worden, die sich in der Folgezeit alles eigentlich „religiöse" und christliche Engagement glaubte ersparen zu können. Wichtiger ist aber, daß sich die Religion in dieser Kantischen Deutung nicht wiederzuerkennen vermag. Das, was Kant der Religion hier als ihren Wesenskern zudiktiert, das kann keine positive Religion als ihr Eigentliches anerkennen. Freilich, was dann ihr Eigenes und Eigentliches ist, das auszusagen wird ihre, und es wird unsere Aufgabe sein.

Unter den Deutungen der Religion, welche in der neueren Religionsphilosophie eine eindrucksvolle Rolle gespielt haben, ist die Deutung als Wertsystem zu nennen. Freilich ist das eine sehr abgekürzte Bezeichnung, zumal es sich hier um einen sehr uneinheitlichen Deutungstypus handelt. Bekanntlich hat Albrecht Ritschl, von Hermann Lotze angeregt, die Überzeugungen, in denen sich der christliche Glaube ausspricht, als Werturteile beschrieben (Rechtfertigung und Versöhnung, 3. Bd. ³1888 passim). Wohl unabhängig davon haben auch die bedeutenden dänischen Religionsphilosophen Harald Höffding (1843—1931) und F. C. Krarup (1851—1931) die Religion als eigentümlichen Wertglauben („Glauben an das Bestehen von Werten" Höffding) beschrieben. Ohne Frage ist damit etwas Richtiges erkannt, und der theoretische Vorteil dieser Auffassung ist nicht zu übersehen. „Wir leben nicht von Begriffen, sondern von Werten" (Krarup) deutet die Möglichkeit an, hier so etwas wie ein existentielles Interesse an der Religion zu begründen. Krarup kommt mit seiner Lehre vom höchsten Wert (oder Zweck) in nächste Nähe zu Kants Lehre vom höchsten Gut. Und man könnte hier einen Anschluß zur Wertphilosophie Max Schelers suchen, wiewohl man sich auf diesem Wege in die immer unauflöslicheren Probleme der Wertphilosophie verstrickt. Umso deutlicher wird dann freilich auch, daß es sich hier eben um die Einordnung der Religion in eine Theorie handelt, die nicht hier, sondern anderwärts ihren Ursprung hat. Das schließt nicht aus, daß sich hier wichtige Einsichten ergeben können, die zu ihrer Zeit und an ihrem Orte wahrgenommen werden müssen. Der wichtigste Hinweis auf die Fruchtbarkeit axiologischer Betrachtung, unabhängig von allen späteren Werttheorien, findet sich in Fr. Nietzsches Buch „Zur Genealogie der Moral" (1887). Hier wird — am Christentum — die Probe auf die Wertvorstellungen der Religion genommen und gezeigt, wie die ursprünglichen Werte von Stark und Schwach durch das Ressentiment der „Schwachen" in eine Moral verkehrt werden, die nun Gut gegen Böse setzt und dem Starken ein „schlechtes Gewissen" verursacht. Dieser Gesichtspunkt, der sogleich auch sichtbar macht, daß wertphilosophische Kategorien auch gegen die Religion gewendet werden können, bedeutet aber noch keine Religionstheorie im Ganzen. Es ist — so fruchtbar der Aspekt auch sein mag — eine Deutung, und bei Nietzsche überdies eine religionskritische, keine Beschreibung der Religion, nach der zu fragen unser eigentliches Interesse sein muß.

Daß die Deutungen, mit denen wir uns hier auseinanderzusetzen haben, vielfach nur durch ihre Einseitigkeit Bedenken hervorrufen, trifft besonders auf jene Anschauung von Religion zu, der wir in bald zwei Jahrhunderten immer neue Anregungen und Anstöße verdanken. Es ist die kosmoästhetische Deutung der Religion durch Fr. D. Schleiermacher in der zweiten seiner „Reden über die Religion" (1799). Hier hat sich die für die Aufklärung schicksalhafte Loslösung der Religion von der Metaphysik und von der Moral vollzogen. Zwar sagt Schleiermacher, alle drei hätten das Universum und das Verhältnis des Menschen zu ihm zum Gegenstand. Aber wie anders beschreibt er eben dieses Verhältnis! Die Religion „darf nicht die Tendenz haben, Wesen zu setzen und Naturen zu bestimmen... letzte Ursachen aufzusuchen und ewige Wahrheiten zu bestimmen." Und „sie darf das Universum nicht brauchen, um Pflichten abzuleiten". Sie ist nicht Wissenschaft, sie ist nicht Moral, sondern sie ist „Sinn und Geschmack für das Unendliche", „Anschauung des Universums". In der dritten Rede findet sich dann auch die optimistische Aussage, daß der Mensch „mit der religiösen Anlage wie mit jeder anderen" geboren wird. Der „Ort" der Religion im Menschen ist das Gefühl, nicht die Erkenntnis, nicht der Wille. — Keine Deutung der Religion ist in der Folgezeit von ähnlicher Fruchtbarkeit gewesen, man kann sagen: sie hat die Religionswissenschaft bis heute geradezu in ihren Bann geschlagen. Weder Rudolf Ottos Buch „Das Heilige" (1917) noch die extreme Deutung Georg Simmels in seinem Essay „Die Religion" (1906), die nur noch auf einen Zustand des „religiösen" Menschen reflektiert und sich ganz und gar im Agnostizismus bewegt, sind ohne die Nachwirkung von Schleiermachers Reden denkbar.

Nur der Vollständigkeit halber sollen unter den Deutungen auch die Versuche erwähnt werden, welche die Religion aus Rückschlüssen des Verstandes erklären wollen. Man mag über die Gottesbeweise denken, wie immer — und Hegel hat von ihnen sehr hoch gedacht — so wird man doch immer daran zu erinnern haben, daß in ihrem Element keine Religion erwächst, sondern daß sie nur eine nachgängige Bedeutung haben können. Man versucht nach-denkend zu verstehen, was uns auf anderen Wegen religiöser Erfahrung zum Besitz des Glaubens geworden ist.

Ich möchte zuletzt noch auf eine „Wesensdefinition" der Religion eingehen, die eindrucksvoll und in ihrer negativen Fassung ein Muster an theoretischer Vorsicht darstellt. Sie ist auf dem Boden der analytischen Philosophie erwachsen. „Religion sei die Qualifikation einer lebenswichtigen Überzeugung, deren Begründung, Gehalt oder Intention mit den innerhalb unserer Anschauungsformen von Raum und Zeit gültigen Vorstellungen und mit dem Denken in den dazu gehörenden Kategorien weder bewiesen noch widerlegt werden kann" (C. Colpe[2]).

Mein Bedenken betrifft den Umstand, daß es sich hier eigentlich um eine Definition des „religiösen Satzes" handelt, für den zwar der Charakter, daß er eine „lebenswichtige Überzeugung zum Ausdruck bringt" in Anspruch genommen wird, von dem aber im übrigen nur Verifizierbarkeit und Falsifizierbarkeit abgewehrt werden sollen. Das eigentliche Problem scheint mir hier die „Lebenswichtigkeit" der Überzeugung zu sein und das, was unter einer hier einschlägigen Überzeugung alles gemeint sein könnte. Dies aber kann m. E. nicht in einer Definition ausgesagt, sondern nur in einer Beschreibung begriffen werden, was dann nicht ausschließt, daß für die darauf bezüglichen Sätze Definitionen wie die vorgeschlagene aufgeboten werden. Aber das muß in unserem Zusammenhang ebenfalls einer späteren Untersuchung vorbehalten bleiben.

Zum Schluß möchte ich zu diesen „Deutungen" der Religion noch Folgendes bemerken. Jede Deutung setzt voraus, daß man eine Sache unbefangen betrachtet, zur Kenntnis genommen und studiert hat. Die eigentliche Deutung, also ein Urteil darüber, was diese Sache „bedeutet", kann immer erst nachfolgen. Ich wende mich also dagegen,

---

[2] Mythische und religiöse Aussage außerhalb und innerhalb des Christentums, in: Beiträge zur Theorie des neuzeitlichen Christentums, hrsg. von H. J. Birkner u. D. Rößler, 1968

daß man mit dem, was immer erst nachfolgen kann, beginnt, wenn man auf die Frage, was denn Religion sei und in welchem Sinne wir von ihr reden, eine Antwort sucht. Man mischt also immer ein Vorurteil ein, und das kann keine gute Antwort geben. Dabei ist es verhältnismäßig gleichgültig, ob dieses Vorurteil günstig oder ungünstig lautet, ob es wohlwollend oder der Religion feindlich ist. Ich habe auch nicht sagen wollen, daß in diesen Deutungen — oder „Vorurteilen" — nicht je und dann etwas Richtiges zum Ausdruck kommt. Nur ist dieses Richtige eben einseitig, es nimmt der Betrachtung der Religion ihre Unbefangenheit weg. Die Deutungen, die der Phänomenologie vorausgehen, verwandeln sich in Vorbegriffe, welche uns daran hindern, die Phänomene so wahrzunehmen, wie sie sich uns darstellen. — Ich habe im übrigen darauf verzichtet, „Deutungen" und „Umdeutungen" oder „Fehldeutungen" zu unterscheiden.

3. Zur Phänomenologie der Religion

Es gibt keine eindeutige „Definition" von Religion. Jede begriffliche Fixierung würde nur zu leicht auch zu einer Fixierung auf bestimmte einseitige Vorlagen führen. Die Definition gerät dann leicht zu einer abendländischen, christlichen, protestantischen, meinetwegen auch norddeutschen oder südländischen Idee von Religion. Alle derartigen Definitionen sind exklusiv, sie werten ab und schließen das aus, was man von diesem Standpunkt aus als Aberglaube, Abgötterei, oder auch als baren Unglauben ansehen muß.

Die Vielfalt der Religionen besteht nicht nur hinsichtlich ihrer geschichtlichen Ursprünge, ihrer Glaubenslehren, ihrer sehr differenten Moral. Es gibt eben viele und verschiedene Religionen. Die Vielfalt besteht auch innerhalb der einzelnen Religionen selbst, denn es gibt verschiedene „Religiosität": männliche und weibliche, jugendliche und die des reifen Menschen und des Alten, unkritische und kritische Hinnahme der Traditionen, selbständige und unselbständige, konventionelle Gläubigkeit, Innerlichkeit und äußerliches Dabeisein.

Es handelt sich also gewissermaßen um eine horizontale und vertikale Vielfalt der Religion. Die horizontale meint die Pluralität der Religionen. Mit ihr hat es die vergleichende Religionsforschung zu tun, aber ebenso die Phänomenologie der Religion. Für das eine verweise ich beispielsweise auf Joachim Wach: The Comparative Study of Religion, New York 1958 (deutsche Ausg. Urbanbücher Nr. 52, 1962), für das andere auf Gerardus van der Leeuw: Phänomenologie der Religion, ²1956, und auf Mircea Eliade: Die Religionen und das Heilige. Elemente der Religionsgeschichte, 1954.

Hier entsteht immer wieder das Problem, wie weit Ähnlichkeiten auf die Gleichheit der Phänomene schließen lassen, ebenso aber, wieweit Ähnlichkeiten zwischen den Religionen auf historische Zusammenhänge (Abhängigkeiten) hinweisen. — Die vertikale Vielfalt meint die Verschiedenheit der „Religiositäten" innerhalb der gleichen Religion. Mit ihr hat es die Religionspsychologie zu tun, ja hier hat sie ihre eigentliche Kompetenz. Ich verweise hierfür auf mein Buch: Die innere Welt, Religionspsychologie, 1953.

Einige wichtige Überlegungen zu den methodologischen Fragen, vor allem auch zu der Offenheit und Unabgeschlossenheit des Verfahrens der Religionsphänomenologie finden sich in den Epilegomena bei van der Leeuw, a.a.O. 768 ff. Ich finde allerdings die hier versuchten Abgrenzungen der Religionsphänomenologie zur Religionspsychologie und zur Religionsphilosophie unscharf und wenig überzeugend. Nicht durch eine Unterscheidung der Methoden, sondern allein durch eine solche der Fragestellungen selbst und der Forschungsabsicht können hier Unterscheidungen ermittelt werden.

Versuchen wir, Schritt für Schritt und in möglichster Unbefangenheit die Wesenszüge der Religion zu beschreiben.

1. Religion ist immer ein Weltbezug. Sie umfaßt immer „die ganze Welt". „Welt", der neutestamentliche „kosmos", ist insoweit geradezu ein ursprünglich religiöser Begriff. Die Welt ist der äußere Rahmen unseres Schicksals, Horizont unseres Daseins, sie reicht so weit, als wir blicken und Erfahrungen sammeln können. Wir müssen uns mit ihr auseinandersetzen. Wir machen uns Gedanken über sie. An ihr erwacht unser metaphysisches Bedürfnis. Aber das ist schon zu „wissenschaftlich" formuliert. Weltprobleme und Welterfahrung sind unabhängig von aller Wissenschaft. Der Intellekt folgt dieser Problematik, eben in Form etwa der Metaphysik, aber der Intellekt vermag die Erfahrung der Welt und ihre ursprüngliche Problematik nicht genuin zu bewahren. H. Bergson hat die Religion als „une réaction défensive de la nature contre le pouvoir dissolvant de l'intelligence" beschrieben und hat überhaupt auf die unaufhebbare Spannung der Religion zur Intellektualität hingewiesen, die eben an der Welterfahrung entsteht und an ihr auch immer neue Nahrung empfängt.

„La première forme de la religion avait été infra-intellectuelle; ... La seconde ... fut supra-intellectuelle ... Ce fut la religion dynamique, jointe sans doute à une intellectualité supérieure, mais distincte d'elle." H. Bergson: Les deux Sources de la Morale et de la Religion, Paris, 164. éd. 1967, pag. 127, 196. Die Beobachtung scheint mir auch abgesehen von den Implikationen, welche bei Bergson zu beachten sind, wichtig zu sein.

Religion ist immer ein Totalaspekt des Daseins. Und mehr als das. Diese Welt hat — es ist nicht die ganze Welterfahrung — immer den Charakter der Mächtigkeit. Sie ist vor uns da und ihr eignet Überlegenheit, Dauerhaftigkeit. Sie repräsentiert Macht. Die Götter, Gott ist nicht ohne diese Welt. Und es ist sicherlich ein Zeichen religiösen Spätstadiums, wenn die im Hintergrund der Welt geglaubte Macht zurückgeschoben, wenn sie begrifflich eingeschränkt wird und wenn — umgekehrt, aber im Zusammenhang damit — Gott „entweltlicht" wird.

2. In jeder Religion sucht sich der Mensch zu dem Geheimnis der Welt, zu der in ihr und hinter ihr waltenden Macht in Beziehung zu setzen. Es ist die bleibende Bedeutung des Buches von Rudolf Otto „Das Heilige", daß er dieses elementare Urverhältnis beschrieben und den Phänomenen Namen gegeben hat. Das Geheimnis, das Numinose, übt auf den Menschen eine zwiefache Wirkung aus: es zieht an und es schreckt ihn von sich zurück. In seiner anziehenden Wirkung — so daß man nicht von ihm loskommt, ist es das mysterium fascinosum, als Furcht erweckend ist es mysterium tremendum. Ich glaube freilich nicht, daß diese Beschreibung ausreicht, um die Beziehung des Menschen zu dem übermächtigen Weltgeheimnis hinreichend zu beschreiben. Es müßte auch von dem Kontaktbedürfnis gesprochen werden. Man will den Willen des göttlichen Geheimnisses erfahren, man will seine Stimme hören, man will das Heilige sogar voll Scheu berühren und sucht die Versöhnung mit dem zornigen „fremden Gott". Das Heilige ist das Heilbringende und darum will man sich dieses Heiles versichern. Man will es schmecken und tasten. Man will sich ihm auch vernehmlich machen. Man ruft zu ihm, betet zu ihm und dankt ihm für alle Wohltat. — Zur Beschreibung des Verlangens nach Beziehung gehört auch, daß man schon erfahren hat. Und wenn man nicht selbst erfahren hat, dann haben die Väter solche Beziehungen erfahren und auf uns überliefert. Jede „Offenbarung" begründet Beziehung, wie ich sie hier zu beschreiben versuche.

3. Jede Religion ist ferner ein Sinngefüge. So fremdartig für den Außenstehenden die Religion sein mag, absurd und scheinbar sinnlos, für den Gläubigen einer Religion ist sie von tiefer Sinnhaftigkeit. In ihr hat alles einzelne im großen Zusammenhang seinen Sinn, der in einer schwer zu definierenden Weise anders als rational bestimmt werden müßte. Dieser Glaube an Sinnhaftigkeit hat auch eine unbestrittene Priorität vor solchen Einzelheiten, die sich dem Sinnzusammenhang zunächst nicht erkennbar einfügen. Wenn solche Einzelerfahrungen, Schicksalswendungen, Unglück, unerfüllte Wünsche und

unerhörte Gebete, Krankheit und Tod zunächst keinen „Sinn" erkennen lassen, so wird man doch an Sinn glauben, man muß und kann ihn erforschen und darf hoffen, daß er sich in einem späteren Zusammenhang offenbaren wird. Darin liegt auch eine Funktion der Eschatologie. Darum stören rationale Unabgeschlossenheiten und rätselhafte Erfahrungen diesen Glauben nicht grundsätzlich. Auch das vielerörterte Problem des Verhältnisses von Glauben und Wissen ist kein ursprüngliches Problem der Religion, weil von der gewußten und erfahrenen Wirklichkeit her wohl „Anfechtungen", aber keine Dementierungen dieses geglaubten Sinnzusammenhanges zu erwarten sind. Erst wo der Glaube an diesen Sinnzusammenhang versagt, wird das Problem von Glaube und Wissen zu einem Störungsfaktor. Wissenschaft und Philosophie erschüttern den Glauben erst dann, wenn er schon erschüttert ist.

Andererseits ist das Eindringen der kritischen Verstandesfragen in lebendige Religion, kurz die religiöse Skepsis, kein Verfallsymptom für die Religion, es ist auch keineswegs nur ein neuzeitliches Schicksal, sondern es ist eine die Religion immer begleitende Erscheinung. Die skeptische Probe auf die Stimmigkeit des Glaubens, der „Frevel", das bewußte Herausfallen aus dem Sinnzusammenhang der Gläubigkeit ist etwas, was alle Religionen kennen und was nicht nur eine Endphase absterbender Religion kennzeichnet[3].

4. Unsere Beschreibung der Religion wäre unzureichend, wenn man nicht auch ein Wort über das Interesse an der Religion sagen würde. Was erhofft man sich eigentlich von ihr? Diese Hoffnung oder auch Erwartung kann ja so stark sein, daß sie Enttäuschungen und Anfechtungen des Glaubens überdauert, auch menschliche Enttäuschungen durch die Diener der Religion, durch die Priester oder durch die religiösen Institutionen. Es ist die Erwartung der Geborgenheit im Glauben, mehr noch in der eigentümlichen Welt, die er uns erschließt. Religion gibt Antwort auf unsere Lebensfragen, sie tröstet, sie gibt in der Sorge des Daseins und in der Angst der Existenz Gewißheit. Sie gewährt Halt in der Hinfälligkeit, sie versetzt uns in eine Gemeinde, die uns der Einsamkeit überhebt. Sie weist Wege zur Erlösung. Diese Erwartung, welche das Interesse an der Religion begründet, ist überrational. Andererseits sind die Grenzsituationen, die Nähe zum

---

[3] Tor Andrae: Det osynligas värld, 1933" dt. Ausg. u. d. T. „Die letzten Dinge" von H. H. Schaeder, 1940, 214 ff.

Tode natürlich dann auch die Anlässe zur Enttäuschung und zum Illusionsverdacht.

5. Jede Religion hat eine Anthropologie. Ich habe davon in den späteren Kapiteln noch ausführlich zu sprechen (bes. im 7. Kap.). So mag an dieser Stelle der Hinweis genügen: in jeder Religion kommt das Selbstverständnis des Menschen zum Ausdruck. Je deutlicher in einer Religion ein „Bild Gottes" hervortritt, desto deutlicher spiegelt sich in diesem Bilde ein Bild des Menschen. Aber auch dann, wenn das Bild Gottes ins Dunkle gehüllt, im Geheimnis verwahrt ist oder in der Begrenztheit seiner Bildhaftigkeit geradezu zum Gegenstande der Skepsis wird, dann bleibt es wahr: der Mensch spricht darin aus, was er von sich selber hält, was er für sich glaubt und erhofft. Immer ist es der Mensch, der nicht bei sich selber ist, sondern der sich auslegt, indem er seine Grenze überschreitet. Der homo religiosus ist immer der um sich selbst wissende Mensch.

6. Zu jeder Religion gehört eine eigentümliche Praxis. Das wird häufig von den Theoretikern übersehen, welche die Religion gnoseologisch interpretieren, also als einen konkurrierenden Modus neben dem Wissen, dem Erkennen, wie es vorwiegend in der Religionsphilosophie der Aufklärung der Fall war. Ich wähle für diese Seite der Sache ausdrücklich den Begriff der Praxis. Denn er schließt sich in sich, was tatsächlich im primitiven Zustand der Religion ungeschieden beieinander liegt: die kultische (rituelle) Praxis und die Ethik. „Praxis" meint das, wozu sich der Mensch in der Religion vor dem Heiligen für absolut verpflichtet hält. Auch das, was in einer späteren, kritisch geläuterten Form des Denkens als „ethisch" im spezifischen Sinn verstanden werden muß, liegt hier noch ganz eingeschlossen in kultisch-rituelle Vorstellungen und Begründungen. Ob man den Gastfreund schützt oder den Feind tötet, die Darbringung von Opfern, die Einhaltung heiliger Zeiten, das Verhalten der Geschlechter, Initiationsriten, das alles und noch vieles dazu macht zusammen eine kultisch durchdrungene Praxis aus. Sie hält das Leben in Ordnung, gibt Regel und bewahrt auf dem rechten Wege. Eine „Ethik" in unserem heutigen Sinne löst sich erst auf dem Wege einer sehr schmerzvollen Emanzipation heraus, und es ist ein sehr weiter Weg bis zu einer dann vollends religionslosen Ethik. Faßt man diese „Praxis" als „Ethik" auf, so kann man sagen: es gibt schlechterdings keine Religion ohne Ethik. Der Satz läßt sich von unserem heutigen Stande der Einsicht aus aber nicht umkehren. Es gibt sehr wohl eine Ethik ohne Religion.

Die Praxis der Religion hat aber eine zur „Ethik" in unserem heutigen kritischen Verständnis hin konvergierende Tendenz. Und daraus ergibt sich, daß wir hier ein wichtiges Kriterium vor uns haben. Einmal ist der Aberglaube ohne eine Praxis von ethischem Rang. Wenn er überhaupt so etwas wie eine Praxis hat, dann ist sie abwegig, abseitig, kein Ordnungsprinzip des Lebens. Eine Religion ferner, die die Praxis freigibt, etwa der in der Geschichte des Christentums zeitenweise hochkommende Libertinismus, tangiert den Religionsbegriff selbst, wie auch eine Religion, die ihre Praxis den Regeln eines säkularisierten Weltbewußtseins anheimgibt, aufhört, als gestaltende Macht ernst genommen zu werden, sofern sie nicht in diesem andersartigen Weltbewußtsein selbst eine gestaltende Macht geworden ist.

7. Schließlich gehört es — in engem Anschluß an das über die Praxis Gesagte — zur Religion, daß sie sich objektiviert. Sie objektiviert ihren Glauben in einer tradierbaren Lehre, gleichviel, ob diese Lehre nur mündlich tradiert wird oder zum Dogma gerinnt und in einer förmlichen Theologie kultiviert wird. Die Lebensformen der Religion regeln sich in einem Kultus, in Riten und Zeremonien. Die Religion wird nicht nur überlieferbar, so daß man die Jugend in sie einweihen und Mission treiben kann, sie gewinnt überhaupt Priorität und Selbständigkeit gegenüber dem einzelnen Menschen. Das wiederum hat zur Folge, daß sich die gelebte Religion individualisiert in verschiedene Religiositäten, d. h. in verschiedene Weisen, wie sich einzelne Individuen oder ganze Gruppen gegenüber dem Religionsbestande verhalten. Es kommt zu individuellen Abirrungen, zum förmlichen Absinken der Religiosität, zur Veräußerlichung, aber auch zu Auflehnungen gegen den Anspruch der offiziellen Religion. Die Tatsache der objektiven Religion ermöglicht viele Spielarten von der Skepsis über ein gewisses Normalverhalten und Normalglauben bis zu den ekstatischen Konfessionen. Vor allem tritt unter dem Gesichtspunkt der objektivierten Religion die Religionssoziologie in ihre Rechte.

Ich möchte diese Übersicht mit drei Bemerkungen beschließen. Einmal gilt immer, daß die Religion nicht in abstrakten Ideen, sondern in konkreten Erscheinungen existiert. Daran scheitern alle Definitionen, und es ist natürlich auch der angreifbare Punkt bei einer phänomenologischen Beschreibung, die doch eine gewisse Allgemeingültigkeit für sich in Anspruch nehmen soll. Tor Andrae hat (a.a.O.

169 ff.) auf diese Schwierigkeiten besonders hingedeutet. Es gibt hier keinen Sammelbegriff, kein Allgemeinstes, was dann als das „Wesen" der Sache angesehen werden dürfte. Es ist durchaus damit zu rechnen, daß es konkrete, wenn man will „positive" Religionen gibt, in denen dieser oder jener hier beschriebene Zug völlig fehlt, also z. B. Religionen ohne eine deutlich vorgestellte transzendente Welt oder Religionen mit einer nur ganz primitiven Sozialität.

Eine zweite Bemerkung soll auf die Nähe religiöser Phänomene zum Profanen hinweisen. Es gibt hier Analogien und Ähnlichkeiten, welche die Grenzen fließend machen. „Religiöse" Verhaltensweisen können unmerklich in profane übergehen und umgekehrt. Die Andacht wird zur Sammlung der Gedanken, religiöse Ehrfurcht kann einem sterblichen Menschen gelten, der Glaube an göttliche Führung kann sich an Alltagserlebnissen entzünden. „Wir besitzen kein unfehlbares Prinzip, nach dem wir zu entscheiden vermöchten, wo hier die Religion in das Profane übergeht" (T. Andrae, a.a.O. 170). Darum ist die Formel von der „nichtreligiösen Interpretation", die im Zusammenhang mit der modernen Kritik des Religionsbegriffes in der Theologie in Umlauf gekommen ist, gar keine eigentliche Entdeckung, sondern sie greift nur im Wesen der Religion selbst liegende Sachverhalte auf.

Wo aber das bewußt Religiöse mit dem bewußt Profanen in Konkurrenz tritt, da gerät die Religion häufig in Nachteil. Und das ist die dritte Bemerkung. Verglichen mit dem kritischen Denken ist die Religion leicht im Verdacht der Naivität. Und wo sie offenkundig naiv ist, da leidet sie keinen Schaden an ihrer Echtheit. Es ist der Kindersinn, den Jesus preist, es ist die kindliche Zuversicht, in der das Gebet lebt. Im Evangelium werden die, welche die „Kleinen", die an Jesum glauben, durch Ärgernisse in ihrem Glauben erschüttern, mit einem entsetzlichen Tode bedroht (Mk. 9, 42 par.). Und es ist doch kein Zweifel, daß die Skepsis, daß Unglaube und rationale Kritik ein leichtes Spiel haben, die Religion lächerlich zu machen, zu erschüttern. Es eignet der Religion eine eigentümliche Wehrlosigkeit, die freilich nicht immer und nicht grundsätzlich gilt. Aber sie bedarf im Zweifelsfall einer Stärkung, sie bedarf der Ermutigung und auch der bewußten Begründung und ihr Verhältnis zur Rationalität, oder sagen wir allgemeiner zur Ratio, zur Vernunft, ist eine für sie zu jeder Zeit lebenswichtige Frage. Damit sind wir bei dem Problem des folgenden Abschnittes angelangt.

4. Gibt es ein religiöses Apriori?

Je mehr die Religion auf Verstehen angewiesen ist und je mehr wir an diese Verstehbarkeit über alle individuellen Varianten, ja über die differenzierten Religionsformen hinweg anknüpfen, wenn wir Religionswissenschaft betreiben, desto mehr wird es zum erregenden Problem, wenn dieses Verstehen bei bestimmten Menschen nicht zustandekommt. Die Verneinung von Religion in Gestalt des Unglaubens, der Antireligion oder Irreligion, des Atheismus wirft unübersehbare Probleme auf. „Muß" denn Religion sein, geht es nicht ohne sie und ist nicht ihre Aufhebung die eigentliche Befreiung des Menschen?

Die Frage ist hier keine metaphysische, etwa die nach dem „Dasein Gottes", sondern sie bezieht sich zunächst auf den Menschen. Das Mehr oder Weniger einer religiösen Anlage ist bekannt, es sollte nicht geleugnet werden. Den spezifisch gesteigerten Formen von Religion, etwa in den Gestalten des Propheten, des Predigers, des Mystikers oder des Enthusiasten, dessen also, was im Neuen Testament mit dem Charismatiker bezeichnet wird, stehen die gegenteiligen Phänomene gegenüber. Wie der Glaube, so ist auch der Unglaube, sind die negativen Phänomene, die Gottesleugnung, der Spott, Skepsis und Nihilismus durchgängige Erscheinungen der Religionsgeschichte.

Tor Andrae hat a.a.O. 207 ff. in dem Abschnitt „Der religiöse und der irreligiöse Mensch bei den Primitiven" die naheliegende Anschauung widerlegt, daß die skeptische Einstellung dem Übernatürlichen gegenüber erst ein Zersetzungssymptom moderner Zeit und womöglich auf Fremdeinflüsse zurückzuführen sei. „Der Freidenker ist der primitiven Gesellschaft keineswegs unbekannt." „Nicht selten wird Skepsis und Verachtung gegen die Götter als ein Zeichen besonderer Überlegenheit anerkannt und bewundert." Hierzu reichliche Beispiele.

Nicht nur innerhalb der gleichen Gesellschaft finden sich die Varianten von Mehr oder Weniger, von Religiosität und Irreligiosität nebeneinander, sondern es findet sich auch im zeitlichen Ablauf ein Wechsel von ursprünglicher Religiosität, von Rationalisierung, in der die Religion ins Wesenlose zerfließt, und Erweckung (revival). Auch das gilt sowohl für die individuelle Lebensgeschichte wie für das Bewußtsein ganzer Gruppen. Der Begriff der Bekehrung setzt den Übergang von einem Zustand in den anderen voraus; „Erweckungsbewegungen" sind der Kirchengeschichte wie der Religionsgeschichte bekannt. Immer stellen sich die Übergänge als Krisen dar, und es ist die Frage, ob nicht die Krisis wesentlich in das Bild gelebter Religion gehört, sei es die individuell durchlebte Krisis, z. B. die Bekehrung (W. James[4]), sei es die gemeinschaftlich erlebte Erweckung wie Einbrüche der Skepsis, oder auch die stabilisierte Erinnerung an Krisen, wie etwa das Gedächtnis an eine „Reformation".

Es wird nicht ausreichen, sich hier mit psychologischen Auskünften zufriedenzugeben. Insofern ist auch der Hinweis auf eine „religiöse Anlage" zwar verständlich und durch die sich nahelegenden Analogien (z. B. zur „musikalischen Veranlagung" und zu ihrem Gegenteil) einleuchtend. Aber es genügt nicht. So kam es zu der Vermutung eines „religiösen Apriori". Es handelt sich um eine Theorie, welche E. Troeltsch ihre Entstehung verdankt und die schon nach den Vorstellungen ihres Urhebers keineswegs so viel abwirft, als sie zu versprechen scheint. Sie hat aber, nicht zuletzt wegen ihrer eigentümlichen Unbestimmtheit, bis heute die Religionsphilosophie beschäftigt.

Ich verweise für E. Troeltsch besonders auf seinen Artikel „Das Wesen der Religion und der Religionswissenschaft" (1909), jetzt in: Ges. Schriften II (1913), 452 ff., sowie auf „Zur Frage des religiösen Apriori", ebd. 754 ff. Der Begriff ist dann immer wieder aufgenommen worden, z. B. bei R. Otto in „Kant-Fries'sche Religionsphilosophie und ihre Anwendung auf die Theologie" (1909), A. Nygren „Religiöst Apriori" (1921) und von Søren Holm „Religionsphilosophie" (1960). Letzterer hat allerdings den Begriff etwas anders gefaßt. Das entspricht einerseits seiner Absicht, in der Religionsphilosophie die „Notwendigkeit der Religion" zu begründen, wie er schon im Vorwort sagt. Es hängt zweitens damit zusammen, daß er auch viel stärker, als es bei Troeltsch und auch bei mir beabsichtigt ist, inhaltlich metaphysische Fragen in die Debatte zieht. So ist für Holm Gott das religiöse Apriori. Das religiöse Apriori liegt nach Holm allen anderen Apriori, also dem erkenntnistheoretischen und dem ethischen zugrunde, und dem entspricht auch, daß, was als Apriori die Möglichkeit der Religion (wie im anderen Falle der Erkenntnis) erst begründet, nicht zugleich ein Objekt der Erkenntnis sein kann. So verhandelt im übrigen S. Holm das religiöse Apriori im Zusammenhang mit dem kosmologischen Gottesbeweis.

Troeltschs Interesse ist ein begrenztes, und eben in dieser Begrenzung nicht von der Hand zu weisen. Der Begriff des religiösen Apriori soll lediglich besagen, daß Religion in der Vernunft angelegt ist. Die Frage ist, „was überhaupt eine solche Untersuchung des Wahrheitswertes auf dem besonderen Gebiet des religiösen Lebens leisten kann. Sie kann jedenfalls nicht mehr tun, als daß sie ein im Wesen der Vernunft liegendes apriorisches Gesetz der religiösen

---

[4] Für W. James hatten die Bekehrungserlebnisse eine Achsenbedeutung zur Erklärung der Religion: Varieties of Religious Experience, 1902; dt. Ausg. u. d. T. „Die Mannigfaltigkeit der religiösen Erfahrung" von G. Wobbermin, 1914

Ideenbildung aufweist, das seinerseits in einem organischen Zusammenhang mit den übrigen Apriori der Vernunft steht" (a.a.O. 494). Negativ bedeutet diese Idee eines religiösen Apriori nach der Meinung von E. Troeltsch zweierlei. Einmal soll sie alle genetischen Erklärungen der Religion ersetzen, wie sie seit D. Humes „The natural History of Religion" (1755) über Comte und Herbert Spencer, L. Feuerbach u. a. bis heute versucht worden sind. Zum anderen aber steht die Theorie auch im Gegensatz zum Supranaturalismus, der mit einem fertigen System von Religion als dem alleingültigen und allein möglichen rechnet und alle anderen Religionen nicht als Religion anerkennt. Troeltsch steht hier im schärfsten Gegensatz zu W. Herrmann. Anders ausgedrückt: die Idee des religiösen Apriori läßt der Geschichte und der geschichtlichen Mannigfaltigkeit allen Spielraum. Es ist eine Idee, die mit Kant, abgesehen von der von ihm entliehenen Terminologie, noch durch die kritische Absicht verbunden ist. Sie ist selbst ein Ausdruck des Kritizismus. Es liegt also beides in der Idee eines religiösen Apriori: einmal das Postulat einer von der Vernunft her eigenständigen Religion, und zum anderen die Möglichkeit, von dieser im Reiche der Vernunft legitimierten Religion aus auch die konkrete Religion der Kritik zu unterwerfen.

Es handelt sich hierbei nicht um eine aufklärerische, gleichsam dogmatische Kritik, in der die Gehalte des Offenbarungsglaubens einer inhaltlichen Kritik unterworfen werden sollen. S. Holm hat immerhin mit Recht auf diese Seite der Sache hingewiesen, ohne doch in dem Zusammenhang ausdrücklich auf das religiöse Apriori einzugehen. Er sagt in seiner „Religionsphilosophie" 325: „Die Religionsphilosophie kann auch eine Art Kriterium der Wahrheit und der Echtheit einer positiven Religionsform sein." Holm hat dann aber doch Gesichtspunkte im Blick, die, wenn ich recht verstehe, die Deutung des Daseins durch die Religion unter philosophische Kontrolle nehmen wollen. Er spricht von Gesichtspunkten des Ganzen und des Zweckes und meint mit Recht: „Eine Entscheidung auf diesem Gebiete wird jedoch immer ein stark persönliches Werturteil sein." Ich glaube, daß die mögliche Kritik einerseits mehr formaler Natur sein müßte, andererseits doch weitergehen könnte; etwa die Kritik einer in Formalismus, Ritualismus „erstarrten" Religion, oder eine sich in Zynismus ergehende Theologie können durchaus ohne das Risiko subjektiver Urteile unter die Kritik der Religionsphilosophie fallen.

Zusatz: Ist das Christentum „Religion"?

Die Frage, ob das Christentum unter den allgemeinen Begriff der Religion falle, ist von der Religionskritik der sog. dialektischen Theologie aufgeworfen und verneint worden. Sie steht an sich in einem älteren Konzept, nämlich in dem des Supranaturalismus, für den das

Christentum eine Sonderstellung in Anspruch zu nehmen hat und von der Allgemeingültigkeit der historischen Gesetze auszunehmen ist. Es ist die These der Theologie, daß sie ein einmaliges und unverwechselbares Ereignis der Offenbarung Gottes in Jesus Christus zur Grundlage hat, daß das Evangelium von der uns in Christus widerfahrenen Offenbarung handelt und daß von da aus sich die christliche Theologie in ihrer Bedeutung für die christliche Kirche und Gemeinde zu organisieren hat. Es sind drei grundsätzliche Fragerichtungen, die von dieser genannten Voraussetzung aus der theologischen Wissenschaft den Weg weisen: einmal die Frage nach der Zuverlässigkeit der Tradition — Grundproblem der exegetischen und historischen Theologie; zweitens die Frage nach der Wahrheit der Aussagen, nach der rechten Lehre — Grundproblem der systematischen Theologie; drittens die Frage nach der richtigen Praxis — Grundproblem der praktischen Theologie und der Ethik.

Es ist durchaus richtig, daß das Evangelium kategorial verschieden ist von dem, was in der Religionswissenschaft „Religion" heißt. Und es ist ebenso richtig, daß die christliche Theologie als solche nach ihrem Selbstverständnis keine Sparte der Religionswissenschaft im modernen Sinne darstellt. Aber ebensowenig kann es auch nur dem geringsten Zweifel unterliegen, daß das angenommene, das geglaubte und befolgte Evangelium „Religion" bedeutet.

Paul Tillich hat in dem Aufsatz „Biblical Religion and the Search for Ultimate Reality" (1955 — jetzt in Ges. W. V, 138 ff.) sich mit der Bestreitung des Religionsbegriffes von einem strengen Offenbarungsbegriff aus auseinandergesetzt. „Diese Kritiker vergessen, daß Offenbarung empfangen werden muß und daß der Name für das Empfangen der Offenbarung „Religion" heißt ... Wer eine Offenbarung empfangen hat, legt deshalb von ihr Zeugnis ab entsprechend seiner Individualität sowie der sozialen und geistigen Lage, in der die Offenbarung ihm zuteil geworden ist. Mit anderen Worten, er tut es in Begriffen seiner Religion" (139).

Alle Elemente, welche „Religion" ausmachen und von denen ich sprach, treffen auf das Christentum zu: Totalaspekt des Daseins, Glaube an Sinnhaftigkeit, Beziehung zu Gott, Geborgenheit, Neues Selbstverständnis, Praxis, Lehre; viele Begriffe, in denen der Glaube an den dreieinigen Gott und an Jesus Christus sich je und je ausgesprochen hat, verdankt das Christentum der Religionsgeschichte. Weil und insofern das Christentum „Religion" ist, wird es und ist es kommensurabel mit anderen Religionen, und das Einmalige und Inkommensurable des christlichen Glaubens besteht nur auf dem Hintergrund des Kommensurablen. Und darum gilt immer Beides:

Das Evangelium, das, was dem Glauben von Gott her widerfahren ist, ist nicht Religion. Und es gilt auch, daß der „Religion" als solcher keinerlei Heilsbedeutung, keine Erlösungskraft zukommt. Im Lichte einer unmittelbaren Gotteserfahrung und Gottesbegegnung ist alle Religion nur menschlich, geschichtlich, vergänglich.

Aber schon dieser Satz gilt nur in seinen Grenzen. Er gilt einmal nicht nur im Kontext christlicher Erkenntnis, sondern er wird von jeder Offenbarungsreligion wiederholt werden. Und er darf daher nicht apologetisch erpreßt werden, indem das Feld, Gegenstand, Methode und Konsequenz der theologischen Wissenschaft der Solidarität der Religionswissenschaft entzogen werden und womöglich für das, was die Theologen tun, eine Suprematie über andere Wissenschaften in Anspruch genommen wird, weil man sich als Kenner und Verwalter einer göttlichen Offenbarung aus dem Allgemeinen herausgehoben sehen möchte.

Das Andere: Das Christentum ist Religion und unterliegt der ganzen Religionswissenschaft in allen ihren Disziplinen: Religionspsychologie, Religionssoziologie und Religionsgeschichte, aber auch die Religionsphilosophie können nicht vor dem Anspruch dogmatisch begründeter Sonderrechte Halt machen. Darum aber gilt das, was ich über die kritische Funktion der Religionsphilosophie gesagt habe, uneingeschränkt auch dem Christentum gegenüber.

3. Kapitel

Vorkritische und kritische
Religionsphilosophie

Es handelt sich bei diesem Thema nicht um reine Gegensätze. Alle Religionsphilosophie ist insofern kritisch, als sie sich von der positiven, historisch gegebenen Religion unterscheidet und deren Glaubenssätze daraufhin prüft, ob sie vernünftig erweisbar und gedanklich nachvollziehbar sind. Auch wo die Religionsphilosophie apologetisch, in Übereinstimmung mit der (christlichen) Theologie verfährt, ist sie kritisch; denn sie unterscheidet solche Sätze, die nach ihrer Meinung vernünftig einsehbar sind, von anderen, die auf eine besondere Offenbarung begründet werden. Und das ist eine kritische Unterscheidung. Umgekehrt wird auch eine kritische Religionsphilosophie ihre positiven oder negativen religiösen Überzeugungen durchscheinen lassen. Auch in einer betont kritischen Religionsphilosophie setzt sich oft ein metaphysisches Bedürfnis durch und wäre es auch nur in Aussagen darüber, was ist oder was nicht ist und nicht sein kann. Trotzdem meine ich, daß es sich hier um zwei grundsätzlich verschiedene

Auffassungen von der Aufgabe handelt, auch wenn sich diese Auffassungen in der Praxis häufig durchkreuzen mögen.

Es ist daher auch nicht meine Meinung, daß erst eine vorkritische Epoche anzunehmen sei, auf welche dann eine Epoche der skeptischen Religionsphilosophie folge, bis endlich die kritische Philosophie die vorausgehenden Epochen dem Archiv der Geschichte überantworten kann. Tatsächlich gehen diese Typen oder auch „Phasen" zeitlich nebeneinander her und durchdringen sich sogar mitunter.

Und schließlich sei noch darauf hingewiesen, daß es sich nicht um diskursive Ausführung von Systemen handelt, daß überhaupt nicht Anspruch auf Vollständigkeit erhoben werden kann. Ich will nur Typen des religionsphilosophischen Denkens beschreiben, in denen sich bestimmte Motive und Erwartungen erkennen lassen, welche sich in charakteristischer Weise voneinander unterscheiden. Das führt dann auch folgerichtig zu sehr verschiedenen Ergebnissen. Das historische Material ist unübersehbar. Mehr als einige Gesichtspunkte zur Orientierung werde ich nicht anbieten können.

1. Vorkritische Religionsphilosophie

Als vorkritisch, d. h. noch von keiner Kritik an sich selbst berührt, bezeichne ich hier eine Art des Philosophierens, die unmittelbar auf das zugeht, was die Religion, was lebendiger religiöser Glaube im Blick hat. Vorkritische Religionsphilosophie beschäftigt sich mit dem, was die Religion „meint", sie hat sozusagen mit der Religion den gleichen Gegenstand. Das gilt freilich nicht uneingeschränkt. Sie beschäftigt sich mit diesem Gegenstandsbereich eben soweit, als er dem Philosophieren zugänglich ist, wie immer sich dieses Philosophieren verstehen mag. Blickt die Religion auf Gott, so blickt auch die Philosophie auf Gott, sie wird zur Philosophie über Gott. Das schließt nicht aus, daß sie gewisse Aussagen über Gott unterläßt, weil sie alle philosophische Folgerichtigkeit übersteigen. In der abendländischen, also in der christlichen Tradition hat die philosophische Theologie, die sich auch unter sehr verschiedenen Konzeptionen als „natürliche Theologie" verstanden hat, neben sich eine eigentliche Theologie anerkannt, welche sich auf die „übernatürlichen" Quellen spezieller Offenbarung berufen hat. Im Zusammenstimmen beider, der „natürlichen", rationalen oder auch philosophischen Theologie mit der Offenbarungstheologie wurde auch die philosophische Theologie mitunter zu einer christlichen Philosophie.

Der Ort dieser natürlichen Theologie ist seit ältester Zeit die Metaphysik. In der Tradition der aristotelisch-thomistischen Metaphysik bestimmt sich dieser Ort dadurch, daß auf den ersten Teil derselben, die Wissenschaft vom Seienden im Allgemeinen oder die Ontologie, als zweiter Teil die Metaphysik als Wissenschaft vom Weltganzen und seinem Grunde folgt, also Kosmologie, Anthropologie bezw. rationale Psychologie und — hierauf aufbauend — die natürliche Theologie. Diese natürliche Theologie enthält dann eine Lehre vom Dasein Gottes, wo die Gottesbeweise erörtert werden, eine Lehre vom Wesen Gottes, d. h. von seinen Eigenschaften, von seiner Persönlichkeit und von seinem Verhältnis zur Welt, d. h. von der Schöpfung, Erhaltung und Lenkung der Welt. Man sieht, es sind die Themen, die dann mühelos in die Gotteslehre einer christlichen Dogmatik übernommen werden konnten und sich vielfach genau darin widerspiegeln. Diese metaphysische Gotteslehre führt also, so könnte man sagen, zum „Gott der Philosophen", zum metaphysischen Gott, zu einer Gotteslehre, welche bis in die Neuzeit herein als christlicher Theismus eine Leihgabe aus der Philosophie an die Dogmatik darstellt, auch wenn diese Leihgabe von ihrem ursprünglichen Besitzer schon lange nicht mehr reklamiert worden ist. Ganz allgemein kann man diesen Theismus dadurch charakterisieren, daß er Gott zu einem sei es fundierten, sei es abschließenden Bestandteil eines geschlossenen und überwiegend auch optimistisch entworfenen Weltbildes macht. Die vielerörterten, abgestorbenen und doch immer im Referat mitgeführten Gottesbeweise repräsentieren diese Tradition, welche den Gedanken Gottes von der Metaphysik her, also von der Welt (Kosmologie) her gewinnen und beweisen will.

Man kann und muß hier allerdings innehalten und fragen, ob es sich bei dieser metaphysischen Gotteslehre überhaupt noch um den Gegenstand der Religionsphilosophie handelt. Das ist nicht unbedingt der Fall. Es ist allerdings der Grundgedanke der Religionsphilosophie Hegels. Er beginnt ihren Ersten Teil (Werke Bd. 15, 103 ff.) mit der Frage nach dem Anfang und beantwortet sie so: „Der Anfang der Religion ist seinem allgemeinen Inhalte nach der noch eingehüllte Begriff von Religion selbst, daß Gott die absolute Wahrheit, die Wahrheit von allem und daß die Religion allein das absolute wahre Wissen ist. Wir haben so von Gott zu handeln und den Anfang zu machen." Hegel entwickelt in einem und demselben Zuge die Idee der Religion und die Lehre von Gott, bezw. den Begriff der Idee Gottes. Beides zusammen erhebt sich aus einem folgerichtigen Werdeprozeß des Bewußtseins bis zur absoluten Religion, der „Religion der Manifestation Gottes, indem Gott sich im endlichen Geiste weiß. Gott ist schlechthin offenbar" (W. 16, 192). In diesem Zusammenhang hat Hegel dann auch die Gottesbeweise, die schon zu seiner Zeit, zuletzt durch Kant Kraft und Ansehen verloren hatten, erneuert und unter ihnen dem ontologischen Beweis den Vorzug gegeben. Diese, in der „Religionsphilosophie" nur angedeutete Beachtung hat sich dann in den „Vorlesungen über die Beweise vom Dasein Gottes" (Sommersemester 1829, Werke 16, 357 ff.) in Ausführlichkeit niedergeschlagen. Hier laufen eigentlich alle traditionellen Beweise in der für Hegel überragenden Bedeutung des ontologischen Beweises zusammen. Zugleich aber werden die Aussagen über die Idee Gottes ganz und gar in die tragenden Begriffe der lutherischen Dogmatik gegossen, so daß man, sieht man von dem spezifisch Hegelschen Sinne der Aussagen ab, in der Tat davon sprechen kann, daß die Gotteslehre Kernstück der Religionsphilosophie geworden ist und daß diese Religionsphilosophie sich zu einer philosophischen Theologie hin verdeutlicht hat.

Wir begegnen diesen Zusammenhängen dann in der Folge immer wieder bis zum heutigen Tage. Ich beziehe mich nur auf einige typische Beispiele. Chr. Hermann Weiße hat in seiner 1855—62 erschienenen „Philosophischen Dogmatik oder Philosophie des Christentums" sich als den führenden spekulativen Theisten des 19. Jahrhunderts erwiesen. Er hat das Modell abgegeben für eine Reihe spekulativer Theologen, von denen hier nicht die Rede sein soll. Aber etwa A. Trendelenburg, der nach der Erinnerung seines Hörers Kierkegaard der Antipode Hegels gewesen ist, hat am Ende seiner „Logischen Untersuchungen" (II, 3. Aufl. 1870, 460—510) über das Unbedingte und die Idee gehandelt und dabei, wenn auch zurückhaltend, die Gottesbeweise erörtert (465 ff.). Die „Grundzüge der Religionsphilosophie" von Hermann Lotze, 1882 unmittelbar nach dem Tode des Verfassers edierte Vorlesungsdiktate, stellen vielleicht für das vorige Jahrhundert das eindrucksvollste Beispiel einer ganz und gar am Gegenstande der Religion orientierten Religionsphilosophie dar. Sie beginnt sofort mit dem 1. Kapitel: Vom Dasein Gottes, und setzt sich dann folgendermaßen fort: 2. Pluralismus und Monismus; 3. Von der Natur des höchsten Prinzips; 4. Vom Begriff der Schöpfung; 5. Von der Erhaltung der Welt; 6. Von der Weltregierung; 7. Von dem wirklichen Weltlauf; 8. Religion und Moral; 9. Dogmen und Confessionen. — Man sieht, daß es sich hier bei Lotze um Themen handelt, welche die Prolegomena einer Glaubenslehre füllen und eine dogmatische Gotteslehre ausmachen könnten. Nur die Modalitäten der Durchführung erinnern noch an eine philosophische Arbeit.

Nur bei Hegel ist die Philosophie der sich von Stufe zu Stufe entwickelnden Religion als des im subjektiven Bewußtsein zu sich selbst kommenden Gottes mit eben der Philosophie von Gott ganz und gar eins. Man kann daher Hegel, vielleicht als einzigen, nicht unbekümmert in die Gruppe der vorkritischen Religionsphilosophen einreihen. Bei allen anderen Vertretern dieses Typus ist es aber so, daß die eingeschalteten kritischen Reflexionen nicht davor schützen, daß plötzlich die alten Themen der natürlichen Theologie, der Gottesmetaphysik durchbrechen. Ich nenne als Beispiel einmal die an Gesichtspunkten so reiche „Introduction to Religious Philosophy" von Geddes MacGregor (1959). Sie behandelt im 3. Teil The traditional case for Theism, also das Problem der Existenz Gottes und die Gottesbeweise, und in den folgenden Teilen kommen auch weiterhin Themen einer natürlichen Theologie zur Sprache, wie die menschliche Gotteserkenntnis, die Bestimmung des Menschen, das Geheimnis des Bösen. Das andere Beispiel ist die so stoffreiche Religionsphilosophie von Søren Holm. Entsprechend seiner Auffassung des religiösen Apriori, von der wir schon Kenntnis genommen haben, muß er natürlich auf den Gottesbegriff selbst eingehen. Er tut das im Kap. VI, das die Formen des Gottesbegriffes abhandelt, was zum Theismus hinführt. Er tut es auch im folgenden Kapitel, das die Gottesbeweise bespricht, wie auch die Kap. XI (Gott und Welt) und XII (Monismus und Dualismus) recht eigentlich philosophische Theologie darstellen.

Man sieht aus diesen Beispielen, wie schwer es ist, einerseits eine „vorkritische" Religionsphilosophie, d. h. eine eben dem „Gegenstand" des religiösen Glaubens in eigener Verantwortung zugewandte Philosophie zu vermeiden. Und wie schwer es andererseits ist,, in dieser vorkritischen Phase den Übergriff der Philosophie auf das Gebiet der Theologie zu unterlassen. Starke Traditionen der abendländischen Geistesgeschichte begünstigen diese ständigen Verwischungen und Grenzüberschreitungen. Die aristotelisch-thomistische Tradition konvergiert zu dieser philosophischen Theologie — sie kann bei relativer Orthodoxie fast unverändert in die Prolegomena und die Gotteslehre einer christlichen Dogmatik übernommen werden — wie das ebenso auch von der Philosophie des deutschen Idealismus gilt. Theologie war für alle Idealisten die selbstverständliche Bildungsgrundlage, sie haben alle Theologie studiert und, wie das Beispiel Feuerbach zeigt, selbst noch in der radikalen Negation das theologische Thema bis ans Ende festgehalten.

Daraus geht m. E. zweierlei hervor. Einmal ist die reinliche Scheidung der theologischen und der philosophischen Aufgabe sowohl für die Theologie wie für die Religionsphilosophie lebenswichtig. Je weniger sich jeweils die eine um die andere kümmert, desto fruchtbarer gestaltet sich die Arbeit in jeder Disziplin, desto unbefangener kann dann auch die eine von den Ergebnissen der anderen Kenntnis nehmen. Zum anderen aber gilt, daß der „Gegenstand des Glaubens", die von der Religion gemeinte „Sache" für die Religionsphilosophie eine unverminderte Aktualität behalten muß. Die Religionsphilosophie kann ja die Religion nicht von sich aus entwerfen, sie kann sich immer nur an der konkreten, an der glaubenden Religion orientieren, wenn sie nicht das Thema verfehlen will. Beides zusammen genommen bedeutet aber ein Dilemma. Man kann dieses Dilemma in die Frage zusammenfassen: „Wie kann die Religionsphilosophie beim Thema der Religion bleiben, ohne selber zur Theologie zu werden?"

Ich kann diese Frage erst im Zusammenhang mit der Erörterung der kritischen Religionsphilosophie beantworten. Bevor wir das versuchen, muß ich allerdings die eigentümliche Zwischenstellung der Skepsis zeigen.

Zusatz über die Gottesbeweise

Ich kann den Komplex der vorkritischen Religionsphilosophie, also der metaphysischen Theologie, nicht verlassen, ohne der Gottesbeweise zu gedenken, welche sich, fast unberührt von der allgemein vertretenen Kritik an ihnen, einer fortdauernden Popularität erfreuen. Man kann geradezu sagen: sie repräsentieren die fossilen Reste der vorkritischen Gottesmetaphysik im Bewußtsein der heute Lebenden.

Alle Gottesbeweise haben zwei Voraussetzungen gemeinsam, die beide eine unbekümmert optimistische Weltansicht zum Ausdruck bringen. Die eine Voraussetzung ist die, daß die Wirklichkeit selbstverständlich sinnvoll und zweckhaft geordnet ist. Und die andere Voraussetzung bezieht sich auf das Vermögen unseres Verstandes, daß er nämlich diese Wirklichkeit in ihrer Ordnung und Zweckhaftigkeit auch erkennen kann und mühelos daraus Schlußfolgerungen zu ziehen vermag.

Dies vorweggenommen, beziehen wir uns hier nur auf die drei klassischen Beweise. Die anderen erscheinen zu Recht nur als Anhang zu den klassischen Argumenten. So beutet der sog. Beweis „e consensu gentium" einfach die Religionsgeschichte aus, d. h. er versteht den tatsächlich „allenthalben" vorfindlichen Glauben an Gott als einen Beweis seines Daseins. Tiefsinnig gibt sich der noetische Beweis. Er arbeitet mit platonischen Denkelementen: aus einem Bestande von Teilwahrheiten muß auf eine wesenhafte Wahrheit zurückgeschlossen werden, wie auch unsere Veranlagung zur Erkenntnis eine prästabilierte Erkennbarkeit der Dinge und damit eine Geborgenheit derselben in einer höheren Vernunft voraussetzt. — Man wird den sog. moralischen Gottesbeweis Kants ohne Rücksicht auf seinen Urheber zu den nachklassischen Gottesbeweisen rechnen müssen. Auch er arbeitet mit einem naiv entworfenen optimistischen Weltbild. Die sittliche Ordnung der Welt verweist auf den Willen eines Gesetzgebers; vor allem aber zwingt uns die Idee einer ausgleichenden göttlichen Gerechtigkeit, in den Erfahrungen dieser ungerechten Welt auf einen Ausgleich in einer anderen göttlichen Welt zu hoffen.

Von den drei klassischen Gottesbeweisen verfahren zwei aposteriorisch. Es sind dies der sog. kosmologische und der teleologische Beweis. Sie sind beide uralt. Der kosmologische Beweis geht schon auf Gregor von Nazianz (ca. 330—390) zurück. Er argumentiert mit dem Kausalgesetz: Die Bedingtheit der Weltdinge setzt eine bedingende Ursache voraus. Alle Ursachen bedingter Art (causae secundae) müssen aber zuletzt auf eine unbedingte Ursache zurückführen (causa prima). In ähnlicher Weise wird aus der Zufälligkeit der Weltdinge auf eine Grundlage ihrer Existenz geschlossen, die sich zuletzt als eine notwendige Grundlage erweisen muß. Dieses argumentum e contingentia mundi läuft also auf den Erweis der Notwendigkeit des letzten Weltgrundes hinaus und hat darum unverkennbare Elemente des ontologischen Gottesbeweises in sich, von dem gleich noch zu sprechen sein wird. Der kosmologische Beweis kann sich aber auch des argumentum ex motu bedienen: die Veränderlichkeit der Weltdinge setzt eine bewegende Hand und einen bewegenden Geist voraus. — Die Kritik liegt auf der Hand. Schon Gregor von Nazianz hat die „Ursache" in einen „Urheber" verwandelt, und schon Kant hat darauf verwiesen, daß man bestenfalls zu einem obersten Glied einer Kette von Ursachen und Wirkungen kommen kann, aber nicht zu einem persönlichen Urheber. Und was nötigt uns dazu, daß man sich zuletzt als Quelle aller Wirkungen nur e i n e Ursache denken muß? Warum sollen es nicht viele Ursachen sein? Und was zwingt uns dazu, diese ganz und gar in einer weltlichen Kausalreihe verlaufende Argumentation am Ende zu einer überweltlichen Ursache überspringen zu lassen?

Der sog. teleologische Beweis findet sich schon bei Tertullian in seinen Schriften gegen Marcion (1. u. 2. Buch, 207 erschienen). Er beruft sich auf die Zweckmäßigkeit der Welt und schließt aus ihr auf einen ordnenden Intellekt, der alle natürlichen Dinge auf ein Ziel hin, auf einen Zweck hin geordnet hat, und setzt diese ordnende Macht mit Gott gleich. Man nennt ihn auch den physikotheologischen Beweis. Er hat im Zeitalter der Aufklärung der Richtung der Physikotheologen die leitende Idee gegeben und wurde bis zur Banalität in Prosa und Poesie ausgebeutet. — Man muß ihm einerseits zubilligen, daß er eine schlichte Veranschaulichung der Weltregierung Gottes, der Erhaltung und Lenkung aller Dinge darstellt und daß er dem Gedanken eines unweltlichen Gottes wie einer in sich widergöttlichen Welt entgegenwirkt. Trotzdem unterliegt auch die Beweiskraft dieses Verfahrens einer erheblichen Kritik. Es setzt die Zweckhaftigkeit der Welt und damit ein optimistisches Weltbild als gegeben, einsehbar und selbstverständlich voraus. Darin ist der teleologische Beweis dem schon erwähnten moralischen verwandt, mit dem später Kant aufgetreten ist. Aber selbst wenn man die Zweckhaftigkeit zugibt: Widersprechen sich die Zwecke nicht in jedem einzelnen Falle geradezu? Die Absage, welche das moderne naturwissenschaftliche Denken der Teleologie erteilt hat, die alle „Zweckmäßigkeiten" entwicklungsgeschichtlich, und damit kausal deutet, verschließt vollends diesem Beweis jeden Einfluß auf das heutige Denken.

Der sog. ontologische Beweis hat philosophiegeschichtlich betrachtet die längste Geschichte. Er findet sich bei Anselm von Canterbury (Proslogium 2), dann bei Descartes in der dritten seiner Meditationes de prima philosophia, schließlich in Umformung bei Leibniz. Er ist der Gottesbeweis, der apriori geführt wird: zum allervollkommensten Wesen gehört es auch, daß es notwendig existiert. Descartes hat von seinen platonischen Voraussetzungen aus so argumentiert, daß alles, was ich als im Begriff eines Wesens gelegen erkenne, von demselben auch wahr sei. Dabei ist noch einmal die Existenz, wie in früheren Formen des Beweises, als Eigenschaft verstanden worden. Leibniz hat Gott als das nicht ab alio, sondern durch sich selbst existierende Wesen erklärt. Gott existiert kraft seiner Wesenheit; in seinem Wesen ist auch die Möglichkeit mitgesetzt. Ist aber das durch sich selbst existierende Wesen möglich, so muß es auch wirklich sein. Alle Formen des Beweises laufen darauf hinaus, daß der Sprung vom Begriff zur Realität gelingen muß. Kant hat das mit geradezu rüden Einwänden abgestritten und lächerlich gemacht. Über die Realität entscheidet für ihn nur die Erfahrung. Aber nach dieser klassisch gewordenen Erledigung des ontologischen Gottesbeweises hat er alsbald in Hegels Vorlesungen über die Gottesbeweise (Werke Bd. 16) eine feierliche Erneuerung erfahren. Vgl. hierzu D. Henrich: Der ontologische Gottesbeweis, 2. Aufl. 1967.

Die Gottesbeweise stellen insgesamt keine einheitliche Konzeption dar, jeder hat seine eigene Geschichte. Überdies lassen sie sich gegeneinander dann doch nicht so streng abgrenzen. Sie gehen in mannigfacher Weise, wie es eben Hegels Vorlesungen besonders deutlich machen, ineinander über. Sieht man von der Kritik der einzelnen Beweise einmal ab, wie ich sie angedeutet habe, so gilt von allen zusammen, daß sie bestenfalls ein argumentum zugunsten des „Daseins" Gottes erbringen. Das wird nur solange als unbedenklich empfunden werden können, als man im traditionellen metaphysischen Schema nacheinander Dasein (existentia, bezw. esse existentiae), Wesen (esse essentiae) und Eigenschaften (attributa) abhandelt, wie man es ebenso auf Gegenstände der Welterfahrung anwendet. Wenn man das aber in seiner Unmöglichkeit und Unangemessenheit erkennt, dann verlieren nicht nur die sog. Beweise für das Dasein Gottes ihre Beweiskraft, sondern es ist auch das Ende jenes Theismus, der den Abschluß der thomistischen Kosmologie darstellen sollte.

Das schließt nicht aus, daß man den Intentionen dieser Beweislehre ein gewisses Recht einräumt. Der Geist sucht eine Erfahrung dessen, was der Glaube glaubt. Das Bedürfnis nach weltanschaulicher Rechenschaft vom Glauben, nach einem nachgängigen Denken der Glaubenswahrheiten spricht sich hier aus. Es ist das Bedürfnis nach der Zusammenstimmung von Glauben und Denken. Der Glaube will sich nicht von der Welterfahrung trennen lassen. Hier liegt der Stellenwert des Problems der Gottesbeweise. Freilich ist es dann ein um so schwerer empfundenes Problem, daß sich das Bedürfnis, von dem ich sprach, auf dem Wege dieser sog. Beweise nicht stillen läßt.

2. Skeptische Religionsphilosophie

Vergegenwärtigen wir uns zunächst noch einmal die Eigentümlichkeit der vorkritischen Religionsphilosophie. Ich sagte: es ist eine Form des Philosophierens, die auf den „Gegenstand", auf den Inhalt des religiösen Glaubens in derselben Einstellung zugeht wie die

Religion selbst. Sie sucht zu erkennen, begrifflich zu fassen, zu beweisen, was die Religion glaubt. Sie führt dann in ihrer Weise auch zu dogmatischen Sätzen, sie ist ganz und gar positiv zu den Lehren und zu dem Glauben der Religion und übt lediglich dort Zurückhaltung, wo sich die Aussagen der Religion nicht mehr in die Allgemeinheit der Vernunftserkenntnis einfügen lassen, also praktisch vor den geschichtlichen Grundlagen, vor der sog. speziellen Offenbarung, vor den nicht ins Allgemeine auflösbaren Eigentümlichkeiten der positiven Religion.

Wenn ich nun demgegenüber von der skeptischen Religionsphilosophie spreche, so ist die Lage viel komplizierter. Zunächst mag freilich vorausgeschickt werden, daß es sich nicht um eine Religionsphilosophie handelt, welche von bestimmten negativen Vorurteilen ausgeht, sondern um ein Philosophieren, das sich dem methodischen Zweifel verschrieben hat und an dogmatische Sätze die kritische Frage anzulegen pflegt. Es ist freilich nicht unbedenklich, diesen anderen Typus als skeptisch zu bezeichnen.

Welche Mißverständnisse bei der Berufung auf die Skepsis unterlaufen können, das hat Hegel in seiner Schrift „Verhältnis des Skeptizismus zur Philosophie" im krit. Journal der Philosophie 1802 (W. 1, 213 ff.) gezeigt. Gewiß hat ein rabulistischer Skeptizismus, der alle Gewißheiten in Frage stellt und der keine Urteile zuläßt, die nicht immerzu weiter zurück auf ihre Begründung befragt werden müßten, zuletzt keine andere Wahl als sich selbst aufzulösen und preiszugeben. Ich muß mich daher erklären, wie ich in dem vorliegenden Zusammenhang die Bezeichnung der anderen Art von Religionsphilosophie als skeptisch verstehe.

Drei Merkmale scheinen mir für den Skeptizismus, wie ich ihn hier im Auge habe, wesentlich zu sein.

Wie die Skepsis immer, so wendet sich auch die skeptische Religionsphilosophie gegen den Dogmatismus der Aussagen. Ihr erster und unmittelbarer Gegenstand sind dogmatische Sätze, wie sie im Konzept einer theologischen Philosophie oder auch einer Gottesmetaphysik unvermeidlich sind. Die skeptische Suche nach der Wahrheit ist grundsätzlich antidogmatisch. Die religionsphilosophische Skepsis vermeidet zwar nicht, gegebenenfalls über das als wahr Erkannte Sätze zu bilden, aber sie unterläßt Aussagen, wo man nichts wissen kann. Wir verdanken der skeptischen Religionsphilosophie grundlegend die Möglichkeit, im gegebenen Falle zu urteilen: Darüber wissen wir nichts und können daher nichts sagen. Wir können nicht über alles etwas sagen, wir müssen Fragen unbeantwortet lassen, vielleicht sogar als Scheinprobleme entlarven.

Zweitens aber ist der religionsphilosophische Skeptizismus dadurch gekennzeichnet, daß er seinen Blick in dieselbe Richtung richtet wie die Religion. Wenn er aber in dieser Richtung nichts sieht, obwohl die dogmatischen Urteile etwas zu sehen bezw. zu wissen vorgeben, dann beginnt die zerstörende Dogmenkritik. Die Schwierigkeit der skeptischen Religionsphilosophie liegt eben darin, daß sie nicht nur, wie die vorkritische, eine einzige Intention hat, sondern zwei: einmal die dogmatischen Sätze, seien sie nun theologisch oder philosophisch approbierte Sätze, zum anderen aber die von der Religion selbst intendierte Gegenstandsregion. Insofern ist die Skepsis immer etwas Zweites, etwas Nachgängiges; denn sie kann ihr Werk erst beginnen, wenn sie auf den Dogmatismus stößt, sei es den der Theologie, sei es auf den einer dogmatischen Philosophie, sei es auf den des „gesunden Menschenverstandes". Im übrigen ist die skeptische Religionsphilosophie keineswegs einheitlich, sie verfügt gerade im Blick auf die religiöse Gegenstandsregion über eine breite Skala von Möglichkeiten, vom Pantheismus bis hin zur völligen Verneinung jeder Aussagbarkeit, aber auch bis hin zum dezidierten Atheismus. Sie kann den Dogmatismus verwerfen, weil er zu armselig ist, um die Fülle der göttlichen Wirklichkeit angemessen auszusagen, oder auch deswegen, weil man nichts wissen kann, oder auch, weil man genau weiß, daß hier nichts ist.

Das dritte Merkmal der skeptischen Religionsphilosophie ist besonders schwierig. Nach welchem Maßstab, bezw. unter welchem Gesichtspunkt soll denn nun genau die Kritik der dogmatischen Sätze sich vollziehen? Nennt man nämlich einen solchen normativen Gesichtspunkt, dann verwandelt sich dieser eben ipso facto in einen dogmatischen Satz. Schon die Skepsis in der Spätantike stand vor dieser Schwierigkeit. Sie hat — in der älteren Skepsis — auf 10 Tropen hingewiesen (sie wurden späterhin um 5 bezw. 7 weitere Tropen vermehrt), welche dem Zweifel als Motiv dienen sollten. Welches sind in der skeptischen Religionsphilosophie die den Zweifel in Bewegung setzenden Motive gewesen? Vier solcher Motive lassen sich in der Geschichte mühelos nachweisen und sind überdies bis heute im Denken der kritischen Zeitgenossen wirksam.

1. In der Geschichte der Neuzeit hat die Frage der Toleranz eine überragende Bedeutung für das skeptische Denken in Sachen der Religion gehabt. Was ermöglicht das Zusammenleben von Menschen des verschiedenen Glaubens? Hier hat die Skepsis eine praktische Wurzel. Es sind die drängenden Fragen der beginnenden Aufklärung,

in der die Neuzeit das konfessionelle Zeitalter zu überwinden beginnt und neue Ideen auf den Leuchter stellt. Vernunft und Gewissen werden zur ethisch-religiösen Macht, welche über die kirchlich-konfessionellen Grenzen allen Menschen gemeinsam ist. Das Menschlich-Vernünftige ist das, was alle Menschen verbindet. Aber es handelt sich dabei schon nicht mehr nur um Ideen, sondern es ist der Staat, der das Recht zu garantieren hat und die Kirche in die zweite Linie verweist. Hugo Grotius hat die Einheit der europäischen Völker in einer humanen Rechtsidee verkündet und wird zum Vater des Naturrechtes in seiner modernen Form. Auch in der englischen Aufklärung tritt die skeptische Zurückstufung der überlieferten Religion in der Gestalt der Staatslehre hervor. Thomas Hobbes erhebt den Staat über die institutionelle Religion, das Naturgesetz ist Gottes Gesetz, und der wahre Glaube ist eine Bestimmung der Innerlichkeit des Menschen. John Locke wird mit seinem Brief über die Toleranz (1689) der erste große Theoretiker der Idee: das politische Gemeinwesen und die Religion stehen unter ganz verschiedenen Zwecken. Die Pflicht zur Toleranz, d. h. zur völligen bürgerlichen Gleichberechtigung aller, nicht nur der christlichen Bekenntnisse besteht selbstverständlich für jedes politische Gemeinwesen. Wenn aber der Staat solchermaßen rein unter dem Gesichtspunkt vernünftiger Zweckmäßigkeit gesehen wird und die Religion aus den für die politischen Gemeinschaften grundlegenden Faktoren ausgeschaltet wird, dann kommt dadurch zum Ausdruck, daß die Vernunft die alle Menschen bindende, das Zusammenleben aller Menschen garantierende Macht ist, der gegenüber die historisch überlieferten Religionen unter anderen Gesetzen stehen. Bei Pierre Bayle vertiefen und modifizieren sich diese Gedanken noch. Es gibt keine irdische Instanz, welche sich zum Schiedsrichter über die Gewissen, und das heißt praktisch über wahren und falschen Glauben aufwerfen dürfte. Indem aber der Toleranzgedanke so auf den Gewissensbegriff gegründet wird, wird zugleich das Recht dieses Gewissens auf den Zweifel erklärt. Und damit kommt das skeptische Element des Toleranzgedankens deutlich heraus. Aber in einem anderen historisch wirksamen Gedanken hat dann P. Bayle den relativistischen Sinn des Toleranzgedankens vollends sichtbar gemacht. Es ist seine Theorie vom Verhältnis von Religion und Moral. Er hat geleugnet, daß eine sittlich-vernünftige Ehrbarkeit notwendig und zwingend religiöse Überzeugungen zur Voraussetzung haben müsse. Religion und Moral sind voneinander unabhängig. Er bringt, vor allem in seinen Pensées sur la Comète, ein gehäuftes und bedrückendes Material darüber zusammen, wie wenig religiöse Überzeugungen, vor allem christlicher Glaube, ein reines sittliches Handeln garantieren, und wie umgekehrt erst das Fehlen jeder Reflexion auf Lohn oder Strafe das sittliche Handeln in Reinheit erkennen läßt.

Ich verweise für die Einzelheiten dieser bis heute erregenden und unverkürzt nachwirkenden Geschichte der frühen Aufklärung auf Paul Hazard: La Crise de la Conscience Européenne 1680—1715 (dt.: Die Krise des europäischen Geistes, 1939), sowie auf Emanuel Hirsch: Geschichte der neuern evangelischen Theologie, 1. Bd. 1949, bes. in deren ersten Kapiteln.

So sehr dieses Toleranzmotiv hier, in der beginnenden Aufklärung, seinen historischen Ort hat, so ist es bis heute unvermindert wirksam. Es ist das Motiv des zweifelnden Gewissens, das die dogmatischen Sätze rational befragt und durch das Nebeneinander verschiedener, sich widersprechender oder doch voneinander abweichender Lehrmeinungen zu immer neuem Fragen angereizt wird. Das Allgemein-Vernünftige, das allen Menschen Gemeinsame ist dabei immer der Hintergrund, auf dem die Befragung der speziellen Lehrmeinungen erfolgt.

2. Das leitet schon über zu dem zweiten Motiv einer skeptischen Religionsphilosophie. Es ist eben der Gedanke der Allgemeingültigkeit: Wahre Religion muß allgemeingültig sein im Sinne von einsehbaren Grundwahrheiten. Gegenüber den historisch überlieferten Religionen bedeutet das also eine Reduktion. Der einfache und vernunftgemäße Glaube erweist sich sofort als ein kritischer Gesichtspunkt, von dem aus entweder das Überschießende der religiösen Überlieferung erklärend auf das Einfache zurückgeführt werden muß oder aber als der wahren Religion widersprechend abzuweisen ist. In diesem Sinne ist Herbert von Cherbury zum Urheber einer vernünftigen modernen Religionslehre geworden. Die Allgemeinheit der Grunderkenntnisse, die sich dem inneren Sinne des Menschen erschließen, ist ihr entscheidendes Wahrheitskriterium. Was sich nicht allen Menschen als wahr erweist, das kann auch keine verbindende Einheit unter den Menschen herstellen. Das bedeutet mit einem Satz die Ausscheidung aller besonderen Offenbarung aus dem Bereich menschlicher Wahrheitserkenntnis. Die Allgemeinheit und Allgemeingültigkeit ist entscheidendes Kennzeichen wahrer, d. h. natürlicher Religion. So kommt es zu einer Aufstellung von fünf Grundwahrheiten, in denen Herbert von Cherbury die natürliche Religion zusammenfaßt: 1. Esse Deum summum (es gibt einen höchsten Gott); 2. Coli debere (man muß ihn

verehren); 3. Virtutem pietatemque esse praecipuas partes cultus divini (Tugend und Frömmigkeit sind die vornehmlichsten Teile der Gottesverehrung); 4. Dolendum esse ob peccata ab iisque redipiscendum (man muß Schmerz fühlen über den Sünden und sich von ihnen abkehren); 5. Dari ex Bonitate Justitiaque divina praemium vel poenam, tum in hac vita, tum post hanc vitam (aus Gottes Güte und Gerechtigkeit kommt Lohn und Strafe, sowohl in diesem wie nach diesem Leben). Es ist die Abbreviatur einer natürlichen Religion, welche einer skeptischen Religionsphilosophie verdankt wird. Etwas Ähnliches begegnet uns im Abstand weniger Jahre danach im Tractatus Theologico-Politicus des Baruch Spinoza (1670), und zwar in dessen 14. Kapitel, wo eine in sieben Sätzen zusammengefaßte vernünftige Gotteslehre vorgetragen wird. 1. Es gibt einen Gott; 2. Gott ist einzig; 3. Gott ist allgegenwärtig; 4. Gott hat das höchste Recht und die höchste Herrschaft über alles; 5. Die Verehrung Gottes und der Gehorsam gegen ihn besteht bloß in der Gerechtigkeit und in der Liebe oder der Nächstenliebe; 6. Alle, die in dieser Lebensweise Gott gehorchen, sind selig, die übrigen aber, die unter der Herrschaft der Lüste leben, verworfen; 7. Gott verzeiht den Reuigen ihre Sünden. In unserem Zusammenhang ist dreierlei bemerkenswert. Einmal sehen wir, wie der Gedanke der Allgemeinheit als solcher eine erhebliche kritische Sprengkraft beweist; ihm ist die Vorstellung einer „allgemeinen" und eben darin als „vernünftig" erwiesenen Religionslehre zu verdanken. Zweitens zeigt sich am Beispiel des Spinoza, wie der Gedanke der Allgemeinheit im Sinne von Allgemeinverständlichkeit und Einsehbarkeit zu einem Prinzip der Interpretation wird, das sich auf die Dauer auch in der Hermeneutik durchsetzen wird. Und wir sehen drittens, daß eine skeptische Religionsphilosophie keineswegs neue Lehrsätze ausschließen muß, wenn sie nur in einem höheren Sinne als die bisherigen Religionssätze philosophisch legitimiert erscheinen.

3. Das dritte Motiv einer skeptischen Religionsphilosophie hängt nun wieder sachlich mit dem Ebengesagten zusammen. Es ist das Mißtrauen gegen jede historische Begründung der Religion. Sie führt in der Stimmung der hohen und späten Aufklärung zur Vernachlässigung des Historischen, zu seiner Diskreditierung, wie es in den Wolfenbütteler Fragmenten bezüglich der das Christentum begründenden Geschichte der Fall war. Wie man es auffassen mag: die historischen Zeugnisse besagen, wenn man sie kritisch liest, etwas ganz anderes, als die kirchliche Tradition aus ihnen entnahm, oder auch: sie sind

viel zu unsicher, um überhaupt einen Glauben zu begründen. Lessing überbot diese Argumentation ins Grundsätzliche: Er unterschied überhaupt zwei Kategorien von Wahrheiten, nämlich historische und religiöse, oder, in seiner Sprache: „Zufällige Geschichtswahrheiten können der Beweis notwendiger Vernunftwahrheiten nie werden" (im „Beweis des Geistes und der Kraft"). Es lohnt nicht, mit moderner Ironie darin zu mäkeln, daß Lessing hier der Vorstellung von „ewigen" Vernunftwahrheiten Raum gibt. Die Meinung ist klar: ihn „hungert nach Überzeugung", wie er im Eingang der genannten Schrift sagt, und das heißt, nach einer gegenwärtig kräftigen Überzeugung, die nicht mehr auf jene Wahrheiten gegründet ist, die jenseits des garstigen Grabens geschichtlicher Distanz liegen, über den man nicht kommen kann. In der „Erziehung des Menschengeschlechtes" (1780) hat er dann die Ideen genannt und begründet, in denen er die Wahrheit der Religion erkennen wollte, unter ihnen mit Vorzug die Idee der Unsterblichkeit.

4. So ist das Interesse an der gegenwärtigen Gültigkeit des religiösen Glaubens ein starkes Motiv zur Skepsis gegenüber allen nur historisch begründeten dogmatischen Sätzen. Zweifellos spielt neben dem Bedürfnis nach lebendiger und gegenwärtiger Überzeugung dabei auch das andere Motiv mit: Wir haben bezüglich einer die religiöse Überzeugung begründenden Geschichte nur ein ganz brüchiges Wissen. Dieser skeptische Verdacht verstärkt sich nun auch — und das macht das vierte Motiv aus, von dem ich sprechen möchte — in der Form: Wir können überhaupt nichts „wissen", was eine Religion begründen könnte. Es ist der bis heute wirksame und im populären Verständnis immer neu belebte Agnostizismus, der sich schließlich auch nicht mit dem Hinweis auf „Werte" mehr befriedigen läßt und zum völligen Nihilismus werden kann. Alle Auslegungen des Seins und des Glaubens sind Täuschungen, nichts ist wahr, alles ist erlaubt.

K. Jaspers hat sich mit diesem Nihilismus in seiner Schrift „Der philosophische Glaube" (1948) auseinandergesetzt. In dem Werk „Der philosophische Glaube angesichts der Offenbarung" (1962) hat er dann eine allseitige Skepsis im Dogmatischen begründet, niedere Formen des Skeptizismus ausgeschieden und einen Raum für das, was nach seiner Meinung philosophisch möglich ist, abgesteckt.

Ich möchte zu dieser Übersicht über die Motivierung einer skeptischen Religionsphilosophie noch zwei abschließende Bemerkungen machen. Einmal möchte ich davor warnen, die vier genannten Gründe der Skepsis, die praktische Toleranz, die philosophische Reflexion auf Allgemeinheit der religiösen Wahrheit, die historische und die erkenntnistheoretische Skepsis, zu weit auseinanderzuhalten. Sie gehen je nach der Stimmung eines Zeitalters in mannigfacher Weise ineinander über, vermischen sich und können sich auch gegenseitig verdrängen. Das weltliche Bewußtsein jedes Zeitalters wird hier, in der wechselnden Begründung der ihm spezifischen Religionskritik, seinen eigenen Charakter zeigen.

Die andere Bemerkung betrifft das Verhältnis der skeptischen zur vorkritischen Religionsphilosophie. Ich sagte eingangs, daß die Situation hier wesentlich komplizierter ist, weil sich die vorkritische Religionsphilosophie genau in die Einstellung zum religiösen „Gegenstand" begibt, den die Religion selbst einnimmt, nur eben nicht „glaubend", sondern um Erkenntnis und Beweis bemüht. Demgegenüber ist die skeptische Einstellung deswegen anders, weil die skeptischen Zweifel nicht in erster Linie dem religiösen „Gegenstand" gelten, sondern den ihn betreffenden dogmatischen Sätzen und Lehren. Es ist sozusagen erst ein zweiter „Blick", mit dem vergleichend die „Gegenstandsregion" selbst intendiert wird, sei es mit positivem, sei es mit negativem Ergebnis. Das Ergebnis selbst, also Korrektur, Verneinung, Leugnung der dogmatischen Sätze kann in sehr verschiedener Radikalität, in sehr verschiedener Tonart geschehen: es kann zu Reduktionen, zum Agnostizismus, zum Nihilismus führen. Diese Unterschiede berühren aber nicht unsere methodische Überlegung. Es kann also praktisch ebenso ein „philosophischer Glaube", eine „natürliche" oder „vernünftige" Religion wie der bare Agnostizismus oder Atheismus diesem hier verhandelten Typ der skeptischen Religionsphilosophie zugerechnet werden. Etwas anderes aber scheint mir wichtig zu sein. Auch diese skeptische Form gelangt, wie ich mehrfach zu zeigen vermochte, am Ende zu thetischen Auskünften, zu der Aufstellung von Sätzen, in denen auf Religion bezügliche, genauer: den religiösen „Gegenstandsbereich" betreffende Überzeugungen ausgesprochen werden. Das gilt ebenso von den fünf Religionswahrheiten des Herbert von Cherbury wie von den sieben Sätzen über Gott des Spinoza und von den drei Ideen der Religion der Aufklärung: Gott, Freiheit und Unsterblichkeit. Darin aber ist nun die skeptische Religionsphilosophie doch mit der vorkritischen wider Willen im Einverständnis. Auch die radikale Entgegensetzung der Thesen befreit sie nicht aus der tiefsten Identität mit der vorkritischen Form: Beide wollen sagen, was religiös gilt, auch wenn die Skepsis es nur im negativen Modus, immerhin vielleicht mit gleicher assertorischer Deutlichkeit sagen will.

3. Kritische Religionsphilosophie

Was bedeutet in diesem Zusammenhang „kritisch"? Diese Frage legt sich nahe, weil schon die skeptische Religionsphilosophie vergleichsweise kritische Züge trägt. Aber ich konnte auch zeigen, daß sie im Ergebnis mit der vorkritischen insofern übereinkommt, als auch sie zum Objektbereich der religiösen Einstellung eine naive, wenn schon nicht unmittelbar „religiöse", sondern erkennende, beweisende, bestreitende Einstellung bezieht. Was bedeutet im Gegensatz dazu nun Kritik?

Gehen wir von dem naiv aufgefaßten Schema aus, daß auf der einen Seite der Mensch mit seinen religiösen Intentionen ist, die freilich eine breite Skala von Einstellungen in sich schließt, auf der anderen Seite aber jener Bereich, auf den sich diese religiösen Intentionen richten. Dann zeigt sich, daß die vorkritische Religionsphilosophie, die wir inhaltlich vielleicht besser als die metaphysische bezeichnen, eben diesem Gegenstandsbereich religiöser Einstellung mit dem Bestreben, vernünftig zu erkennen, zugewendet ist. Freilich, sie will nicht „glauben", sondern wissen, sie will gegebenenfalls beweisen und, was sie erkannt hat, in thetischen Aussagen niederlegen. Darum sprach ich auch von einer dogmatischen Philosophie. Daß in den Problemkreis dieses Philosophierens auch die Frage nach der Gegebenheitsweise, nach der Selbstkundgabe „Gottes" einbezogen ist, versteht sich aus der Natur der Sache. Sofern die „skeptische" Religionsphilosophie sich kritisch verhält, bezieht sich ihre „Kritik" auf die dogmatischen Sätze, auf die Schlüssigkeit des Beweisverfahrens und vielleicht auch auf die Realität dessen, was in den Thesen der metaphysischen Religionsphilosophie, in ihren Beweisgängen etc. behauptet worden ist. Das Ergebnis ist dann eine kritisch reduzierte, ihren Gegenstand teilweise oder u. U. völlig verneinende Religionsphilosophie, deren Radikalität an dem Maße der Reduktionen und Verneinungen gemessen wird. Von hier aus ergibt sich die traditionelle Unterscheidung von Religionsbegründung und Religionskritik als den beiden Aufgaben der Religionsphilosophie.

Tatsächlich kommt aber die kritische Religionsphilosophie erst dann zustande, wenn man sich nicht mehr von der Frage leiten läßt, „was" oder „wieviel" an Erkenntnis des religiösen Gegenstandes, „Gottes" oder auch der „übersinnlichen Welt" gewonnen werden kann und auf welche Weise eine solche Erkenntnis philosophisch legitim zustandekommen könne. Man kann und muß diese Frage

„einklammern" und das ganze Interesse der religiösen Intention selbst zuwenden. Erst dadurch kommt nämlich Religionsphilosophie zustande, die ja nicht „Gottesphilosophie" ist, daß sie eben von der Religion selbst handelt. Das kommt aber solange nicht deutlich zum Bewußtsein, als sich das Interesse dem „Gegenstandsbereich" zuwendet und damit von der Religion selbst abkehrt. Die wahre Kritik aber vollzieht eine Drehung des ganzen Interesses; sie blendet gleichsam die vermeintliche Gegenstandswelt aus, sie vernichtet den vermeintlichen Gegensatz von Subjekt und Objekt und behält nur noch die Subjektseite im Blick.

Natürlich wird sich daraufhin die besorgte Frage erheben, ob denn nun damit nicht alle „Objektivität" der religiösen Glaubensgehalte preisgegeben ist. Insbesondere in der neueren evangelischen Theologie ist, spätestens seit den Anfängen der sog. dialektischen Theologie, eine ganze Terminologie bereitgestellt worden, mit der diese Hinwendung zur Subjektivität verdächtigt, des Anthropozentrismus geziehen worden ist und wo man von einer von Feuerbach bereits vorgespielten Verwandlung der Theologie in Anthropologie spricht. In der Tat ist das intentionale Korrelat der religiösen Intentionen „versunken", aber es ist eben in den Intentionen selbst schon drin, die ja ohne dieses Korrelat gar nicht Intentionen sein könnten. Nur ist es nicht möglich, sich diesem Gegenstand der religiösen bzw. gläubigen Einstellung gleichsam direkt, abgesehen von den unverwechselbaren Einstellungen und Gegebenheitsweisen zuzuwenden. Aber den religiösen Akten, Intentionen und Einstellungen gegenüber hat deren sozusagen gegenständlicher Gehalt nun eine sekundäre Bedeutung, er ist im Sinne der phänomenologischen Epoché eingeklammert, aufgehoben. D. h. was von der Intention zu sagen ist, das bleibt auch dann in Geltung, wenn sich deren „gegenständlicher" Gehalt verwandelt, wenn er z. B. inhaltlich „reduziert" oder ausgedehnt wird.

Der Begriff der Kritik bezieht sich somit nicht mehr auf die Seite eines von der Subjektivität unterschiedenen Gegenstandsbereiches selbst, sondern ausschließlich auf die Sphäre des religiösen Bewußtseins: Was ist hier möglich? Was haben religiöse Intentionen im Kontext des Bewußtseins zu bedeuten? Mit dem Begriff „religiöse Intention" soll dabei behelfsweise alles zusammengefaßt werden, was an religiösen Akten, Erkenntnissen, Wahrnehmungen, Gebet, Glaube, religiös motivierten Entscheidungen und Entschlüssen zu Handlungen in Betracht kommen mag. Demgegenüber soll dann behelfsweise der „Inhalt" des Glaubens, die der Intention entsprechende, von ihr bezielte Vorstellung usw. als das religiös Intendierte bezeichnet werden. Dabei ist immer vorausgesetzt, daß im Sinne der Hegelschen These alles Unmittelbare immer schon durch das Denken — bezw. durch das Bewußtsein — vermittelt ist. Auch „Offenbarung" ist immer schon wahrgenommene Offenbarung, wie immer auch die Stellungnahme zu dieser Offenbarung ausfallen mag. Der Begriff der Kritik meint nun zunächst im Inhaltlichen die Abwesenheit aller Vorurteile. Er bezieht sich auf die Intentionen selbst, die als „religiöse" in sich und im Zusammenhang des Bewußtseins „stimmen" sollen. Um dieser Stimmigkeit willen sprechen wir von Vernunft; denn die Vernunft ist das im Bewußtsein Einleuchtende. Kritik meint also die Überprüfung der religiösen Intentionen im Bewußtsein auf ihren Sinn und auf ihre Stimmigkeit im Horizont des Intendierten.

Es bedarf wohl kaum eines Hinweises, daß ich mit dem Begriff des Bewußtseins, wie ich ihn hier gebrauche, an Fichte, Hegel und Schleiermacher anknüpfe. Fichte hat in der dritten Vorlesung seiner „Anweisung zum seligen Leben" (1806) „das Bewußtsein des Seins, die einzig mögliche Form und Weise des Daseins des Seins" zu einem hohen, gleichsam ontologischen Range gesteigert, so daß kein Sein außerhalb dieses Bewußtseins eine noch höhere Seinsdignität in Anspruch nehmen könnte. Wichtig ist an diesem Begriff des Bewußtseins eben dies, daß es für ein Sein außerhalb seiner Subjektivität keinen Raum läßt. Schon bei Hegel hatte dieser Gedanke einen gegen die damalige Theologie polemisch zugespitzten Sinn, der sich im Blick auf die Theologie seit dem Antritt der sog. dialektischen Theologie unschwer von neuem aktualisieren ließe: „Die Theologie hat gemeiniglich diesen Sinn, daß es darum zu tun sei, Gott als den nur gegenständlichen zu erkennen, der schlechterdings in der Trennung gegen das subjektive Bewußtsein bleibt, so ein äußerlicher Gegenstand ist, wie die Sonne, der Himmel etc. Gegenstand des Bewußtseins ist, wo der Gegenstand die bleibende Bestimmung hat, ein Anderes, Äußerliches zu sein. Im Gegensatz hiervon kann man den Begriff der absoluten Religion so angeben, daß das, um was es zu tun ist, nicht dieses Äußere sei, sondern die Religion selbst, d. h. die Einheit dieser Vorstellung, die wir Gott heißen, mit dem Subjekt" (W. 16, 194). Darum wird schon in dem einleitenden Teil der Religionsphilosophie Hegels über das religiöse Verhältnis das „religiöse Bewußtsein" ein tragender Begriff. Denn es muß dazu kommen, daß der Inhalt des Bewußtseins aufhört, ein fremder zu sein, daß die Trennung aufgehoben wird. „Gegen diese Trennung ist die Bestimmung gekehrt, daß es um die Religion als solche zu tun sei, d. h. um das subjektive Bewußtsein, das, was Gott will, in sich hat. In dem Subjekt ist so die Ungetrenntheit der Subjektivität und des Anderen, der Objektivität" (W. 16, 195).

In diesem Zusammenhange muß auch Schleiermachers gedacht werden. Er hat in dem § 3 seiner Glaubenslehre die Frömmigkeit so beschrieben: sie „ist rein für sich betrachtet weder ein Wissen noch ein Tun, sondern eine Bestimmtheit des Gefühls oder des unmittelbaren Selbstbewußtseins". Auch von dieser Theorie des Selbstbewußtseins gilt, was ich eben im Bezug auf

Hegel gesagt habe. Man kann hier aber noch mehr zeigen. Zunächst ist es wichtig, daß der Bewußtseinsbegriff, wie bei Fichte und Hegel, so auch bei Schleiermacher ein transzendentaler ist, kein psychologischer. Allerdings eignet ihm eine gewisse Nähe und Parallelität zum psychologischen Begriff des Bewußtseins. Daraus erklären sich die nie enden wollenden theologischen Mißverständnisse Schleiermachers bis in die Gegenwart hinein. Auch das Gefühl ist, wie die Postulate der praktischen Vernunft bei Kant, transzendental zu verstehen. So widmet denn auch Schleiermacher diesen Begriffen, welche die „höchste Stufe des menschlichen Selbstbewußtseins" ausmachen (§ 5 Leitsatz), eine transzendentalphilosophische Ableitung. Das schließt nicht aus, sondern es macht die Beweglichkeit dieser Begriffe aus, daß sie sozusagen mit jedem Schritt in psychologisch realisierbare Aussagen verwandelt werden können. Wir befinden uns hier in nächster Nähe zu dem transzendentalen Ego der Husserlschen Phänomenologie, wenn schon diese Nähe bezeichnenderweise kaum jemandem aufgefallen ist.

Ich muß aber, bevor ich diesem Hinweis nachgehe, noch auf die kritische Bedeutung des Schleiermacherschen Bewußtseinsbegriffes eingehen. Er erweist sich einmal darin, daß er die Abgrenzung gegen Wissen und Moral trägt. Es war die religionsphilosophische Großtat Schleiermachers in seinen „Reden" (1799), daß er die Religionsbegründung im Gegensatz zur klassischen Aufklärung nicht durch die großen Religionsideen Gott, Freiheit, Unsterblichkeit, aber auch nicht, wie es bei Kant geschah, durch die Postulate der praktischen Vernunft vollzogen hat, sondern daß er die Religion im Gefühl gründete. Wenn auch diese Weise der Religionsbegründung immer noch im Schema der drei klassischen Vermögen der Vernunft (Vorstellung, Wille, Gefühl) geschah, und wenn auch die Begründung im Gefühl eine neue Problematik heraufführte, so war jedenfalls die Emanzipation der Religion von Erkenntnis und Moral eine große kritische Leistung. Es kommt aber etwas Zweites hinzu. Im Laufe der Glaubenslehre wendet Schleiermacher eben dieses fromme Selbstbewußtsein wiederholt gegen bestimmte Lehrgehalte kritisch an. So scheidet er kosmologische Sätze, wie sie sich in der älteren Metaphysik im Zusammenhang mit der Gotteslehre nahelegen können, aus, weil sie nicht im frommen Selbstbewußtsein begründet sind. Auch können aus diesem Selbstbewußtsein keine geschichtlichen Tatsachen abgeleitet werden, was in der Christologie von Bedeutung werden kann.

Bei der Beschreibung der Idee einer kritischen Religionsphilosophie habe ich mich im übrigen eng an die Terminologie E. Husserls angeschlossen. Eine sich kritisch verstehende Religionsphilosophie hat nicht die Aufgabe, sich über die Wirklichkeit der Gegenstände des religiösen Glaubens auszusprechen, sondern über ihren möglichen Sinn im Kontext der Vernunft, über die religiösen Intentionen als solche, über ihre Arten und Strukturen und über ihr Verhältnis zum religiös Intendierten. Aber auch im Bezug auf Husserl scheint mir eine Einschränkung geboten. Einmal entwickelt Husserl die Idee seiner Phänomenologie mit Vorliebe am Leitfaden der gegenständlichen Wahrnehmung. Er gibt zwar gelegentlich zu, daß diese Einsichten, welche hier gewonnen werden, dann auch auf ideale Gebilde, auf Zahlen etc. übertragen werden müssen. Aber tatsächlich bleibt der Horizont des Blickes, welcher die Leitbilder und Modelle konstituiert, sehr begrenzt. Und es hängt sicherlich mit der Idee der „Philosophie als strenger Wissenschaft" zusammen, welche Husserl 1911 in dem berühmten Aufsatz im „Logos" entwickelt hat, daß er gewisse unvermeidbare Fragestellungen aus der sich als strenge Wissenschaft verstehenden Philosophie ausgeschlossen hat. Nicht so sehr welche Fragestellungen es sind, sondern in welcher abwertenden Weise Husserl diese Fragestellungen überhaupt charakterisiert, bezeichnet die tatsächliche Begrenzung seines Problembewußtseins. Das hängt dann freilich mit einem zweiten Vorbehalt zusammen, den ich einschränkend gegenüber Husserls methodischer Kompetenz nennen muß. Es ist seine Ablehnung des Historismus. Er hat sich darüber ausführlich geäußert. Das hat in unserem Zusammenhang genau die Bedeutung, daß sich Husserl über die Tatsache des historischen Bewußtseins keine Rechenschaft geben wollte. K. Löwith hat in seinem Artikel „Eine Erinnerung an E. Husserl" (Vorträge und Abhandlungen, 1966, 268 ff.) darauf hingewiesen, daß Husserl „die innere Zugehörigkeit der Geschichte des Denkens zu dessen sachlicher Problematik verkannt" hat. Die sozusagen zeitlose Theoria, der seine Philosophie dienen sollte, teilte ihre Zeitlosigkeit auch dem transzendentalen Ego mit. Diese Naivität kommt vielleicht nirgends so deutlich an ihre Grenze wie in der Religionsphilosophie, wo uns mindestens schon der Sprachwandel, aber darüber hinaus der ganze sich ständig wandelnde Bewußtseinshorizont darauf aufmerksam macht, welche hermeneutischen Probleme uns hier erwarten.

Die Idee einer kritischen Religionsphilosophie kann nur in ihrer deutlichen Unterscheidung von der vorkritischen und der skeptischen Form des Philosophierens über Religion verstanden werden. Man muß sich vor dem täuschenden Schein hüten, als ob gewisse „radikale", also etwa sich durch besonders forsche Negationen auszeichnende Formen der skeptischen Religionsphilosophie damit als philosophisch besonders kompromißlos ausgewiesen wären. Sie erfreuen sich oft einer besonderen Popularität, weil sie, wenn auch in kritischer und negativer Form, das allgemeine Bedürfnis nach vorkritischer Religionsphilosophie befriedigen. Es kommt dann eben doch auf eine „weltanschauliche" Orientierung hinaus, etwa auch darauf, dem negativen Bedürfnis oder den skeptischen Neigungen gegenüber den positiven Religionen eine gewisse rationale Rechtfertigung zu geben.

Demgegenüber muß aber daran festgehalten werden, daß die Idee einer kritischen Religionsphilosophie eine gewisse Entsagung erfordert. Sie beginnt damit, daß man sich einer eigenen Stellungnahme zu dem religiös Intendierten (dem cogitatum im Husserlscher Sinne, dem Glaubensgegenstande) enthält. Es beginnt mit der Rückfrage nach der Intention selbst, die erkannt, deskribiert und vor allem verstanden werden soll. Die religiöse Intention soll auf ihren „Sinn" hin befragt werden, ganz gleich, was man selbst, abgesehen von dieser

Befragung, für eine Glaubensüberzeugung hat. Selbstverständlich kann hier nur eine Entwicklung dieser Idee, keine Ausführung eines Programmes erwartet werden. Was wir in den nun folgenden Kapiteln auszubreiten haben, soll an dieser Idee gemessen werden, aber es wird thematisch von daher keinen Beschränkungen unterliegen. Nur zweierlei sei abschließend dazu bemerkt.

Verwehrt ist durch die Idee einer kritischen Religionsphilosophie allerdings jede Spekulation. Der Gedanke daran liegt nicht allzufern, hat doch Hegel, auf den ich mich hier auch bezogen habe, in seiner Religionsphilosophie im dritten Teil als absolute Religion ein volles System einer Dogmatik entwickelt, das entscheidende Achsenbegriffe der altlutherischen Dogmatik zu Ehren bringt. Diese Begriffe gewinnen allerdings bei Hegel einen unverwechselbar philosophischen Sinn. In Hegels Nachfolge allerdings haben sich dann neue Formen einer dogmatischen Religionsphilosophie etabliert, wie die von Fr. Brunstäd (1922) und vollends solche, die sich schon in der Thematik als „christliche" Religionsphilosophien vorstellten. Schleiermachers Lehre vom frommen Selbstbewußtsein war von vorneherein als christliche Glaubenslehre gemeint. Aber Schleiermacher war doch der Überzeugung, daß die Analyse des frommen Selbstbewußtseins selbstverständlich und mühelos auf den christlichen Glauben hinführen müsse. Der ganze Idealismus war in der Überzeugung eins, daß die vollkommene Religion nur die christliche sei. Die negative Folge dieses Postulats bestand darin, daß die Religionsgeschichte erst ein volles Jahrhundert später in den Themenkreis der von daher kommenden theologischen Tradition aufgenommen wurde. Demgegenüber meine ich, müßte die Idee einer kritischen Religionsphilosophie als eine Entlastung von theologischen Erwartungen — oder soll man sagen: Zumutungen? — verstanden werden.

Auf der einen Seite also eine Schranke gegen dogmatische Spekulationen. Nach der anderen Seite sollte der Gewinn an Unbefangenheit nicht unterschätzt werden, welcher durch das kritische Verfahren, vor allem durch die Reduktion der Fragestellung ermöglicht wird. Die Reduktion auf das Bewußtsein entlastet uns von allen Bekenntnisfragen, von allen Erprobungen der theologischen Überzeugungen und Gesinnungen, mit denen Apologetik und Reportage so gerne die Religionsphilosophie belästigen: Fragen der Weltanschauung, bestimmter Glaubenssätze („Sind Wunder möglich?"), des praktischen „Engagements" sind hier unangebracht, weil es nur um Verstehen und Erkennen geht. Und das ist ein wirklich freier Raum.

II. OBJEKTIVIERUNG

4. Kapitel

Subjektivität und Objektivierung

Es geht in diesem Kapitel um das Verhältnis der Religion zu ihrer Objektseite. Jeder Glaube glaubt „etwas", jede religiöse Verehrung, sei sie Furcht, Liebe oder was auch immer, ist einer eigentümlichen Gegenstandswelt zugewendet. Aber diese Gegenständlichkeit hebt sich doch von der übrigen sinnlich wahrnehmbaren oder auch meßbaren, wissenschaftlich allgemein beschreibbaren Gegenständlichkeit in einer eigentümlichen Weise ab. Es ist eine „religiöse" Gegenstandswelt. Das Verhältnis der religiösen Haltung des Subjektes zur religiösen Gegenstandswelt ist das Problem dieses Kapitels.

Man kann die Frage nach dem religiösen Objekt, nach dem „Gegenstand" des Glaubens, so sehr in den Vordergrund treten lassen, daß die Frage nach der Subjektivität dahinter völlig zurücktritt. Die Frage nach der Eigentümlichkeit der religiösen Erfahrung wird dann von der materialen Frage nach dem „Was" aufgezehrt. Das ist in extremer Form in jeder dogmatischen Beschreibung der Religion der Fall. Sie artikuliert sich in Aussagesätzen über Gott, seine Erkennbarkeit, seine Eigenschaften, über das, was er getan hat und was er von uns erwartet u.s.w. Auch die Art, wie man sich dieser religiösen Gegenstandswelt zubekennt und mit ihr umzugehen hat, also die subjektive Seite, wird dann doch soweit als möglich objektiv gemacht: die Dogmen müssen richtig sein, das Verhalten wird normiert, der Glaube ist ganz und gar in das Weltbild eingezeichnet, und seine Wahrheit durch das Wissen zu bestätigen, erscheint als entscheidende theologische und philosophische Aufgabe. Wenn die Religion hier, also gleichsam auf der Objektseite versagt, wenn sie sich als unwahr, mit dem Wissen unvereinbar erweisen sollte, dann hat die Religionskritik leichtes Spiel.

So beschreibt L. Feuerbach in seinem „Wesen des Christentums" (1841) und dementsprechend in den verschiedenen Phasen seines „Wesen der Religion" die herrschende und geglaubte Religion ganz im Sinne eines Systems von Glaubenssätzen, als religiöses Weltbild, und seine Religionskritik besteht im wesentlichen darin, die so ganz und gar objektivierte Religion zu desillusionieren. Auch die Auskunft von James G. Frazer, die er in seinem Buch The Golden Bough, IV, zugrunde legt, ist ganz auf diese „objektive" Religionsauffassung gegründet: „Unter Religion verstehe ich also eine Versöhnung oder Beschwichtigung von Mächten, die dem Menschen übergeordnet sind und von denen er glaubt, daß sie den Lauf der Natur und das menschliche Leben lenken. Nach dieser Definition besteht die Religion aus zwei Elementen, einem theoretischen und einem praktischen, nämlich einem Glauben an Mächte, die höher sind als der Mensch, und zweitens dem Versuch, diesen Mächten zu gefallen oder sie zu versöhnen" (a.a.O. 72).

Dem steht nun auf der anderen Seite jene Auffassung von Religion gegenüber, die sie aus der Art der Subjektivität erklären will. Die Eigenart der menschlichen Zuwendung zu welchen Glaubensinhalten auch immer, die Befindlichkeit des Gefühls macht die Religion zur Religion. Die Frage nach der Subjektivität, nach dem Zustande des Bewußtseins kann dann derart in den Vordergrund treten, daß die andere Frage nach der Eigentümlichkeit der Glaubensinhalte dagegen ganz zurücktritt. Auch wenn die Glaubensinhalte ohne alle Beimischung von Zweifel deutlich und bestimmt angenommen werden, und wenn die Aussagen darüber korrekt und orthodox sind, so kann es zu dem Urteil kommen, daß diese Glaubenskorrektheit dennoch „irreligiös" ist, dann nämlich, wenn die Art der Zuwendung kalt und gefühllos ist und die Inhalte der Religion die Subjektivität nicht im religiösen Sinne verwandeln und verändern. Diese Beschreibung der Religion als eigentümliche Verfassung der Subjektivität hat philosophisch ihren Ursprung bei Schleiermachers „Reden über die Religion an die Gebildeten unter ihren Verächtern" (1799), wo die Religion nicht auf Metaphysik und Moral, sondern auf Anschauung und Gefühl begründet wird. Es sind die bekannten Spitzensätze der zweiten Rede: Das Wesen der Religion „ist weder Denken noch Handeln, sondern Anschauung und Gefühl", „Religion ist Sinn und Geschmack für das Unendliche". „Endlich, um das allgemeine Bild der Religion zu vollenden, erinnert euch, daß jede Anschauung ihrer Natur mit einem Gefühl verbunden ist." Die Vorzüge dieser Beschreibung — oder soll man sagen: dieses Definitionstypus — liegen auf der Hand. Einmal ermöglicht sie, der Religion einen Ort in dem transzendentalphilosophisch begriffenen Reich der Vernunft zu sichern. Davon war im vorigen Kapitel die Rede. Der zweite Vorzug dieses Definitionstypus ist die Befreiung der Religion von der Herrschaft der Theologie, insbesondere der Dogmatik, die ja auf die Inhaltsfragen konzentriert sein muß. Dieser Definitionstypus macht die Beschreibung der Religion unabhängig von religionsgeschichtlichen und konfessionellen Differenzen, ja, er ermöglicht sogar, im äußersten Falle auch den totalen Ausfall von Glaubensinhalten mit dem Religionsbegriff zu decken, wie das im förmlichen Atheismus der Fall ist, oder in der weitverbreiteten populären Auskunft, es käme darauf an, daß man „überhaupt glaubt" und nicht, was man glaube.

Mit diesem Verzicht auf inhaltliche Bestimmung der Religion hat sich Hegel zu Beginn seiner „Vorlesungen über die Philosophie der Religion" auseinandergesetzt, im 4. Abschnitt der Einleitung „Religionsphilosophie und zeitgenössische Theologie" (ed. Lasson I, 35 ff.). Zwei Gruppen, die an sich weit auseinander liegen, vereinigen sich in der Skepsis, über Gott bestimmte Aussagen zu machen. „Sie stehen teils auf dem Standpunkte der Verstandesmetaphysik, für die Gott ein Leeres und der Inhalt verschwunden ist, teils auf dem Standpunkt des Gefühls, das sich nach dem Verluste des absoluten Inhalts in seine leere Innerlichkeit zurückgezogen hat, aber mit jener Metaphysik in dem Resultate übereinstimmt, daß jede Bestimmung dem ewigen Inhalt unangemessen sei, — denn er ist ja nur ein Abstraktum." Für Hegel ist dieser Verzicht auf inhaltliche Bestimmung der Religion eine Beschädigung der Religion selbst, ein Verzicht auf Erkenntnis, was durch die Berufung auf das Gefühl als Grundelement der Religion gerechtfertigt werden soll. Es ist im Grunde das Problem der Hegelschen Religionsphilosophie, diesen Widerspruch gegen die inhaltliche Bestimmung in der Religion, die im Namen des Gefühls erhoben wird, aufzuheben: „Dieser Ort, wo Gott in meinem Sein ist, ist das Gefühl" (I, 98). Dieses Gefühl ist freilich für Hegel eine untergeordnete, geringe Weise der subjektiven Gewißheit. Es gibt für ihn höhere Formen, der Subjektivität zu ihrem Rechte zu verhelfen: „Das Gefühl ist darum etwas so Beliebtes, weil, wenn wir fühlen, wir persönlich, subjektiv, nach unserer Partikularität dabei sind. Wir machen die Sache, aber zugleich uns selbst dabei geltend. Das Gefühl nennen wir deshalb unsere Subjektivität im schlechtesten Sinne, während die Persönlichkeit, die höchste Identität des Geistes in sich, das Selbstbestimmen, in viel höherem Sinne Subjektivität zu heißen hat. Deshalb beruft man sich, wenn alle Gründe ausgehen, nur aufs Gefühl. Solch einen Menschen muß man stehen lassen; denn er zieht sich in die Eins seiner Besonderheit zurück, die unantastbar ist" (I, 102). Wieviel von diesen Aussagen auf die Rechnung einer Polemik Hegels gegen Schleiermacher, wie er ihn verstand, zu setzen ist, mag hier außer Betracht bleiben. Wesentlich ist für uns, daß die Extreme deutlich hervortreten, um deren gedankliche Vermittlung die Hegelsche Religionsphilosophie in ihrem ersten Teile kreist: Bestimmung der Religion durch die Analyse der religiösen Subjektivität auf der einen Seite, auf der anderen hingegen die Bestimmung der Religion durch die Eigentümlichkeit ihres „Gegenstandes" — hier bei Hegel einfach und schlechthin „Gott" —, das Bemühen um Objektivierung ihres Inhaltes.

So wenig die beiden Definitionstypen einseitig und ausschließend gegeneinander gestellt werden können, so bezeichnet doch ihr Nebeneinander eine Spannung, die sich in drei Fragen entlädt. Diese Fragen möchte ich hier bezeichnen. Sie sollen in den nachfolgenden Abschnitten dieses Kapitels erörtert werden.

Die erste Frage: Wie ist die Subjektivität dem vermeintlichen religiösen Gegenstande, also dem Inhalt des Glaubens zugewendet? In diesem Zusammenhang muß von beiden gesprochen werden; einmal von der religiösen Subjektivität. Ihre eigentümliche Art von Zuwendung unterscheidet sich von anderen Weisen der Zuwendung. Wir reden dann etwas pauschal von einem religiösen Akt (M. Scheler). Gleichzeitig muß aber auch etwas über die Objektseite ausgesagt werden. Denn was immer als „Gegenstand" hier gemeint sein mag, so konkurriert er jedenfalls nicht mit sinnlich wahrnehmbaren und meßbaren Gegenständen im Sinne wissenschaftlicher Objekte. Wir pflegen die Eigentümlichkeit dieser „Gegenstände" dadurch von anderen abzuheben, daß wir von transzendenten Gegenständen sprechen. Was heißt das aber?

Im zweiten Abschnitt will ich von den Graden der religiösen Gewißheit handeln. Für religiöse Überzeugungen wird eine Gewißheit in Anspruch genommen, die sich von der Gewißheit unterscheidet, die wir etwa bezüglich einer wissenschaftlichen Erkenntnis haben. Wie verhält sich religiöse Gewißheit zum Wissen: Es ist also die uralte Frage nach dem Verhältnis von Glaube und Wissen. Auch dies ein Problem, das aus der Korrelation von Subjektivität und Objektivierung erwächst.

Schließlich ist aber noch davon zu sprechen, in welcher Weise Subjektivität und religiöser Gegenstandsbereich, subjektiver Glaube und Glaubensinhalt eins sind, in welchem Sinne und mit welchen Folgen sie auch getrennt werden können. Es handelt sich um das Problem, daß einer lebendigen Religiosität im subjektiven Sinne die dogmatisch fixierten Gehalte des Glaubens undeutlich werden, von skeptischen Einwänden angenagt, weltanschaulichem Zweifel ausgesetzt. Und umgekehrt: Was wird aus einer Religion, deren objektive Ausformung, seien es Dogma, Kultus oder auch Ethos, nicht mehr vom subjektiven Erlebnis fundiert werden?

1. Intentionales Überschreiten

Das Problem der religiösen Zuwendung ist in dem Schema des Verhältnisses von religiöser Subjektivität zu ihrem Gegenstandsbereich entworfen. Aber jeder Schritt zur Lösung des Problems vernichtet die vorausgesetzte Subjekt-Objektspaltung. Man kann von Subjektivität und Objektivierung nicht sprechen, ohne immer das jeweils andere mit in die Betrachtung einzubeziehen. Ich verwende daher zunächst hilfsweise den unbelasteten Ausdruck „Zuwendung". Er hat den Vorzug eines vermittelnden Begriffes, und er läßt ganz offen, ob diese Zuwendung theoretisch oder praktisch vorzustellen ist, ob sie unmittelbar und erlebnismäßig oder lehrhaft formuliert, ob sie naiv reagierend oder als ausgeprägter Kultus oder Ritus in Betracht gezogen wird. In jedem Falle gilt: Das Subjekt wendet sich zu... In jedem Falle muß auch gelten, daß dieses so sich zuwendende Subjekt in seiner eigenen Existenz betroffen ist.

Nun ist es die Eigentümlichkeit der religiösen Zuwendung, daß sie in der sichtbaren, wissenschaftlich in Zahlen verrechenbaren und technisch machbaren Wirklichkeit, aber auch in der Welt der historischen „Tatsachen" nicht aufgeht. Religiöse Zuwendung meint intentionale Akte von einer eigentümlichen Gegenstandsbezogenheit. Die Gegenständlichkeit der uns natürlicherweise umgebenden sichtbaren Welt wird in der religiösen Zuwendung überschritten, und das hat seit alters den Anlaß geboten, von Transzendenz zu sprechen. Das geschieht meist ganz unbedenklich und ungeschützt, man meint eine andere, eine zweite Wirklichkeit neben der ersten, uns unmittelbar theoretisch und praktisch zur Hand gegebenen Wirklichkeit. Der Begriff der Transzendenz wird freilich nicht eindeutig gebraucht, denn er soll einmal ein Überschreiten der Erfahrung, ein anderes Mal das Überschreiten der Natur oder vor allem der Vernunft bezeichnen. Gott selbst, göttliche Wahrheit, aber dann im abgeleiteten Sinne auch theologische Begriffe „übersteigen die Vernunft". Schon bei Thomas von Aquin finden sich sehr genaue Belege für die Verwendung des Begriffes in diesem Sinne. Einige göttliche Wahrheiten vermag die menschliche Vernunft zu begreifen, aber andere „übersteigen" die Fähigkeit derselben (S.c. gent. I, 3); die Vision vermittelt die Teilhabe an Ewigkeit, insofern sie Zeit übersteigt (utpote omnino transcendens tempus; S.c.gent. II,61). Die moderne Verwendung des Transzendenzbegriffes geht aber immer mehr in die Richtung des Irrationalismus. Man nimmt bei aller sonstigen Metaphysikfeindlichkeit mit diesem Begriff von Transzendenz, den man im Sinne von Außerweltlichkeit, Jenseits von Welt verwendet, eine heimliche Metaphysik in Kauf, die nur, im Gegensatz zur alten Metaphysik, alle begriffliche Schärfe preisgegeben hat.

Soll der Begriff der Transzendenz in der Religionsphilosophie festgehalten werden, dann darf er nicht dazu verwendet werden, die

Religion außerhalb des Zusammenhanges mit Vernunft zu setzen, sondern er muß erkenntnistheoretisch legitimiert werden. Nicht der „religiöse Gegenstandsbereich" (wenn ich diesen gewagten Ausdruck noch einen Augenblick hilfsweise festhalten darf) liegt außerhalb aller Erfahrbarkeit und vernünftigen Legitimation, sondern das religiöse Subjekt selbst „überschreitet" in seiner Zuwendung die durch bloße Sinnesdaten begrenzte, experimentell kontrollierbare und mit Apparaten registrierbare „Wirklichkeit" wie die der bloßen historischen Tatsächlichkeit. Das ist das eine. Aber die religiöse Zuwendung vollzieht diese Überschreitung in einer spezifischen Weise. Das ist das andere.

Wir haben uns zunächst auf allgemeine Bewußtseinseinstatsachen zu besinnen. In jedem Bewußtsein liegt ein Über-sich-hinaus-meinen, um mit Husserl zu sprechen. Wir verweilen niemals bei den bloßen Daten der Wahrnehmung, sondern legen das Wahrgenommene schon im Vollzug der Wahrnehmung aus. Wir nehmen in einer „verborgenen konstitutiven Leistung" zum aktuell Wahrgenommenen die potentielle Wahrnehmung hinzu, das unanschaulich Mitgemeinte, also etwa in der Wahrnehmung eines Würfels seine nichtwahrgenommene Rückseite oder das, was im Falle einer (nichtvollzogenen) Drehung des Würfels sich als Wahrnehmung ergeben wird. Immerfort konstituieren wir, immerfort überschreiten wir in einer „sinnleistenden Intentionalität" das pure Datum der augenblicklichen Wahrnehmung. Insofern ist auch jede Erinnerung daran, daß wir diesen Gegenstand hier gestern schon wahrgenommen haben und morgen wieder wahrnehmen werden, eine intentionale Überschreitung dessen, was sich uns im ausschließlichen Hier und Jetzt darbietet.

Ich greife damit Argumente E. Husserls auf, die er in den Cartesianischen Meditationen (bes. § 20) ausführlich begründet hat. Dieses intentionale Überschreiten des puren Datums unterscheidet sich von der anderen, „wissenschaftlichen" Einstellung zum Gegenstand, welche auf diese Überschreitung bewußt, absichtsvoll und methodisch Verzicht leistet. M. Merleau-Ponty sagt in seinem Essay „L'Oeil et l'esprit" gleich zu Anfang: „Die Wissenschaft geht mit den Dingen um, ohne sich auf sie einzulassen." Sie übt eine konstruktive Praktik, die sich als autonom ansieht und das Denken bewußt auf die Aneignungstechniken, die es zu diesem Zwecke erfindet, reduziert. „Denken heißt jetzt, Versuche machen, Operieren und Transformieren unter dem alleinigen Vorbehalt einer experimentellen Kontrolle, bei der nur stark „bearbeitete" Phänomene auftreten, die von unseren Apparaten mehr hervorgebracht als bloß registriert werden."

Das Recht dieses wissenschaftlichen Verfahrens ist unbestritten. Es liegt in einem Doppelten: einmal in der Pragmatik, d. h. in der Ergiebigkeit des

Experiments mit den puren Daten, und zum anderen in der Ausklammerung alles dessen, was nicht dem beabsichtigten wissenschaftlichen Zweck dient, also ebenso der Wesensfragen wie aller subjektiven Bedingungen, unter denen der Gegenstand im Augenblick wahrgenommen wird. Gegenüber der Unmittelbarkeit unserer Einstellung zu den Dingen bedeutet aber die sog. „wissenschaftliche" Einstellung eine Abstraktion, nicht umgekehrt. Die „wissenschaftliche" Zurückführung der Erscheinung eines Dinges auf das pure meßbare Sinnesdatum ist ein Artefakt, dessen Berechtigung sich aus dem Zweck der Abstraktion herleitet. Aber die intentionale Überschreitung der Sinnesdaten wird dadurch nicht ins Unrecht gesetzt.

Schon im gegenständlichen Bewußtsein ist immer „Mehrmeinung" eingeschlossen. Wir konstituieren das Wahrgenommene zu dem Gemeinten, indem wir weitere potentielle Wahrnehmungen unterstellen, wie eben z. B. die Wahrnehmungen, die sich bei der Drehung des Würfels ergeben werden. Oder aber wir befragen die Wahrnehmung, die uns unbefriedigt läßt, weil die bloße Gegebenheit das Gemeinte, das intentionale Korrelat, nicht erkennen läßt. Mit dieser Mehrmeinung überschreiten wir aber die bloß dinghafte Gegebenheit, wir transzendieren. D. h.: in allem Bewußtsein ist „Transzendenz", weil alles Bewußtsein über sich hinaus „meint".

Die Analyse der ästhetischen Wahrnehmung verdeutlicht das noch. Die Bilder zeigen eine eigentümliche „Tiefe", obwohl sie doch nur zweidimensional sind. Nach einem Wort von Klee, das Merleau-Ponty heranzieht, ahmt die Malerei nicht mehr das Sichtbare nach, sondern sie macht sichtbar. „Was die Bewegung vermittelt, sagt Rodin, ist ein Bild, wo die Arme, die Beine, der Rumpf und der Kopf je zu einem anderen Zeitpunkt erfaßt sind, das also den Körper in einer Haltung darstellt, die er zu keinem Zeitpunkt eingenommen hat, und seinen Teilen fiktive Verbindungen aufzwingt, als wenn allein dieses Zusammentreffen von Unzusammengehörigem in der Bronze und auf der Leinwand den Übergang und die Dauer hervorbringen können... Durch seine innere Unstimmigkeit macht das Bild die Bewegung sichtbar". Obwohl das Bild in Ölfarben gemalt ist, läßt es andere stofflichen Qualitäten erkennen, und zwar so, daß die vermittelnde Stofflichkeit der Malerei im Bewußtsein übersprungen wird. Stimmungen einer Landschaft oder einer dargestellten menschlichen Begegnung werden vom Betrachter des Bildes nicht auf rationalen Umwegen „erschlossen", sondern sie werden unmittelbar wahrgenommen, vielleicht unmittelbarer durch Vermittlung der Malerei als wenn wir der „wirklichen" Situation, der realen Landschaft konfrontiert gewesen wären.

Ich verweise auf M. Merleau-Ponty, Das Auge und der Geist, und seine dort in kritischer Auseinandersetzung mit Descartes entwickelte Analyse des Sehaktes und der Leistung des künstlerischen Sehens.

Was ich hier als intentionales Überschreiten bezeichnet habe, ist also mit dem Anspruch allgemeiner Gültigkeit für die Intentionalität des Bewußtseins ausgesprochen. „Die Welt wird nicht nur durch Wissen begriffen ... Sie ist nicht nur für das Labor bestimmt", um noch einmal Merleau-Ponty zu zitieren. Auch die religiöse Zuwendung, von der wir ausgingen, vollzieht sich in der Weise einer solchen intentionalen Überschreitung, in einer Mehrmeinung. Es ist zunächst scheinbar so, als ob der Wahrnehmung noch etwas hinzugefügt würde. Wenn Naturerscheinungen als „Kreatur", wenn ein an mich gerichtetes Wort, das mich im Gewissen trifft, als „Wort Gottes" wahrgenommen wird, dann ist das im Sinne einer unmittelbaren Erfahrung zu verstehen und nicht im Sinne einer zusätzlichen Deutung. Ebenso — um nur ein Beispiel zu nennen — die Wahrnehmung eines Menschen als „meines Bruders". Man könnte das durch die ganze Breite der Religionsphänomenologie fortsetzen. Es gibt wahrscheinlich keine handliche und einfache Definition dessen, was die religiöse Intentionalität zu einer religiösen macht. Aber es lassen sich einige Kennzeichen des religiösen Transzendierens der Erfahrungswelt angeben.

1. Zunächst muß daran festgehalten werden, daß es sich um ein unmittelbares Erfassen handelt, nicht um einen rationalen Umweg des „Rückschlusses", aus dem sich dann eine Deutung ergeben würde. Aber die Verwechslung liegt nahe. Sie erklärt sich daraus, daß ich eben diese überschießende Erfahrung, die vielleicht zu irgend einem Zeitpunkt der religiösen Entwicklung Neuheitswert besessen hat, in Sätzen aussage, in Begriffe und Wertungen zusammenfasse. Das ist dann eine urteilsmäßige Objektivierung. Sie muß notwendig auf analoge Erfahrungen zurückwirken und ihnen eine „Deutung" beilegen. Es ist gar nicht gesagt, daß ich in jedem Falle einen anderen Menschen als „meinen Bruder" erkenne. Die Situationen sind sehr verschieden. Aber wenn ich aus einem religiös vorgeformten Bewußtsein vorausweiß: Der andere Mensch ist mein Bruder, dann läuft die Deutung der unmittelbaren Erfahrung voraus und nimmt ihr die Unmittelbarkeit weg.

2. Alle religiösen Akte, wie immer man sie sich vorzustellen hat, wirken zurück auf den, der sie vollzieht. Man ist von dem, was man

im religiösen Transzendieren erkennt, sofort in Anspruch genommen. „All these, like God, are things which can be apprehended only in serving them" (M. Polanyi). Die religiöse Erfahrung weckt nicht nur bestätigtende Erfahrungen, sondern sie fordert Zustimmung („assent" J. H. Newman). Alle religiöse Erkenntnis hat Aufforderungscharakter, sie betrifft mich, sie wird erfahren als etwas, was mich „unbedingt angeht" (P. Tillich).[1]

3. Durch die intentionale Überschreitung wird der Sinn der Realwelt nicht verändert, sie wird nicht verlassen, so sehr ihr eine besondere Dimension hinzugefügt wird. Das Sinngefüge der religiösen Intention schließt sich mit dem Sinngefüge der Realwelt zusammen. In einer frühen Phase so, daß neben dem religiösen Sinn der Dinge, der Handlungen, der realen Welt gar kein eigener Sinn, der sich davon unterschiede, bewußt werden kann. Aber die Spaltung ist unvermeidlich. Die Naturgesetze entfernen sich von der religiösen Sinnhaftigkeit der Natur, und das menschliche Handeln besinnt sich auf eine Zweckmäßigkeit, die unbekümmert aus der Bahn der göttlichen Normen herausfällt. Es wird davon noch ausführlich die Rede sein müssen. Im Augenblick geht es mir nur darum, daß das Sinngefüge der religiösen Intentionen immer mit dem Sinngefüge der realen Welt zusammengebunden ist, entweder bruchlos oder im Widerspruch, konkurrierend, immer in Auseinandersetzung mit den Daten der Erfahrungswelt und im unausgesprochenen oder ausgesprochenen Bedürfnis, sich durch die Erfahrungswelt bestätigt zu sehen. Man möchte sehen, erfahren, und das Bedürfnis nach Wundern erklärt sich so leicht. Transzendenz bedeutet aber keine Jenseitigkeit, die völlig außerhalb alles Realitätsbezuges gedacht werden könnte. Phantasiewelten, „Luftschlösser" stehen außerhalb.

4. Alle diese Überschreitungen ergänzen sich, fügen sich sinnvoll zusammen. Wenn man es etwas abgekürzt so ausdrücken darf: Die religiöse Intention ordnet die Realwelt auf die göttliche Welt hin. Spricht man das in Sätzen aus, dann entsteht Lehre, Tradition, man kann an etwas wie ein System denken, wenn das auch schon eine hohe Reflexionsstufe voraussetzt, die im elementaren Befangensein in religiösen Überzeugungen nicht vorausgesetzt werden kann. Immer aber wird gelten dürfen, daß diese intentionale Überschreitung die Wirk-

---

[1] P. Tillich: Wesen und Wandel des Glaubens (Dynamics of Faith, 1957), jetzt Ges. Werke VIII, 111 ff. — Zuvor schon in Syst. Theol. I (1951) dt. Ausg. 1956, 2. Bd. 129 ff.

lichkeit deuten, ihr Verstehen erleichtern möchte; sie möchte dazu helfen, mit der Wirklichkeit theoretisch und praktisch besser zurecht zu kommen.

Peter L. Berger hat in seinem Buch: A Rumor of Angels; Modern Society and the Rediscovery of the Supernatural (1969)[2] gewisse Phänomene der Alltagswirklichkeit als „Zeichen der Transzendenz" sichtbar gemacht: das Bedürfnis nach „Ordnung", das „Argument des Spieles", die Hoffnung (im Anschluß an E. Bloch), das „Argument der Verdammnis", d. h. die Überzeugung von einer unverletzlichen Gerechtigkeit, und das „Argument des Humors". Wesentlich für diese Argumente der Transzendenz ist es, daß sie ganz und gar vom Menschen aus entworfen sind und an eine menschliche Selbsterfahrung appellieren, ohne die die Humanitas auch in der Alltagswelt gar nicht in Erscheinung treten kann. Im Anschluß an die Ausführungen über das Argument des Spieles heißt es: „Es gehört ganz konkret zur gewöhnlichen Alltagswelt. In deren erlebter Wirklichkeit ist es jedoch wie ein Signal, ein Zeichen der Transzendenz. Denn seine eigentliche Intention weist über es selbst und über die ‚Natur' des Menschen hinaus auf deren ‚übernatürliche' Rechtfertigung (89).

2. *Religiöse Gewißheitsgrade*

Alle religiöse Überzeugung steht vor der Frage ihrer Gewißheit. Sie wird vom Zweifel begleitet und vom Zweifel bedroht. Während aber das Wissen immer Gründe findet, sich über den Gewißheitsgrad dessen, was es weiß, zu legitimieren, ist die religiöse Überzeugung auf sich selbst gestellt oder doch jedenfalls auf Gründe, welche nur für den gelten, dem sie einleuchten, und dieses Einleuchten kann nicht logisch erzwungen werden. So ist die religiöse Überzeugung dem Wissen gegenüber benachteiligt, und die Konkurrenz von Glaube und Wissen, beliebtestes Thema der Religionskritik, scheint immer schon zugunsten des Wissens entschieden zu sein, bevor sie eröffnet worden ist. Das hat zunächst sprachliche Gründe. Das deutsche Wort Glauben bezeichnet ebenso den höchsten Gewißheitsgrad, wenn man etwa sagt: „Ich glaube dir von nun an" oder „ich glaube an Gott", wie es auch die unsicherste Form des Wissens zum Ausdruck bringen kann. „Ich glaube, es hat eben geklopft" oder „ich weiß es nicht bestimmt, ich glaube aber, es war so..." Dann spielt der Begriff zum bloßen Vermuten hin, bringt die Ungewißheit des Wissens zum förmlichen Ausdruck, was in anderen Sprachen vermieden wird (fr. croire bzw.

---

[2] dt. Ausg. u. d. T. „Auf den Spuren der Engel". Die moderne Gesellschaft und die Wiederentdeckung der Transzendenz, übers. von Monika Plessner, 1970

avoir foi im Unterschied zu penser, supposer oder présumer). Diese Unschärfen werden dadurch noch bestätigt, daß auch der religiöse Glaube keineswegs immer in seiner stärksten, sozusagen eminenten und aktuellen Form im Bewußtsein lebt, sondern durchaus in abgeblaßter Gestalt, z. B. als eine schon lange nicht mehr auf ihre Gültigkeit befragte Erinnerung aus Kindertagen im Hintergrund des Bewußtseins dämmert. Dann teilt in der Tat der religiöse Glaube die Unsicherheitsstufe des ungenauen Wissens, die wir auch mit dem Ausdruck Glauben bezeichnen.

Auch bezüglich des Wissens kennen wir Unterschiede der Gewißheit, und wir pflegen diese sprachlich zum Ausdruck zu bringen. Wir tun das etwa, indem wir Fragwürdigkeit oder Zuverlässigkeit der Grundlagen unseres Wissens bezeichnen, was bei induktiv gewonnenen Sätzen in Prozenten, jedenfalls in Annäherungswerten ausgedrückt werden kann. Wir sprechen von einer „an Sicherheit grenzenden Wahrscheinlichkeit". In der Logik hat die traditionelle Urteilslehre die Sicherheitsgrade der Urteile in der Lehre von der Modalität des Urteils zum Ausdruck gebracht. Ich gehe auf die alte Frage hier nicht ein, ob es sich dabei um Unterschiede in der Psyche des Urteilenden handelt oder um reine im Urteil selbst liegende Differenzen. Die psychologische Deutung der Modalität des Urteils könnte nur bis zu Eigentümlichkeiten des Urteilenden führen, indem eben der eine durch sein Temperament hingerissen wird, aus allen Urteilen laute Behauptungsschläge zu machen, der andere hingegen auch die sichersten Kenntnisse nur zaghaft vorbringt. Aber es gibt von diesen Charakterverschiedenheiten abgesehen sicheres und unsicheres Wissen, und das soll oder kann jedenfalls auch im Urteil zum Ausdruck kommen. Die alte Urteilslehre hat drei Modi unterschieden. Für das problematische Urteil gilt die Formel „S ist vielleicht P". Über die Gründe, die zu dem Ausdruck der Ungewißheit des Urteils führen, sagt die logische Theorie nichts aus. Fallen diese Gründe der Zurückhaltung weg, so ist eine schlichte und direkte Aussage möglich. Es ist das assertorische Urteil, die normale Aussage dessen, was wir wissen: „S ist P". (Hierzu gehören alle mathematischen und naturwissenschaftlichen „Sätze".) In der Theorie läßt die Urteilslehre noch eine Steigerung des Gewißheitsgrades zu, nämlich das apodiktische Urteil „S ist unbedingt P". Inhaltlich ist dieses apodiktische Urteil vom assertorischen nicht verschieden. Aber man wird daran zu denken haben, daß der Inhalt des Satzes gegen Bestreitungen durchgesetzt und behauptet werden muß. Die in der Umgangssprache gelegentlich für „Satz" angewandte Bezeichnung „Behauptung" bringt die Eigentümlichkeit des apodiktischen Urteils unbewußt, aber treffend zum Ausdruck.

In demselben Sinne gelten auch für die religiöse Gewißheit Stufen der Modalität. Sie sind eigenen Rechtes und der für das Wissen geltenden Abstufung der Gewißheitsgrade vergleichbar. Natürlich kommen auch die Abstufungen der religiösen Gewißheit in Sätzen zum Ausdruck, wenn sie überhaupt ausgesagt werden, so daß es nicht richtig ist, die logische Tafel der Modalität des Urteils auf der einen Seite, die Modalität religiöser Gewißheit auf der anderen Seite in Vergleich zu setzen. Vielmehr handelt es sich in beiden Fällen um Sätze, um Aussagen, in einem Falle um Aussagen über das Wissen, im anderen Falle um Aussagen über religiöse Gewißheit.

Es gilt aber nun zunächst, einen Irrtum abzuwehren, der in diesem Zusammenhang nahezuliegen scheint. Häufig wird religiöse Gewißheit — „Glaube" — als die unsicherste, jeder wissenschaftlich nachweisbaren Grundlage entbehrende Form des Wissens verstanden. Im Schema der Modalität des Urteils würde das bedeuten, daß die religiöse Gewißheit, mag sie sich auch in apodiktischen religiösen Sätzen aussprechen, im Vergleich mit Wissensurteilen allenfalls den untersten Grad, den der Problematik einnehmen darf. Demgegenüber ist aber daran festzuhalten, daß die Modalität der Wissenssätze und die Modalität der Sätze, in denen religiöse Aussagen gemacht werden, zwar formal vergleichbar sind, daß sie aber zwei ganz verschiedene Kategorien darstellen. Bei höchster religiöser Gewißheit kann man sein Tatsachenwissen als äußerst problematisch empfinden (was mitunter erst der Ausweis eines kritischen Kopfes ist), ein ganz im Wissenschaftlichen lebendes Bewußtsein kann sich aller religiöser Bewußtseinselemente entschlagen haben, und ebenso ist es denkbar, daß ein hohes Maß gegründeten Wissens, das in assertorischer und apodiktischer Form gegenwärtig ist, von einer religiösen Gewißheit begleitet wird, die sich ebenfalls in assertorischer, ja sogar in apodiktischer Form aussprechen kann; aber gerade in diesem Falle wird dann keineswegs das eine in das andere aufgehen.

An dieser Stelle wird es gut sein, einen Augenblick innezuhalten. Wir befinden uns hier in einer Überlegung, die immer nur einer Spätform des religiösen Bewußtseins angehören kann. In den Früh- und Reifephasen historisch ausgeformter Religionen kommen derartige Probleme nicht vor. Das zeigt sich zunächst darin, daß es ein reflexives, ein aus der Selbstbeobachtung stammendes Problem ist. Es ist zweitens ein Problem, das auf die individuelle Subjektivität reflektiert, welche, was hier zur Verhandlung steht, mit sich allein abzumachen hat. Es ist kein Problem der religiösen Gemeinde. Und schließlich setzt es bereits Spaltungen des Bewußtseins voraus, die etwa herkömmlich als das Problem von Glaube und Wissen artikuliert werden. Was hier gespalten ist und aufeinander bezogen wird, ist in religiösen Frühformen, im „unmittelbaren Bewußtsein" (Hegel) noch ungeschieden beieinander. Es handelt sich also um eine Fragestellung, wie sie vor der philosophischen Reflexion gar nicht wahrgenommen werden und wie sie nur durch eine religionsphilosophische Überlegung gelöst werden kann.

Betrachtet man nun die Modalitäten der religiösen Gewißheit, dann fällt zunächst die Konvertierbarkeit der Gewißheitsstufen auf. Die im problematischen Urteil (z. B. „Es gibt vielleicht einen Gott") zum Ausdruck kommende Bewußtseinslage kann ohnehin Verschiedenes bedeuten. Sie kann das Wagnis eines hochgreifenden Bekenntnisses zum Ausdruck bringen (vgl. Mark 9,24: „Ich glaube.... hilf meinem Unglauben") und insofern ein Ausdruck tiefster Bescheidenheit vor der empfundenen Majestät Gottes sein. Es kann sich aber auch um ein Zurücktreten religiöser Überzeugungen bis an den Rand der Gleichgültigkeit handeln. Wird der Kern der von Zweifeln angefochtenen religiösen Gewißheit aber gegen diese Anfechtungen behauptet, so verwandelt sich das problematische Urteil alsbald in ein apodiktisches. Auch die gegenläufige Konvertierung liegt nahe.

Sehen wir von diesen Variationen ab, so läßt sich eine in sich selbst und ebenso in ihrem „Gegenstand" ruhende religiöse Gewißheit denken, die keiner Anfechtung mehr zugänglich ist. Die assertorische Aussage dieser Gewißheit kann sich dann nicht nur den problematischen, sondern auch den apodiktischen religiösen Sätzen als überlegen erweisen. Diese Gewißheit wird auch von keiner Art von Welterfahrung mehr angefochten. Vielmehr möchte sich diese religiöse Gewißheit in ihrer Welterfahrung bestätigt sehen. Religiöse Gewißheit und Welterfahrung sollen zusammenstimmen, und es kommt zu dem Bedürfnis nach dem „Beweis" der religiösen Überzeugung, des Glaubens durch das Wissen. Hier haben die sog. Gottesbeweise ihren Ursprung.[3]

Das Beweisverlangen für die religiöse Überzeugung entstammt dem Bedürfnis, die religiöse Gewißheit mit einer Gewißheit des Wissens zusammenzuschließen. Für Hegel war diese Gewißheit des Wissens

---

[3] Hierüber Kapitel 3, Absatz 1, Zusatz und W. Trillhaas: Dogmatik, 1972³, 7. Kapitel.

das Vollmaß spekulativer Erkenntnis, ein Vollmaß philosophischer Religion. Er ging damit über das hinaus, was in der Tradition der Gottesbeweise vor ihm gemeint war, nämlich mit metaphysischen Kategorien, die für das damalige wissenschaftliche Denken überhaupt grundlegend waren (Kausalität, Teleologie, esse essentiae und esse existentiae), sich auch über das Dasein Gottes als causa prima, Ordner der Welt und denknotwendiges Wesen Gewißheit zu verschaffen. Hinwiederum ist Hegels Begriff von Erkenntnis in keiner Weise kennzeichnend für das, was in dem heute allenfalls lebendigen Beweisverlangen lebendig ist.

Es ist schon verständlich, wenn man meint, daß die höchste religiöse Gewißheit sich ja auch in dem von uns erkennbaren Weltzusammenhang als Wahrheit bestätigen lassen müsse. Gelingt es vermeintlich, dann ist es viel, wenn es in seiner Haltbarkeit auch nur auf die Dauer einer Entwicklungsstufe wissenschaftlichen Erkennens haltbar ist. Gelingt es nicht, dann hat die religiöse Überzeugung den Schaden. Und daran wird sichtbar, daß in dem Beweisverlangen, nimmt man es mit dem Beweisbegriff ernst, immer das Wissen als Richter über die Wahrheit der religiösen Überzeugung eingesetzt wird. Man kann diesem Dilemma dadurch entgehen — und das ist seit längerem üblich, wo überhaupt die Gottesbeweise noch angesprochen werden —, daß man den Begriff des Beweises im strengen Sinne ausklammert und durch den des Nachweises, also der Veranschaulichung ersetzt. Aber das ist dann kein strenges Verfahren mehr.

Ein anderer Gesichtspunkt ist wichtiger. Religiöse Gewißheit im Vollmaß hat ihren Grund in der Subjektivität. Das ist ihre schwache Stelle ebenso wie ihre eigentliche Stärke. Wenn wir im Blick auf unsere religiösen Gewißheiten sagen können: „ich bin zutiefst davon überzeugt" oder „es ist meine absolute Gewißheit" oder „ich glaube felsenfest daran, daß...", so ist diese Gewißheit natürlich für das Subjekt ebenso fest wie die Gewißheit des Wissens. „Nun weiß und glaub ich feste..." (P. Gerhardt). Aber es ist nicht zu übersehen, daß sich die wissenschaftliche Gewißheit gerade im entgegengesetzten Sinne zeigt: sie löst sich vom Subjekt ab, sie verselbständigt sich, sie objektiviert sich, wird jedem Einsichtigen zugänglich. Das kann keine religiöse Überzeugung für sich in Anspruch nehmen. Der Glaube an die Führung des persönlichen Lebens durch Gott oder die religiöse Gewißheit, daß das Leiden einen Sinn hat, vollends aber auch die Tatsachen der „primitiven" Religion — sie können nicht objektiv als

Gewißheiten vermittelt werden, die auch unabhängig vom glaubenden Subjekt Geltung beanspruchen können. Freilich steht hier nicht die Alternative zur Debatte, daß also zwar die Gewißheit des Wissens vernünftig legitimiert ist, nicht aber die Gewißheit religiöser Überzeugung. Vielmehr handelt es sich um zwei Weisen, in denen Vernunft zum Bewußtsein ihrer selbst kommt. Die eine wie die andere Weise der Gewißheit ist auf ihre Bestätigung bedacht. Aber diese Bestätigung vollzieht sich nicht darin, daß sie wechselseitig erfolgt; daß also religiöse Gewißheit auf die Bestätigung durch die Wissenschaft oder doch jedenfalls durch Welterkennen wartet und die Wissenschaft wiederum der Approbation durch den Glauben bedarf. Sondern jede Gewißheit ist eigenen Rechtes. Auch die religiöse Gewißheit will ihre Gründe haben, sie muß mit der Erfahrung zusammenstimmen. Davon wird an anderer Stelle noch ausführlicher die Rede sein müssen. Da nun der uns umgebende Weltzusammenhang ein gerütteltes Maß an solchen Erfahrungen liefert, ist ganz gewiß Welterfahrung und Wissen nicht aus der Begründung des Glaubens auszuschließen. Auch die Auslegung religiöser Texte, die zur Begründung religiöser Gewißheiten ihr Teil beitragen kann, gehört ja in die Reihe der Wissensbegründungen hinein. Die Begründungskreise überschneiden sich also. Das gilt auch im umgekehrten Sinne. Auch wissenschaftliche Begründungen können sich mit religiösen Einsichten oder Überzeugungen überschneiden, wie das z. B. in allen Fragen des menschlichen Lebens und Todes naheliegt.

Was ich über die Differenz der Subjektivität und ihrer Gewißheiten und andererseits der objektiven Gewißheit einer sich allgemein mitteilenden rationalen Vernünftigkeit gesagt habe, das hat übrigens seine Bedeutung weit über die Schranken des hier verhandelten Problems der religiösen Gewißheit hinaus. Ich erinnere an das weite Feld der ästhetischen Wirklichkeit, der bildenden Kunst ebenso wie der Malerei und der Dichtung, die doch nicht nur in sich leben und bestehen, sondern überdies in ihrer Weise die Wissenschaft beschäftigen. Ich erinnere an die ganz in der Subjektivität wurzelnde geistige Originalität und Erfindungsgabe, und daran anschließend sofort an die ganze Breite der historischen Wirklichkeit, soweit sie nicht in die verrechenbare und technisch reproduzierbare Welt des rationalen Wissens übertragen werden kann. Von hier aus gesehen schrumpft die positivistisch gesehene Wirklichkeit zu einer Abstraktion zusammen, die freilich in ihren Grenzen ihr Recht hat, aber mit der Lebenswelt nicht identisch ist.

3. Reflexionsstufen der Religion

Zuvor ist eine Bemerkung über den Ort des Problems nötig, das hier zur Verhandlung steht. Es ist wiederum ein Problem der späten Religion, d. h. der durch verschiedene Stufen der Reflexion hindurchgeschrittenen Religion, der Religion also, die sich auf ihre Frühformen im Hegelschen Sinne der unmittelbaren Religion, der Religion des unmittelbaren Bewußtseins zurückbesinnt, wie sie um ihren Reflexionscharakter weiß. Es handelt sich um eine das Ganze in seinen Möglichkeiten zusammenschauende, rückblickende Philosophie.

Unsere Überlegungen in diesem Kapitel vollziehen sich, wie wir immer wieder betont haben, im Subjekt-Objekt-Schema. Aber schon der erste Abschnitt brachte dieses Schema zum Verschwinden; denn man kann die religiöse Subjektivität nicht ohne ihren Inhalt begreifen und umgekehrt. Man kann nicht vom Glauben überhaupt sprechen, ohne zu sagen, woran dieser Glaube glaubt. Insofern ist jede ursprüngliche Religion ein reines Drinsein in den Glaubensgehalten, ein Erfülltsein davon. Man kann nicht an den Geist glauben, ohne ihn zu besitzen, man kann nicht an die Götter oder an den einen Gott glauben, ohne sich in seiner Macht, in seiner Gnade und Gunst zu wissen und ihm zu vertrauen.

Nun soll von den Spaltungsphänomenen die Rede sein. Ich lasse es im Blick auf die Fülle der Religionsgeschichte dahingestellt, ob jede Religion einer solchen inneren Spaltung fähig ist. Wenn es so ist, daß man, um mit M. Eliade zu sprechen, in der Darstellung der religiösen Phänomene „vom Einfachen zum Zusammengesetzten" fortschreiten kann, dann werden erst am Zusammengesetzten solche Spaltungsphänomene sichtbar werden. Man müßte dann mit elementaren Hierophanien beginnen (mit dem mana, dem Absonderlichen usw.), dann zum Totemismus, Fetischismus, Natur- und Geisterkult übergehen, um über Götter und Dämonen zum monotheistischen Gottesbegriff zu gelangen. Die Problematik eines solchen Aufrisses der Religionsgeschichte kann hier unerörtert bleiben. Es geht uns vielmehr darum, daß sich die Vernichtung des Subjekt-Objekt-Schemas, von der ich sprach, rückgängig machen läßt. Das beginnt mit der zunehmenden Objektivierung, mit der Zunahme der Bewußtheit, der Aussagbarkeit des Glaubens. Die Religion sucht ihren Ausdruck in der Lehre, ihre sichtbare Gestalt im Kult, und es kommt zu den Differenzierungen innerhalb der Gläubigen, einmal zur Differenz zwischen der kollektiven und der individuellen Religion, andererseits zwischen dem „Volk" und dem Klerus, d. h. den bestellten Verwaltern von Lehre und Kultus, den heiligen Personen, in denen sich das heilbringende Wissen verbirgt oder die die göttliche Welt vertreten, die rechte Lehre verwalten und verkünden, die segnen und fluchen und heilen können.

Das unmittelbare religiöse Bewußtsein tritt über in die Stufe der Reflexion. Der Glaube beginnt zu denken, die Religion wird ihrer Gegensätze inne, sie hört auf, sich als selbstverständlich zu verstehen, sie beginnt zu philosophieren und wird philosophiefähig. Insbesondere sind alle sog. Hochreligionen denkende Religionen und kennen insofern das Phänomen der Spaltung. Es soll aber hier nicht von der Spaltung die Rede sein, welche sich zwischen der Religion und ihrer Bestreitung, zwischen Glaube und Unglaube vollzieht, zwischen dem Heiligen und dem Profanen, sondern davon, daß sich innerhalb der Religion eine Spaltung vollzieht, und zwar im Sinne des Subjekt-Objekt-Schemas.

Diese Spaltung beginnt mit der zwangsläufigen, zunehmenden Objektivierung. Die Religion entwickelt ein Dogma, mag dasselbe auch noch so primitiv, noch so handlich und elementar sein, wie das im Islam der Fall ist. Die Religion setzt Formeln aus sich heraus, „Symbole", an denen sie erkannt sein will und an deren Bewahrung und Bekenntnis sie die ihr Angehörigen erkennen will. Die primitive Religion kennt keine Lehre (van der Leeuw). In der Lehre sammeln sich die verschiedenen, immerhin zusammenhängenden Überlieferungen und müssen zu einer Übereinstimmung, zu einem theoretischen Ganzen verbunden werden, was nicht ohne Abstraktionen, nicht ohne Harmonisierungen und unterschwellige Gewaltsamkeiten abgeht. Die mündliche Überlieferung, das lebendige Wort, gerinnt zur „Schrift", und diese wird sofort zur „heiligen" Schrift, unverletzlich, gegen alle Veränderungen tabu und oberste Quelle und Richterin in Sachen des Glaubens und des Lebens. Sogar das Buch, die Rolle, in der diese heilige Schrift geschrieben ist, wird zum heiligen Gegenstand, im Judentum wird das Gesetz als solches Gegenstand religiöser Verehrung, die unbrauchbar gewordene Thora-Rolle wird kultisch in der Geniza beigesetzt. Im Zuge der Objektivierung vollzieht sich die Entstehung einer Orthodoxie; die verschiedenen Richtungen, in denen die Grundlage der Religion ausgelegt wird, versteifen sich zu dogmatischen Parteien. Rechtgläubigkeit steht gegen Ketzerei, Konfessionen treten auseinander, im Islam ebenso wie im Christentum, wie im Buddhismus, nationale Differenzen werden dogmatisch verbrämt.

Diese Phänomene der Objektivierung werden, soviel ich sehe, in der Religionsphänomenologie nicht immer in der gleichen Weise beachtet. G. van der Leeuw tut es in seiner Religionsphänomenologie in den §§ 64, 4 f.; 85, 1; 102; 106 u. ö. Die Frage, die ich im letzten Kapitel meiner Religionspsychologie „Die innere Welt" verhandelt habe, inwieweit diese hier angedeuteten Entwicklungen zum Religionsverfall beitragen, lasse ich hier aus dem Spiel. So wenig das in vielen Fällen bestritten werden kann, so nahe liegen doch auch optische Täuschungen und Fehlurteile. „Spätformen" können sich viele Jahrhunderte am Leben erhalten, harte Dogmen können zur Quelle immer neuen geistlichen Lebens und Gegenstand tiefer Religiosität werden, wie auch streng gehütete Riten in einer fremdgewordenen, z. B. modernen technischen Umwelt trotz ihres Alters und ihres überlebten Sprachgewandes (Lateinische Messe, Kirchenslavisch!) wie erratische Blöcke bewahrt werden und Gegenstand inbrünstiger Hingabe sein können. Viel näher zum Verfall der Religion führt das entgegengesetzte Spaltungsphänomen.

Der zunehmenden Objektivierung, die sozusagen die Subjektivität bei sich selbst zurückläßt, entspricht nun die Subjektivierung. Ich meine damit, daß sich die Religion in die Subjektivität zurückzieht und ihren Gegenstand relativiert. Ohne Frage eine Spätform der Religionsgeschichte, eine überdies moderne Form der Religionsauffassung, wenn schon diese „Modernität" in allen Epochen ihre klassischen Dokumente hat, bis zurück in die antike Skepsis. Die Altgläubigkeit des Volkes, die Orthodoxie geraten in den Geruch der Rückständigkeit, sie werden kritisiert, und zwar nicht aus rationalen, sondern aus „religiösen" Motiven. Der Aufklärer ist sich zunächst keiner anderen als ebenfalls religiöser Motive bewußt, aber er vertritt den „höheren" Standpunkt. Die Reflexionsstufe ist der des „unmittelbaren Bewußtseins" immer und letztlich widerstandslos überlegen. Lessings „Nathan" überbietet alle einseitigen orthodoxen Positionen, und alle antiken Aufklärer, Xenophanes, Heraklit, Empedokles waren ebenso gestimmt.

So massenhaft sich diese Abkehr von den religiösen Traditionen, ohne den Anspruch auf persönliche Religiosität aufzugeben, in einem Zeitalter — als „Geheimreligion der Gebildeten" — verbreiten kann, so ist es doch immer individuelle Religiosität. Sie stellt sich außerhalb des Zusammenhanges mit der offiziell gültigen und im öffentlichen Gottesdienst ausgeübten Religion. Sie zieht sich nach innen und betrachtet die Innerlichkeit geradezu als den Ausweis echter Religion. Das Altertümliche, die Mythologie oder was man dafür ausgibt, strenge und exklusiv gültige Lehre müssen fallen. Man ist sich der Abweichung bewußt und nimmt für seine „Ketzerei" die Toleranz in Anspruch. Diese Privatisierung wird überdies von einer seltsamen Gestaltfurcht begleitet. Man lebt in Distanz zum Kultus, wie das in der abendländischen Bürgerlichkeit weithin der Fall ist. Es fehlt das Wort, um die nach innen gezogene Religiosität noch zum Ausdruck zu bringen. Es ist kein Glaubensbesitz mehr da, der an die nächstfolgende Generation als unwandelbares Erbe weitergegeben werden könnte. Wir rühren an den Prozeß der Säkularisierung, von dem späterhin noch einmal die Rede sein muß.

Jakob Burckhardt hat in den „Weltgeschichtlichen Betrachtungen" auf diese Züge der Verinnerlichung und Vergeistigung in der Reformation hingewiesen. „Die Religion ist gereinigt" (Ausg. Kröner, 151), sie ist ohne Außenwerke, die Bilder werden unwesentlich. Auch die Kunst zieht sich nach innen. Dichtung und Musik blühen, aber das Barock wurde in der bildenden Kunst aufs ganze gesehen katholisch.

In wünschenswerter Eindeutigkeit hat Georg Simmel in seiner Schrift „Die Religion" (in: Die Gesellschaft, Sammlung sozialpsychologischer Monographien, hrsg. v. M. Buber, 2. Bd. 1906) diese ganz subjektivistische Auffassung des Themas ausgebreitet. Es ist eine ganz von der Seele und ihrem Bedürfnis her entworfene Religionsphilosophie. Psychologie und Soziologie wirken zu diesem Entwurf zusammen. „Als Gegenstand der Liebe bleibt der Geliebte immer eine Schöpfung des Liebenden. In der Liebe entsteht ein neues Gebilde." Glaube im religiösen Sinne ist mehr als ein Fürwahrhalten; „ich glaube an Gott" sagt nicht nur, daß diese Existenz, obgleich nicht streng beweisbar, dennoch angenommen wird; sondern es bedeutet ein bestimmtes innerliches Verhältnis zu ihm, eine Hingebung des Gefühls an ihn, eine Dirigierung des Lebens auf ihn zu". Aber dann: „Der Glaube an Gott ist eben diese vom Subjekt her aus sich herausgerichtete Zuständlichkeit, von ihrem empirischen Gegenstand und ihrem relativen Maß gelöst, ihr Objekt aus sich allein produzierend und dieses ins Absolute steigernd" (31, 34 f.). „Religion ihrem tiefsten Zweck nach genommen: als der Weg zum Heil der Seele" (59). Diese ganz aus der Subjektivität entfaltete Religionsauffassung ist dann doch nicht so auf die Vereinzelung gestellt, daß sie nicht den Gedanken der Einheit des Seins und die Einheit als Wechselwirkung unter den Gleichgestimmten in sich schließen würde. Es ist ein Entwurf, der stellenweise in den Stil und Ton der Schleiermacherschen „Reden" verfällt. In der gedanklichen Substanz nicht weit von L. Feuerbach entfernt, ist er doch von ganz anderer Tendenz, nämlich in der Absicht gegründet, wirklich die Religion zu begründen und nicht zu entlarven. Es ist sozusagen ein gegenläufiger Feuerbach.

In jeder sich selbst reflektierenden Religion werden die Phänomene der Spaltung sichtbar werden. Es handelt sich nicht um eine ein für allemal zu Ende gehende Geschichte, sondern um das Widerspiel der Vernichtung des Subjekt-Objekt-Schemas, von dem wir ausgegangen sind. Über die Rückkehr zum unmittelbaren Erleben, über die Möglichkeit von Erweckung und Erneuerung ist hier in unserem religionsphilosophischen Zusammenhang nichts auszusagen.

5. Kapitel

Objektivierung: Das Göttliche

1. Die göttliche Dimension

„Was in der Religionswissenschaft Objekt der Religion heißt, ist der Religion selbst Subjekt", sagt G. van der Leeuw zu Beginn seiner Religionsphänomenologie. Jedenfalls ist „Gott" auch in der Religionsphilosophie ein vordringliches Thema. Denn in dem Glauben an Gott objektiviert sich Religion, an ihren Aussagen über Gott oder über das Göttliche wird sie erkennbar und gewinnt sie Konturen. Aber in welcher Weise soll das Thema des Göttlichen hier zur Sprache kommen? Denn über Gott Aussagen zu machen, ihn zu bezeugen, sich zu ihm zu bekennen, den Glauben an ihn zu begründen, ist Sache der Religion selbst, Sache der Gläubigen und allenfalls Sache der Theologie. Aber es ist nicht Sache der Religionsphilosophie.

Wir trennen uns also von derjenigen philosophischen Tradition, welche Gott selbst zum Gegenstand der Philosophie machen will. Das geschieht einmal in der scholastischen Metaphysik, in der „natürlichen" bzw. „rationalen Theologie" als dem krönenden Teil dieser Metaphysik. Wir sprachen davon. Die andere Form, in der Gott selber zum Thema der Philosophie gemacht wird, ist in Hegels Religionsphilosophie vollzogen: Gott zu begreifen ist der letzte Sinn der Philosophie; ihre Geschichtlichkeit hat sich darin zu rechtfertigen, daß der Begriff der Religion und damit der Begriff Gottes in immer größerer Reinheit und Klarheit hervortritt. Die Vollkommenheit des christlichen Gottesbegriffes erweist sich aber nicht im Ursprung des Christentums, sondern erst in der philosophischen Erkenntnis dieses Begriffs, in der Spekulation. Der ontologische Gottesbeweis wird hier zur Mitte der Religionsphilosophie. Die Philosophie besorgt also das, was eigentlich der Theologie zukommen sollte, deutlicher und gründlicher als diese, und die eigentliche Religion, in der Sphäre der unzureichenden Vorstellungen befangen, wird durch die Philosophie ebenso bestätigt wie vernichtet.

Beide philosophischen Traditionen sind für unser Denken keine aktuellen Modelle mehr. Und das aus vielen Gründen. Hegels Spekulation lebte noch aus der Annahme einer engen Verbundenheit von göttlicher und menschlicher Vernunft. Die Natur war ganz in den Hintergrund des Interesses getreten, ihr war kein Bedürfnis zugewandt, sie in die Interpretation von Welt einzubeziehen; und doch sollte die Natur, im Medium der Naturwissenschaft und der Technik, alsbald in den Mittelpunkt des modernen Lebensgefühls treten. In eben diesem naturwissenschaftlichen Weltbild tritt der Mensch ganz aus dem Mittelpunkt heraus, in dem er sowohl für die scholastische Metaphysik als auch für die idealistische Spekulation noch gestanden hatte; im Mittelpunkt insofern nämlich, als der Mensch bis dahin der selbstverständliche Zielpunkt des teleologischen Aufbaues der Welt war. Die Darwinsche Naturerklärung setzte dieser selbstverständlichen Teleologie ein Ende. Die Welt wird zum Inbegriff von Erscheinungen, der Mensch zu einem Teil der Natur. Die Übermacht der historischen Kritik setzte aller Sonderstellung einer heiligen Geschichte ein Ende, und diese ganz und gar weltlich gewordene Welt ließ sich durch keine metaphysische Systematik mehr auf einen göttlichen Sinn hin befragen. Das alles ist bekannt. Für unsere Frage, warum Gott selbst kein Gegenstand der Philosophie sein kann, so, wie diese Philosophie sich nach unserem neuzeitlichen Bewußtsein versteht, genügt aber eine sehr einfache Auskunft. Die lebendige Religion kann sich selbst in keinem dieser metaphysischen Systeme wiedererkennen.

Das hat nicht zur Folge, daß „Gott" oder das „Göttliche" als Thema für die Religionsphilosphie ausscheiden muß. Die Religionsphilosophie hat sich auf eine bescheidenere Fragestellung zu beschränken. Sie hat zu fragen: In welchem Sinne ist der Glaube an „Gott" zu verstehen? Was bedeutet für die Religion Glaube an „Gott" und Rede von „Gott"? Was die Religion in concreto von Gott aussagt, ob er einzig ist oder ob der Glaube einer Vielzahl von Göttern gilt, was es mit seiner Erkennbarkeit oder mit Offenbarung auf sich hat, das hat die Religion selbst ganz allein zu begründen und auszusagen. Die Philosophie hat das alles nur auf seinen möglichen Sinn zu befragen. Man könnte sagen: Das Göttliche ist eine Kategorie der Religionsphilosophie. Es besagt in dem eingangs bezeichneten Sinn die Objektseite der Religion, den Inhalt des Glaubens, das Aussagbare. Ganz formal gesehen kann das eine gleitende Skala sein, auf der das Aussagbare positiv und negativ zur Sprache kommen kann. Aber alle Aussagen über Gott, alle Verkündigung von Gott, alles Bekenntnis ist Sache der Religion allein.

Im Rahmen dieser kritischen Beschränkung läßt sich nun etwa Folgendes sagen: „Gott", bzw. das „Göttliche" meint in der Religion immer ein letztes Ziel intentionaler Überschreitung. Vom Menschen aus gesehen ist „Gott" selbst nicht mehr intentional überschreitbar. Der Objektbegriff, der in der Religionswissenschaft so oft verwendet wird — „Gott ist Objekt der Religion" — ist eine sehr unzureichende Beschreibung des Verhältnisses. Tatsächlich gehört zu dieser Objektivierung „Gottes" im aussagbaren Glauben immer schon die mitgesetzte Beziehung des Menschen zu diesem Gegenüber. Man kann es so ausdrücken: Dieses letzte Ziel intentionaler Überschreitung wird in der Religion immer schon als Subjekt wahrgenommen. „Gott" begründet und bedingt das Dasein des Menschen, er bereitet ihm sein Geschick, er versieht ihn mit einem Ziel, er sieht ihn, kennt ihn, hört was er spricht. Insofern ist der Satz „Deus semper maior" eine religionsphilosophische Aussage; denn das „maior" bezeichnet eine Relation zum Menschen selbst. In jeder denkbaren Beziehung auf Gott, in der Erfahrung Gottes, im Gebet zu ihm, in Liebe und Furcht usw. vollzieht der Mensch immer zugleich einen Akt des Selbstverständnisses. Die religiöse Beziehung auf Gott hat zugleich einen anthropologischen Sinn, wie umgekehrt die anthropologische Verneinung Gottes einen (negativ-)religiösen Sinn hat.

Wenn diese Beschreibung des Sinnes von „Gott" stimmt — man kann sie schwerlich auf eine „Definition" des Begriffes verkürzen — dann muß sie durch alle Wandlungen der Gotteserfahrung und des Gottesglaubens durchgehalten werden können. Zunächst werden alle religiösen Gottesgleichungen im Rahmen dieser Beschreibung ihre Gültigkeit erweisen müssen. Gott ist der Lebendige; Gott ist Geist, Gott ist Ursprung aller Dinge. Schwieriger ist es, wenn die negativen Bedingungen in Betracht gezogen werden. Ich denke etwa an folgende Sätze: Gott wird verspottet, er wird gelästert; Gott schweigt, er macht sich unsichtbar, er läßt die Menschen im Stich, er kümmert sich nicht um sie. Gott verschwindet im Geheimnis. Er ist ferne von uns, er teilt sich der Kreatur nicht mit. Auch in diesen Sätzen bleibt Gott ein letztes Ziel intentionaler Überschreitung. In dem Maße, als er aufhört, deutliches Objekt zu sein, verstärkt sich nur der andere Gedanke, daß er unaufhebbares Subjekt ist, unverfügbar, unverrechenbar, nur er selbst, allen Menschen und allen menschlichen Möglichkeiten unendlich überlegen.

Indem wir das als den möglichen Sinn der Rede von „Gott" beschreiben, bleibt es offen, ob die konkrete Religion das glaubt, ob sie „Gott" im Singular oder im Plural, monotheistisch oder polytheistisch, geoffenbart, natürlich oder anonym oder wie immer vorstellt. Wir haben davon noch zu sprechen. Wichtiger ist hier etwas anderes. Diese Beschreibung, welche im Kontext der kritischen Religionsphilosophie nur eine Dimension der besonderen, nämlich der religiösen intentionalen Überschreitung bezeichnen soll, hebt sich ab von der vorkritischen Religionsphilosophie. Hier ist nicht an eine direkt verfahrende Philosophie von Gott gedacht, nicht an einen „Gott der Philosophen", sondern daran, wie die Rede von Gott, die Frage nach ihm und die dem Glauben an Gott dienstbaren Vorstellungen sinnvoll sein können. Aber diese Rede von Gott als zwingende Wahrheit in Begriffe zu bringen, ist nicht Sache einer kritischen Religionsphilosophie.

Übrigens ist der Ausdruck „Gott der Philosophen" nicht so eindeutig, wie es seit Pascals Mémorial (1654) im Gegensatz zu dem Gott der biblischen Offenbarung weithin aufgefaßt wird. Die christliche Dogmatik hat seit der Scholastik ihre Gotteslehre in der Begrifflichkeit der aristotelischen Schulphilosophie formuliert und diese mit dem biblischen Befund bis in die Sprachgestalt hinein auszugleichen versucht. Das hat dann wiederum die abendländische Philosophie bis zu Descartes und darüber hinaus veranlaßt, ihre Metaphysik der christlichen Gotteslehre anzugleichen. So kam es, daß der vermeintliche Gott der christlichen Theologie tatsächlich alle Züge eines philosophischen Gottesbegriffes annahm. Und die Krise des philosophischen Gottesbegriffes wuchs sich, mit einer erheblichen Verzögerung, zu einer schweren Grundlagenkrise der dogmatischen Theologie ohne Rücksicht auf deren konfessionellen Charakter aus. Aber es fragt sich, ob die christliche Theologie diese Krise dadurch überwinden kann, daß sie sich auf die Bibelerklärung zurückzieht und allenfalls ihr Denken zwischen der Exegese und der „Verkündigung" kurzschließt. Der Zwang, den Glauben mit dem Erfahren unserer Welt zu vermitteln, ihn denkend zu verstehen und für das Denken zu bezeugen, schließlich auch den christlichen Glauben an anderem Glauben zu erproben, das alles nötigt die Theologie, ihr Denken philosophisch zu überprüfen. Dieser Gott der Philosophen könnte darum ein wiederkehrendes Schicksal werden.

Aber zunächst ist jedenfalls dieser „Gott" der traditionellen Schulphilosophie ein Abstraktum, ein Allgemeinbegriff, und es ist wohl damit zu rechnen, daß Pascal in seinem Mémorial diesen Schulbegriff gemeint hat. Georg Picht hat in seinem Essay: Der Gott der Philosophen und die Wissenschaft der Neuzeit, 1966, die alte griechische Philosophie für diesen Begriff in Anspruch genommen. Das stimmt einmal insofern, als hier für das abendländische Denken in der Tat die Wurzel des Zusammenhanges liegt. Für die Griechen ist der Gott Inbegriff der Harmonie des Kosmos, in dem das Göttliche erscheint, und die Würde des Menschen liegt gerade darin, daß er am Denken Gottes und an den göttlichen Ideen teilhat. Aber diese Philosophie redet doch ganz und gar in der Sprache des Mythos von ihrem Gott, und sie kann auch nur solange so sprechen und denken, als dieser Mythos selbst in Kraft ist. Ich bezweifle, daß Pascal diese Philosophie gemeint hat. Und es ist kein Zweifel, daß Fr. Nietzsche vom Tod Gottes nicht zufällig eben in der Sprache des Mythos geredet hat, also in einer Sprache, die selbst mit diesem Gott des vergehenden Mythus untergehen mußte. Freilich darf man nicht überhören, was für Ober- und Untertöne in dieser Botschaft im Munde Zarathustras mitschwingen. Einmal: Es gab eine Zeit, in der dieser jetzt tot gesagte Gott lebendig war, und er lebt in der Erinnerung fort (KGA VI₁, 317 ff.). Es ist ein gleichsam gegenbildlich fortwirkender Gott: „Aber er — mußte sterben: er sah mit Augen, welche Alles sahen, — er sah des Menschen Tiefen und Gründe, alle seine verhehlte Schmach und Häßlichkeit. Sein Mitleiden kannte keine Scham: er kroch in meine schmutzigsten Winkel. Dieser Neugierigste, Über-Zudringliche, Über-Mitleidige mußte sterben. Er sah immer mich. An einem solchen Zeugen wollte ich Rache haben — oder selbst nicht leben. Der Gott, der alles sah, auch den Menschen: dieser Gott mußte sterben! Der Mensch erträgt es nicht, daß solch ein Zeuge lebt" (327₉₋₁₉). Der Tod dieses Gottes ist als Reminiszenz auch für alles daran sich Anschließende nicht wegzudenken. Darum ist auch die Wiederkunft dieses alten Gottes allgegenwärtige Möglichkeit: „Der alte Gott lebt wieder ... Der häßlichste Mensch ist an allem schuld: der hat ihn wieder auferweckt. Und wenn er sagt, daß er ihn einst getötet habe: Tod ist bei Göttern immer nur ein Vorurteil" (387₈₋₁₃).

Hier spricht Nietzsche nicht vom „Gott der Philosophen", sondern von einer mythischen Wirklichkeit, die in ihrer Uneigentlichkeit und Hintergründlichkeit ebenso ihre Wahrheit wie ihre Gegenwärtigkeit hat. Und als solche ist sie sehr wohl ein Thema der philosophischen Befragung.

2. *Kritik des Anspruches auf Offenbarung*

Offenbarung bedeutet, daß das Göttliche sich selbst kundgibt. Wenn sich eine Religion auf Offenbarung beruft, dann nimmt sie für ihre Wahrheit bezw. für den Wahrheitsanspruch ihres Glaubens die eigene Kundgabe Gottes in Anspruch. So eng beides zusammenhängt, so weit führen die Konsequenzen der beiden Sätze auseinander. Im ersten Falle handelt es sich um ein Urdatum aller Religion, in einem weiten und freien Sinne um die unmittelbare Erfahrungsweise des Göttlichen. Im anderen Falle, in dem sich eine Religion auf Offenbarung beruft, handelt es sich um einen Wahrheitsanspruch, der gegen jede Bezweifelung oder Kritik des Glaubens der betreffenden historischen Religion geltend gemacht wird. Im einen Falle ist nach der Art, nach der inneren Struktur und eventuell nach den Kriterien der Wahrheit solcher Erfahrungen zu fragen, im anderen Falle führt die Überprüfung des Anspruches noch in ganz andere, nämlich in historische und apologetische Probleme hinein. Im ersten Falle handelt es sich um einen Begriff, der in der Religionsgeschichte in immer neuer Gestalt und Typik wiederkehrt, es handelt sich insofern um einen religionswissenschaftlichen Begriff. Im anderen Falle aber wird der Begriff der Offenbarung aufgeboten, um alle religionsgeschichtlichen

Analogien abzuwehren und die Einzigartigkeit der Glaubenswahrheit, welche auf Offenbarung gegründet ist, gegen alle anderen Wahrheitsansprüche abzusichern.

Zunächst fassen wir den religionsgeschichtlichen Begriff der Offenbarung in den Blick: Das Göttliche gibt sich selbst kund. Man darf das freilich nicht auf die Bedeutung von „Mitteilungen" einschränken. Alle Arten von Zeichen, von Hierophanien und Kratophanien, von Schauungen und wunderbaren Erfahrungen gehören dazu. Es ist auch nicht daran zu denken, daß es sich nur um einseitige göttliche Kundgebungen handeln könne, an deren Zustandekommen der Mensch nicht beteiligt wäre. Immer, wenn über- und außermenschliche Macht sich erweist, wenn Gebete erhört werden oder die Verletzung eines Tabus sich rächt, tritt das Göttliche in unseren Erfahrungskreis ein. Und es widerspricht nicht diesem weitgegriffenen Begriff der Kundgabe, wenn sich das Göttliche bestimmter Methoden, bestimmter „Spezialisten" (John S. Mbiti[1]) bedient. Es geht um unmittelbare Erfahrungen, die gar nicht reflektiert werden.

Soweit der biblische Befund die unmittelbare Erfahrung widerspiegelt und noch nicht theologisch reflektiert und systematisch geordnet erscheint, fügt er sich in diese allgemeinen Aussagen ein. Ich möchte vier Beobachtungen anführen.

Im Neuen Testament entspricht dem späteren Begriff der Offenbarung (revelare, revelatio) noch keine einheitliche Begrifflichkeit. Wenigstens acht Wortstämme kommen als Äquivalente in Betracht: ἀποκαλύπτειν - ἀποκάλυψις (z. B. Rm 1,17); γνωρίζειν (z. B. 9,22); δηλοῦν (1 Kor 3,13); δεικνύειν (Joh 5,20; 14,8); φωτίζειν (Joh 1,9); ἐμφανίζειν (Joh 14,21); ἐπιφῆναι (Tit 2,11) u. Derivate; ὠφθῆναι (1 Kor 15,5 ff.; 1 Tim 3,16); φανηροῦν (z. B. Joh 2,11).

Im Neuen Testament ist ferner niemals auf eine einmalige und einzigartige Offenbarung reflektiert. Hebr. 1,1 ff. ist der „Sohn" zwar als das letzte und alles überbietende Sprechen Gottes bezeichnet; aber er ist nicht das einzige Wort Gottes und der Begriff Offenbarung kommt an dieser Stelle nicht vor. Schon die Eschatologie, das Hoffen auf künftige „Offenbarung" verhindert die Beschränkung des Begriffs auf einmalige historische Daten. Auch ist der Begriff gerade in diesem eschatologischen Zusammenhang gar nicht auf die Kundgabe Gottes beschränkt: nach Rm 8,19 sollen die Kinder

---

[1] John S. Mbiti: African Religions and Philosophy, 1969, bes. 166 ff.

Gottes offenbar werden, nach Rm 2,17 das gerechte Gericht Gottes, nach 1 Kor 3,13 der Tag des Gerichts, nach Rm 1,18 der Zorn Gottes, nach 2 Thess 2,3 sogar der Abfall und nach V.8 der Antichrist.

Immer wird selbstverständlich die Verborgenheit Gottes als Hintergrund vorausgesetzt. Der Gott des biblischen Glaubens ist auch in seiner Offenbarung ein verborgener Gott. Nirgends wird eine volle Selbstoffenbarung Gottes ausgesagt, sondern nur, daß Gott „etwas", natürlich auch „etwas von sich" offenbart. Das Widerspiel von Verhüllen und Zeigen, von monstratio und velatio ist eine bekannte Dialektik: Was dem einen gezeigt wird, wird dem anderen verhüllt, was sonst verschwiegen wird, wird jetzt gesagt. „Es kann wunderlich scheinen, daß dasjenige, was sich ›offenbart‹, sich nicht ›zeigt‹", sagt G. van der Leeuw (§ 86,1) und bezeichnet damit ein allgemeines religionsgeschichtliches Gesetz.

Und schließlich gehört zu dem biblischen Offenbarungsbegriff hinzu, daß Gott durch Offenbarung den Menschen in Anspruch nimmt, sein Sein verändert, ihn in Dienst nimmt, ihn auf sich zurückwirft oder aus sich herausholt.

E x k u r s . Der Begriff der Offenbarung in unserem modernen theologischen Gebrauch ist ein spätes Produkt der orthodoxen Apologetik, er ist ein Schlüsselbegriff, mit dessen Hilfe die protestantische Orthodoxie die Frage nach den „Quellen" der Theologie beantworten wollte und an dem gleichzeitig die Aufklärung ihre kritische Auseinandersetzung mit der positiven Religion durchführte.

In der Theologie der Reformation spielt der Begriff der Offenbarung keine Rolle. Die Bekenntnisschriften der lutherischen Kirche kommen ohne ihn aus, und auch in den reformierten Bekenntnissen begegnet er nur beiläufig, ohne feste Terminologie: „Ce Dieu se manifeste..." (Confession de Foy, Art. 1), „ipse sese nobis longe manifestius et plenius in sacro et divino suo Verbo cognoscendum praebet..." (Conf. Belgica, Art. II); „Deum se talem demonstrasse..." (ibid. Art. XVI); das Wort selbst nur im Heidelberger Katechismus Frage 19. Die Barthsche „Theologie der Offenbarung", die sich in den beiden Barmer Erklärungen vom 3. Jan. und 31. Mai 1934 auch terminologisch niedergeschlagen hat, kann sich so jedenfalls nicht auf die Ursprünge der Reformation berufen. Erst in der Spätorthodoxie taucht die förmliche Reflexion auf die Offenbarung als „Quelle" der Lehraussagen auf; so in J. W. Baiers Compendium (1686), wo zwischen der Theologia naturalis und der Theologia revelata unterschieden wird.

In dieser Unterscheidung ist bereits die Problematik der Aufklärung lebendig. Es ist das Verhältnis von Vernunft und Offenbarung, wobei die Vernunft das Einsehbare, zeitlos Überzeugende an den Religionswahrheiten meint, die Offenbarung aber das historische, in seinem Überlieferungsbestand auch zweideutige Element bezeichnet, das den christlichen Kirchen als die eigentliche Grundlage ihrer Wahrheitserkenntnis gilt. Das wahre Christentum ist vernünftig; weil aber die Vernunft, im wesentlichen als Urteilsvermögen verstanden, sich in engen Grenzen bewegt, so kann gar wohl eine göttliche Offenbarung verstanden werden als ein Mittel, uns von dem zu unterrichten, was uns sonst unbekannt geblieben wäre. Letztlich kann freilich die göttliche Wahrheit nichts Widervernünftiges enthalten, die Hüllen des Geheimnisvollen müssen fallen (John Toland). Das mit der Orthodoxie Gemeinsame ist die Überzeugung, daß die Wahrheitsfrage der Religion ein Erkenntnisproblem ist. Von da aus ergeben sich viele Spielarten, das Verhältnis näher zu bestimmen. Man kann, wie es bei Chr. Wolff geschieht, Offenbarung und Vernunft in einem friedlichen Dualismus sehen, die Offenbarungswahrheit ist teilweise supranatural, aber nicht contra rationem. Die Neologie verstand die Offenbarungswahrheiten nur als religiöse Vernunftwahrheiten, was darüber hinausging, wurde aus dieser historischen Offenbarung entfernt, so daß der historischen Kritik eine freie Bahn gebrochen war. Man hat auch die traditionellen Offenbarungswahrheiten in dem Sinne als mit den Vernunftwahrheiten übereinstimmend interpretiert, daß man schließlich den Offenbarungsbegriff überhaupt hat preisgeben können, wie es im Rationalismus der Fall gewesen ist.

Durchgängig steht die Offenbarung vor dem Forum der Kritik, auch bei Kant. Die Offenbarung muß so gedeutet werden, „daß sie mit den allgemeinen praktischen Regeln einer reinen Vernunftreligion übereinstimmt". Die „Erfüllung aller Menschenpflichten als göttlicher Gebote" ist das entscheidende Kriterium (Religion innerhalb d. bl. V. 3. St. 1, VI). „Der Gott in uns" legt die offenbarten Lehren aus, „weil wir niemand verstehen als den, der durch unseren eigenen Verstand und unsere eigene Vernunft mit uns redet, die Göttlichkeit einer an uns ergangenen Lehre also durch nichts als durch Begriffe unserer Vernunft, sofern sie rein-moralisch und hiermit untrüglich sind, erkannt werden" (Streit der Fak., 1. Abs. Anhang einer Erl. III).

Auch Lessing bewegt sich in der „Erziehung des Menschengeschlechtes" (1780) ganz in dem zwischen Vernunft und Offenbarung gespannten Problemfeld. Aber bei ihm gewinnt nun die Geschichte selbst ihr Recht, sie ist mehr als nur ein verunreinigender Faktor. Der „wechselseitige Dienst", den Vernunft und Offenbarung einander leisten (§ 37) ist ein Werk Gottes, keiner von beiden ist überflüssig, und der schöne Gedanke, daß die Offenbarung die Vernunft leitet, die Vernunft aber dann auch die Offenbarung erhellt (§ 36), schließt die Türe zu neuen Aspekten auf.

Dennoch ist die am Offenbarungsbegriff zutage getretene Krisis nicht mehr rückgängig zu machen. Sie kommt auch in anderer Form zur Sprache: Was kann eine Offenbarung bedeuten, die in einem Winkel der Weltgeschichte geschehen ist und nicht allen Menschen zugänglich sein kann? (Reimarus). Warum soll die Vernunft zur vollen religiösen Erkenntnis unzureichend sein? Warum bedarf die Vernunft zu ihrer Belehrung des Wunders? Und welche religiöse Zerstörung muß die unaufhaltsame Bibelkritik bedeuten, wenn die Bibel Trägerin und Garantin der Offenbarung sein soll?

Tatsächlich aber war die sog. Dialektische Theologie der Zuversicht, mit Hilfe des Offenbarungsbegriffes sich selbst aus der Umklammerung durch den Historismus und durch die Psychologie, vor allem aber von aller Verwechselung mit der Philosophie zu befreien. Das erweist sich als ein verhängnisvoller Irrtum. Der Begriff der Offenbarung, in der Geschichte der neuzeitlichen Theologie selbst eine späte Reflexionsstufe bezeichnend, ist kein Schutz gegen die Religionsphilosophie, sondern er ist ein religionsphilosophischer Grundbegriff. Er bleibt trotzdem eine Chiffre für die Ursprungsfrage der Religion, und insofern erscheint es mir allerdings notwendig zu sein, den allgemein in der christlichen Theologie gehandhabten Offenbarungsbegriff gegen den religionsphilosophischen abzuheben.

Die in der neueren Theologie vertretene Offenbarungslehre, bezw. der christliche, durch diese Theologie erhobene Anspruch, sich auf Offenbarung zu gründen, hat folgende Kennzeichen.

1. Einheit der Offenbarung. Für die christliche Kirche und Theologie ist die Offenbarung ein singulare tantum, selbst wenn man von verschiedenen Kundgaben Gottes an die Seinen nach dem Zeugnis der beiden Testamente weiß. Diese Vielfalt der Kundgebungen ist in der Einheit der Offenbarung schlechthin aufgehoben, „die Christusoffenbarung", welche keinen Plural duldet, beschließt alle vorherlaufenden Kundgebungen Gottes in sich und verleiht ihnen erst ihren Sinn, und alle nachfolgenden Kundgebungen sind nur Erinnerungen und lebendige Bestätigungen der schon und „ein für allemal" (vgl. Hebr 9,26 ff. u. ö.) geschehenen Offenbarung.

2. Mitteilbarkeit der Offenbarung. Gott macht sich in ihr vernehmlich, er teilt sich mit. Die ersten Empfänger, die „ersten Zeugen" empfangen daher folgerichtig zugleich mit der Erfahrung dieser Offenbarung den Auftrag, sie mitzuteilen, sie weiterzugeben. Mitteilbarkeit aber ist auch ein formaler Begriff; denn das Mitteilbare muß sagbar, lehrhaft sein, es gerinnt zum Text, zur Formel, zur „Schrift", und es entsteht eine Traditionsgeschichte. Die mitteilbare Offenbarung hat die christliche bezw. die kirchliche Lehre zur unmittelbaren Folge. Zugleich aber tritt damit etwas zwischen den Gläubigen, der nicht zu den ersten Empfängern dieser Offenbarung gehört, und die Offenbarung selbst. Der Gläubige steht nicht in der Unmittelbarkeit zu Gott, sondern nur in einem vermittelten Verhältnis. Daraus erklärt es sich, daß alle auf dem Offenbarungsbegriff insistierende Theologie folgerichtig jene Theologien bekämpfen muß, in denen ein unmittelbares Gottesverhältnis des Gläubigen angenommen und zugrundegelegt wird, also z. B. die Mystik, oder eine Theologie des Erlebnisses oder des Gefühls.

3. Geschichtlichkeit der Offenbarung. Die Offenbarung ist zwar nicht aus der Geschichte hervorgegangen, aber sie hat einen geschichtlichen Ort. Sie tritt in die Geschichte ein, ohne durch sie verursacht zu sein. Sie setzte etwas absolut Neues. Insofern steht der Gedanke einer „Heilsgeschichte", streng genommen, immer mit einer konsequenten Offenbarungstheologie im Widerspruch, es sei denn, man erkläre diese Geschichte selbst zu einer göttlichen Offenbarung, wie das Lessing in der „Erziehung des Menschengeschlechtes" wohl am genialsten getan hat. Die Geschichtlichkeit der Offenbarung bedeutet dann einerseits, daß sie sich in einer sie bezeugenden Geschichte fortsetzt, bezw. daß sie darin fortwirkt, was einen Neuanfang von Geschichte innerhalb der Geschichte durch Offenbarung voraussetzt. Andererseits bedeutet freilich diese Geschichtlichkeit auch, daß der Ort und die historische Datierbarkeit der Offenbarung Grenzen setzen, die nur durch Mission überwunden werden können. Darum haben alle Religionen, die auf eine geschichtlich datierbare Offenbarung gegründet sind, auch eine Mission.

4. Materiale Exklusivität der Offenbarung. Der christliche Offenbarungsbegriff steht folgerichtig unter der particula exclusiva: Nur dieses Ereignis ist Offenbarung und sonst keines. „Offenbarung nur in Christus", was sich dann in dem Prinzip „sola scriptura" oder in dem bekannten Grundsatz Cyprians „außerhalb der Kirche kein Heil" (Cyprian, Brief 73,21, cf. Bulle „Unam sanctam" von Bonifaz VIII. Denz.-Schönm. 870) fortsetzt. Die Ausschließung des „Heidentums" erscheint nur als die radikalste Form dieser materialen Exklusivität, und die Neigung, allen Zweifel an der Exklusivität sofort diesem Heidentum zuzurechnen, durchzieht die gesamte Kirchengeschichte.

5. Formale Exklusivität der Offenbarung. Was dem Menschen durch die Offenbarung mitgeteilt wird, ist ihm grundsätzlich nur auf diesem und keinem anderen Wege zugänglich. Das bedeutet vor allem den in immer neuen Wendungen und Begründungen artikulierten Ausschluß der Vernunft. Auch wenn die Vernunft aus eigener Kraft und natürlicherweise einige Erkenntnis göttlicher Wahrheit empfangen kann, so kann sie doch das letztlich Entscheidende nicht natürlicherweise vernehmen; der Mensch ist für sein Heil „auf Offenbarung angewiesen". Daraus erklärt es sich, daß die radikale Offenbarungstheologie mit Bibelstellen wie etwa Röm 1,19 f. immer in die größten Auslegungsschwierigkeiten geraten ist. Dabei mag es dann immer noch einen Unterschied ausmachen, ob das postulierte Unver-

mögen der Vernunft auf deren natürliche Grenzen zurückgeführt wird oder auf eine Beschädigung der Vernunft durch die Sünde. Der Unterschied ist keineswegs belanglos. In einem Falle setzt er radikale Grenzen zur Philosophie, im anderen Falle läßt er zwar einer Erleuchtung der Vernunft durch den Hl. Geist Raum, aber die durch Christus geschehene Erlösung muß dann auch mit der Folge einer Erweiterung unserer Erkenntnis ausgestattet werden. Zusammenfassend wird man sagen können, daß dieser theologische Offenbarungsbegriff sich als ein spätes Reflexionsschema erweist, und zwar als ein Exklusiv-Schema der theologischen Prinzipienlehre, welche mit einem Bruch aller Beziehungen der Theologie zur Philosophie nahezu gleichbedeutend ist: Die Philosophie vermag das schlechthin Einmalige nicht zu deuten.

Versteht man hingegen den Begriff der Offenbarung religionsphilosophisch, so bezeichnet er eine Kategorie der religiösen Erfahrung und es ergibt sich ein ganz anderes Bild. Jedenfalls handelt es sich um Erfahrungen des Göttlichen. Es gibt auch andere Intentionen der religiösen Erfahrung, etwa solche auf andere Menschen, auf die Gemeinschaft (Gemeinde) bezogene, oder auch reflexive religiöse Erfahrungen. Aber die religiösen Erfahrungen, an die wir im Zusammenhang mit Offenbarung zu denken haben, fundieren die anderen. Ich möchte auch für den religionsphilosophischen Offenbarungsbegriff fünf Kennzeichen nennen.

1. Unmittelbarkeit der Gotteserfahrung. Das will sagen: Die Kundgebung Gottes, die man mit dem Begriff der Offenbarung beschreiben möchte, beruht, wie auch immer, auf Schauung oder Begegnung, auf Lenkung oder dem Vernehmen eines Wortes, jedenfalls aber nicht auf Denkvorgängen. Ein bloß gedachter oder durch Rückschlüsse ermittelter Gott, ein in der Spekulation durch Anstrengung des Begriffes als denknotwendig erwiesener Gott ist nicht der Gott der Offenbarung. Im übrigen soll hier jede Art von Unmittelbarkeit, auch jede Modalität der Erfahrung unerörtert bleiben. Davon, daß sich das Göttliche selbst „zeigt", kann auch hier keine Rede sein. Und es ist durchaus möglich, daß der eine Mensch etwas als Offenbarung erfährt, was der daneben zunächst stehende andere nicht wahrnimmt, wie das für alle biblischen Berichte über Einzelerfahrungen charakteristisch ist (z. B. Apg 9,7; 22,9).

2. Offenbarung bedeutet Erfahrung der Präsenz des Göttlichen. Das Göttliche tritt dem es Erfahrenden jetzt und hier entgegen, es ist

„da". Jede zeitliche und räumliche Entfernung eröffnet also nicht nur der historischen Kritik die Tür, sondern macht auch den Gläubigen von der Glaubhaftigkeit der vermittelnden Urkunden und Personen abhängig, sie hebt die Unmittelbarkeit der Gegenwärtigkeit auf. Es war bekanntlich S. Kierkegaards Problem, wie der „garstige Graben" der historischen Entfernung, von dem Lessing sprach, durch eine neue und andere Art von „Gleichzeitigkeit" wieder aufgehoben werden könne. Er hat diese Auseinandersetzung mit Lessings Zweifeln in den „Philosophischen Brocken" (1844) vorgenommen. Das Historische trägt die Zweideutigkeit des Werdens an sich, für Kierkegaard beginnt die Aufhebung der Unmittelbarkeit schon im Augenblick der gegenwärtigen Begegnung, während der Glaube auch über weite geschichtliche Zwischenräume in einem tieferen und anderen Sinne „gleichzeitig" werden kann. In der Tat zeigt sich hier die Schwierigkeit, die Unmittelbarkeit der Kundgabe Gottes mit einer historischen Fixierbarkeit und Datierbarkeit auszugleichen. Nicht nur der historische Abstand, der vom Augenblick des Geschehens an immerfort wächst, hebt die Unmittelbarkeit auf, sondern — und das war Kierkegaards Entdeckung — schon im Moment der Begegnung mit dem Göttlichen ist die Unmittelbarkeit fragwürdig. Freilich vorausgesetzt, daß man die Zeit selbst zum Maßstab der Nähe und der Entfernung macht. Das „numen praesens" ist kein „historisches" Phänomen. Darum haben Visionen (z. B. Gen 28, 10—22) und Auditionen (Jes. 6) keine historische Objektivierbarkeit für sich. Die Vergegenwärtigung des Göttlichen hat in der Religionsgeschichte viele Formen: die Schechina Jahwes im Tempel, der „Christus praesens" in der Gemeinde, Christus in dem Sakrament, Gott in seinem Wort. In der christlichen Theologie hat der Gedanke der revelatio generalis als Ausdruck des Interesses an der alles Historische übergreifenden Gegenwärtigkeit Gottes zu gelten. Nirgends ist dabei die alle Gegenwärtigkeit begleitende Verhüllung und Verborgenheit außer Acht zu lassen.

3. Offenbarung besagt ferner, daß das Göttliche sich selbst kundgibt. Alle Offenbarung wird verdankt, sie ereignet sich ohne menschliches Zutun. Das sich offenbarende Göttliche hat die Priorität, es hat es in der Hand, wie weit und wie viel Offenbarung geschehen soll. Im Wechselverhältnis von Offenbarung und Verhüllung, von monstratio und velatio zeigt sich die Macht des Göttlichen.

4. In aller Offenbarung ist natürlich ein Element der Exklusivität enthalten. Aber es ist, wenn man so sagen kann, eine qualitative Aus-

schließlichkeit. „Alles andere" tritt zurück, wird unwesentlich. „Alles" schweigt, wenn Gott redet. Die Erfahrung der Nichtigkeit, des numinosen Unwertes (R. Otto) begleitet alle Erfahrung von Offenbarung.

5. Die Offenbarung des Göttlichen ist in einer „letzten Wirklichkeit" begründet. Das bedeutet, daß sie nicht außerhalb des Zusammenhangs mit allem Existierenden steht. Daran hat J. Wach[2] ebenso nachdrücklich erinnert wie daran, daß eben diese Selbsterschließung, Manifestierung und Offenbarung „eher eine Ausnahme als die Regel" ist. Sie ist nicht rational objektivierbar, sondern „Gnade", sie setzt immer voraus, daß der Mensch die Sprache, die Zeichen des Göttlichen versteht. So sehr der Empfänger der Offenbarung — diese als „revelatio specialis" verstanden — diese Erfahrung beschreiben kann, so kann er sie niemals in einer die Vernunft zwingenden Weise jedermann einsehbar machen. Es ist die alle Offenbarung auszeichnende unaufhebbare Subjektivität — wenn wir nur den Ausdruck des Subjektiven hier nicht auf die Individualität allein beziehen wollen.

Weil die Kundgabe des Göttlichen sich außerhalb des Glaubens in der objektiven Wirklichkeit nicht zwingend und allgemeingültig darstellen läßt, darum könnte nun der Eindruck entstehen, daß sie überhaupt aller Kriterien ermangele. Die Frage nach solchen Kriterien ist wichtig. Haben wir es wirklich mit dem Göttlichen, mit Gott zu tun oder mit einem Dämon oder einem Götzen? Die Kriterienfrage ist schwierig, weil sie nur innerhalb der Subjektivität entschieden werden kann. Mit dieser Einschränkung können aber Kriterien geltend gemacht werden.

So sehr die Erfahrung des Göttlichen sich in der Welt und im Zusammenhang ihrer Erscheinungen ereignet, greift sie doch über die „Welt" hinaus. Sie ist eine das Rationale überschreitende Transzendenzerfahrung, was nicht bedeuten soll, daß das Seiende verlassen wird, sondern daß ein „Grund des Seins" (P. Tillich) wahrgenommen wird, von dem her das Sein begründet ist.

Als zweites Kriterium ist die Erfahrung der Heiligkeit Gottes zu nennen. Heilig heißt heilbringend und unverletzlich. Ich muß diese Heiligkeit, sobald ich ihrer gewahr geworden bin, bejahen und mich ihr beugen. „Ich kann nicht dawider" — so wie ich umgekehrt im

---

[2] Vergleichende Religionsforschung, 1962, 66 f. (dt. Ausg. von The Comparative Study of Religions, New York 1958)

Gewahrwerden meiner Schuld erkennen muß: „Ich kann dafür". Die Erfahrung des Göttlichen hat also eine Beziehung zu „mir", zu dem, der die Erfahrung macht.

Das gilt noch in einem anderen Sinne. Die Erfahrung des Göttlichen ist zugleich eine Gewahrung der eigenen Menschlichkeit. Das Göttliche zeigt sich in Güte und Freundlichkeit Gottes oder in seinem „Zorn", selbst im mysterium tremendum hat Gott „menschliche" Züge. Insofern ist, worauf ich noch ausführlicher zurückkommen muß, Anthropomorphismus unerachtet alles besseren „Wissens" und aller berechtigten Aufklärung ein Kennzeichen des Göttlichen. Das Dämonische hat unmenschliche Züge und wird immer in einer unaufhebbaren Fremdheit erfahren.

Und schließlich gehört es zu den Kennzeichen der Offenbarung des Göttlichen, daß sie uns eine neue Sinnhaftigkeit vermittelt. Diese neue Sinnhaftigkeit ist nicht mehr die alte, die uns schon bekannt ist. P. Tillich hat darum mit Recht die Offenbarung mit der Erlösung zusammengebunden. „Offenbarungsgeschichte und Erlösungsgeschichte sind die gleiche Geschichte. Offenbarung kann nur aufgenommen werden im Gegenwärtigsein der Erlösung, und Erlösung kann nur geschehen in der Offenbarungskorrelation".[3] Auch die Verknüpfung von eigener und fremder Schuld, das Ineinander von Glück und Unglück mag eine mehr oder weniger durchsichtige Sinnhaftigkeit ergeben, die sich bis zur Undurchsichtigkeit und zum Vollmaß des Leidens verstärken kann. Erlösung bedeutet eine neue Sinnhaftigkeit, die uns freilich „offenbar" gemacht werden muß. Dies zu vermögen, ist ein entscheidendes Kennzeichen des Göttlichen. Dieses Kennzeichen ist darum so wichtig, weil man oft innerhalb der Religion und noch mehr außerhalb derselben und polemisch gegen sie die Widersinnigkeit und Paradoxie, gemessen am Maßstab des gelebten Lebens, zum Kennzeichen der religiösen Erfahrung gemacht hat.

3. Bildhaftigkeit und Bildlosigkeit der Vorstellungen von Gott

Hegel sagt in seiner Religionsphilosophie (I/1,110 Lasson): „Die Form des Gefühls ist die subjektive Seite, die Gewißheit von Gott; die Form der Vorstellung betrifft die objektive Seite, den Inhalt der Gewißheit. Dieser ist Gott. Gott ist für den Menschen zunächst in der Form der Vorstellung; man mag dafür auch Anschauung sagen.

---

[3] Syst. Theol. I, 172 ff.

Es ist aber dabei nicht von sinnlicher Anschauung die Rede; nur indem man das Wort Anschauung braucht, bezeichnet man immer ein Bewußtsein von etwas, das man als Gegenständliches vor sich hat." Der Gedanke Gottes fordert die Vorstellung heraus. Vorstellung, das Bedürfnis nach inneren, also nicht äußerlich-gegenständlichem Anschauen, ist das unvermeidbare Element der Religion in ihrer Zuwendung zum Göttlichen. Der Begriff „Gott" drängt zur Bildhaftigkeit hin.

Der kindliche Gottesglaube realisiert sich unmittelbar und bedenkenlos in bildlicher Form, und das Gebet drängt ebenso unmittelbar nach einer Vorstellung dessen, der im Gebet angeredet wird. Darum sucht das Gebet äußere Hilfen, Bilder, die den angeredeten Gott repräsentieren, oder die Richtung auf einen heiligen Ort hin, der das Göttliche, die Macht Gottes repräsentiert. Diesem naiven Drang nach Vorstellung stehen aber zwei Hindernisse entgegen. Es ist einmal der Umstand, daß sich die Vorstellung nicht zur realen Anschauung steigern läßt, daß selbst der sich offenbarende Gott sich nicht zeigt. Wir sprachen davon. Diesem objektiven Hindernis tritt dann das subjektive sofort zur Seite: Der Gläubige mißtraut seinen Vorstellungen, er wird seiner eigenen Kindlichkeit inne. Es ist die unvermeidliche Schwierigkeit der reifenden Religion, daß sie ihre Vorstellungen gleichsam einklammern muß, daß sie die Richtigkeit und Wahrheit ihrer Vorstellungsbilder suspendieren muß und doch zugleich solche Bildhaftigkeit nicht entbehren kann.

Immerhin bleibt ein Vorstellungselement aller Religion erhalten, das unaufgebbar zu sein scheint. Es ist die Notwendigkeit, das Göttliche mit einem Namen zu benennen.

„Der Name ist nicht eine Bezeichnung, sondern eine auf ein Wort gebrachte Wesenhaftigkeit" (van der Leeuw, § 17). Der Name kann den Reflex einer Erfahrung bedeuten, so daß sogar eine einzige Gott-Persönlichkeit verschiedene Namen tragen kann, wenn sie verschiedene Erfahrungen vermittelt. Aber der Name ist als ein vom Menschen gegebener, vom Menschen erfundener Name keine Vorgabe zugunsten einer „Persönlichkeit" Gottes, geschweige denn zugunsten des Monotheismus. Man kann im Gegenteil sagen, daß ein Name, der dazu dienen soll, diesen Gott von anderen Göttern zu unterscheiden, geradezu auf dem Hintergrund des Polytheismus konzipiert ist.

Das gilt auch dann, wenn der Name Gottes von ihm selbst kundgegeben ist, wenn er also den Inhalt einer Offenbarung ausmacht.

Der Gott, der seinen Namen nennt, trägt persönliche Züge. Er offenbart nicht nur, wer er ist, sondern auch was er ist und als was er verehrt und Gegenstand der Furcht oder des Vertrauens sein will. Er offenbart aber auch, unter welchem Namen er gerufen werden kann und will. So wie der vom Menschen der Gottheit beigelegte Name die erfahrene Macht der Gottheit bezeugt, so gibt der seinen Namen offenbarende Gott dem Empfänger dieser Offenbarung etwas von Macht, jedenfalls eine Kompetenz, ihn anzurufen, in die Hand. Man kann nur mit Gott verkehren, wenn man seinen Namen kennt. Wenn man aber diesen Namen kennt und anruft, dann kann man sich auch auf seine Kundgabe berufen; das „andringende" Gebet (Luk 11,8 vgl. 18,2—8) setzt diesen eröffneten Zugang zu Gott voraus. Eine wechselseitige Mächtigkeit, zu bitten und erhört zu werden, mit seinem Rufen geradezu einen Zwang auszuüben („cogere Deos"), liegt in der Konsequenz des Namens Gottes. Der namenlose Gott, den Goethe in dem bekannten, durch die „Gretchenfrage" nach der Religion provozierten Gespräch zum Gegenstand seines aufgeklärten Bekenntnisses macht, ist ein Gott, der sich nicht offenbart und der weder genannt noch zum Gegenstand eines Bekenntnisses gemacht werden kann und der jenseits von Glauben und Unglauben ist.

Es mag paradox sein, aber am Namen Gottes entscheidet sich immer auch die Vorstellbarkeit, wenn schon die Bildhaftigkeit im engeren Sinne preisgegeben ist. Das gilt auch im negativen Modus. Nur der Gott, der einen Namen hat, kann auch verneint, geleugnet und verlästert werden. Gewiß: die griechischen Skeptiker haben zu ihrer Ironie über die Götter auch noch die bildhaften Vorstellungen hinzugenommen, und um dieser Bildhaftigkeit willen ist es oft sehr schwer zu entscheiden, ob die griechische Mythologie selbst bei Homer wirklich noch geglaubt wird. Jakob Burckhardt hat die Gläubigkeit Homers bestritten. Jedenfalls wird durch die göttlichen Namen Gott nicht nur für die gläubige Vorstellung, sondern auch für die Verspottung und den Unglauben greifbar.

In der Regel wird mit der Frage nach der Vorstellung von Gott die Frage nach der religionsgeschichtlichen Typologie verbunden. Wie die Gottesbeweise, so spielen auch die „Formen des Gottesbegriffes" eine immer wiederkehrende Rolle in der Religionsphilosophie. Die unterschwellig fortwirkende theologische Apologetik vieler, vor allem theologischer Religionsphilosophen bringt immer wieder das Problem Polytheismus oder Monotheismus, Theismus oder Pantheismus oder auch Panentheismus in die Verhandlungen ein (so S. Holm, G. Mac Gregor u. a.). Aber es trägt m. E. philosophisch nicht viel aus. Ich möchte es vielmehr vorziehen, in dankbarem Anschluß an die Anregung von J. Wach[4] die verschiedenen Vorstellungen von der Gottheit unter den Begriffspaaren Pluralismus-Monismus, Personalismus-Impersonalismus und Ferne-Nähe zu betrachten. Das hat den Vorzug, daß wir in enger Anlehnung an das religionsgeschichtliche Material verfahren und exklusiv dogmatische Aussagen vermeiden können.

Wenn die göttliche Macht in verschiedenen Phänomenen und auch in unterschiedlichen, freilich typischen Situationen erfahren wird, wird die Religion pluralistisch. P. Tillich sagt mit Recht, daß der Polytheismus ein qualitativer und kein quantitativer Begriff sei. „Er ist nicht der Glaube an eine Vielzahl von Göttern, sondern das Fehlen eines Unbedingten, das über sie hinausgeht und sie einigt". Die unsystematische Buntheit der „Götter" der griechischen und römischen Religion, welche die Phantasie anreizt, der Polytheismus sowohl des nahen Ostens wie Indiens und Ostasiens leben von der Gewißheit einer Welt, in der sich unablässig das Göttliche manifestiert. Aber sie zeigen auch, „daß in keiner der Manifestationen des Göttlichen die ganze Fülle der Gottheit begründet ist" (Wach 95). Dieses fehlende einigende Prinzip bewirkt es, daß die verschiedenen Manifestationen nicht qualifiziert werden, daß Gutes und Böses, daß Gott und Dämon nebeneinander wirken. Aber auch wo man sich der Wahrheit des Göttlichen bewußt ist, kann doch dieses Göttliche verschiedene Gesichter haben, und es kann gleichsam auf einer unteren Ebene, in der praktischen Frömmigkeit selbst im Rahmen eines alles übergreifenden Gottesglaubens noch die Manifestation der göttlichen Hilfe in Gestalt vieler „Nothelfer", es können die Modelle für ein heiliges Leben in Gestalt einer Vielzahl von „Heiligen" der Religion pluralistische Züge verleihen.

Natürlich setzt sich durch eine kritische Selbstreinigung der Religion, durch die fortschreitende Reflexion das Bedürfnis nach einem Einheitsbegriff und nach Einheitserfahrung der Religion immer stärker durch. Die Panthea ordnen sich zu hierarchisch verfaßten Götterfamilien, der oberste Gott, der „Schöpfer" und „Vater aller Dinge" tritt immer deutlicher hervor. Es mag religionsgeschichtlich ein weiter Weg sein zur Einheit der Gottesidee. Der Pluralismus hat immer viel

---
[4] a.a.O. im III. Teil des Werkes.

für sich geltend zu machen: viele Erfahrungsweisen des Göttlichen, viele Machtzentren, viele „Gesichter" Gottes; sogar der christliche Glaube bekennt drei „Personen" in der göttlichen Einheit. Der Reichtum der göttlichen Manifestationen enthält vielzuviele Widersprüche in sich, sie sind tödlich und lebensspendend, schauerlich und zum Vertrauen aufrufend, der Zorn und die Liebe — beide können göttlich sein.

Selbst in der christlichen Lehrbildung hat dieses Bedürfnis nach einem Ausdruck für den Pluralismus göttlicher Erweisungen dogmatischen Ausdruck gefunden. Es ist dabei nicht nur an die Lehre von den göttlichen Eigenschaften zu denken, sondern an die Dialektik von Zorn und Gnade Gottes, oder an die sog. Lehre von den zwei Reichen Gottes in der lutherischen Tradition. Wenn man demgegenüber in der neuzeitlichen Theologie des bürgerlichen Zeitalters immer wieder versucht hat, diesen Pluralismus durch Monismus zu ersetzen, dann haben diese Unifizierungen nicht nur das biblische Zeugnis, sondern auch religionsgeschichtliche Argumente gegen sich. Zu diesen Abstraktionen und Vereinheitlichungen zählen nicht nur die modernen Auflösungen der Trinitätslehre, sondern auch die Reduktionen der Eigenschaftslehre, in denen nur noch eine Aussage über Gott übrigbleibt, nämlich „Gott ist Liebe", wie das durch A. Ritschl, im Grunde aber bereits durch Schleiermacher zu einem Kennzeichen der liberalen Theologie gemacht worden ist.

Das Verlangen, die Einheit Gottes gegen den pluralistischen Zerfall zur Geltung zu bringen, hat viele Gründe. Sie zu nennen, kann nicht die Bedeutung eines religionshistorischen Urteils haben, sondern nur die einer nachgängigen Reflexion. Es ist einmal das Bedürfnis nach der Stimmigkeit der Gotteserfahrungen und der Gottesaussagen untereinander. Polytheistische Systeme zeigen durchweg die widersprüchlichsten Verhaltensweisen der verschiedenen Götter. R. Pettazzoni hat sehr eindrucksvoll darauf aufmerksam gemacht, daß z. B. bei einer Vielzahl von Göttern keineswegs allen die Allwissenheit zukommt.[5] Man wird bei der Frage nach den Gründen des Eingottglaubens auch daran zu erinnern haben, daß im Gedanken der Heiligkeit Gottes allein schon ein Motiv der Steigerung des Anspruches an Göttlichkeit liegt; Gottesvorstellungen, die diesem hohen Anspruch nicht genügen, verfallen und werden unernst. Dem wachsenden Begriff der einen Welt muß auch der eine Gott entsprechen, er spricht zu uns in einem Wort, das nicht mehr unterschiedliche Richtungen und unterschiedliche göttliche Gesinnung duldet. Seine Allwissenheit folgt uns überall hin und bezeugt sich im

---

[5] R. Pettazzoni: Der allwissende Gott. Zur Geschichte der Gottesidee, 1960 (Fischer-Bücherei 319), 2. Kap.

Gewissen. Die Unterscheidung des Göttlichen vom Dämonischen kommt dann der immer klarer hervortretenden Idee der Einheit des Göttlichen zugute.

Freilich kann der Zug zum Eingottglauben auch zu einem förmlichen Abstraktionsprozeß umschlagen. Der Monotheismus als abstraktes Prinzip! Die Geschichte des Judentums in seiner nachchristlichen Zeit, der monotheistische Fanatismus des Islam können dafür vielfältig in Anspruch genommen werden. Diese abstrakt monotheistische Idee eignet sich überdies besonders für einen philosophischen Theismus, für die Idee eines höchsten Seins, eines ens realissimum, dem dann konsequenterweise kein Name mehr zukommen kann; denn jeder Name setzt die Unterscheidung von anderen vergleichbaren Trägern anderer Namen voraus. Jeder Name Gottes hat gleichsam per definitionem einen pluralistischen Hintergrund, einen pluralistischen Kontext.

Es ist sehr bezeichnend, daß der christliche Gottesbegriff mit den Kategorien eines abstrakten Monotheismus nicht erfaßt werden kann und daher im Laufe der christlichen Geschichte einer oftmals leidenschaftlichen und schneidenden „monotheistischen" Polemik ausgesetzt war. Die Reaktionen dagegen haben z. T. im Umkreis des „mozarabischen" Ritus in Spanien bezeichnende Züge angenommen, z. B. im Taufritus der Ersatz des dreimaligen durch das einmalige Wassergießen.

Das Gesagte greift zu einem Teil schon ins Nächste ein, wo ich von der Dialektik von Personalismus und Impersonalismus sprechen muß. Alle Offenbarung setzt, wenn der Begriff nicht ins Allgemeine verschwimmen soll, voraus, daß eine Person sich einer anderen Person erschließt, oder jedenfalls ihr etwas erschließt. Gott als Person — das ist der Inbegriff von Vorstellung über Gott, mit seiner Benennung in einem Namen aufs engste verbunden. Das Gebet unterscheidet sich dadurch von Magie, von Emotionen und Praktiken welcher Art auch immer, daß es sich an eine „Person" richtet, die hören und antworten kann.

Aber damit kommt auch schon die Grenze dieser Vorstellung in Sicht. Alle Person-Vorstellung verfällt sofort zum Anthropomorphismus hin. Und wie die antike Skepsis den Anthropomorphismus der griechischen Göttervorstellungen verspottet hat, so hat schon das Alte Testament den Anthropomorphismus von seinem Gottesbild abgewehrt: „Denn ich bin Gott und kein Mensch, bin heilig in der

Gemeinde" (Hos 11,9; Hiob 33,12 u. ö.). Und jede derartige Abwehr bedroht wieder den Personengedanken überhaupt. Eine dunkle, gesichtslose Macht, die keine personalen Züge mehr trägt, verwandelt sich in den Dämon, jedes „Gesicht" Gottes macht ihn zur Person, aber es nähert ihn auch der Analogie mit allem Menschlichen an. So kann man nur sagen, daß immer zugleich die Gottesvorstellung personal gefüllt und ihrer im Personbegriff liegenden Einschränkungen entkleidet werden muß.

Als Person, mit erkennbarem Angesicht, wenn man so will, tritt Gott den Menschen nahe. Freundlichkeit und Nähe Gottes sind mit seiner Menschlichkeit, die leicht als Menschenähnlichkeit verstanden wird, eng verbunden. „Sehet doch da: Gott will so freundlich, so nah zu den Verlorenen sich kehren", heißt es in Tersteegens Weihnachtslied. Die Bitte um Gnade und Hilfe sind zugleich die Bitten um die spürbare Nähe Gottes. Aber auch hier befinden wir uns in einer dialektischen Spannung; denn diese Nähe Gottes ist nur unter der Voraussetzung seiner Ferne sinnvoll. Sie ist nicht selbstverständlich, sondern sie ist dem „fernen Gott" abgerungen. Der ferne, hinter der Welt und ihren Erscheinungen verborgene Gott hat kein Gesicht. Es ist die Transzendenz des absolut Heiligen, die im „exklusiven Monotheismus" (Tillich) ihren stärksten Ausdruck findet. Die Not auch des Frommen besteht darin, daß die Hilfe ferne ist (Ps 22,2. 12 u. ö.) und Gott nichts von ihm zu wissen scheint. Noch in der Ergebung in das anonyme „Schicksal", womit der säkularisierte Mensch seine Resignation besiegelt, ist ein Rest dieses „fernen Gottes" wirksam.

Zwischen dem fernen Gott und dem Menschen bedarf es der Vermittlung. Das Wort, durch das sich der ferne Gott wenigstens einzelnen Trägern seiner Mitteilungen vernehmlich macht, oder ein flüchtiger Einblick in Gottes Herrlichkeit, die auch nur exklusiv gewährt wird (Muhammeds Himmelsreise), sind Vermittlungen, wie die Engel die Boten des fernen Gottes sind, der nicht selbst erscheint. Die stärkste Form der Vermittlung des grundsätzlich fernen Gottes ist die Sendung des Messias, die gott-menschliche Gestalt, in der Gott selbst kommt — er selbst und doch auch nicht er selber. Der ferne Gott verwandelt sich in den nahen und gnädigen Gott, der an allem Menschlichen teilnimmt, in Gleichgestimmtheit mit den Menschen lebt, an ihnen und mit ihnen leidet[6].

---

[6] Hierzu P. Tillich; Syst. Theol. I, 266; J. Wach; Vergl. Religionsforschung 98 f.

Geht man von der zunächst schwervermeidlichen Bildhaftigkeit menschlicher Rede von Gott aus, die uns in immer neuen Wendungen vor das Problem anthropomorpher Vorstellungen führt, dann ergeben sich zwei entgegengesetzte Richtungen der weiteren Entwicklung. Es kann nach der einen Seite dazu kommen, daß die Bildhaftigkeit zur begrifflichen Deutlichkeit verstärkt wird. Die Religion wird dogmatisch, die bildhaften Vorstellungen werden in Sätzen formuliert, welche in der religiösen Gemeinschaft offizielle Geltung erlangen und von denen nicht abgewichen werden darf. Die Sätze treten untereinander in einen systematischen Zusammenhang, sie werden in ihren Begründungen gesichert und auf ihre Konsequenzen befragt. Das so entstehende Dogma wird in einer Theologie wissenschaftlich gepflegt, in seiner Reinheit bewahrt und damit zur Grundlage lehrhafter Verbreitung und Weitergabe der Religion. Dieses starr werdende Gehäuse vermag doch auf lange Zeit die eben in ihren Vorstellungen lebendige Religion zu bewahren. Ohnehin ist die religiöse Welt inmitten der Kultur immer durch ein besonderes Beharrungsvermögen ausgezeichnet. Trotzdem führt diese Entwicklung in Verfallsformen hinein. Einmal dadurch, daß die entstehende Orthodoxie sich in ihrem Eifer um die Abwehr falscher Lehre konfessionell aufspaltet und in Sektenbildungen ihr Widerspiel findet. Das kann ebenso an der christlichen Dogmengeschichte wie an der Geschichte des Islam abgelesen werden. Wie weit dabei Vergröberungen und Popularisierungen mitwirken, dafür bieten auch die Ausläufer des Buddhismus auf japanischem und tibetanischem Boden Beispiele. Das Beharren auf der richtigen Formel führt zu einer Erstarrung der Sprache, die sich mehr und mehr von der Sprache des profanen Lebens der Umwelt abhebt. Die bewahrten Vorstellungen werden alt, sie antiquieren, die religiösen Lehrfragen finden kein öffentliches Echo mehr, wie umgekehrt die geheime Religiosität der Zeit sich in dem Gehäuse der in ihrer Mitte noch weitergepflegten Dogmatik nicht wiedererkennt. Eben die begriffliche Deutlichkeit verfällt eines Tages der Skepsis, und zwar ohne Kämpfe und Krisen. Als 1922 Mustapha Kemal Pascha den Kalifat abschaffte, geschah dies fast unbemerkt, jedenfalls ohne alle Krisen, weil „nichts mehr dahinter war".

Die andere Richtung der Entwicklung ist, von den bildhaften Vorstellungen ausgehend, die entgegengesetzte. Man wird sich der Relativität der Vorstellungen bewußt und befragt sie auf ihren Sinn. Sofern das mythische Gewand anstößig empfunden wird, versucht man es in einer „Entmythisierung" abzustreifen. Viel älter als die in Rudolf Bultmanns Entmythologisierungsprogramm vorgeschlagene „existentiale Interpretation" ist die Spiritualisierung der lehrhaften Überlieferungsbestände der Religion. Man verläßt die Bildhaftigkeit zugunsten der Bildlosigkeit. Es ist die schicksalhafte Entscheidung, ob die Religion zu einem neuen sprachlichen Ausdruck, der wahrscheinlich ohne neue Bildhaftigkeit nicht zu denken wäre, hindurchfindet, oder ob die Bildlosigkeit eine Form der Skepsis ist, in der die religiöse Überlieferung zu Ende geht.

6. Kapitel

Gott und Welt

1. Die religiöse Deutung der Welt

„Welt" ist selbst ein religiöser Begriff. Er ist schwer zu handhaben, weil er nicht eindeutig ist und nicht in einem Satz definiert werden kann. In dem Begriff der Welt überschreiten wir das, was wir als „Umwelt" kennen, was der Mensch vor sich und um sich hat, zu einer Einheit, die „jenseits" aller Einzelerscheinungen liegt. Insofern ist der Begriff von Welt immer mehr als das jeweils Gegebene, er beschreibt eine unabschließbare Erfahrung von Transzendenz.

Wir können den Begriff von Welt nicht denken ohne den Menschen, von dem immer gilt: „Der Mensch hat Welt". Darum nennt Tillich mit Recht „Welt" einen Korrelationsbegriff. Nimmt man diese Korrelation weg, dann wird es sinnlos, von Welt zu sprechen. „Welt" als Gesamtsumme alles Seienden etwa ist, wie Tillich bemerkt, ein unvollziehbarer Begriff. Der Begriff „Welt" hat auch in den Realwissenschaften keinen möglichen Sinn. Er kommt sozusagen immer erst zustande; er bezeichnet eine Einheit von Welterfahrung, die sich nur vom Menschen aus erschließt, und ebenso kann Welt eine alle Gegebenheiten übersteigende Einheit des Seienden bezeichnen, die nur von Gott aus zu denken sinnvoll wäre. So daß man sagen könnte: Welt gewinnt ihre Einheit nur bezüglich des Menschen, der je seine Welt hat, und ebenso: sie gewinnt ihre Einheit im Gedanken an das Göttliche, das sich in ihr manifestiert und das die Tiefe der Welt ausmacht. Darum ist „Welt" ein religiöser Begriff.

Insoweit gehört der Weltbegriff auch zu den uranfänglichen Erfahrungen jeder Religion. Er ist einerseits sehr verschiedener Auslegungen fähig, d. h. er kann im konkreten Falle sehr verschiedene, ja entgegengesetzte Welterfahrungen bezeichnen. Er ist andererseits aber auch einer begrifflichen Abklärung und Reflexion zugänglich. Das kommt immer dann zu sichtbarem Ausdruck, wenn die Religion ihre Welterfahrung lehrhaft, also in ihrer jeweiligen „Theologie" aussagt. Eins durchdringt immer das andere.

Zunächst ein Wort zum ersten. Im Begriff von Welt spiegeln sich die verschiedensten Welterfahrungen. Der Weltbegriff kann ohne diese Welterfahrungen, die ihn gleichsam färben, ihm Licht oder Dunkelheit mitgeben, gar nicht gedacht werden. Die Welt kann zur Vollkommenheit hin gedeutet werden. Entweder sie wird als vollkommen erfahren, oder man erhofft doch von ihr diese Vollkommenheit, auch wenn sie im Augenblick noch nicht erreicht ist. Oder aber die Welt wird als Inbegriff der Unvollkommenheit erfahren. Sie ist voll Leid und Schmerz, und die Erlösung, nach der wir uns, eben unter dem Einfluß dieser negativen Welterfahrung sehnen, kann daher nur außerhalb dieser Welt und durch eine Befreiung von dieser Welt erhofft werden. Ich bezeichne damit die äußersten Grenzen der Welterfahrung. Sie hat viele Spielarten. Nach der positiven Seite hin kann die Güte der Welt einfach und schlechthin in ihrem Sein erblickt werden. Das Sein als solches, das „reine Sein" ist das Gute, das Schlechte hingegen ist eine Minderung des Seins. Man kann diesen Satz auch umkehren. Dann ist das Böse im Grunde nicht moralisch, sondern ontologisch erklärbar, es ist nur eine Minderung des Seins. Und das würde dann die optimale Welterfahrung, die sich hier ausspricht, nur bestätigen. Nach der negativen Seite kann die Welterfahrung überhaupt in einem Zweifel an der Welt bestehen, nicht nur an ihrem Wert, nicht nur an ihrer Unfähigkeit, unser Glück zu bewirken, sondern an ihrer Substanz selbst. Das würde dann besagen, daß diese Welt nur Schein ist. Sie ist in Wirklichkeit gar nicht. — Noch auf eine andere Differenz in den entgegengesetzten Welterfahrungen möchte ich hinweisen. Die Erfahrung der Sünde und Schuld des Menschen hat an sich und zunächst nichts mit Welterfahrung zu tun. Denn Welt besagt ja einen Daseinshorizont des Menschen. Aber eben darum ist es denkbar, daß diese Welt, die ihre Einheit von dem Menschen her empfängt, der „Welt hat", nun auch in die Verschuldung und Versündigung des Menschen mit hineingezogen wird. Die mythologisch klingende Rede vom „Fall der Welt" erklärt sich aus dieser Einbeziehung der Welterfahrung in die menschliche Schulderfahrung. Es ist aber ebenso denkbar, daß man die Welterfahrung von der Schulderfahrung trennt. Dann erstrahlt die Welt, von Schuld und Sünde unberührt, nur umso mehr in einem hellen Licht, und die befreiende Zuflucht zur Welt kann wiederum verschiedene religiöse Färbungen und Sinnerfüllungen annehmen.

Ich bin mit diesen Abwägungen der Wertfrage über die Beschreibung von Welterfahrung hinausgegangen. Denn in dem Maße, als diese differenten Möglichkeiten reflektiert werden, erscheint alles als weltanschauliche Theorie, als Theologie. Aber es geht mir zunächst nur um die in aller Religion implizierten Grunderfahrungen von „Welt", die auch ohne alle Reflexion, ohne begriffliche Bewußtheit in der „Stimmung", in der Art, dem Leben und seinen Zufällen zu begegnen, zum Ausdruck kommt. Der Ausdruck Stimmung mag zunächst mißverständlich sein, weil man ihn meist zur Bezeichnung einer augenblicklichen Gemütslage verwendet; in diesem Sinne ist dann Stimmung etwas schnell Vorübergehendes, Flüchtiges. Aber ich meine hier Stimmung in einem anderen Sinne: als ein dauerndes, die verschiedensten Einstellungen zu Situationen tragendes Verhältnis zur „Welt", das bewußt und unbewußt die Religion begleitet und färbt. Ich werde auf den Begriff alsbald zurückkommen.

Sobald nun dieses Weltverhältnis in Begriffe gefaßt wird, treten in aller Regel vier Fragenkreise deutlich heraus. Sie ergeben zugleich ein Ordnungsprinzip für die Sichtung des religionsgeschichtlichen Materials, doch ist das in unserem Zusammenhang nur insoweit von Interesse, als es Anschauungsstoff und Bestätigung liefert.

1. Die Welt wird als Einheit begriffen. In den verschiedenen Kosmogonien wird erzählt, wie diese Einheit sich aus einer ungeordneten Vielfalt, aus einem Chaos, einem Urmeer erhebt. Im Mythos ist diese Einheit meist nicht ursprünglich, sondern sie kommt erst zustande. Die Welt wird auf ihren Ursprung hin befragt. Die Schöpfungsmythen setzen einen persönlichen Gott voraus, der sich eben in diesem Schöpfungsakt erstmals und grundsätzlich als der erweist, der er ist: der Erste und Ursprüngliche. Aber der Ursprung der Welt kann auch, unter der Voraussetzung eines unpersönlichen Begriffes von letzter Wirklichkeit, als eine Emanation verstanden werden. Je mehr dieser Ursprung sich als immer fortwirkender, die Welt ständig weiter und immer neu erschaffender Gott erweist, desto näher gehört er mit der Welt zusammen, desto unmittelbarer dauert die in seinem Schaffen begründete Einheit der Welt.

2. Die Welt wird auf ihre Teleologie hin befragt. Entweder hat diese Welt selbst Ziel und Ende. Die Apokalyptik versteht es als schon präfiguriert, die künftigen Ereignisse des Endes liegen schon im Weltplan bereit und dem begnadeten Seher wird in der „Apokalypsis" das künftige Weltendrama als ein Geheimnis gezeigt. Oder das Ziel der Welt liegt in einer Geschichte, eventuell bestimmter Gruppen, Völker oder Kulturen. Inmitten der verworrenen Geschichte der vielen Völker tritt eine heilige Geschichte hervor, die Geschichte eines bevorzugten, auserwählten Volkes, die inmitten eines Meeres von sonstigem Geschehen allein den Sinngehalt der ganzen Weltgeschichte trägt.

3. Die Welt ist eine Ordnung, ein „Kosmos". Diese Ordnung der Welt ist der Inbegriff von Ordnung überhaupt. Alle natürliche, alle soziale Ordnung, die Zahlen und die Musik sind ein Widerschein der kosmischen Ordnung, der Kaiser trägt auf seinem Mantel das Bild des gestirnten Himmels, weil die Ordnung des Rechtes, die er repräsentiert, ein Abbild der kosmischen Ordnung ist.

4. Schließlich wird diese Welt auf ihren Wert befragt. Der Wert des Seins, der Ordnung wird von diesem Kosmos her empfangen. Der Mensch nimmt von diesem Wert Kenntnis, er ist ganz in ihn einbezogen und empfängt seine natürliche Gutheit von daher, daß er dem dieser Welt eingeschriebenen Gesetz und Recht folgt.

So unvermeidlich die Welterfahrung in der Religion ist, und so gewiß sich, wenn diese Welterfahrung artikuliert wird, die vier Aspekte als entscheidend erweisen werden, so ist doch keineswegs gesagt, daß sich in den Antworten immer das Bild einer vollkommenen Welt bestätigen wird. Die Religionsgeschichte ist voll von gegenteiligen Beispielen, in denen die Welt ein ganz anderes Gesicht zeigt: sie ist ein „Spiel, eine Phantasmagorie (lila, maya), sie gilt im Vedanta, im Buddhismus und Jainismus, im Neuplatonismus und seinen Ausläufern als unwirklich" (Wach 100). Die Welt ist für die Gnosis, die Manichäer und Mandäer ein Gefängnis.

Zum religionsgeschichtlichen Material vgl. bes. van der Leeuw §§ 83—88, Fr. Heiler, Erscheinungsformen passim und J. Wach 99—102; hingegen sind die auf Darstellung der primitiven Religion konzentrierten Werke bezeichnenderweise weniger ergiebig. Bei aller Unmittelbarkeit der Welterfahrung, die wir aus unserem Begriff von Religion gar nicht mehr wegdenken können, gehört doch „Welt" als Inbegriff von Schöpfung oder allgemeiner: als religiöser Gesamtbegriff offenkundig nicht zur frühesten Phase der primitiven Religion. Über die Entwicklung des Begriffs Kosmos, „seit Homer ein fester Bestandteil des griechischen Wortschatzes" bei den Griechen, im Judentum und im Neuen Testament vgl. Art. κόσμος (Sasse) im Theol. Wörterbuch z. N. T. III, 867 ff.; hier ist von besonderem Interesse die Ambivalenz des Begriffes, teils als Schauplatz der Heilsgeschichte, teils als Element des Gegensatzes zu Gott, als die den Christen drohende Verführungsmacht, welche das Gericht herausfordert. Trotzdem gilt, daß hier, vor allem bei Paulus und im vierten Evangelium die volle Einheit des Weltbegriffes erreicht ist.

Es gehört zu den genialen Griffen des jungen Schleiermacher in seinen „Reden", daß er in seiner Beschreibung der Religion den Weltbegriff zu einem integrierenden Element gemacht hat: das Universum als Gegenstand der Religion und das Verhältnis des Menschen zu ihm. Dieses Verhältnis wird von Schleiermacher als Anschauung bestimmt. Religion ist „Sinn und Geschmack für das Unendliche", wie es in der zweiten Rede in der Begrifflichkeit jener Zeit ausführlich und voll Gespür für die Gefahr einer systematischen Verfestigung dargelegt wird. Die so als Universum vorgestellte Welt wird zum Medium des „Weltgeistes", und das muß unter Berücksichtigung aller implizierten Vorbehalte anerkannt und festgehalten werden.

Je mehr die Welt als Einheit begriffen wird, die freilich insofern schon alles das übersteigt, was man vor Augen hat, desto mehr und in Entsprechung dazu wird auch das Göttliche als Einheit begriffen. Der mythische Begriff des „Schöpfers" repräsentiert ebenso die Einheit der Welt wie die Einheit des Göttlichen; oft in einer ganz hintergründigen Weise, die von keinem Kultus mehr erreicht wird, während die Einzelgötter, die totemistischen Vorfahren vordergründiger, dem Menschen näher, sozusagen religiös viel greifbarer sind[1]. J. S. Mbiti warnt vor einer übertriebenen Vorstellung von unerreichbarer Ferne Gottes im afrikanischen Denken (32). Man kann, wenn eine dogmatische Formulierung erlaubt ist, sagen, daß alle „Eigenschaften" Gottes Weltbezüge meinen; wir können nicht abgesehen von Gottes Weltbezügen von ihm sprechen, gleichviel, ob diese in positiven oder in negativen Aussagen formuliert werden.

Der Begriff von „Welt" ist in der Religion von größter Bedeutung, weil er den religiösen Glauben, ausgesprochen oder unausgesprochen, wie ein Kriterium begleitet. Es gilt der Satz: Der religiöse Glaube muß zur Welterfahrung stimmen. Diese Stimmigkeit bedeutet nicht

---

[1] E. Cassirer: Philosophie der symbolischen Form. II. Teil: Das mythische Denken, 1964, 247.

Identität. Weder ist die Religion als solche schon Welterfahrung, noch ist die in jeder Welterfahrung sich mitteilende Gesamtstimmung schon in sich Religion. Wohl aber sucht der religiöse Glaube sich in Welterfahrung zu bestätigen. Kein Glaube kann sich damit begnügen, „blinder" Glaube zu sein, der es erträgt, daß ihm die entsprechende Erfahrung vorbehalten wird. Wenn also das Gesetz der Stimmigkeit zwischen Glaube und Welterfahrung grundsätzlich gilt, dann meint es keine Identität, sondern Widerspruchslosigkeit. Man muß, um das richtig zu verstehen, bedenken, daß es sich auch bei der Welterfahrung, von der ich spreche, um einen religiösen Begriff handelt, der allerdings von der realen Erfahrung von Wirklichkeit, wie sie uns umgibt, nicht getrennt werden kann. Es handelt sich also um eine Widerspruchslosigkeit, die zwischen „religiösen Sätzen" und jener „Welterfahrung", wie sie jedem Menschen im Leben zuwächst, hergestellt werden muß.

Nach zwei Seiten erweist sich dieser Satz als kompliziert, und wir haben diese Schwierigkeiten wahrzunehmen und aufzulösen.

Die eine Schwierigkeit besteht darin, daß die geforderte Stimmigkeit zwischen religiösen Überzeugungen (die sich dann in religiösen Sätzen niederschlagen) und Welterfahrung, bezw. die geforderte Widerspruchslosigkeit mitunter sehr tiefgreifende Spannungen nicht ausschließt. Diese Spannungen ergeben sich nach zwei Seiten. Einmal können bestimmte Lebensführungen so rätselvoll sein, daß sie den religiösen Glauben zu dementieren scheinen. Sie erscheinen als unerklärlich und sinnlos. Gott wird unerkennbar, was wir von seiner Hilfe gehört und geglaubt haben, stimmt nicht mehr; es ist das alte Problem der Psalmen: die Frommen sind in Leid und Unglück, die Gottlosen sind glücklich. „Sinn" solcher Welterfahrung tritt erst dann ein, wenn sich eine Stimmigkeit wieder herstellen läßt. Das ist in Zukunft möglich, auch wenn es in der Gegenwart noch nicht der Fall ist. Die Möglichkeit einer Auflösung der Spannung besagt aber zugleich, daß der Gegensatz zwischen der religiösen Zuversicht (die sich in religiösen Sätzen niederschlägt) und der Welterfahrung keine grundsätzliche Bedeutung hat. Die andere Seite, von der her sich eine Spannung ergeben kann und tatsächlich immerfort ergibt, ist das Auseinanderklaffen von religiöser Überzeugung und Welterfahrung, sofern diese wissenschaftliche Form annimmt. Sobald sich religiöse Sätze in quasi wissenschaftlicher Form präsentieren und sobald sich wissenschaftliche Sätze mit dem Anspruch verbinden, „religiöse"

Urteile oder Vorurteile außer Kraft setzen zu wollen, kommt es erfahrungsgemäß zu großen Spannungen. Es ist hier nicht der Ort, solche Spannungen materialiter zu diskutieren, sondern sie auf ihre Auflösbarkeit zu befragen und daraus die Konsequenz für unseren Grundsatz zu ziehen. Es ist in jedem Falle einer derartigen Spannung zwischen religiösem und wissenschaftlichem Urteil zu fragen, ob nicht im einen oder im anderen oder in beiden Urteilsformen Abirrungen von der Natur des jeweiligen Urteils vorliegen. Auch hier wird gelten müssen, daß der religiöse Glaube nicht nur vom Gesetz der Stimmigkeit lebt, sondern daß er auch Spannungen aushalten muß, die sich daraus erklären, daß die Stimmigkeit, auf die nicht verzichtet werden kann, noch nicht erreicht ist, aber in Zukunft hergestellt werden kann. Hoffnung in ihrem religiösen Begriff ist nicht nur die glaubende Vorwegnahme künftiger Erfüllung von empfangenen Verheißungen, sondern auch die Herstellung von Stimmigkeiten, die im Augenblick zwischen der religiösen Überzeugung und der Welterfahrung noch nicht eingetreten sind. „Widerspruchslosigkeit" im Sinne unseres Textes heißt also nicht, daß der Widerspruch tatsächlich aufgehoben ist, sondern daß seiner Aufhebung nichts Grundsätzliches im Wege steht. Es ist sinnvoll, die Aufhebung des Widerspruches zu erhoffen. Religiöse Erfahrung bedeutet ebenso, daß sich zwischen der religiösen Überzeugung und Welterfahrung kein Widerspruch mehr ergibt. Freilich bleibt dabei immer zu bedenken, daß der Mitteilbarkeit solcher religiösen Erfahrung Grenzen gesetzt sind, weil sie sich immer nur in jener Subjektivität bestätigen läßt, in welcher der Begriff der „Überzeugung" seinen Sinn hat. Ebenso gilt übrigens: ein religiöser Glaube, der sich in Welterfahrung ausdrückt, der sich sozusagen in Welterfahrung bestätigt findet, spricht sich als „Weisheit" aus. Weisheit lebt von der Stimmigkeit von Welterfahrung mit religiöser Überzeugung, wobei sich diese religiöse Überzeugung gleichsam darin verhüllen kann, daß sie sich in das bescheidene Gewand der Wahrheit kleidet, die „uns alle angeht".

Religionsgeschichtlich betrachtet, wird sich gewiß nicht alles auf einen Nenner bringen lassen, was sich als Weisheit bezeichnen läßt. Die überaus sensible Darstellung der „Weisheit in Israel" durch G. von Rad[2] hat uns von dem schon in sich sehr differenzierten Feld ein so genaues Bild vermittelt, daß sowohl das Gemeinsame als auch die Nuancen zu anderen Weisheitsliteraturen hervortreten. Liegen die ägyptischen Weisheitsbücher zu denen Israels in Vergleichsnähe, so scheint buddhistische Weisheit, wenn sie

---

[2] Weisheit in Israel, 1970.

hier überhaupt in Vergleich gezogen werden darf, tiefe Eigentümlichkeiten aufzuweisen: es ist bewußtseins- und damit letztlich existenzverändernde Weisheit, während die Weisheit Israels offenbar eine tröstliche, hilfreiche Ordnung von Erfahrungswissen im Sinn hat. Sie weist hin „auf die Tatsächlichkeit und Evidenz der das Leben durchwaltenden Ordnung, etwa wie sie im Tun-Ergehen-Zusammenhang zutage trat. Diese Ordnung war ja einfach da und sprach schließlich für sich selbst" (247). Die Beobachtung, daß diese Weisheit nicht unmittelbar religiös (20) war und daß es sich um so etwas wie eine Aufklärung von Erfahrungswissen, eine „vernünftige" Bewältigung der Zufälle des Lebens handelt, das alles erklärt nach die Gültigkeit dieser Erkenntnisse. Freilich, es ist nicht zu übersehen, daß uns diese Weisheit als Literaturgattung vorliegt. Die literarische Gattung, die veredelte Form, die dichterische Aussage im Sinnspruch gehört hier unmittelbar zur Sache selbst. Man wird damit zu rechnen haben, daß die zur kunstvollen Literatur gestaltete Weisheit nur ein kostbares Relikt darstellt von einer heute literarisch nicht mehr dokumentierten aber noch umlaufenden, lebendigen Weisheit. Sie ist oft die lebendige Vermittlung religiöser Überzeugungen zur alltäglichen Erfahrungswelt.

Die Vermittlung des religiösen Glaubens zur Welterfahrung, die Frage nach der Stimmigkeit der Welterfahrung mit dem Glauben ist natürlich das Kennzeichen einer Reflexionsstufe der Religion. Es ist nicht die Sorge der primitiven Religion. Denn die im Spruch, in der Sentenz sich aussprechende Weisheit bedeutet ja immer ein Sich-selbst-Versichern gegen den Verdacht einer Unstimmigkeit, gegen die „Torheit" der anderen, eine Zuflucht zur Evidenz des Wahren, das man doch sehen und einsehen kann, wenn man nur will. Und das ist zweifellos ein rationaler Zug in aller Weisheit. Hier ist man weitab von allem Geheimnis oder was man dafür halten mag.

Indessen stellt uns die Frage nach der Stimmigkeit der Religion zur Welterfahrung noch vor andere Probleme. Welterfahrung setzt wie wir sahen, voraus, daß „Welt" bei aller Undefiniertheit doch als Einheit begriffen wird. Sie ist Existenzrahmen, Existenzhorizont; zu dieser „Welt" hin werden alle Einzelerfahrungen transzendiert. Und von dieser „Welt" her empfangen diese Einzelerfahrungen Farbe, Licht; Welt ist ein nicht abschließbarer Sinnzusammenhang.

Das Bedürfnis nach Stimmigkeit zwischen der religiösen Überzeugung und der Welterfahrung wächst natürlich mit der wachsenden Einheit der Welterfahrung. Das führt dann dazu, daß die Religion sich selbst in ungeschiedener Einheit mit Aussagen über die „Welt" ausspricht. Es entsteht ein „religiöses Weltbild", das an bestimmten weltanschaulichen Thesen zum Schwur gebracht wird, etwa an Thesen über die Entstehung oder über die metaphysische Ordnung der

Welt. Die entsprechende Wissenschaft oder Philosophie wird dann mit religiösem Pathos aufgeladen, und der Religion kommt es — bei solcher Sachlage — zugute, daß sie aus der ihr eigenen Philosophie ihre stützenden Beweise empfängt.

Sobald sich diese Übereinstimmung auflöst, wird die Sache schwierig. Durch die Aufklärung wurde die Wissenschaft aus der Dienstbarkeit der Religion entlassen und geht nun ihre eigenen Wege. Wissenschaft und Technik stellen jeden Tag die Stimmigkeit der Welterkenntnis mit der Religion in Frage. Wenn aber die Religion fortfährt, sich in weltanschaulichen Sätzen, also z. B. in kosmogonischen oder kosmologischen Thesen auszusprechen, dann wird sie auf die Wege der Apologetik geführt, die Glückssache sein mögen, wenn man sie nicht von vorneherein als aussichtslos beurteilt. Es ist dann eine Neuorientierung nach beiden Seiten erforderlich.

Diese Neuorientierung ist deswegen so schwierig, weil mit der veränderten Bewußtseinslage seit der Aufklärung auch die Einheit der Welterfahrung in Frage gestellt ist. Sie mag zwar im Anfang des Prozesses der Aufklärung noch einmal besonders stark hervortreten, wie es der allen Optimismus prätendierende Begriff der Aufklärung nahelegt. Aber es gibt keine Aufklärung ohne die Skepsis, und diese Skepsis muß notwendig die Einheit der Welterfahrung zu Fall bringen. Die dadurch hervorgerufene Kritik stellt die Frage nach den Grenzen der Erkenntnis, nach den Bedingungen der Möglichkeit wissenschaftlicher Aussagen. Und es liegt in der Konsequenz dieser Skepsis, daß die Grundsatzfragen in jeder einzelnen wissenschaftlichen Disziplin neu und anders gestellt werden müssen. Das bedeutet aber: die Einheit der Welterfahrung, sofern sie sich überhaupt in wissenschaftlicher Aussage wiedererkennen läßt, zerbricht. Ebenso ist freilich auch die Religion zur Selbstkritik gezwungen. Sie wird jene Konkordanz, die sie vordem mit dem philosophisch artikulierten Weltverständnis gepflegt hat, die förmliche Identität von Religion und Welterfahrung in der Form von „Weltanschauung" zurücknehmen müssen. Sie muß sich selbst neu verstehen.

Unverzichtbar bleibt trotzdem das Bedürfnis nach immer neu herzustellender Stimmigkeit zwischen Welterfahrung — was ja weit über alles „wissenschaftliche" Welterkennen hinausführt — und der Religion. Wir können das Göttliche nie ohne die diesem Göttlichen korrespondierende „Welt" zum Gegenstand unserer Zuwendung machen.

Wenn man aber auf diese Stimmigkeit, die ein Bedürfnis und ein Kriterium des Glaubens ist, verzichtet, dann kommt es zu einer Abspaltung des Glaubens von der Welterfahrung. Es kommt zum Aberglauben.

Schon der Begriff Aberglaube ist nicht ohne Probleme. Das lat. superstitio, von superstes am Leben bleibend, überlebend, bedeutet wahrscheinlich Überrest, also übriggebliebenen Glauben aus alter Zeit. Das deutsche Wort A. erklärt sich wohl dadurch, daß die Vorsilbe Aber- im Sinne von Un- gedeutet werden muß, wofür alle Analogien sprechen: Aberlist=Unklugheit; Abergunst=Mißgunst; Abername=Spottname; Aberwitz=Unverstand. Im Begriff selbst liegt jedenfalls schon ein abwertendes Urteil. Es ist niemals die Selbstbeurteilung des A., der sich vielmehr immer für einen wahren Glauben hält, sondern ein Urteil von außen. Häufig vom Standpunkt des aufgeklärten Wirklichkeitssinnes. Antireligiöse Tendenzen erweisen sich dann leicht darin, daß auch der Glaube als A. verstanden wird oder doch jedenfalls gewisse Elemente des Glaubens als A. gedeutet werden. Aber der spezielle Begriff von A. setzt doch einen Glauben voraus, der selbst eben nicht A. ist.

Zunächst mag zugestanden werden, daß in jedem A. Elemente echten Glaubens enthalten sind. Die Furcht vor übermenschlichen Mächten spielt eine große Rolle. Der A. gründet in der Überzeugung vom übersinnlichen Zusammenhang von Weltphänomenen. Aber er reflektiert nicht auf eine große, auch vernünftig aussagbare Welterfahrung. In ganz erheblichem Maße ist dem A. die Skepsis zu eigen, ein Schwanken zwischen Glauben und Zweifel. Bald dominiert die Skepsis, in der Nacht aber herrscht der A. Bestätigt sich der A., so durchrinnt Freude, aber noch mehr Schauder die Seele; denn man hat immer noch etwas gezweifelt, aber im Erfolg spürt man die kalte Hand der Macht, die man gerufen hat. Der A. „probiert", ob die Praktiken stimmen. Zur Eigentümlichkeit des A. gehört ferner die bewußte Abweichung vom Offiziellen. Man übt die Praktik im Verborgenen; man bekommt die geheimen Mittel „verraten". Im Vordergrund des Interesses steht dabei das materielle Wohl: Glück und Unglück, Gesundheit und Krankheit. Der A. hat etwas auffallend Unlebendiges, Formelhaftes, Steinernes. Die Regeln, die beachtet sein müssen, sind bemerkenswert sinnlos, keiner kann sie begründen. Abgesunkene Magie, mißverstandenes Glaubensgut, der offiziellen Religion entwendete Formeln. Ebenso wie der völlige Mangel einer Ethik für den A. charakteristisch ist, so ist es auch der Mangel an jeder vertrauensvollen Hingabe des Herzens an das Göttliche; der A. rechnet immer, der Glaube kann auch auf alle Reflexion über Glück und Wünsche verzichten[3].

Entscheidend ist in diesem Zusammenhang, daß der Aberglaube auf den bestätigenden Sinnzusammenhang mit der Welterfahrung

---

[3] J. von Negelein: Weltgeschichte des Aberglaubens, 2 Bde. 1931—1935; K. Zucker: Psychologie des Aberglaubens, 1948; ferner Art. A. in RGG[3] I, 53 ff. (L. Röhrich, P. Bauer) (Lit.)

verzichtet. So sehr er auf den Erfolg seiner geheimen Praktiken bedacht ist, so wenig stört ihn die offenkundige „Sinnlosigkeit" dieser Praktiken, d. h. ihr Herausfallen aus allen uns rational einsehbaren Welterfahrungen. Unerachtet aller Spannungen, in die der religiöse Glaube zur Welterfahrung geraten kann, kann die religiöse Überzeugung nicht auf die Dauer auf die Stimmigkeit mit der Welterfahrung verzichten. Das religiöse Wahrheitsbewußtsein kann sich nicht dauerhaft aus dem Zusammenhang des allgemeinen Wahrheitsbewußtseins lösen. Aber damit bezeichnen wir nur in anderer Form das Thema jeder Religionsphilosophie.

2. *Das Ewige und die Zeit*

Im Folgenden sollen zwei Begriffe zur Sprache kommen, welche die kategoriale Überlegenheit des Göttlichen über die Welt zum Ausdruck bringen: die Ewigkeit und das Heilige. Beide Begriffe kommen im reinen und eminenten Sinne nur Gott und dem Göttlichen zu. Die Idee der Ewigkeit und die Idee der Heiligkeit verhindern es schlechthin, daß die Zuwendung zum Göttlichen mit Welterfahrung gleichgesetzt wird oder in ihr untergeht.

In diesem Abschnitt ist über den Begriff des Ewigen nachzudenken. Das kann nicht geschehen, ohne daß der Zeitbegriff dagegengesetzt wird. Zeit ist das Element, in dem wir leben. Sie ist die uns zugemessene Dauer unseres Existierens. Alles, was uns widerfährt und was wir erfahren, was wir tun und lassen, vollzieht sich in der Zeit. In der Zeit vollzieht sich also auch unsere Welterfahrung und unsere Zuwendung zum Göttlichen. Alle Erweisungen des Göttlichen an uns, seine Kundgebungen und Offenbarungen vollziehen sich an uns in der Zeit, sie sind insofern datierbar und historisch. Aber die niemals stillstehende Zeit geht weiter, sie nimmt uns mit, sie schiebt sich trennend und entfernend zwischen das, was wir erlebt haben, was uns widerfuhr, und „uns selbst". Und daran erkennen wir, daß wir selber immer da sind, wo unsere Gegenwart ist, daß also unsere Vergangenheit immer weiter weggerückt, uns fremd wird und daß damit auch alles das, was uns in der Vergangenheit widerfuhr, verfremdet wird, ja schlechterdings der Verfremdung verfällt. Nimmt man das aber radikal, dann heißt das, daß diese Verfremdung durch die Vergangenheit zwar quantitativ wachsen kann, daß sie aber grundsätzlich in der Zeitlichkeit angelegt ist. Reduziert man diese Zeitlichkeit quantitativ, d. h. verkürzt man das pure Gewesensein auf den gegenwärtigen Moment hin, also bis zu dem Soeben-geschehensein, bis zu dem Moment, der in seiner Konstellation noch Sekunden zu dauern scheint und mindestens im inneren Zeitgefühl das Jetzt mit dem Soeben verfließen läßt, dann nimmt schon die Gegenwart an der Zweideutigkeit alles zeitlichen Geschehens teil.

Das Verrinnen der Zeit ist unausweichlich. Alles geschichtliche Sein hat seine Dauer in der Zeit, verändert sich und verfällt mit der Zeit. Auch das, was wir von diesem Gesetz auszunehmen geneigt sind, wie immer wir es nennen mögen, Ideen, Naturgesetze, vermeintlich „ewige" Wahrheiten u. dgl. tragen doch als menschliche Erkenntnis auch die Signatur der Zeit, in der sie ausgesprochen, niedergeschrieben und in einen theoretischen Zusammenhang eingeordnet wurden. Die der Entdeckung von Naturgesetzen zugrunde liegenden Interessen, die Folgerungen, welche aus vermeintlich zeitlosen Wahrheiten gezogen werden, die ihnen verliehenen Wichtigkeiten, das alles macht die menschliche Erkenntnis zu einem geschichtlichen Vorgang.

Natürlich ist das nur ein Aspekt. Tatsächlich liegt die Faszination der Zahl und der darauf begründeten Zählbarkeit und Meßbarkeit in ihrer allem Zeitfluß überlegenen Objektivität. Und so ist es immer ein Problem gewesen und wird es bleiben, was es bedeutet, daß man auch die Zeit „messen" kann. Die sog. „Zeitmaße", Jahr, Monat, Tag und Nacht, Stunde, Minute u.s.w. verleihen der Zeit als gemessener Zeit Objektivität. Diese Objektivität der sog. objektiven Zeit hat darin ihr Kennzeichen, daß sie in gleicher Weise auf die Vergangenheit wie auf die Zukunft anwendbar ist. Die in einem Fahrplan angenommene und zu „Zeitangaben" erstarrte „Zeit" ist in ihrer Gültigkeit ganz unabhängig davon, ob sich die Angaben auf vergangene Tage oder auf kommende Tage beziehen. Die gemessene Zeit erscheint als eine homogene Zeit.

Augustinus hat sich im XI. Buch der Confessiones, in der ersten großen Zeitphilosophie des Abendlandes, mit dem Problem der gemessenen Zeit beschäftigt. Er fragt im Kap. 23 nach dem Maßstab, nach dem wir die Zeit messen, und bezweifelt, daß als selbstverständlich angenommener Grundsatz die Bewegung der Sonne, des Mondes und der Sterne mit den Zeiten selbst gleichgesetzt werden könnten. Es ist überhaupt unmöglich, die Zeit einfach mit Bewegung, gleichviel welcher Körper, gleichzusetzen (Kap. 24). Das Messen der Zeit ist ein innerer Vorgang, und sobald wir die Frage des Messens der Zeit, eine nie zu vermeidende Frage allerdings, zu einem Problem machen, das zwischen Erwartung der Zukunft und Erinnerung an nachklingendes Vergangenes erwächst, ist das ganze Problem überhaupt in eine andere Dimension verlegt. Augustinus hat als erster abendländischer Denker erkannt, daß die Annahme einer objektiven Zeit eine Abstraktion ist und der wahren Zeiterfahrung des Menschen, nämlich der „inneren Zeiterfahrung" völlig inadäquat. Das ist im 27. Kap. durchgeführt, eine Problematik, die dann erst in der Neuzeit wieder von H. Bergson und E. Husserl aufgegriffen worden ist. Vor allem Husserl hat seine Phänomenologie des inneren Zeitbewußtseins unmittelbar an Augustins Philosophie der Zeit angeschlossen.

Für diese innere Zeiterfahrung sind nun wenigstens drei Beobachtungen von weittragender Bedeutung. Sie haben alle drei an der Analyse der sog. objektiven Zeit keinen Anhaltspunkt, wie sie andererseits eine Schlüsselfunktion für die Religionsphilosophie besitzen.

1. Während für die objektive, homogene Zeit der meßbare Zeitablauf keine Differenzen kennt, entstehen für die innere Zeiterfahrung die größten Unterschiede im Blick auf Vergangenheit und Zukunft. Das wird sofort erkennbar, wenn man an die Form der Zeiterfahrung erinnert, welche das geschichtliche Bewußtsein zur Aussage bringt. Es ist nämlich nur die Erfahrung der abgelaufenen, der vergangenen Zeit. Die Zukunft ist in keiner Weise schon Gegenstand der Zeiterfahrung. Auch für alle Prognosen, Planungen, selbst für die Futurologie — wenn man einmal von „Geschichte" und geschichtlichem Bewußtsein im engeren und eigentlichen Sinne absieht — stellt die Zukunft nur einen ganz kleinen „Raum" dar, gemessen an der in Jahrhunderten und Jahrtausenden sich erstreckenden und in unserem geschichtlichen Bewußtsein verwahrten Geschichte. Gewiß, diese abgelaufene Geschichte repräsentiert zurückgesunkenes und stets weiter zurücksinkendes, abgelebtes Leben. Die Geschichte ist insofern in einer dauernden Bewegung weiteren Vergehens begriffen. Andererseits aber kann man die Sache auch so sehen: Die Geschichte „steht", sie wirkt sogar auf uns zurück, aber sie ist eben in dieser geheimnisvollen Lebendigkeit nicht eindeutig. Man kann und man muß sie sogar auslegen, und es sind immer neue Auslegungen möglich. Was uns gestern als hoffnungslos vergangen erschienen ist, das wird heute und vielleicht erst morgen wieder von unheimlicher Lebendigkeit erfüllt. Demgegenüber ist die Zukunft noch nicht gegeben. Sie mag bis zu einem gewissen Grade voraussehbar sein. Aber sie trägt auch dann

noch ein blasses Gesicht. Es fehlt dieser Prognose die letzte Exaktheit, und jetzt noch unbekannte Störfaktoren können dieses Bild der Zukunft völlig dementieren, „wenn es soweit ist".

Die Gegenwart steht überdies ganz und gar außerhalb dieser Rechnung. Von der homogenen, meßbaren Zeit aus betrachtet, hat der Gedanke einer Sonderstellung der puren Gegenwart gar keinen Sinn. Für die innere Zeiterfahrung ist dagegen die Gegenwart der einzig begünstigte Moment im Leben des Menschen. Jetzt, im gegenwärtigen Moment muß der Mensch nicht mehr hoffen oder fürchten, sondern diese Gegenwart ist da. Aber es ist auch noch kein Anlaß, sich mit einem soeben gewesenen Moment, mit einer „jüngsten" Vergangenheit auseinanderzusetzen. Sondern diese Gegenwart „ist noch". Dies hat, wie noch zu zeigen sein wird, die größte Bedeutung für unseren Zusammenhang.

2. Für die innere Zeiterfahrung gilt ferner die Eindimensionalität der Zeit. Diese gilt natürlich auch für die homogene, für die meßbare Zeit. Aber sie hat in der inneren Zeiterfahrung einen besonderen Sinn. Diese eindimensionale Zeit ist für die innere Zeiterfahrung nämlich unwiederbringliche Zeit. Dieser Ausdruck setzt voraus, daß es für die Welterfahrung des Menschen überhaupt keine leere Zeit gibt, sondern daß alle Zeit, von der er insofern „weiß", als er im weitesten Sinne an ihr teilnimmt, eine gefüllte Zeit ist. Das zeigt sich allein schon darin, daß wir uns an abgelaufene Zeit erinnern. Aber das wäre sinnlos, wenn diese Erinnerung an Vergangenheit nur einer leeren Zeitstrecke gelten würde. Tatsächlich aber ist es eine mit Erlebnissen, mit der Erinnerung an Geschehnisse, Taten und Erleidungen gefüllte Zeit. Ich selbst bin mit dieser Vergangenheit identisch. „Magna vis est memoriae, nescio quid horrendum, Deus meus, profunda et infinita multiplicitas; et hoc animus est, et hoc ego ipse sum" (Augustin[4]). Daraus erklärt es sich, daß Zeitlichkeit für die religiöse Betrachtung mit Endlichkeit nahezu gleichbedeutend ist. Die Endlichkeit der Welt, ihr Aufhören, das rätselhafte Verfallen des Seienden zum Gewesenen, und des Gewesenen zum eines Tages schlechthin Vergessenen, wird an der Endlichkeit der Zeit erfahren.

3. Die innere Zeiterfahrung setzt immer gefüllte Zeit voraus. Man könnte das zugunsten einer Zeit bestreiten, die vollkommen leer und nur noch den formalen Sinn einer Anschauungsform hat. Es ist nicht

---

[4] Confessiones X, 17.

der Sinn dieser Überlegungen, den Begriff der homogenen Zeit, die also unabhängig von ihrem Erlebnisgehalt nur als die reine Form des eindimensionalen Abfließens überhaupt verstanden würde, außer Kraft zu setzen. Aber sobald die Frage der „Messung" dieser homogenen Zeit aufgeworfen wird, also die Frage nach einem Index für solche Messungen, kommen inhaltliche Elemente ins Spiel, die dann sehr schnell, wie etwa der Umlauf der Sonne, Tag und Nacht, den Übergang zu erlebnisgefüllter Zeit darstellen. In diesem Sinne einer gefüllten Zeit also kommt noch ein dritter Gesichtspunkt hinzu. Es ist die Qualifikation der Zeit. Wenn ich eben den Ausdruck „leere" Zeit gebraucht habe, so hat das auch als Qualifikation von Zeit einen Sinn. Es ist erlebnisleere Zeit, welche bedeutungslos dahinfließt, in der wir gleichsam aufhören zu messen, zu fragen, wie spät es sei, die uns dann nach geraumer Zeit damit überrascht, daß sie „jetzt erst" vorüber ist. Demgegenüber kennen wir den richtigen Augenblick. P. Tillich hat den neutestamentlichen Begriff des Kairos, der erfüllten Zeit, in Erinnerung gerufen. Er besagt so etwas wie den Anruf aus der Ewigkeit, den von Gott vorgesehenen Moment, den es jetzt wahrzunehmen gilt. Im Blick auf die Weisheit in Israel hat G. von Rad auf den viel schlichteren Begriff der „rechten Zeit" hingewiesen, auf die „fallende Zeit" unter besonderer Bezugnahme auf Qoh 3,1—8 neben vielen anderen Stellen[5]. Seine Ausführungen haben vor denen Tillichs den Vorzug, daß sie eine ganz „profane" Erfahrung ansprechen, die aber nur durch eine kaum wahrnehmbare Grenze von der religiösen Erfahrung getrennt ist. Die Wahrnehmung der rechten Zeit verleiht dem gelebten Leben seine entscheidenden Wendepunkte, gibt ihm Profil, wie umgekehrt der Begriff des Versäumnisses schlechterdings Versäumnis der rechten Zeit besagt.

Ich komme damit auf die Profilierung der Zeit, welche die Individualisierung des Menschlichen von dieser Seite her begründet. Wir verdanken John S. Mbiti eine interessante Analyse des afrikanischen Zeitbewußtseins: „Time is a two-dimensional phenomenon, with a long past, a present and virtually no future". Im radikalen Gegensatz zu dem westlichen Zeitbegriff gilt: „Actual time is therefore what is present and what is past. It moves 'backward' rather than 'forward'; and people set their minds not on future things, but chiefly on what has taken place. Since what is in the future has not been experienced, it does not make sense; it cannot, therefore, constitute

---

[5] Weisheit in Israel 182 ff.

part of time, and people do not know to think about it — unless, of course, it is something which falls within the rhythm of natural phenomena. ... At most we can say that this short future is only an extension of the present"(17). Das Beispiel reicht hin, um einen Eindruck von der Verschiedenheit schon des kategorialen Rahmens für die Zeiterfahrung zu geben. Die Folgen der verschiedenen Zeitprofile reichen dann unmittelbar in das praktische Leben hinein. Für einen Zeitbegriff, dem die Zukunftsdimension bis auf verschwindende Reste fehlt, hat der Gedanke an Planung und Vorsorge keinen „vernünftigen" Sinn.

Wie der Begriff der Zeit unsere Welterfahrung und damit auch unsere Selbsterfahrung prägt und zum Menschsein des Menschen schlechthin gehört, so gehört zum Göttlichen das Prädikat des Ewigen, der Ewigkeit. Was wir mit Ewigkeit meinen, das läßt sich aus dem Begriff der Zeit nicht entwickeln. Es meint weder einen Inbegriff, noch eine Summe von Zeit, noch gar eine ins Unendliche und Grenzenlose sich erstreckende Zeit. Aber was soll es dann sein? Ewigkeit kann, wenn man im Anschluß an den Zeitbegriff von ihr spricht, nur als Gegenbegriff verhandelt werden. Und doch kann man nicht von der Ewigkeit, bezw. davon, was wir mit dem Wort meinen, sprechen, ohne auf die Zeit Bezug zu nehmen. Das kommt zunächst darin zum Ausdruck, daß wenigstens eine Zeitkategorie für das Ewige in Anspruch genommen werden muß, die allerdings eben einer Analyse der homogenen Zeit die stärksten Widerstände entgegensetzt, ja die im Konzept der homogenen, der reinen meßbaren Zeit nur die Bedeutung eines flüchtigen, gleichsam unbeachtlichen Durchgangspunktes hat, nämlich die Gegenwart.

Wenn Ewigkeit und „das Ewige" sinnvoll gedacht werden sollen, dann kommt ihnen Gegenwart zu. Denn Ewigkeit kann nie vergangen sein. Seltsamerweise ist es aber nicht im gleichen Sinne abwegig, den Gedanken der Zukunft mit dem der Ewigkeit zu verbinden. Die Ewigkeit kann als zukünftig gedacht werden. Sie ist darum ein Gegenstand der Hoffnung. Freilich macht uns hierbei der Sprachgebrauch ein kleines Täuschungsmanöver vor. Wenn wir nämlich sagen, wir hoffen auf die Ewigkeit, dann meinen wir nicht, daß es ein sinnvoller Gegenstand der Hoffnung sei, daß künftig Ewigkeit überhaupt sei; denn wenn wir an die Ewigkeit glauben, dann muß sie ja schon jetzt, anders und unzureichend gesagt: sie muß „immer" sein. Ewigkeit muß immer „Gegenwart" haben. Eine Hoffnung auf sie kann also nur darin bestehen, daß der Hoffende sich einen Anteil an dieser Ewigkeit erhofft, der ihm gegenwärtig noch nicht zuteil geworden ist. Das aber setzt wiederum voraus, daß die Gegenwart der Ewigkeit eine Dialektik in sich enthält. Diese Dialektik besteht in Folgendem: Ewigkeit ist zwar gegenwärtig und nur als Gegenwart überhaupt sinnvoll, es ist aber nicht ohne Sinn, wenn sich diese Gegenwart der menschlichen Wahrnehmung oder Partizipation entzieht. Während also zwar das Ewige immer nur Gegenwart hat, ist diese Gegenwart des Ewigen mit unserer Gegenwart nicht identisch. An der Gegenwart des Ewigen also Anteil haben zu können, das setzt voraus, daß wir unsere Gegenwartserfahrung auf die Gegenwart des Ewigen richten, bzw. und besser: daß sich die Gegenwart des Ewigen unserer eigenen Gegenwart mitteilt.

Trotzdem läßt es sich nicht verbergen, daß sich Ewigkeit jeder Definition entzieht. Wiederum tritt uns die Logik zur Seite. Eine „definierte" Ewigkeit ist bereits keine Ewigkeit mehr. Denn wodurch sollte sie denn definiert werden? Doch nur durch einen noch über das Ewige hinausreichenden größeren und weiteren Maßstab.

Man ist versucht zu sagen, es müßten Gegensatzdefinitionen sein, in denen Gottes Wesen durch Ausschließung kreatürlicher Eigenschaften, und somit seine Ewigkeit durch Ausschließung aller zeitlichen Bedingtheiten, Begriffe und Vorstellungen beschrieben werden müßte. Hierin hat die alte Theologie zweifellos Großes geleistet. Gottes Unveränderlichkeit — Deus incommutabiliter aeternus (Augustin[6]) —, seine Ungeschaffenheit sind Elemente, in denen seine Ewigkeit ausgesagt werden sollte. Dazu kam die platonische Vorstellung, daß alle geschaffenen Dinge ihre Existenz allein als Objekte des Wissens und des Willens Gottes haben.

Die Schwierigkeit, von hier aus das Handeln Gottes in der Geschichte zu denken, sowohl die Krise der abendländischen Metaphysik als auch das Hervortreten des historischen Interesses, haben Vorstellung und dogmatische Lehre von Gott in den Wandel der abendländischen Wissenschaftsgeschichte hineingezogen. Vgl. hierüber Thomas F. Torrance: Theological Science, London (Oxford Univ. Press) 1969, p. 59 ff. Das Widerstreben gegen alle metaphysische Gotteslehre im theologischen Kontext zur Heideggerschen Lehre von der Zeit bringt Schubert M. Ogden, in dem Essay: The Temporality of God drastisch zum Ausdruck; in: Zeit und Geschichte, Dankesgabe an R. Bultmann zum 80. Geburtstag, 1964, wieder abgedruckt in: The Reality of God, New York (Harper) 1966, 144 ff.

---

[6] Confessiones XI, 31.

In der Tat streiten sich zwei Gesichtspunkte. Das Göttliche breitet sich in der Zeit aus, es bewegt Zeit, ruft Ereignisse und Bewegung in der Zeit hervor. Wir können nicht vom Göttlichen sachgemäß sprechen, ohne davon zu sprechen, daß es sich offenbart, und alle Offenbarung ist historisch, sie ereignet sich in der Zeit. Insofern ist in der Tat von einer Zeitlichkeit Gottes zu sprechen, wie es Schubert M. Ogden tut. Alles Sprechen von Gott, vollzieht sich in der Zeit, und der Mythus ist Erzählung von Gott in der Zeit. E. Cassirer (II, 129) betont mit Recht, daß man erst dann von „Mythen" sprechen kann, wenn es nicht bei der ruhenden Betrachtung des Göttlichen bleibt, sondern wenn von der Göttergestalt zur Göttergeschichte und zur Göttererzählung fortgeschritten wird. „Die Anschauung des Zeitlichen beweist ihren Primat (sc. vor der des Raumes) dadurch, daß sie sich geradezu als eine der Bedingungen für die volle Ausbildung des Begriffs des Göttlichen erweist. Durch seine Geschichte erst wird der Gott konstituiert — wird er aus der Fülle der unpersönlichen Naturgewalten herausgehoben und ihnen als ein eigenes Wesen gegenübergestellt."

Der andere Gesichtspunkt ist aber entgegengesetzt. Die Zeit, als „lineare", d. h. als gerade und nicht umkehrbare, in eine unabsehbare Vergangenheit hin verlaufende und verfallende Zeit trennt von dem heilbringenden Ereignis, trennt von der an einen historischen Ort festgelegten Offenbarung. Diese entfernende, die göttliche Gegenwart vernichtende, uns von dem heilbringenden Augenblick ewig trennende lineare Zeit ist der Feind der Ewigkeit Gottes. Lessing hat 1777 auf den wenigen Blättern, die er „Über den Beweis des Geistes und der Kraft" betitelt hat, allerdings zunächst nur unter Zuspitzung des Problems auf die Glaubhaftigkeit von Wundern, das Problem ein für allemal gestellt, das durch das Pochen auf historische Wahrheit für alle Offenbarungsreligion entsteht. Wie kommt die Religion, die es mit der Ewigkeit Gottes zu tun haben will, damit zurecht?

„Das mythische Bewußtsein hat die Neigung, die Zeit ‚stillestehen' zu lassen", sagt G. van der Leeuw (433). Man kann auch sagen, daß das religiöse Bewußtsein diese Neigung zeigt. In der Begehung der Feste holt der Glaube die fundierenden Ereignisse wieder zurück und vergegenwärtigt in dem „Heute" und „Hier", was als bloße Erinnerung in die Gewesenheit absinken würde. „Euch ist heute der Heiland geboren", heißt es in der christlichen Kirche zu Weihnachten. Entgegen der Logik der linearen Zeitvorstellung durchkreuzt die praktizierende Gemeinde die bloß historische Erinnerung durch die Wiederkehr der Begegnung nach dem Modell der cyklisch verlaufenden Zeit. Der Umlauf des Jahres — des „Kirchenjahres" — ermöglicht zugleich Entfernung und Wiederkehr, den Wechsel von Rückblick und Erwartung. Noch viel spiritueller vollzieht sich diese Aufhebung der Trennung durch die historische Zeit in der Verkündigung, die das geschichtliche Wort zum gegenwärtigen Wort macht und den Aktualitätsverlust dementiert, der durch das Zurücksinken und Veralten des Gewesenen sonst eintreten müßte.

Freilich ist noch an eine ganz andere Form zu denken, in der das Ewige zur unmittelbaren Gegenwart wird. Es ist die Mystik. Ich will hier nur im Zusammenhang unserer Problematik auf sie hinweisen, ohne das weite Feld dieses Themas abzuschreiten. Der Anspruch der Mystik und ihre Überzeugungskraft liegt in dem Doppelten: Einmal ist sie Heraustreten aus dem Bewußtsein der Zeit. Das ist der Sinn von Ek-stasis. In der mystischen Entzückung bleibt die zeitliche Welt dahinten, es öffnen sich ganz andere Regionen, in denen sich ein Aufstieg nach bestimmter Ordnung zu höchsten Schauungen vollzieht. Und eben in dieser Schauung meint die Seele dem Ewigen selbst zu begegnen.

Der Ekstase-Bericht des ersten christlichen Mystikers, Paulus (2 Kor. 12, 1—9) fügt sich genau in die Grundstrukturen solcher Berichte ein, deren größter und für seine Zeit klassischer die „Seelenburg" der Therese von Avila ist. Die tiefe Verwandtschaft der christlichen mit der außerchristlichen Mystik, die Methoden der Kontemplation, die Beschreibung der gleichsam ontologisch geordneten und in der Ekstase durchschrittenen Welten übergreift alle konfessionellen Differenzen und macht sowohl Übereinstimmung wie die oft ganz anders als durch die religiösen Traditionen begründeten Differenzen zu einem nie zur Ruhe kommenden Problem.

Es besteht zwar in der homogenen Zeit kein prinzipieller Unterschied von Vergangenheit und Zukunft, abgesehen davon, daß der eine Zeitteil abgelaufen, der andere noch nicht durchschritten ist. In der erlebten, „gefüllten" Zeit verändert sich die Sachlage von Grund aus, wie wir sahen. Das hat nun aber, sobald wir das feindliche Verhältnis zwischen der Ewigkeit und der inneren Zeiterfahrung zur Diskussion stellen, ein überraschendes Ergebnis. Die Feindschaft besteht nämlich wesentlich zwischen der Ewigkeit und der als vergangen erfahrenen, also in der Erinnerung fortlebenden und verdämmernden Zeit. Daß die Gegenwart der spezifische Modus ist, in dem überhaupt das Ewige in der ablaufenden Zeit, wie auch immer, erfahren werden kann, das kam schon zur Sprache. Das Überraschende ist aber nun, daß die noch nicht als vernichtender Ablauf erfahrene Zeitstrecke, nämlich die Zukunft, die ja überhaupt gar keine sich dem Erleben darbietende „Strecke" ist, in einer relativen Nähe zur Erfahrung oder doch jedenfalls zur Erwartung von Ewigkeit steht. Cassirer bringt (II, 147) den Satz von H. Cohen in Erinnerung, in dem ein Urgedanke der prophetischen Religion theoretisch ausgedeutet wird: „Die Zeit wird Zukunft und nur Zukunft. Vergangenheit und Gegenwart versinken in dieser Zeit der Zukunft". Wenn das stimmt, dann würde sich auch in den Kategorien der linearen Zeitvorstellung eine Möglichkeit der Aufhebung der trennenden, der nur zur Vergangenheit hin verfallenden Zeit ergeben, nämlich in der kommenden, in der noch nicht datierten Zeit der reinen Zukunft. Anders ausgedrückt, die Eschatologie wäre in den Kategorien der linearen Zeitvorstellung zugleich ein Ausweg aus der sonst unaufhebbaren Feindschaft zwischen der Ewigkeit und der inneren Zeiterfahrung; die Zukunft als kommende Zeit wäre dann eine offene Tür zu der Begegnung mit dem Ewigen, dem die vergehende Zeit, die Zeit als Vergangenheit die Türe verschließt.

3. Das Heilige und das Profane

Wie die Ewigkeit ist auch das Heilige eine Urkategorie des Göttlichen. Wie die Ewigkeit so ist auch die Heiligkeit nicht ohne Welterfahrung denkbar. Ewigkeit besagt schlechthinnige Überlegenheit des Göttlichen über die Endlichkeit der Welt. Denn für die Endlichkeit der Welt gibt es keine drastischere Erfahrung als die der Zeit, Zeitlichkeit und Endlichkeit decken sich geradezu in der Erfahrung von Welt. Die Ewigkeit aber ist der Gegenbegriff dazu, sie wird nur in der Aufhebung, in der Vernichtung der Zeit zur Gegenwart.

So drückt sich nun auch im Begriff der Heiligkeit eine Überlegenheit des Göttlichen zur Welt aus. Aber sie bezieht sich nicht auf die Endlichkeit der Welt, sondern auf ihren Wert, auf ihre Ferne von Gott, auf ihre Abkehr vom Göttlichen, auf ihre Unreinheit und auf den Trug ihrer Möglichkeit, in sich zu beruhen und mit sich selbst auskommen zu können. Anders ausgedrückt: Auch Heiligkeit ist nicht ohne das Korrelat einer ihr entgegengesetzten, mit ihr kontrastierenden Welterfahrung denkbar. Wie Ewigkeit, so ist auch Heiligkeit nur im Kontext mit der Erfahrung der Welt denkbar. Beide sind, so könnte man es ausdrücken, Manifestationen des Göttlichen an und gegenüber von „Welt".

Vom Heiligen soll nun in diesem Abschnitt unter drei Gesichtspunkten die Rede sein. Einmal in dem Sinne, wie Heiligkeit nur Gott selber und ausschließlich zukommt. Diese Heiligkeit trennt das Göttliche schlechthin von der Welt. Zweitens soll dann von der Heiligkeit die Rede sein, welche sich den Dingen und Menschen in der Welt mitteilen kann. Diese mitgeteilte Heiligkeit setzt nicht eine Schranke zwischen dem Göttlichen und der Welt überhaupt, sondern zwischen dem Heiligen in der Welt, dem Sakralen, und dem Unheiligen in der Welt, dem Profanen. Von diesem zweiten Begriff von Heiligkeit her entsteht dann ein Problem, dem ich mich in einem dritten Schritt zuwenden muß: es betrifft die Grenzverschiebung zwischen dem Sakralen und Profanen, bezw. die Konvertierbarkeit des Sakralen ins Profane und umgekehrt, m. a. W. das Problem der Säkularisation. Doch beginnen wir mit dem Ersten.

(a) Heiligkeit kommt in erster Linie dem Göttlichen, Gott selber und ihm allein zu. Diese Heiligkeit steht ganz für sich. Sie sagt die schlechthinnige qualitative Überlegenheit Gottes über die Welt aus. Das hat zur Folge, daß aus keiner Art von Welterfahrung Maßstäbe genommen werden können, nach denen die Heiligkeit „definiert" werden könnte. Wir stoßen hier auf dieselbe grundsätzliche Schwierigkeit, der wir schon im vorigen Abschnitt begegnet sind; auch für Ewigkeit gibt es keine Definition im strengen Sinne. Was gemeint ist, kann nur in Anlehnung an die Welterfahrung und als Widerspiel zu ihr beschrieben werden. Das Göttliche manifestiert sich als heilig zugleich im Kontext mit Welterfahrung und im Gegensatz zur Welt. Kraft seiner Heiligkeit ist das Göttliche nicht selbst Welt; wenn wir von einer Beziehung des Menschen zu Gott oder von einem „Verkehr" des Menschen mit Gott sprechen, so hat das keinen denkbaren weltlichen Sinn. Und doch ist es im Zusammenhang einer menschlichen Biographie auch wieder etwas, was sich im Weltzusammenhang ereignet.

Rudolf Otto hat in seinem grundlegenden Buch „Das Heilige" (1917) gezeigt, wie wir vom Heiligen sachgemäß immer nur in Wiedergabe seiner gegensätzlichen Wirkungen sprechen können. Es ist ein Mysterium, das uns schrecklich werden und zurückstoßen kann — das mysterium tremendum als schlechthinnige Unnahbarkeit —, und es ist das, was uns zu sich zieht, was uns hinreißt — das mysterium fascinans als das Überschwengliche. Das Heilige ist immer das Unverletzliche und Unantastbare, zugleich aber auch das Heilbringende und Lebenspendende. Man kann das in gewissem Sinne sogar umkehren: wo immer dem Menschen etwas begegnet, was ihm als unantastbar und unverletzlich erscheint, auch wenn es für den anderen neben ihm nicht einsehbar ist, dann ist dies Unverletzliche „heilig".

Freilich liegt in dem Letztgesagten auch der Ansatz zu einer Psychologisierung und zur Banalisierung. Wir empfinden sofort, daß das eigentlich Heilige, das Heilige im Vollsinne damit nicht gemeint sein kann. Und das führt uns zu einer eigentümlichen Beobachtung. Wenn man einmal den Gedanken des Heiligen gedacht hat, dann bewegt sich der Begriff auf eine immer höhere „Reinheit" hin. Eine Steigerung vollzieht sich, die alle welthaften Medien der Manifestation von Heiligkeit abstreift, zurückläßt. Die Unnahbarkeit des heiligen Gottes, in den „Symbolen" der Majestät und Ehre (Tillich[7]) angesprochen, ruft nach der particula exclusiva: „Tu solus sanctus".

R. Otto hat a.a.O. Kap. 14 unter Bezugnahme auf Luther auf dessen Wagnis hingewiesen, von dem „deus ipse" zu sprechen. Übrigens hat R. Otto dann im 15. Kap. die „Entwicklungen" angedeutet, die sich in der religiösen Erfahrung vollziehen. Die dämonische Scheu erhebt sich auf die Stufe der Götterfurcht und Gottesfurcht. Das numen wird zum Gott und zur Gottheit. Es vollzieht sich am Numinosen die Rationalisierung und Versittlichung. „Die immer machtvollere und klarere Rationalisierung und Versittlichung des Numinosen ist selber der wesentlichste Teil dessen, was wir als „Heilsgeschichte" bezeichnen und als immer wachsende Selbstoffenbarung des Göttlichen würdigen". Die „Ethisierung der Gottesidee" ist eine Erfüllung derselben mit neuem Gehalt. Ich würde sagen: es ist eine Steigerung im Begriff des Heiligen, daß er sich auch in seiner bruchlosen Einheit mit der reinen ethischen Idee erweist. — R. Otto hat damit in der Begrifflichkeit seiner Generation und zudem noch mit dem Bemühen, sich „theologisch" zu legitimieren, den Grundgedanken der Hegelschen Religionsphilosophie übernommen.

Wenn diese Beobachtungen stimmen, dann bedeutet das natürlich, daß dieser höchste Begriff von Heiligkeit, der nur Gott selber, der dem Göttlichen allein zukommt, eine späte Entwicklungsstufe des religiösen Bewußtsein darstellt. Sie ist, religionsgeschichtlich betrachtet, nicht ursprünglich. Vielmehr ist davon auszugehen, daß religionsgeschichtlich früher die andere Erfahrung liegt, daß das Heilige sich mit der Welterfahrung verbindet. Unter Umständen so sehr, daß nichts in der Welterfahrung begegnet, was nicht an dieser mitgeteilten Heiligkeit selber teilhat. Davon ist nun im zweiten Schritt zu sprechen.

---

[7] Syst. Theol. I, 313.

(b) Es soll von jener Erfahrung von Heiligkeit die Rede sein, die sich inmitten von Welterfahrung und durch sie vollzieht. Mitgeteilte Heiligkeit — das will besagen, daß das Göttliche durch die Phänomene der Welt durchscheint. Ob das nun ein Ding, etwa ein Baum oder ein heiliger Berg ist, oder ein Mensch — sobald ihnen Heiligkeit zugesprochen wird, nehmen sie an den Prädikaten der Heiligkeit teil. Sie sind unberührbar und unantastbar, aber auch heilbringend, man erschrickt, wenn man ihnen begegnet, aber sie faszinieren auch. Sie nehmen an der „Ambivalenz des Sakralen" (M. Eliade 37) teil.

Man sieht, wir betreten hier das weite und reiche Feld der Religionsgeschichte. Sie liefert uns unübersehbares Material zur Beobachtung der Phänomene des Sakralen. Die heilige Welt, wie immer wir sie verstehen, als Umwelt, Oberwelt oder Mitwelt (van der Leeuw), der heilige Mensch und die heilige Gemeinschaft ziehen hier unser Interesse an. Diese primitive Religionswelt ist selbst ein mysterium fascinans. Aber es ist nicht unsere Welt, es ist nicht die Religion, welche Gegenstand unserer Religionsphilosophie ist. Wir befinden uns insofern an einem kritischen Punkt. Nirgends so wie hier beim Thema des Sakralen schiebt sich eine Tatsachenfülle in unser Blickfeld, die wir zurückschieben müssen, weil sie nicht unser Problem ausmacht.

Trotzdem ist die Sache damit nicht erledigt. Denn das Problem des Sakralen begleitet die Geschichte des religiösen Bewußtseins über die verschiedenen Schwellen der Religionskritik hinüber. Auch dem neuzeitlichen religiösen Bewußtsein ist das Sakrale nicht fremd. Es ist zu einem Teil lebendig nachwirkende Erinnerung, es ist oft noch naiv gepflegte Gegenwart, es lebt aber auch in verwandelter Gestalt unter uns weiter. Es ist Gegenstand religiöser Krisen, und sein Verlust im Prozeß der Säkularisierung verändert unsere Welt. Darum ist es ein drängendes Thema unserer Religionsphilosophie.

E. Cassirer (II, 95) hat wohl recht, wenn er schreibt: „Der Sinn und die Macht des „Heiligen" ist für das ursprüngliche mythische Gefühl auf keinen Sonderbezirk, auf keine einzelne Seinssphäre und auf keine einzelne Wertsphäre beschränkt. Vielmehr ist es die ganze Fülle, die unmittelbare Konkretion und die unmittelbare Totalität des Daseins und Geschehens, woran dieser Sinn sich ausprägt." Aber es ist m. E. sofort hinzuzufügen, daß diese totale Geltung der Heiligkeit für alles Daseiende und Erscheinende in der mythischen Welt keine homogene, keine undifferenzierte Heiligkeit bedeutet. Entsprechend der Pluralität des Göttlichen wie des Dämonischen gilt auch eine sehr nuancierte Heiligkeit. Die Phänomene werden doch immer — auch in der ganz und gar sakral verstandenen Umwelt — als einzelne Phänomene, und jeweils in einem eigentümlichen Sinne für das Göttliche — oder auch für das Dämonische transparent. Die Heiligkeit heftet sich an die Dinge, an die qualifizierten Menschen, Heiligkeit qualifiziert besondere Zeiten und unterscheidet sie von anderen Zeiten, die so jedenfalls nicht qualifiziert sind. Die ganze sakrale Welt lebt im Element der Scheidung und Unterscheidung. Heilige Zeiten, die Zeiten der Feste, unterbrechen den alltäglichen Ablauf des Geschehens. Das „tempus" hat den Charakter des qualifizierten Zeitabschnittes, des „kairos" nie verloren, und das sprachliche damit stammverwandte „templum" ist der abgegrenzte Bezirk, der geweihte heilige Raum, die Weihestätte, das Heiligtum (gr. temenos). Was außerhalb desselben liegt, nimmt also an dieser Heiligkeit nicht teil. Was vor dem fanum liegt, vor dem Tempelbezirk, ist unheilig, ungeweiht, profan.

Das Heilige bedeutet also immer eine Aussonderung aus der Welt, Teilnahme an einem ganz anderen ontologischen Bereich (Eliade 40). Dieser andere Bereich stellt auch eine ausgesonderte Zielsphäre menschlichen Handelns dar; heilige Verrichtungen, der Kultus, die Liturgie, die Begehung sind nicht wie alltägliches Tun und Lassen. Sehr schnell kommt es zu der Unterscheidung von heiligen, sakralen und profanen Zonen. Dazu trägt zweierlei nachhaltig bei. Einmal die Steigerung der Vorstellung von Heiligkeit; wir sprachen davon. Nicht alles, was ursprünglich sakral war, kann den Anspruch durchhalten und verfällt mit der Zeit der Profanität. Orte, Gesten, Personen verlieren ihren sakralen Charakter und verfallen einer oft gar nicht bemerkten Profanisierung, was man bis in die Gegenwart hinein mit Beispielen stützen kann. Zum anderen zwingt die zunehmende Rationalisierung des Handelns, verstehbare, nützliche Zwecke an die Stelle solcher Zwecke treten zu lassen, die nur in einer anderen höheren metaphysischen Ordnung Sinn haben. Es kennzeichnet einen Bruch von säkularem Ausmaß, daß die Reformatoren im 16. Jahrhundert die mönchische Ethik unter dem Gesichtspunkt des baren Nutzens kritisiert haben und daß man um der Nützlichkeit willen die Predigt zum Mittelpunkt des Gottesdienstes gemacht hat, derart, daß ohne diesen Ausweis der Nützlichkeit gar kein Gottesdienst sein sollte und daß mitunter die Predigt geradezu als pädagogische Maßnahme erklärt wurde.

In Luthers Großem Katechismus enthalten die Erklärungen zum 3. und 4. Gebot hinreichend viele Belege für diese Reflexion über die Nützlichkeit. Diese Nützlichkeit des Gottesdienstes bzw. des Feiertages entscheidet sich allein an Gottes Wort. Dieses Wort zu hören, zu lernen und zu befolgen, hilft gegen die Macht des Satans, „wo mans im Ernst betrachtet, höret und handelt, daß es nimmer ohne Frucht abgehet, sondern allezeit neuen Verstand, Lust und Andacht erweckt, rein Herz und Gedanken macht... Dazu dies Gebot erfüllet wird und Gott gefälliger ist, denn alle andere gleißende Heuchelwerk". Man sieht, es ist kein purer Säkularismus, keine schlechthinnige Ausschaltung des Heiligen; vielmehr heißt es im Gr. Kat. zum 3. Gebot: „Denn das Wort Gottes ist das Heiligtum über alle Heiligtum, ja das einzige, das wir Christen wissen und haben." Heiligkeit bedeutet hier nicht mehr ein Durchscheinen einer göttlichen Wirklichkeit durch die Phänomene der uns umgebenden sichtbaren Welt, sondern sie vollzieht sich in dieser unserer realen Welt inmitten des Systems unserer alltäglichen Zwecke und Nutzbarkeiten.

(c) Zunächst aber gilt Folgendes: Je deutlicher und bewußter sich das Sakrale als göttlich qualifiziert, als Manifestation von „Macht" heraushebt, desto deutlicher wird auf der anderen Seite das „Profane" als solches konstituiert. Solange die ganze Welt sakral ist, solange alle Phänomene des Daseins, Geburt und Tod, Krieg und Frieden, Essen und Trinken, Kleidung und Gesten, die verschiedenen Speisen, Berg und Baum, Wasser und Tier Träger von unheimlicher Macht und von hintersinniger „Bedeutung" sind, solange gibt es keine Profanität.

Diejenigen religionsgeschichtlichen und religionsphänomenologischen Werke, welche nur die primitive Religion im Blick ihrer Interessen haben, kennen daher das Problem der Profanität und vollends das der Säkularisierung überhaupt nicht.

Eine kaum abzusehende Problematik eröffnet sich, sobald die Regionen des Sakralen und des Profanen sich gegenüberstehen, sich gegenseitig begrenzen und „definieren". Das setzt allerdings voraus, daß man die Profanität anders versteht, als das bei R. Otto (Kap. 9) der Fall ist. Dort wird auf die wichtige Beobachtung Bezug genommen, daß mit dem Gefühl des numen sich auch die Erkenntnis der eigenen Unreinheit, des eigenen Unwertes der kreatürlichen Hinfälligkeit einstellt. R. Otto betont mit Recht, daß es sich dabei nicht um moralische Abwertungen handelt, so sehr diese damit zusammenhängen mögen. Es ist vielmehr eine „selbstabwertende Gefühls-antwort", das Gefühl der eigenen Unwürdigkeit, ein dem „Wert" des Heiligen genau korrespondierendes Unwertgefühl. Dieses bezeichnet R. Otto mit Profanität. Ich meine aber im Gegensatz dazu, daß Profanität eine Region bezeichnet, in der das Sakrale, in der Heiligkeit überhaupt keine Rolle mehr spielt. Wenn die sakrale Mahlzeit in der Auswahl der Speisen, in ihrer Reihenfolge und bezüglich der Gesten und der gesprochenen Formeln die Innehaltung eines festgelegten Rituals erfordert, so dient die profane Mahlzeit der Sättigung allein. Auch die Versammlung der Tischgenossen, auch der im

Tischgebet ausgedrückte Dank an den Geber der Nahrung hebt den profanen Sinn der Sättigungsmahlzeit nicht auf. Man verletzt kein Tabu, wenn man in der Wahl der Speisen Freiheit walten läßt, wenn man die Mahlzeit verläßt u.s.w. Alle Dinge, alle Gestalten unserer Mitwelt, alle Handlungen und Verrichtungen sind in dem Augenblick „profan" geworden, in dem keine Heiligkeit mehr durchscheint. Das schließt nicht aus, daß daneben sakrale Dinge, Umweltphänomene, Personen wie Handlungen wahrgenommen werden. Ja, man kann nur solange von Profanität sprechen, als man vom Sakralen weiß. Solange es keine Profanität gibt und alles sakral ist, wie es für die primitive Religion gilt, solange kann man eigentlich auch den Begriff des Sakralen nicht anwenden. Seine Anwendung setzt das Bewußtsein von Profanität voraus, wie es allerdings der moderne Forscher in seine Erforschung der sakralen oder auch der „magischen" Welt (James G. Frazer) einbringt. Verschwindet umgekehrt das Bewußtsein von Sakralität ganz und ohne Reste, wird das ganze Leben ohne alle sakralen Reste und Erinnerungen profan, so hat es auch keinen Sinn mehr, den Begriff des Profanen anzuwenden. Solange ich vom Profanen weiß, weiß ich auch vom Sakralen.

Das Verhältnis der beiden Regionen des Sakralen und des Profanen stellt nun ein weitläufiges Problemfeld dar, das ich hier nur sichtbar machen und abschätzen, aber nicht ausschreiten kann. Das Problem besteht vor allem darin, daß sich die Grenzen zwischen den beiden Regionen immerzu verschieben. Es hat in der Neuzeit den Anschein, als ob diese Verschiebung eine einseitige wäre, d. h. daß es sich um ein fortwährendes Abnehmen der sakralen Region und um ein ständiges Anwachsen der profanen Region handelt. Die unser neuzeitliches Bewußtsein begründende Aufklärung war auf allen Gebieten ein Einbruch in die sakralen Zonen und ein „Raub am Heiligen". Sie war ein bis zur Stunde anhaltender Emanzipationsvorgang, wobei eine „Sache" nach der anderen, sei sie nun eine Idee, eine Institution wie die öffentliche Schule, ein Rechtsbegriff wie der Begriff der Schuld, oder auch eine Lebensform aus der sakralen Observanz in säkulare Sinngebung, in rein sachliche, „weltliche" Zwecksysteme überführt werden. Die Auffassung von Säkularisierung, die ich hier anspreche, kann bis zu einer förmlichen Theorie gesteigert werden.

Ich versuche, diese Theorie in kurzen Umrissen zu beschreiben. Wenn eine Sache „ursprünglich" nur religiös begründet war und in dieser religiösen Begründung praktisch gehandhabt worden ist, dann wird die Emanzipation aus diesem Zusammenhang als eine Entfremdung, als ein „Raub", als eine Enteignung verstanden. Das Eigentümliche an diesem Vorgang ist, daß die „Sache" selbst ihrer Substanz nach eigentlich unverändert dieselbe bleibt, daß sie nur in einen neuen Begründungs- und Zweckzusammenhang versetzt worden ist.

Die Herkunft des Begriffes der Säkularisierung liefert zugleich auch das Modell für die übertragene Bedeutung des Begriffes. Ursprünglich bezeichnet „Säkularisation" die „Weltlichmachung von kirchlichem Gut", also die Überleitung von kirchlichen Besitzungen in weltliche Verfügungsgewalt, mag es sich dabei nun um Territorien, Eigentum oder Rechte handeln. Vgl. hierüber Art. Säkularisation, Staatslexikon 6, 1069 ff. (E. Deuerlein) u. Ev. Staatslexikon 1892 ff. (S. Grundmann).

Die Übertragung dieses rechtsgeschichtlichen Begriffes auf geistesgeschichtliche Vorgänge ist weitläufig, kompliziert und in ihrer begrifflichen Seite oft reichlich undeutlich, worauf H. Blumenberg: Die Legitimität der Neuzeit (1966) mit Recht hingewiesen hat. Jeder setzt heute voraus, daß man weiß, was man mit dem Begriff meint. Die in der Reformation angebahnte, in der Aufklärung zu ihrer vollen Bewußtheit erwachte Bewegung der Emanzipation der Welt aus der geistlichen Vormundschaft ist eine entscheidende Signatur der „Neuzeit". E. Troeltsch hat einen Großteil seines Lebenswerkes auf die Beschreibung und Analyse dieses Vorganges verwendet. Die sich selbst ganz weltlich verstehende Welt hat in der Neuzeit die geistliche Kultur des Mittelalters beerbt. Diese geschichtliche Voraussetzung unserer Epoche setzt sich nun in die erwähnte Theorie um, in der sich geschichtliche Wahrheit mit ebenso pauschalen wie populären Urteilen vermischt. Aus der Aufklärung stammt das Prinzip der Toleranz mit allen weitreichenden rechtlichen Folgen: das Zurücktreten des kirchlichen und konfessionellen Charakters in allen öffentlichen Einrichtungen, die ohne religiöse Voraussetzungen jedermann zugänglich sind: Schule, Justiz, Sozialhilfe und Gesundheitspflege, vor allem aber Erziehung, Wissenschaft. In den Strukturen unserer weltlich gewordenen Gesellschaft und unseres Bewußtseins wirken aber auch ehedem religiöse Strukturen nach, auf welche man die daran Beteiligten und dafür Verantwortlichen kaum ansprechen kann. Überall, wo Zeremoniell und Ritual in unserer Gesellschaft geübt werden, da mag es als ein Spurelement für solche nachwirkenden sakralen Erinnerungen gelten. Aber wie weit reichen solche Analogien und welche Beweiskraft haben sie?

Karl Löwiths Buch: Meaning in History (1949) (dt. Ausg. u. d. T. Weltgeschichte und Heilsgeschehen) hat wider Willen hier Modellcharakter gewonnen. Denn hier ist der biblische Gedanke einer zielstrebig von ihrem Beginn bis zu ihrem Ende führenden Heilsgeschichte als das Urbild aller gesamtgeschichtlichen Entwürfe von der Alten Kirche an bis hin zur Neuzeit sichtbar gemacht worden. Seitdem werden immer wieder die politischen Utopien als Säkularisate der biblischen Eschatologie angesprochen, und kaum ein wichtiges Gebiet des gesellschaftlichen Lebens bleibt ausgenommen, wenn zwischen den sakralen Urbildern einer vergangenen kirchlichen Kultur und der profanen modernen Gesellschaft Analogien festgestellt und im Sinne der Abkunft von sakralen Urbildern gedeutet werden. H. Blumenberg hat in dem genannten Buch mit einem Bündel von Gründen auf den Schuldvorwurf hingewiesen, der unterschwellig oder ausgesprochen mit dem Begriff der Säkularisation verbunden ist. Er ist nach Blumenberg eine Unrechtskategorie. Und diese vermutete Schuld besteht in einem doppelten: die profane Kultur der Neuzeit wird an eine vergangene Epoche erinnert, von der sie sich gelöst hat und der sie sich doch ganz und gar verdankt, und dann: diese Enteignung der sakralen Welt hätte eigentlich gar nicht sein sollen; die Dinge sind jetzt in anderen Sinnzusammenhängen als sie „ursprünglich" waren, und diese Enteignung wider das ursprüngliche Recht erklärt mehr als nur das Unbehagen an der Gegenwart, sie ist die Wurzel der tiefen Unordnung unserer Zeit.

Aber es fehlt nicht an der entgegengesetzten Theorie. Trotz ihrer Entgegensetzung handelt es sich um eine Urteilsbegründung, die ebenfalls vom kirchlichen oder doch theologischen Standort aus erfolgt. Aber sie greift die Säkularisierung nicht an, sondern verhält sich apologetisch, was aber unterschwellig die Kritik an der Säkularisierung voraussetzt. Dieser apologetische Charakter der zweiten Theorie kommt schon dadurch ans Licht, daß die Profanität der Kultur, welche den Gottesgedanken völlig ausgelöscht hat, als „Säkularismus" von der Rechtfertigung der „Säkularisation" ausgenommen wird.

Für diese zweite Theorie verweise ich auf W. Kamlah: Der Mensch in der Profanität, 1949; Fr. Gogarten: Verhängnis und Hoffnung der Neuzeit (1953) und M. Stallmann: Was ist Säkularisierung? (1960). Hier handelt es sich darum, die Legitimität der Säkularisierung in der Neuzeit nachzuweisen. Die Weltlichkeit der Welt ist Vollzug und Konsequenz des Schöpfungsglaubens seit den Tagen des Neuen Testaments. Eine Welt, die sich oder Elemente ihrer selbst als sakral ausgibt, würde bedeuten, daß das Geschöpf anstelle des Schöpfers geehrt wird (Röm 1, 21—25). Aber in der weltlichen Welt gibt es keine sakralen Reservate, keine Inseln derart, daß eine Heilsgeschichte innerhalb der Profangeschichte, eine heilige Literatur innerhalb der profanen Literatur zu respektieren wäre. Wenn freilich die Schöpfung ihren Schöpfer vergißt und selbstmächtig ihr Dasein und ihre Zukunft für „verfügbar" hält, verliert sie ihren Sinn und verhängt die Auflösung über sich. Es ist die Schuld der Christenheit, der Kirche ebenso wie der Theologie gegenüber der Welt, daß sie der werdenden Neuzeit nicht zu ihrer legitimen Säkularisierung verholfen, sondern sie in die Illegitimität des Säkularismus verstoßen hat.

Die Säkularisierungstheorie hat sich der Theologie unserer Zeit wie ein „letztes Theologumenon" (Blumenberg) eingeprägt, über das allenthalben Einverständnis zu herrschen scheint. Es lebt von einer unbefragt hingenommenen scheinbaren Evidenz der neuzeitlichen Bewußtseinslage. Tatsächlich handelt es sich aber zunächst um eine historische These über die Entstehungsgeschichte der Neuzeit, die bei näherem Zusehen mehr Fragen offenläßt, als bislang zugestanden wurde.

Sicherlich bestehen zwischen vielen Ideen der Neuzeit und alten sakralen Vorstellungen Analogien; z. B. zwischen der christlichen Eschatologie und der revolutionären Utopie einer neuen Gesellschaft oder zwischen der vom Glauben ihrer Glieder getragenen Kirche und dem von seinen Gläubigen bewunderten Tempel der Wissenschaft. Man kann diese Analogien überall finden. Aber berechtigen sie von Fall zu Fall dazu, diese Analogie, die oft nur eine ferne Ähnlichkeit darstellt, in einen Erbgang umzudeuten, in die Überleitung eines ursprünglichen Eigentumes der Kirche, des christlichen Glaubens oder der sakralen Welt in einen nunmehr „weltlichen" Besitz? — Aber setzen wir einmal die Richtigkeit dieser These voraus. Es bleibt dann die Beobachtung, daß die Theorie der Säkularisierung gar nicht alle Schlösser zum Verständnis der Neuzeit aufsperren kann. Denn viele, und vielleicht sogar die beherrschenden Bezirke des modernen Lebens haben mit aller Sicherheit gar keine sakralen Urbilder und Vorfahren. Dazu gehört die ganze Naturwissenschaft, dazu gehört die von der Erfindung des schlechthin Neuen lebende Technik, dazu gehört auch die Wirtschaft und ihre Gesetze und Techniken. Es ist eine eigene Wirklichkeitserfahrung, die sich auf keinerlei sakrale Modelle zurückbeziehen kann und insofern alles wünschenswerte Material zur Beschreibung des „Säkularismus" liefert. Aber ist die Unterscheidung von Säkularisierung und Säkularismus nicht ebenso willkürlich wie das terminologische Diktat (Gogartens)? — Der Begriff der Säkularisierung setzt mit einer naiven Selbstverständlichkeit immer das Sakrale als das Ursprüngliche voraus. Aber das stimmt nicht. Mindestens schon von den Anfängen des Christentums an (und das Schicksal des Christentums soll ja mit der Säkularisierungsthese erschlossen werden) sind außerchristliche Ideen und Besitztümer in das „Eigentum" der christlichen Kirche, in den Kontext des christlichen Glaubens übernommen worden. Also Dinge, die „ursprünglich" jedenfalls einem anderen Besitzer zu eigen waren: So ging das Alte Testament in christlichen Besitz über, Grundbegriffe der antiken Ethik (Stoa), dann der antiken Philosophie überhaupt. Die Liturgiegeschichte ist im Vergleich zur Dogmengeschichte ein noch viel sinnenfälligeres Museum an Beispielen für solche Sakralisierungen: Kleider, Formeln, Huldigungsriten — es ist nicht abzusehen, was nicht alles aus dem außerchristlichen und vor allem aus dem profanen Bereich in den sakralen Gebrauch überführt worden ist. Was heißt aber unter solchen Umständen noch „ursprünglich"? — Man sieht, es handelt sich bei der Säkularisierungstheorie um eine geistesgeschichtliche, und kaum noch um eine theologische These. Die Säkularisierung tritt sozusagen in Gestalt der Problemstellung selber ein, indem das ganze Problem des Heiligen in die historische — oder auch apologetische — Frage nach dem Schicksal der zur Neuzeit hin verfallenden sakralen „mittelalterlichen" Welt konvertiert wird. Damit aber geht das uns ursprünglich beschäftigende Problem der Heiligkeit überhaupt verloren.

Es wird gut sein, wenn wir die Fragestellung dort wieder aufnehmen, wo wir sie vor dem dazwischentretenden Säkularisierungsthema verlassen haben.

Das Sakrale wird durch das Profane begrenzt, und umgekehrt wird das Profane durch das Sakrale definiert. Der Begriff des Sakralen impliziert das Bewußtsein von Profanität, er erlischt, wenn ihn keine Profanität mehr begrenzt. Und ebenso setzt die Profanität das Sakrale voraus. Es gibt also keine totale Profanität, welche voraussetzen würde, daß das Sakrale erloschen ist. Mindestens muß das Sakrale in der Erinnerung der profanen Welt fortleben und als Maßstab für die Selbstbeurteilung des profanen Bewußtseins wirken.

Das Sakrale bedeutet mitgeteilte Heiligkeit, nicht die unmittelbare Heiligkeit des Göttlichen selbst. Sakral besagt eine Qualifikation eines Menschen, einer Sache, einer Handlung als dem Göttlichen dienstbar und darum teilhabend an der Unberührbarkeit. Aber diese Sakralität ist keine dauernde, keine ewige, sondern sie ist geliehen, ist auf Zeit, sie kann zurückgenommen werden. Das ist nun außerordentlich folgenreich; denn es bedeutet daß das Sakrale ins Profane konvertierbar ist, und umgekehrt auch das Profane konventierbar ins Sakrale. Es ist ein tiefer Mangel der vorhin erörterten Säkularisierungsthese, daß sie nur die Konvertierung des Sakralen ins Profane kennt und diesen Prozeß zu einer die Neuzeit begründeten Einbahn-Straße macht. Tatsächlich setzt alle Sakralität eine Sakralisierung voraus, mag diese gedacht werden wie immer. Sakralität kommt zustande, wenn etwa ein Mensch in einen von Gott gestifteten Dienst tritt oder wenn ein Haus für „heilige Zwecke" gebaut wird. Alle „Weihe", alle Ingebrauchnahme für religiöse Zwecke ist Sakralisierung. Sie findet auch dort statt, wo man sich dieses fundierenden Prozesses gar nicht bewußt wird, wie z. B. bei der Bildung religiöser oder sogar spezifisch theologischer Terminologien. Sakralisierung findet statt, wenn eine Sache, z. B. ein Palmzweig, oder ein Tier, z. B. ein Lamm zu einem religiösen Symbol gemacht wird.

Umgekehrt ist der Entzug dieses sakralen Charakters Säkularisierung. Was dabei der Säkularisierung verfällt, das bleibt sich der Substanz nach gleich, als Mensch, als Sache, Gegenstand des Besitzes u.s.w. Es tritt nur in einen anderen, nämlich einen profanen, „weltlichen" Sinnzusammenhang, so wie wenn z. B. aus einer sakralen Mahlzeit ein bloßes Sättigungsmahl wird. Wenn freilich die säkularisierte Sache selber sich im Vollzug der vermeintlichen Säkularisierung verändert, dann ist die kritische Frage am Platz, ob es sich um einen echten Säkularisierungsvorgang handelt. Eine Idee z. B., die mit einer abgelegten Vorstellung eine gewisse Ähnlichkeit aufweist, wie z. B. die Fortschrittsidee mit der christlichen Eschatologie, kann nicht einfach als Produkt eines Säkularisierungsvorganges angesprochen werden. Es hat immer solche Entweihungen, Entwidmungen und Säkularisierungen gegeben, ohne daß damit ein gezieltes Unrecht oder gar ein „Raub am Heiligen" geschehen sein müßte. Auch die im Kanonischen Recht geregelte „Säkularisierung" eines Religiosen (CJC 637—645) ist hier zu erwähnen, d. h. der Rücktritt eines Ordensangehörigen in den weltlichen Stand, evtl. den des Weltpriesters. Es ist ein Vorgang, der sie sakrale Zone der Kirche nicht wesentlich beschädigt.

Es ist also kaum gerechtfertigt, die durch das neuzeitliche Bewußtsein eingetretene Problematik einfach mit dem Säkularisierungsbegriff zu decken. Es ist vielmehr die Frage, ob nicht der Begriff des Sakralen selber in die Krise des neuzeitlichen Bewußtseins eingetreten ist. Das Sakrale ist immer ein im Welt- und Kulturzusammenhang aufweisbarer und darin auch abgrenzbarer Bezirk. „Hier" ist das Heilige, und dieser Bezirk, dieser Mensch steht im Dienste des Göttlichen. Aber diese Manifestationen erscheinen unserem kritischen Bewußtsein selber zweideutig, wie alles Geschichtliche hinsichtlich des ihm zugemessenen Wertes, der ihm beigelegten Bedeutung eben zweideutig ist und sein muß. Diese abgrenzbare und beigemessene Heiligkeit hat ihre profane Rückseite, der geschichtliche Charakter des Sakralen hebt die Eindeutigkeit dieser Art Heiligkeit auf. Dieser Sachverhalt ist völlig uabhängig von Genealogien, von Herleitungen des heute Profanen aus dem gestern noch Sakralen.

Das stellt aber die Religionsphilosophie vor die Frage, ob die Sätze über die Manifestation des Göttlichen an der Welt durch die Erfahrung von Heiligkeit zurückgenommen werden müssen. Wie kann die Kategorie des Heiligen in einer Welt ausgelegt werden, in welcher die Differenz von Sakral und Profan zugunsten der Profanität undeutlich geworden ist?

Sakral ist, wie sich immer deutlicher herausstellt, ein kulturgeschichtlicher Begriff. Er bezeichnet das, was als „heilig" gilt, was also in der allgemeinen Einschätzung eine besondere Wertstufe beansprucht, eine aus dem allgemeinen Verhaltensstil sich abhebende Praxis rechtfertigt und geradezu fordert. In diesem Verständnis gehört das Sakrale als umschreibbare Region zu einer Kulturstufe, zu der Lebensform einer bestimmten Epoche, die durch die verschiedenen Beziehungen zwischen der Region des Sakralen und des Profanen ihren eigentümlichen Stilcharakter, ein Profil des in ihr geltenden Wertsystems erhält. Man kann im Rückblick auf eine solche Epoche dann sagen: dies oder jenes galt damals als sakral; denn die Sakralität ist als ein religiöses Geltungssystem historisch zu beschreiben.

Demgegenüber kommt dem Heiligen selbst eine Mächtigkeit zu, die nur im Präsens sinnvoll ist. Es meint ein Durchscheinen des Göttlichen durch die Phänomene der uns umgebenden Weltwirklichkeit. Gewiß, es qualifiziert die einzelnen Phänomene der Weltwirklichkeit für den, dem das Heilige erscheint. Aber diese Qualifikation kann nicht von der Bedeutung losgelöst werden, die es für den hat, für den es in personalem Bezug gilt. Es verändert sich, wenn es zu einer auch für andere geltenden Sakralität wird. Natürlich sind das „Heilige" und das „Sakrale" verwandt, es sind zwei Modi, in denen das Göttliche sich durch die Weltwirklichkeit hindurch manifestiert. Im Sakralen aber wird das Heilige geschichtlich, es wird zweideutig, es wird zu einer Region der Umwelt, es hat seine unheilige Rückseite, es verfällt zur Profanität hin und kann seine Durchlässigkeit für das Göttliche verlieren.

Umgekehrt aber gilt auch, daß das Heilige, das wir immer als das Unantastbare und Heilbringende verstehen wollen, inmitten der als profan geltenden Region der Wirklichkeit zu „scheinen" beginnt, sogar in der Not mitmenschlichen Elends, in der Evidenz des schreienden Unrechts, das uns herausfordert. Anders ausgedrückt: Das Heilige durchbricht die Regionen des als sakral und des als profan Geltenden, es ereignet sich quer durch diese Unterscheidungen hindurch.

Während das Sakrale, solange es in Geltung steht, Achtung, Pietät und ein darauf bezügliches Verhalten erfordert, gilt für das Heilige: Es ist nicht ohne die Offenheit des empfangenden Menschen zu begreifen; es nimmt den Menschen im Gewissen gefangen.

Ich versuche nun auf die Gefahr einer Wiederholung eine Zusammenfassung dessen, was über den zerbrechlichen Begriff des Heiligen ausgesagt werden kann.

1. Das Heilige bezeichnet ein Aufscheinen des Göttlichen an „Welt" und durch begrenzte, dadurch aber auch qualifizierte Weltphänomene hindurch.

2. Das Heilige kann nur in Korrelation zur Erfahrung von Heiligem beschrieben werden. Das ist der Grund von R. Ottos Beschreibung des Numinosum als mysterium tremendum und fascinans.

3. Hinsichtlich ihres veranlassenden Gegenstandes ist diese Erfahrung des Heiligen immer als eine Mehr-Meinung charakterisiert; d. h. sie greift immer über diese Weltphänomene hinaus, durch sie hindurch: hinter dem Naheliegenden und Gegebenen der Weltphänomene stößt die Erfahrung des Heiligen auf etwas Fremdes, diesen Weltphänomenen als solchen Überlegenes, auf das Unantastbare, auf die maiestas des Heiligen.

4. Hinsichtlich ihrer Wirkung ist die Erfahrung des Heiligen immer als Inanspruchnahme des Erfahrenden charakterisiert. Wer dem Heiligen begegnet, wird (in der Sprache der Selbstbezeugung) in die Knie gezwungen, erschüttert, er wird berufen, gerichtet, auserwählt. Es ist ein personales Erlebnis. Es greift über die sittliche Sphäre hinaus, es ist in jeder Weise mehr als nur eine ethische, mehr aber auch als nur eine ästhetische Erfahrung. Das ist der Ausweis seiner Reinheit, seiner menschlichen Überzeugungskraft. Gleichzeitig ist der sittliche Charakter des Heiligen eines der wesentlichsten Merkmale zur Unterscheidung des Heiligen vom Dämonischen.

5. Die Erfahrung von Heiligem ist nur im Modus der Gegenwart möglich. Es wird jetzt erfahren, und es hat Bedeutung für mich. Das schließt aber nicht aus, daß diese Erfahrung von Heiligem dauert, daß sie sich wiederholt, daß man dem Heiligen immer wieder an derselben Stelle begegnet (in Riten, in Sakramenten z. B.). Dadurch entstehen sakrale Zonen, die sehr wohl die Erfahrung des Heiligen und die Begegnung mit ihm vermitteln können.

6. Aber es ist immer damit zu rechnen, daß die als sakral geltenden Regionen keine Begegnung mit dem Heiligen mehr vermitteln und trotzdem noch in Geltung stehen, dies zu vermögen. Dann verfällt das Sakrale und tritt außer Kraft. Die Erfahrung des Heiligen kann sich dann losgelöst von sakralen Geltungen irgendwo im profanen Leben erneuern.

7. Vom Heiligen kann man nicht sprechen, ohne die Subjektivität der Erfahrung des Heiligen zu beachten. Das bedeutet, daß diese Beschreibung nicht ohne weiteres jedermann mitteilbar ist. Sie ist aber auch nicht so ausschließlich individuell, daß die Mitteilbarkeit aufgehoben wäre. Die Erfahrung des Heiligen ist vielmehr intersubjektiv, wenn auch nicht schlechthin allgemein mitteilbar.

7. Kapitel

Gott und Mensch

Es liegt im Begriff der Religion, daß Gott nur in Beziehung auf den Menschen denkbar ist. Ein Gottesgedanke, in dem keine Beziehung Gottes zum Menschen enthalten wäre, wäre kein Element der Religion, allenfalls Bestandteil einer ungeheuerlichen Metaphysik, wenn er überhaupt denkbar wäre. Vom Menschen aus muß das nicht noch einmal dargelegt werden: Alle Religion besagt, daß der Mensch sich zu Gott ausstreckt, zu ihm hin will, ihn erkennen, erleben, erfahren möchte. Wesentlich ist, daß wir in jeder denkbaren Religion Gott und das Göttliche uns nur in der Zuwendung, freilich auch in der Verborgenheit und Verhüllung, aber dann wieder in der Offenbarung vor dem Menschen und für den Menschen vorstellen können.

Die Religion nimmt hierbei jede Naivität in Kauf. Diese Naivität kann selber nur naiv beschrieben werden. Sie liegt darin, daß Gott und Mensch hinsichtlich ihrer Größe und Macht unvergleichbar sind. Ein Vergleich kann nur zu den größten Paradoxien führen, und jede Religion schwelgt geradezu in der Ausmalung dieser Paradoxien. Gottes Unendlichkeit gegenüber sind wir nur Staub, Gottes Ewigkeit gegenüber sind wir flüchtig und vergänglich, Gottes Heiligkeit gegenüber sind wir elend, unrein, Sünder. Es kommt in diesem Zusammenhang zu jenen Unwertaussagen des Menschen über sich selbst, welche in der neuzeitlichen Religionskritik so oft, von Nietzsche bis zu Lenin, Anlaß zur leidenschaftlichen Ablehnung der Religion überhaupt als einer Schändung und Selbsterniedrigung des Menschen gewesen sind. Und in der Tat kann diese Paradoxie nie ganz aus dem Spiel gebracht werden. Der „allwissende Gott" ist eben der Gott, der „alles von mir und dir" weiß (Pettazzoni)[1] — welches Wissen Gottes sollte denn sonst in der Religion von Wichtigkeit sein? Darum trägt das Göttliche, je reiner es in der Religion begriffen wird, desto menschlichere Züge, bis hin zu dem Inbegriff des Menschlichen, nämlich bis hin zur Persönlichkeit Gottes. Es ist der „menschliche Gott", der immer neu begriffen, der um seine Zuwendung zu uns gebeten werden muß und dessen Zuwendung zu uns unsere eigene Menschlichkeit erhöht, mit einer Würde aus-

---

[1] a.a.O. 2. Kap. passim.

stattet, die wir sonst nicht hätten. Das Höchste unserer Menschlichkeit verdanken wir der Beziehung Gottes zu dem Menschen.

Das gilt dann, modifiziert und mit eigenen Folgen, in umgekehrter Richtung: der „Menschlichkeit" Gottes entspricht die Gottbezogenheit des Menschen. Diese Formel ist keineswegs eindeutig; denn sie kann ebenso als eine Formel für die Vermessenheit des Menschen wie als eine Formel für die tiefste Erniedrigung des Menschen verstanden werden. Die Stelle in dem Brief Lenins an Maxim Gorki vom Nov. 1913 sagt das unmißverständlich: „Jeder Mensch, der sich mit der Erschaffung eines Gottes beschäftigt oder eine solche Erschaffung auch nur duldet, bespeit sich selbst auf die übelste Weise". — Wie immer man es auslegen mag, jedenfalls gehört die Gottbezogenheit des Menschen essentiell zur Religion. Es gibt somit auch immer eine Möglichkeit, die Religion anthropologisch zu verstehen, eine Anthropologie der Religion zu entwerfen, wie das G. van der Leeuw in seinem Buch „Der Mensch und die Religion" (Basel 1941) getan hat.

Es ist aber nicht meine Absicht, das hier zu versuchen. Es würde nach allen Seiten in die Weite führen, und es wäre kein Ende abzusehen. Ich möchte mich hier nur auf die Thematik einlassen, in der sich Göttliches und Menschliches berühren, in der so etwas wie eine Spiegelung Gottes im Menschen stattfindet, wobei die Gewagtheit und Vorläufigkeit des Ausdrucks mir wohl bewußt ist. Es handelt sich um den Geistbegriff und es handelt sich um den Gedanken der Unsterblichkeit.

Ich sprach im vorigen Kapitel davon, daß sich das Göttliche im Kontext wie zugleich im Widerspiel zu unserer Welterfahrung als das Ewige und als das Heilige manifestiere. Die Thematik dieses Kapitels kann damit nicht in Parallele gesetzt werden. Die Geistesproblematik bezieht sich nicht nur auf die undurchdringlichen Geheimnisse in Gott, sondern sie bezieht sich nicht minder auf die höchste Würde und Fähigkeit des Menschen. Sie reicht, so könnte man es etwas überspitzt sagen, bis in den menschlichen Alltag hinein. Die Idee der Unsterblichkeit ist damit nicht zu vergleichen. Sie entzieht sich jeder Erfahrbarkeit. Sie ist metaphysisch mit den schwersten Hypotheken belastet und zudem in ihrem religiösen Wert zwielichtig. Trotzdem soll davon die Rede sein; denn sie ist ein Symbol für die Teilhabe des Menschen an der Ewigkeit Gottes im

„ewigen Leben". Um dessentwillen soll von dieser religionsgeschichtlich so wichtigen, einflußreichen wie wandlungsreichen Idee hier die Rede sein.

1. Gott als Geist und der Geist des Menschen

Man kann den Begriff des Geistes als einen Schlüsselbegriff für das Verhältnis von Gott und Mensch nicht ins Spiel bringen, ohne sofort die Bewegtheit des Begriffes zu empfinden. In der unmittelbaren Religion, also, wenn man so will: von Anfang an, ursprünglich, ist es kaum sinnvoll, Gott als Geist zu verstehen. „Gott ist Geist" — das ist ein Ausdruck höchster Reflexion. Im vierten Evangelium des Neuen Testamentes bezeichnet der Satz „Gott ist Geist" (Joh. 4, 24) eine Offenbarung, eine neue Stufe der Gotteserkenntnis, welche bis dahin an lokale Kulte gebunden und insofern in mehrfachem Sinne beschränkt war. Gott als Geist zu erkennen und ihn als Geist anbeten, setzt voraus, daß auch die Religion eine höhere Stufe betritt und Gott in einer Überlegenheit über frühere Gottesvorstellungen erkennt. In dem Geistbegriff ist diese Entwicklung der Gotteserkenntnis gleichsam mitgesetzt, eine Reflexion vollzogen, welche das erste und ursprüngliche Stadium überschreitet.

Ebenso freilich gilt auch vom Menschen, daß er sich in seinem religiösen Verhältnis nicht schon ursprünglich und von vorneherein als Geist versteht. In der Magie, im Animismus begreift sich der Mensch als „Leib und Seele", wobei die Seele zweifellos ein religiöses Problem involviert, das in genauer Entsprechung zum Problem des belebten Leibes besteht. Ist die „Seele" früher als der Leib, wird sie das Leben des Leibes, das im Tode zu Ende geht, überdauern? Und hat diese Seele eine Mächtigkeit über die anderen Seelen, ist sie ihrer selbst mächtig? Aber das alles hat nichts mit unserem Begriff des Geistes zu tun. Auf der Stufe der primitiven Religion gibt es kein Geistproblem in unserem Sinne. Dieses setzt eine Steigerung der Vorstellung von Göttlichkeit voraus. Und indem der Mensch sich selbst als geistiges Wesen versteht, nimmt er eine wenn auch noch so verhaltene, noch so spannungsvolle Verwandtschaft zwischen dem Göttlichen und sich selbst in Anspruch.

Die religionsphilosophischen Schwierigkeiten werden darum nicht geringer. Wie die Ewigkeit und wie die Heiligkeit so ist auch vollends nicht definierbar, was wir mit dem Satz „Gott ist Geist" aussagen. Es gibt keinen Oberbegriff, keine Grenzbestimmung dafür;

und das gilt grundsätzlich. Es gilt auch, wenn wir vom Geist des Menschen sprechen. Wir können nur in verschiedenen Aussagen umkreisen, was wir meinen, wenn wir von Gott als Geist sprechen und wenn wir uns selbst Geistigkeit zusprechen.

Wir stehen hier vor dem Problem Hegels. Es ist nicht meine Absicht, eine „Lösung" des Problems im Sinne des Hegelschen Systems zu suchen, sondern die Berufung auf Hegel soll das Problem in einigen Hinsichten verdeutlichen. Der Geist ist die Summe alles Bewußtseins in allen seinen Stufen: der Geistbegriff erinnert, im Hegelschen Verständnis, ebenso daran, daß das Selbstbewußtsein eine Geschichte hat, daß es durch einen langen Prozeß zu sich selbst kommen muß, wie der Begriff zugleich auch daran erinnert, daß Geist immer sich zu Geist verhält, d. h. Geist niemals isoliert, niemals allein gedacht werden kann. „Der Geist ist für den Geist", das ist ein Satz, der mit Abwandlungen unzählige Male aus dem Hegelschen Text belegt werden kann. Die Beschreibung des Geistes, wie sie in Hegels Phänomenologie vorliegt, führt überall zu Spitzenaussagen, welche ebenso Gott wie den Menschen betreffen. Daß Gott Geist ist, erinnert nicht nur an die Verwandtschaft mit dem menschlichen Geist, sondern an der johanneischen Grundstelle auch an die an keinen Ort und an keinen Kult gebundene Erreichbarkeit Gottes. Kraft dessen, daß Gott Geist ist, kann er dem menschlichen Geist Zeugnis geben, nach der Grundstelle für die alte Lehre vom testimonium Spiritus Sancti internum Röm 8, 16, auf die Hegel häufig anspielt.

So wichtig der Begriff der Seele für die Anthropologie der Religion auch sein mag, man kann die Konsequenzen aus dem Seelenbegriff niemals so weit ausziehen, wie das beim Geistbegriff unerläßlich ist. Man mag G. van der Leeuw schon zustimmen: „Die Seele gehört wesentlich in die Religion. Wer Seele sagt, sagt immer schon irgendwie Gott ... Von Seele redet der Mensch, wenn er in sich den Gott, das Göttliche, das Bild Gottes entdeckt. Man kann hier von dem „höheren Sein" des Menschen reden, von seiner eigentümlichen „Bestimmung", man kann christlich sagen, daß die Seele es ist, die den gefallenen Menschen an seinen Ursprung, an das Bild Gottes in sich erinnert — einstweilen ziehen wir vor, die Seele bloß als die entdeckte Nicht-nur Möglichkeit, die Mächtigkeit des Menschenleibs zu betrachten. Der Mensch findet in der Seele mehr, als er vorläufig ist, in der Seele ist er sich selbst über..." (Der Mensch und die Religion, 69). Aber es ist nicht zu übersehen: Der Mensch teilt diesen Begriff der Seele nicht mit dem Göttlichen. Mag die Erfahrung von „Seele" den Menschen noch so sehr an das Göttliche erinnern, so ist doch das Göttliche nicht „Seele". Und so sehr auch die Erfahrung von Seele, das Seele-Bewußtsein der Wandlungen und der Entwicklung fähig sein mag — es ist hier nicht unser Thema —, so ist doch jedenfalls diese Seele-Erfahrung selbst nicht erst das Resultat einer langen Geschichte der Religion. Der Begriff Seele hat auch schon in den Frühformen der Religion, in ihrer primitiven Phase, im Animismus und in der Welt der Magie seinen Ort und seinen Sinn.

Der Begriff des Geistes nimmt eine zentrale Stelle ein, sobald wir das Verhältnis des Göttlichen zum Menschen so zu beschreiben versuchen, daß sich das neuzeitliche Bewußtsein darin wiederfinden kann. Das führt uns dann durchweg zu Sätzen, die Aussagen über Gott als Geist und über den menschlichen Geist sein können. Noch bevor ich das durchzuführen versuche, ist das Problem einzugestehen, das hier mit Händen zu greifen ist. Es ist die Frage, wie die beiden Aussagereihen, die über den göttlichen und über den menschlichen Geist, noch kategorial getrennt bleiben können oder ob sie nicht geradezu dazu bestimmt sind, in eine Aussagereihe zusammenzufließen. Es ist ebenso ein philosophisches wie ein theologisches Problem. Als theologisches Problem fällt die Frage in die Lehre vom Heiligen Geist, und das Interesse ist damit gegeben, daß die Eigentümlichkeit und Einzigartigkeit, kurz die wesentliche Gottheit des Heiligen Geistes unmißverständlich abgehoben werden muß von jeder Weise, den kreatürlichen menschlichen Geist zu verstehen. Als philosophisches Problem genommen, ist die Frage nicht präjudiziert, sondern mindestens vorerst in der Schwebe der Unentschiedenheit zu lassen.

Was meinen wir, wenn wir sagen: Gott ist Geist? Ich versuche, bei der Beantwortung dieser Frage der Reihe nach von drei gleichsam naiven Sätzen auszugehen, in denen sich die am Geistbegriff erscheinende Nähe von Gott und Mensch ausspricht — die dann zum Problem wird.

Das Naivste vorweg: Indem wir das Göttliche als Geist ansprechen, denken wir an seine Unsichtbarkeit. Sie bezeichnet zugleich die Überlegenheit, die darin liegt, daß sich das Unsichtbare vor uns verbirgt. Es ist unheimlich; wir übersehen und fassen es nicht. Aller Sichtbarkeit und Vergänglichkeit als der unsichtbare Geist überlegen, das schließt sich mit dem vielbezeugten Gedanken der Schöpfung zusammen: Der Geist Gottes als die Kraft der Schöpfung, spiritus creator und fortgesetzt als der spiritus vivificans. Gott ist Geist — das erinnert an den Ursprung, so daß oft noch der reflektierteste Denker zu dem Gedanken Zuflucht nimmt, daß dieser geistige Gott bei sich alle die Fülle des Wissens hat, nach der wir ausgreifen, ohne sie zu erreichen.

Nun, das alles ist naiv. Es ist gewiß kein Mythus. Diese Sätze schließen sich sogar mit dem Glauben der positiven Religionen in ihrer modernen Gestalt zusammen. Was diese Sätze aber zum Problem werden läßt, ist die Tatsache, daß sich in ihnen lauter Aussagen über den menschlichen Geist widerspiegeln. Gewiß, menschlicher „Geist" ist kein ursprünglicher Besitz, dessen sich schon das Kind rühmen könnte. Er ist ein überdies nicht jedem Individuum zugängliches Reflexionsprodukt. Aber wer im Element des Geistes lebt, also in der Summe des Bewußtseins, der ist damit dem Ursprung näher gerückt. Auch der Mensch ist darin Mensch, daß er in seiner Weise Schöpfer ist, Entdecker wie Erfinder, er ist des Einfalles fähig, der ihn über seinen momentanen Status hinaushebt. Er ist in der Lage, Wissen zu sammeln, zu ordnen und es technisch zu verwenden. Zugleich ist sein Geist aber lebendig, wachsend, absterbend, gesund, krank; Geist bezeichnet zugleich die Schwäche des Menschen, die Aushilfe angesichts seiner begrenzten physischen Ausstattung. Diese Dinge sind bekannt. Sie sollen uns in diesem Zusammenhang auch nur insofern interessieren, als die Wehrlosigkeit und Hinfälligkeit des unsichtbaren Göttlichen in der sichtbaren Menschenwelt ein verborgenes Thema der Religionserfahrung ist: das Göttliche, das sich gegen seine Leugnung, gegen das Vergessen und den Unglauben nicht wehren kann. Es ist die Rückseite des Themas von der Unsichtbarkeit des göttlichen Geistes. Das eigentliche Problem bleibt dabei aber doch dies, daß ständig die Aussagen über den göttlichen und den menschlichen Geist konvergieren.

Dieses Problem erneuert sich, wenn ich als Zweites an den Hegelschen Satz anknüpfe: „Der Geist ist für den Geist" (z. B. 16, 207). Der Geist teilt sich mit, er lebt in der Mitteilung seiner selbst, oder, um noch einmal Hegelsche Formeln zu gebrauchen: er ist offenbar, er erscheint. „Die Religion, die offenbare, Geist für den Geist, ist als solche die Religion des Geistes, nicht verschlossen für ein Anderes, welches nur momentan ein Anderes ist" (16, 198). Geist ist niemals nur innerlich. Er äußert sich in der Sprache. Wiederum sehen wir die Konvergenz der Aussagen über den göttlichen und den menschlichen Geist. Sprechen und Vernehmen, Mitteilen und Verstehen sind die entscheidenden Erscheinungsformen des menschlichen Geistes. Es ist das, was schlechterdings und unbezweifelbar in dem Erfahrungshorizont jedes wachen Menschen liegt. Aber eben diese eigene Geisteserfahrung legt dann den Gedanken nahe, daß diese Sätze nun auf das Göttliche übertragen werden und daß sie damit den Anthropomorphismus bestätigen, der an der Konvergenz der Geistaussagen seine ernsthafteste Stütze finden muß.

Als Drittes nenne ich schließlich die Relation von Geist und Gemeinschaft. Der Geist stiftet Gemeinschaft, indem er Verstehen begründet, was ja in der Pfingstgeschichte (Apg 2, 7—11) zu drastischem Ausdruck kommt. Der Geist ist offen und macht aufgeschlossen für andere. Was eine Gemeinschaft zusammenbindet, ist ihr „Geist", anders gesagt: ihr gemeinschaftliches Bewußtsein. Alle individuellen Begabungen sind trotz ihrer Vielfalt in die Einheit dieses „Geistes" eingebunden. Hingegen ergeben sich von da auch alle Kennzeichen der Geistlosigkeit: Sprachlosigkeit, Ausdruckslosigkeit, Verschlossenheit, absolute Vereinzelung. Die Konvergenz des göttlichen und menschlichen Geistes kommt hier zu ihrer Erfüllung. Sie stellt uns vor das Problem des Anthropomorphismus.

Das Problem des Anthropomorphismus ergibt sich früher oder später zwangsläufig, wenn man erst einmal das Verhältnis Gott—Mensch überhaupt zum Thema gemacht hat. Es ist seinem Ursprung nach und bis heute ein philosophisches Problem; die Theologie ist erst durch die philosophische Kritik gezwungen worden, sich damit auseinanderzusetzen. Der Begriff Anthropomorphismus besagt: sich von Gott menschliche Vorstellungen zu machen, ihn in der Vorstellung mit menschlichen Eigenschaften auszustatten. Das Problem liegt kurzerhand darin, daß die Zulässigkeit des Anthropomorphismus in Frage gestellt wird. Diese Frage ist freilich nicht kurzerhand mit Ja oder mit Nein zu beantworten, weil sich sofort weitere Fragen der Auslegung und Deutung anschließen. In gewissem Sinne erscheint uns das Problem schon von vorneherein in einer eingeschränkten Form, wenn wir es, wie ich es hier getan habe, von der Konvergenz des göttlichen und des menschlichen Geistes her in Angriff nehmen. Es scheiden dadurch von vorneherein „unangemessene", grob sinnliche Formen des Anthropomorphismus aus, etwa diejenige, welche Gott in leiblicher Gestalt vorstellt: Gott wandelt nach der Schöpfung im Garten Eden (Gen 3, 8), der Mensch sieht so ähnlich aus wie Gott (Gen 1, 27) u. dergl. Es wird durch unseren Ansatz auch eine primitive Psychologie Gottes ausgeschlossen. Aber was bedeutet das schon für die grundsätzliche Frage des Anthropomorphismus? Denn in die Meinung, daß Gott „Geist" sei, gehört hinein: Gott weiß, Gott hört, er versteht, lenkt und ordnet, er hat als Inbegriff eines sittlichen Willens gewisse Erwartungen an den Menschen, und was dergleichen mehr ist. Das bedeutet aber: Gott ist „menschlich".

Wenn man die Zulässigkeit des Anthropomorphismus bejaht, dann kann das ganz entgegengesetzte Bedeutung haben. Es kann bedeuten, daß sich in ihm das Wesen der Religion enthüllt; denn Religion bedeutet, daß der Mensch sich selbst, sein Wesen ebenso wie seine Not, seine Hoffnung und die Erwartung von Trost und Heil in eine überirdische Dimension hinausprojiziert. Es ist die Grundidee der Religionskritik L. Feuerbachs. Ohne den Anthropomorphismus könnte man die Religion überhaupt nicht erklären. Aber diese Erklärung kann zu einer Entlarvung geraten. Ganz entgegengesetzt ist die Bejahung durch Hegel: Es gibt keinen höheren Begriff von Gott als den ganz in reiner Menschlichkeit erscheinenden Gott. Ebenso ist aber auch die Verneinung nicht eindeutig. Sie kann ein Ausdruck der Erkenntniskritik sein: Es gibt überhaupt keine angemessenen Begriffe und Vorstellungen für eine aller Erfahrung und aller Wahrnehmung entzogene Wirklichkeit; so sind mit Sicherheit auch Eigenschaften und Kennzeichen, die auf den Menschen zutreffen mögen, für das unsichtbare und unerkennbare „höchste Wesen" unangemessen. Die Verneinung des Anthropomorphismus kann aber auch im Interesse der christlichen Theologie vollzogen werden. Und dies wieder in verschiedenem Sinne. Sofern sich Gott nämlich als Liebe, als gütig und gerecht oder auch als „zornig" offenbart, werden wir diese Offenbarung in Analogie zu unseren anthropologischen Vorstellungen begreifen können. Aber das setzt zugleich auch einer vollen Wesenserkenntnis Gottes ihre Grenze. Umgekehrt wird eben eine Konvergenz der Geisterfahrung, von der wir in unserer Problemanalyse ausgegangen sind und die uns ja eben bis in die Mitte des Anthropomorphismus führt, dem Bedenken unterliegen, daß sich hier der Mensch göttliche Fähigkeiten beilegt und eine alle Kreatürlichkeit hinter sich lassende Aufwertung erfährt.

Historisch ist das Problem uralt. Es ist eines der ältesten der abendländischen Religionskritik. Im sechsten vorchristlichen Jahrhundert hat Xenophanes, allerdings noch im Blick auf die Götterdarstellungen des Homer und Hesiod, den anthropomorphen Polytheismus verspottet: „Wenn Kühe, Pferde oder Löwen Hände hätten und damit malen und Werke wie die Menschen schaffen könnten, dann würden die Pferde pferde-, die Kühe kuhähnliche Götterbilder malen und solche Gestalten schaffen, wie sie selber haben"[2]. Mit dieser Bestreitung der Menschenähnlichkeit der Götter hängt bei Xenophanes auch seine Ablehnung des Polytheismus zusammen. Denn die Vielheit der Götter ist eine unangemessene Vorstellung;

---

[2] Die Vorsokratiker, Die Fragmente und Quellenberichte, übers. und eingeleitet von W. Capelle, 1953[4] (Kröners Taschenausgabe 119), 121 Nr. 25 (zit. Capelle).

ebenso freilich alle menschenähnliche „Gestalt": (nach Diogenes Laertius:) „Das Wesen Gottes sei kugelförmig und gleiche in nichts dem Menschen. Ganz sehe er und ganz höre er; atmen freilich tue er nicht. Und er sei ganz Geist und Weisheit und ewig"[3]. Offenbar ist die Meinung des Xenophanes, daß das gänzliche Sehen, Denken und Hören Gottes[4] durch keine irgendwie denkbaren Organe vermittelt sei, überhaupt kein in der Zeit sich abspielender Vorgang sei. Der Gedanke der Unveränderlichkeit Gottes, der von da an bis in die Gegenwart die Philosophie erfüllt hat, ist hier zum ersten Male ausgesprochen, und zwar in deutlichem Gegensatz zu der Vorstellung von „menschlichen" Aktionen, Handlungen, Veränderungen und von Dramen innerhalb der Götterwelt.

Im vierten vorchristlichen Jahrhundert haben sich dann bei Demokrit die Götter wesentlich in menschliche Göttervorstellungen aufgelöst. Das Problem des Anthropomorphismus kommt nicht mehr zur Ruhe.

Wir können die wörtliche Ausfüllung des Begriffes hierbei übergehen, wie sie in der alten Kirche durch die Audianer geschehen zu sein scheint: Gott habe eine menschliche Gestalt, sei mit menschlichen Organen ausgestattet. Offenbar handelte es sich dabei um eine Art von biblischem Fundamentalismus, soweit wir die Umrisse dieser Häresie aus dem Referat der Kirchengeschichte des Theodoret (IV, 10) erkennen können. Jedenfalls waren die Audianer der Anlaß, daß Augustin (De haeresibus MPL 42, 39) ihnen den Namen der Anthropomorphiten gab und so überhaupt die Formel begründete. Noch in D. Humes Dialogues steht diese grobe Auffassung von Anthropomorphismus im Hintergrund, er ist eine „gehässige Bezeichnung" (IV. Teil) und in seiner Unsinnigkeit ein Anlaß, auch den anderen Thesen zu mißtrauen, welche eine Ähnlichkeit zwischen den Eigenschaften des göttlichen Wesens und der menschlichen Natur behaupten. Ähnlich Bacon, Leibniz. Zur Lit. vgl. H. W. Schütte/R. Fabian HWPh I, 377 f.

David Hume hat in den Dialogues concerning Natural Religion dann die Frage nach allen Seiten diskutiert, ob und wieweit wir die Natur des göttlichen Wesens erkennen können. Es ist eine Religionsphilosophie der Skepsis daraus geworden. Unsere Vorstellungen reichen nicht weiter als unsere Erfahrungen. Wir haben keine Erfahrungen von Gottes Eigenschaften und Handlungen. Alle Ähnlichkeit, die zwischen Gott und dem Menschen behauptet wird, führt doch zuletzt zu einem Dogmatismus, zu theologischen Theorien und Systemen, welche zum Deckmantel für Parteiung und Ehrgeiz gewor-

---

[3] a.a.O. 123, Nr. 38.
[4] a.a.O. 121, Nr. 27 u. Anm. hierzu.

den sind. Aber die Menge ist in der Regel ganz unzugänglich für die reine Religion, nach deren Lehre die Gottheit allein an einem tugendhaften Wandel Wohlgefallen hat. Dieser „wahre Theismus", um den es sich schließlich im 12. Teil handelt, sieht sich reduziert auf einen Gott, der Quelle und Ursprung reiner Sittlichkeit ist. Die theoretische Seite der Sache ist freilich diese: Für die ganze natürliche Theologie haben die Ursache oder die Ursachen der Ordnung im Weltall wahrscheinlich einige entfernte Ähnlichkeit mit menschlicher Intelligenz; dieser Satz, sagt Hume an jener Stelle (12. Teil) ist keiner Erweiterung, Umbildung, Entfaltung fähig, und es lassen sich auch weiter keine Folgerungen daraus ziehen. „Wenn dies wirklich der Fall ist, was kann der forschendste, denkendste, und religiöseste Mensch mehr tun, als jenem Satz, sooft er ihm vorkommt, einfache philosophische Zustimmung geben und glauben, daß die Gründe, auf die er sich stützt, die Einwendungen überwiegen, die gegen ihn sprechen?"

Kant hat in den Prolegomena (§§ 57, 58) das Humesche Problem aus den Dialogen aufgenommen. Wenn wir dem höchsten Wesen Verstand oder Willen beilegen, so können wir das in der Tat nur, indem wir Begriffe, deren Elemente in der Erscheinungswelt liegen, auf das höchste Wesen übertragen und es so selbst zu einem Gegenstand unserer sinnlichen Welt machen, was aber dem Begriff des höchsten Wesens widerspricht. Wir stehen hier an der Grenze alles erlaubten Vernunftgebrauches; „denn diese gehört eben so wohl zum Felde der Erfahrung, als dem der Gedankenwesen... Wir halten uns aber auf dieser Grenze, wenn wir unser Urteil bloß auf das Verhältnis einschränken, welches die Welt zu einem Wesen haben mag, dessen Begriff selbst außer aller Erkenntnis liegt, deren wir innerhalb der Welt fähig sind. Denn alsdann eignen wir dem höchsten Wesen keine von den Eigenschaften an sich selbst zu, durch die wir uns Gegenstände der Erfahrung denken, und vermeiden dadurch den dogmatischen Anthropomorphismus; wir legen sie aber dennoch dem Verhältnisse desselben zur Welt bei und erlauben uns einen symbolischen Anthropomorphismus, der in der Tat nur die Sprache und nicht das Objekt selbst angeht." „Eine solche Erkenntnis ist die nach der Analogie, welche nicht etwa... eine unvollkommene Ähnlichkeit zweier Dinge, sondern eine vollkommene Ähnlichkeit zweier Verhältnisse zwischen ganz unähnlichen Dingen bedeutet."

Zehn Jahre später kommt Kant in seiner Schrift über die Religion (1793) im III. und IV. Teil in umgekehrter Frontstellung noch einmal auf den

Anthropomorphismus zurück. „Der A., der in der theoretischen Vorstellung von Gott und seinem Wesen den Menschen kaum zu vermeiden, übrigens aber doch (wenn er nur nicht auf Pflichtbegriffe einfließt) auch unschuldig genug ist, der ist in Ansehung unseres praktischen Verhältnisses zu seinem Willen und für unsere Moralität selbst höchst gefährlich; denn da machen wir uns einen Gott, wie wir ihn am leichtesten zu unserem Vorteil gewinnen können..." (IV § 1). Kant hat hier den „dogmatischen" A. vor Augen, der Gott zum Gegenstande unseres „Afterdienstes" macht.

Ein Menschenalter nach diesen Äußerungen Kants ist in Hegels Philosophie diese erkenntniskritische Besorgnis erloschen. An die Stelle der Skepsis, daß alle Eintragung menschlicher Begriffe und Eigenschaften in Gott selbst unangemessen sei, tritt die Überzeugung von der Menschlichkeit Gottes als Maßstab für die Höhe einer Religion, für die Tiefe der Gotteserkenntnis überhaupt. „Die Griechen hatten menschlich gebildete Götter, hatten Anthropomorphismus; ihr Mangel ist, daß sie dies nicht genug waren. Die griechische Religion ist zu viel und zu wenig anthropomorphistisch: zu viel, indem unmittelbare Eigenschaften, Gestalten und Handlungen ins Göttliche aufgenommen sind; zu wenig, indem der Mensch nicht als Mensch göttlich ist, nur als jenseitige Gestaltung, nicht als Dieser und subjektiver Mensch" (19, 115). Zwar wird der Anthropomorphismus der griechischen Götter für ihren Mangel ausgegeben. „Hiergegen ist nun sogleich zu sagen, daß der Mensch, als das Geistige, das Wahrhaftige an den griechischen Göttern ausmacht, wodurch sie über alle Naturgötter und über alle Abstraktionen des Einen und höchsten Wesens zu stehen kommen. Andererseits wird es auch als ein Vorzug der griechischen Götter angegeben, daß sie als Menschen vorgestellt werden, während dem christlichen Gott dies fehlen solle... Aber die griechischen Götter sind nicht als menschlicher wie der christliche Gott anzusehen. Christus war viel mehr Mensch; er lebt, stirbt, leidet den Tod am Kreuze, was unendlich menschlicher ist, als der Mensch der griechischen Schönheit. Was nun aber die griechische und die christliche Religion gemeinschaftlich betrifft, so ist von beiden zu sagen, daß, wenn Gott erscheinen soll, seine Natürlichkeit die des Geistes sein müsse, was für die sinnliche Vorstellung wesentlich der Mensch ist, denn keine andere Gestalt vermag es, als Geistiges aufzutreten" (11, 325 f.).

Wesentlich ist für uns, daß sich das Problem des A. bei Hegel völlig aus den Klammern der Erkenntniskritik löst und daß es sich genau mit der These deckt, daß Gott als Geist und die menschliche Geisterfahrung korrelativ sind. Für Hegels Religionsphilosophie hat darum beides, daß Gott den Menschen zu seinem Bilde erschaffen hat und daß Gott Mensch wird, als

Mensch erscheint, unmittelbare spekulative Bedeutung. Die Humanisierung der Religionsgeschichte kommt im Christentum zu ihrer Erfüllung; es ist die Religion, in der allein sich Gott als Geist zu erkennen gibt. Und das ist kein bloß theoretischer Vorgang, sondern im Christentum vollzieht sich für Hegel wirklich die Menschwerdung des Geistes. —

Läßt man — unter Absehung von Zwischengliedern — diese Entwicklung noch einmal an sich vorüberziehen, so ergibt sich ein eigentümlicher Wandel der Funktion, welche jeweils dem Begriff des Anthropomorphismus zukommt.

1. In der vorsokratischen Religionskritik wird der Begriff kritisch gegen die vermenschlichten Göttergestalten, ihre Genealogien und ihr Tun und Treiben gewendet. Diese Kritik kommt dem Monotheismus zugute, wenn man sich diesen auch gewiß nicht nach alttestamentlichen Modellen vorstellen darf, vielmehr als den „einen" Gott der Philosophen.

2. In der frühen Kirche wird Anthropomorphismus zu einem Vorwurf gegen die Naivität eines wörtlichen Biblizismus der Gottesvorstellung; die mit dem Begriff verbundene Polemik soll einer geistigen Auffassung von Gott die Tür öffnen.

3. Dann aber soll mit dem „Schimpfwort" Anthropomorphismus jede menschliche Vorstellung von Gott, jede Eintragung menschlicher Eigenschaften in den Gottesbegriff abgewehrt werden. Das schließt sogar die Begriffe der Vernunft, des Geistes, des Verstandes ein. Der Gott dieser radikalen Skepsis ist unerkennbar und unerklärbar geworden, es ist ein Gott, der sich jeder Aussage über ihn entzogen hat. So bleibt er nur noch als eine Hintergründigkeit übrig, der wir einen Dienst der reinen Moralität schuldig sind.

4. Dann aber bricht Hegel mit dieser Tradition durch seine Philosophie der vollen Menschlichkeit Gottes. Gott ist Mensch, er ist wie wir. Die Berufung auf das orthodoxe Christentum kommt hier der Spekulation nur zu Hilfe, sie macht nicht das Wesen dieser Philosophie aus. Und dies um so weniger, als die Berufung auf den ganz und gar Mensch gewordenen Gott, der in unsere Zeit und Geschichte hineingestorben ist und in ihr auferstanden ist, auch bei Hegel den Theismus eines jenseitigen Gottes, der in einer uns fernen und fremden Welt west, auflöst. Hegels Gott ist nicht mehr der Gott der alten Metaphysik, der mit dieser in der Aufklärung erloschen ist. Der Mensch begegnet in Gott dem Menschgewordenen sich selber.

Ohne in die hier sich ankündigenden Probleme der Hegelauslegung einzutreten, halten wir inne: Denn Hegel erinnert uns an die Sätze zu Eingang dieses Abschnittes. Ein Gott, der keine menschlichen Züge trägt, ist kein Gott. Diese menschlichen Züge aber bedeuten Erreichbarkeit Gottes, wie immer man sie sich denken mag, Verstehbarkeit Gottes, seine Zugewandtheit zu uns, ein auf uns gerichtetes Hören, Wissen, u. ä. Wir fassen das im Geistbegriff zusammen. Alle in diesem Sinne nicht-menschlichen Züge in der Vorstellung vom Göttlichen sind untermenschlich.

Aber damit entstehen für die kritische Religionsphilosophie neue Probleme. Denn eine zu ihrem Ziel geführte vermenschlichte Religion, in der das Göttliche ganz und gar menschliche Züge trägt, steht auf der Grenze zu der Entscheidung, das Göttliche ganz ins Menschliche untergehen zu lassen, oder auch umgekehrt: das Menschliche zum entscheidenden Indiz für das Göttliche zu machen. Anders ausgedrückt: Wir stehen vor dem Problem des Atheismus.

2. Der Untergang Gottes in Menschlichkeit

Atheismus als Spitze aller Religionskritik begleitet die Geschichte der Religion, mindestens im Abendland. Er ist so alt wie der abendländische Rationalismus, so alt wie die Aufklärung im Namen der Wissenschaft, also jedenfalls erheblich älter als das Christentum. Atheismus geht Hand in Hand mit Bestreitung der Religion, aber auch mit Umdeutung der Religion bis an den Rand ihrer Unkenntlichkeit; Atheismus kann auch in religionsähnlicher Form einen Ersatz für den Gottesglauben darstellen. Kurz: Atheismus ist eine Gegenformel für Religion, und er ist daher ein legitimer Gegenstand der Beachtung im Rahmen einer Religionsphilosophie. Bei näherer Betrachtung verliert der Begriff freilich jede Eindeutigkeit.

Der Begriff des A. ist lange Zeit ein Instrument der Polemik gewesen. Jede Abweichung von der offiziell gültigen Religion galt kurzerhand als A. Er wurde ebenso Sokrates in seinem Prozeß zum Vorwurf gemacht, wie auch die frühen Christen den Römern als „Gottlose" galten. Das Martyrium des Polykarp bietet exemplarisches Material. Vgl. A. von Harnack: Der Vorwurf des A. in den drei ersten Jahrhunderten, TU XIII, 1, 1905. Die Ablehnung der aristotelischen Philosophie im Mittelalter (vor der förmlichen Rezeption des Aristoteles im 13. Jh.) wurde mit deren A. begründet. Der Verdacht, der gegen Spinozas Philosophie geäußert wurde, daß sie nämlich die Scheidung zwischen Gott und Welt aufhöbe, führte noch inmitten der Neuzeit zu dem Vorwurf des A. Fichtes Kritik an der metaphysischen Gotteslehre und sein Hinweis auf die Aporien des Personbegriffes in Anwendung auf Gott führten zu dem berühmten A.-Streit. Das reiche Material kann hier nicht ausgebreitet werden. Ich verweise auf die in aller Gedrängtheit instruktiven Übersichten von H. Kößler (RGG³ I, 672—677) und H. W. Schütte (HWPh I, 595—599), dort auch weitere Lit. Diese Verwendung des Begriffs offenbart eine tiefreichende Sensibilität der Zeit, für welche die Idee des persönlichen Gottes mit der natürlichen menschlichen Vernunft untrennbar verbunden war. Die theoretischen Begründungen dafür gingen freilich durch die ganze Aufklärung hindurch weit auseinander; denn für die einen war Gott eine idea innata, für die anderen war es eine Sache der Schlußfolgerung aus der erfahrbaren Weltordnung, an Gott zu glauben. Mit dem Gottesglauben hängt aufs innigste die Geltung der sittlichen Gebote zusammen, was noch in Kants praktischer Philosophie zum Ausdruck kommt, und der Glaube an einen persönlichen Gott gehört zu den Fundamenten des Staates. Darum haben selbst die Deisten trotz ihrer radikalen Kritik an der Religionsüberlieferung doch den Glauben an ein höchstes Wesen überhaupt nicht anzutasten gewagt. Erst Pierre Bayle hat aus der Unmöglichkeit, das Dasein Gottes zwingend zu beweisen, den Schluß gezogen, daß die Sittlichkeit einer religiösen Fundierung nicht bedarf und daß ein Staat von Atheisten grundsätzlich möglich ist.

Mit der Berufung der Toleranzidee war der polemischen Verwendung des Begriffes A. zwar eigentlich die Spitze abgebrochen. Sie hat dennoch lange nachgewirkt. Ebenso hat bis heute im Selbstbekenntnis der Atheisten die Polemik und das Pathos der Volksaufklärung ein Element der Unsachlichkeit bewirkt. Seit dem Buche „Priestcraft in perfection" von Anthony Collins (1709) wiederholt sich auch für die Neuzeit der antike Vorwurf des religiösen Betrugs. Das abgenützte Neuheitspathos des populären A. versetzt den Gottesglauben immer aufs neue in die Rolle der Rückständigkeit, und die Selbstinterpretation der Religion wird nicht zur Kenntnis genommen. Wir können aber ebenso von der polemischen Verwendung des Begriffes A. wie von der polemischen Seite des Vulgär-A. hier absehen, weil beides ohne eigentlichen philosophischen Erkenntniswert ist.

Der Begriff des Atheismus entbehrt der Eindeutigkeit. Das hat eine lange Vorgeschichte, welche im westlichen Denken jedenfalls bis in die kritische Philosophie zurückreicht. Mit und ohne Kant sind uns alle Schwächen der Gottesbeweise bewußt geworden. Keine noch so wohlwollende Interpretation, etwa, daß diese Beweise in Wahrheit nur Nachweise seien, vermag zuzudecken, daß es hier keine Beweismöglichkeiten gibt. Schon das Vaticanum I., das die Erkennbarkeit Gottes naturali rationis lumine dogmatisiert hat (Denz. 1785; vgl. Modernisteneid Denz. 2145), hat darauf verzichtet, dafür die althergebrachten Gottesbeweise in Anspruch zu nehmen.

Wichtiger ist etwas anderes, und das reicht weit hinter die Aufklärung zurück. Schon in den Kreuzzügen hatten die Abendländer gelernt, das Judentum und selbst den Islam als Gottesglauben ernstzunehmen. Die Entdeckung des nichtchristlichen Gottesglaubens war die Geburtsstunde des religiösen Relativismus. Es ergibt sich die

Frage: Wo liegt die Grenze zum wirklichen Atheismus? Und die Beantwortung dieser Frage erweist sich auf die Dauer als immer unsicherer. Sie wird in dem Maße unsicher, als wir Religionen kennen lernen ohne Gottesgedanken, jedenfalls ohne einen präzisen Gottesbegriff. Der Buddhismus kennt keine persönlich vorgestellten Gottheiten, und im Tao-te-king lesen wir Laotses Wort: „Man schaut nach ihm und sieht es nicht: sein Name ist das Unerkennbare. Man horcht nach ihm und hört es nicht: sein Name ist das Unvernehmbare. Man greift nach ihm und bekommt es nicht: sein Name ist das Unfaßbare." Der neuzeitliche Niederschlag des Gedankens ist das vielzitierte Wort des Goethischen Faust:

> Wer darf ihn nennen?
> Und wer bekennen:
> Ich glaub ihn.
> Wer empfinden
> Und sich unterwinden
> Zu sagen: ich glaub ihn nicht? ...
> Ich habe keinen Namen
> Dafür! Gefühl ist alles;
> Name ist Schall und Rauch,
> Umnebelnd Himmelsglut.

Schleiermacher hat in der zweiten seiner „Reden über die Religion" im Zusammenhang mit seinem Unternehmen, den Religionsbegriff von der Ankettung an die Ideen der Aufklärung zu befreien, Folgendes geschrieben: „In der Religion also steht die Idee von Gott nicht so hoch, als ihr meint; auch gab es unter wahrhaft religiösen Menschen nie Eiferer, Enthusiasten oder Schwärmer für das Dasein Gottes; mit großer Gelassenheit haben sie das, was man Atheismus nennt, neben sich gesehen, und es hat immer etwas gegeben, was ihnen irreligiöser erschien als dieses."

In der zweiten Ausgabe der „Reden" (1806) hat Schleiermacher den ersten hier zitierten Satz nicht wiederholt und den Atheismus als ein Verwerfen des Begriffs eingeschränkt, wogegen er das „Irreligiösere" deutlich bezeichnet: „Wenn einer das entbehrt, die Gottheit unmittelbar gegenwärtig zu haben in seinem Gefühl".

Diese Äußerung des jungen Schleiermacher ist folgenschwer. Sie entzieht dem Atheismus, sofern er sich als Gegentheorie zur Behauptung eines festumrissenen Gottesbegriffes versteht, seinen Gegenstand. Das aber ist möglich kraft des Religionsbegriffes, für den keine außer ihm liegenden dogmatischen Kriterien mehr anerkannt werden.

Der Verlust an Eindeutigkeit des Begriffes Atheismus ergibt sich aber auch von der anderen Seite her. Ich versuche, ohne Rücksicht auf die historische Abfolge fünf Typen der Begründung des Atheismus auseinanderzulegen, die sich in ihrer gedanklichen Konsequenz verhältnismäßig deutlich abheben lassen. Das soll und kann Querverbindungen und theoretische Interdependenzen nicht ausschließen, in denen der eine Typus der Verneinung der Existenz Gottes Argumente vom anderen Typus aufnimmt.

1. Die älteste Herkunft des theoretischen Atheismus ist die Überzeugung von der lückenlosen Einheit der Weltwirklichkeit und die Aufgabe, sie durch die „Wissenschaft" zu begreifen. Es sind vor allem jene metaphysischen Systeme, deren leitende Idee die Existenz Gottes positiv ausschließen. Es ist in ihnen „kein Platz mehr für Gott", oder auch: kein Platz für den Glauben. Denn aller Glaube überschreitet die Grenzen der sichtbaren Welt, er glaubt an „Wunder" (ein Lieblingsthema der Religionskritik in der Aufklärung), und es ist daher auch kein Unterschied zwischen Glauben und Aberglauben. Das berühmte Wort von Laplace, mit dem er die Frage Napoleons I. nach der Bedeutung des Gottesglaubens für seine Weltentstehungslehre beantwortete, gehört hierher: „Majestät, ich habe diese Hypothese nicht mehr nötig". Das Wissen hat an die Stelle des Glaubens zu treten.

Auf die Gefahr einer gewissen Pauschalierung wird man für eine alle Gottesvorstellungen ausschließende Weltanschauung den Materialismus in allen seinen Spielarten nennen können. Ludwig Feuerbach, der Klassiker des Atheismus, hat sich als Materialist bezeichnet, und die Väter des dialektischen Materialismus, Karl Marx und Friedrich Engels, haben die Ergebnisse seiner Religionskritik schlechthin akzeptiert, freilich auch zur Voraussetzung aller Kritik, und das heißt aller weiteren Kritik gemacht. Es war vor allem die Einbeziehung der geschichtlichen Bewegung, der Wandel des ganz in seine ökonomischen Bedingtheiten verflochtenen Menschenbildes, was den Fortschritt über Feuerbach hinaus ausmacht. Der Mensch ist kein außerhalb der Welt befindliches Wesen. „Der Mensch, das ist die Welt des Menschen, Staat, Sozietät." „Die Kritik des Himmels verwandelt sich in die Kritik der Erde, die Kritik der Religion in die Kritik des Rechts, die Kritik der Theologie in die Kritik der Politik." Entscheidend ist für uns hier zweierlei. Einmal geht diese Begründung des Atheismus in die andere über, in den politischen Atheismus, von dem noch eigens die Rede sein soll. Das bestätigt dann die inneren Zusammenhänge unter den verschiedenen Typen des Atheismus, auf die ich schon hinwies. Zum anderen aber das Entscheidende: Für einen wie auch immer zu denkenden „Gott" ist in diesem Weltbild kein Platz mehr, und die Position des Theismus kann daher nur mit der Gegenthese beantwortet und bekämpft werden: Es gibt keinen Gott.

Auf den ersten Blick ist demgegenüber die pure Skepsis eine vorsichtige, und wenn man so will vornehme Spielart. Diese Form begegnet uns schon seit Demokrit in den Weltanschauungskämpfen der Antike. Das fortschreitende Begreifen der Welt geht Hand in Hand mit einer Skepsis gegenüber dem Götterglauben. Von Protagoras wird uns aus dem Jahre 411 a. Chr. aus seiner Rede über die Götter der Satz überliefert: „Von den Göttern vermag ich nichts festzustellen, weder daß es sie gibt, noch daß es sie nicht gibt, noch was für eine Gestalt sie haben; denn vieles hindert ein Wissen hierüber: die Dunkelheit der Sache und die Kürze des menschlichen Lebens"[5]. Anstelle der klaren und eindeutigen Gegenthese zum Theismus ist hier die These von der Unmöglichkeit überhaupt einer Aussage, sowohl einer positiven als auch einer negativen, getreten. In der Neuzeit hat vor allem Thomas Henry Huxley in verschiedenen Kontroversen mit der kirchlichen Orthodoxie seiner Zeit (Bischof S. Wilberforce u. a.) die Unabhängigkeit der Welterkenntnis von der Theologie durchgesetzt. Als „Agnostiker" („agnostic" 1869) distanziert er sich von den Versuchen, sowohl den Theismus als auch den Atheismus rein philosophisch zu begründen. Beides gibt keinen vernünftigen Sinn. Aber in den Konsequenzen dieser Position erweist sich dieser Typus des Atheismus nun als viel radikaler: Das Wort „Gott" hat überhaupt keinen „vernünftigen" Sinn. Weder die These für noch die gegen „Gott" ist der Verifikation fähig. Wir befinden uns hier unmittelbar beim logischen Positivismus (M. Schlick, R. Carnap), der nun freilich zugleich die Notwendigkeit enthüllt, das Problem von der Logik und Semantik her aufzugreifen: Welcher Art ist die Rede von Gott? Was für eine mögliche Bedeutung haben „religiöse Sätze" und welche Bedeutung haben sie nicht? Davon ist dann an anderer Stelle dieses Buches zu sprechen.

Nur anhangsweise möchte ich im Zusammenhang mit dieser Darstellung der philosophischen Skeptik bezw. dieses wissenschaftlichen Atheismus daran erinnern, daß diese Position auch in paradoxer Weise dazu aufgeboten worden ist, die Einzigartigkeit der Offen-

---

[5] a.a.O. 333, Nr. 18.

barung des christlichen Glaubens zu begründen. Der ans Groteske grenzende Zusammenhang der Argumentation ist der: Je unmöglicher eine aus der Natur der Weltordnung und aus der vernünftig geordneten Erfahrung zu gewinnende Gotteserkenntnis wird, je verschlossener die wissenschaftliche Vernunfterkenntnis für die Erkenntnis Gottes ist, desto einzigartiger erstrahlt die Erkenntnis Gottes aus der Offenbarung. Der erste, der so argumentiert hat, war D. Hume, vor allem in Enquiry concerning human understanding, 10. und 12. Abschnitt jeweils gegen deren Ende. Die naheliegende Frage, wieviel Anteil bei diesen Sätzen die Überzeugung, wie viel die Ironie in Anspruch nehmen mögen, sei hier unerörtert. Durch den berühmten Satz „Ohne Christus wäre ich Atheist" ist der deutsche Theologe J. Fr. Gottschick (1847—1907) allein noch heute in der Erinnerung historischer Kenner. Er hat als Anhänger der Ritschlschen Schule mit diesem kurzen Satz (1889) eigentlich in nuce die Position der Theologie K. Barths und seiner Nachfolger vorweggenommen. Er dürfte die Nähe zu D. Hume kaum geahnt, und wenn geahnt, dann in ihrer Zwielichtigkeit kaum bedacht haben.

2. Sieht man von der zur Schau getragenen logischen Stringenz dieser Begründung des Atheismus ab, so kommt in ihr zweifellos noch etwas anderes zur Aussprache. Es ist eine Erfahrung von „Welt", die in sich selbst ihr volles Genügen findet. Das gilt sowohl in theoretischer Hinsicht: Diese „Welt" verhilft sich selbst durch die Kraft der Vernunft zu einer ausreichenden Erklärung; und es gilt in praktischer Hinsicht: Der Mensch kann sich innerhalb des rational erkennbaren Weltzusammenhanges auch selber helfen.

Aber es gibt in der Begründung des Atheismus den entgegengesetzten Typus, der dann in der Folge mit dem ersten merkwürdigerweise doch wieder zusammenfließen kann. Es ist die Erfahrung der Unvollkommenheit und des Unrechts, das in der Welt herrscht. Diese Erfahrung würde kaum zu den atheistischen Effekten führen, wenn sie nicht in einem Mißverhältnis stünde sowohl zu der theistischen Theorie von einer göttlichen Weltlenkung als auch zu dem ihren eigenen Grundsätzen widersprechenden Verhalten der Gläubigen. Es ist ein aus der negativen Welterfahrung resultierender sekundärer Atheismus. Man kann ihn daran erkennen, daß in der zu seiner Begründung aufgebotenen Literatur die rein theoretischen Argumente zurücktreten, daß jedenfalls die unmittelbar praktischen Fragen im Vordergrund stehen: etwa die nach dem Nutzen der Religion, nach ihrer Effizienz für die praktische Sittlichkeit, nach ihrer Leistung für eine bessere Zukunft u. dergl. Als ein bemerkenswerter Repräsentant dieser Form eines primär praktisch begründeten Atheismus ist Bertrand Russel zu nennen, dessen Schrift „Why I am not a Christian and Other Essays on Religion and Related Subjects" (1957) die Argumente bietet. Was also kein Gottesglaube zu erbringen vermag, das muß der auf sich und seine Ratio gestellte Mensch selber leisten. Und so läuft dieser aus negativer Welterfahrung geborene Atheismus zuletzt doch in die Bahn des zunächst erörterten Typus. Er verbindet sich auch leicht mit dem politischen Atheismus, von dem nun die Rede sein muß.

3. Es ist der Typus des Atheismus, für den der Theismus vor allem deswegen Haß und Ablehnung hervorrufen muß, weil er die Ideologie ist, welche die bestehenden bürgerlichen und repressiven Herrschaftsverhältnisse rechtfertigt. Lenin im Dez. 1913: „Jetzt ist sowohl in Europa als auch in Rußland jegliche, selbst die verfeinertste, die bestgemeinte Verteidigung oder Rechtfertigung der Gottesidee eine Rechtfertigung der Reaktion"[6]. Daß es keinen Gott im objektiven Sinne gibt, ist für diesen Typus des Atheismus so selbstverständlich, daß darauf keine besondere Argumentation mehr verschwendet zu werden braucht. Aber es gibt Gott als eine Bewußtseinsrealität, und solange dieses Bewußtsein nicht durch einen grundsätzlichen Wandel der Gesellschaft umgestaltet ist, ist die im Theismus liegende Drohung nicht beseitigt. Damit aber wird der Atheismus zu einer gesellschaftspolitischen Aufgabe. In der französischen Revolution war der Kultus der Vernunft wohl schon eine Vorform des politischen Atheismus, aber erst Karl Marx hat die theoretische Grundlage für ihn geliefert, und Lenin hat ihn als der genialste Techniker der Revolution zu einer politischen Macht organisiert. Der Atheismus ist die ideologische Befreiung des Menschen, er ist ein Element der Emanzipation und der Hoffnung; die Gottlosigkeit erbt sozusagen die Legitimation, die vordem die Religion für sich in Anspruch genommen hat, nämlich dem Menschen zu einer begründeten Hoffnung auf eine bessere Zukunft zu verhelfen.

Das hat nun nach zwei Seiten eigentümliche Effekte. Einmal ist das Gewicht der Argumentation derartig auf die „Praxis" verlegt, daß die Gemeinde der religiös Gläubigen, also vornehmlich die christliche Kirche aus der Argumentation einen „Bußruf" vernehmen kann, der

---

[6] W. I. Lenin: Über die Religion. Eine Sammlung ausgewählter Aufsätze und Reden. Berlin 1958, 50 (Kleine Bücherei des Marxismus-Leninismus).

sich in eine Zustimmung zu neuer Praxis, zu der gesellschaftlichen Veränderung umsetzen kann, welche die legitime und eigentliche Absicht des politischen Atheismus ist. Der politische Atheismus wird so durch eine eigentümliche Dialektik unterlaufen, welche ihn mit seinen Gegnern vereinigt. Doch führt dieser Effekt über unseren thematischen Rahmen hinaus. Der andere Effekt liegt darin, daß sich die Verneinung des Gottesglaubens in eine Verneinung der „Religion" verwandelt. Auch das zieht eine unerwartete Dialektik nach sich. Denn eben diese Verneinung des Religionsbegriffes vollzieht sich in der Theologie Karl Barths, Dietrich Bonhoeffers und ihrer Nachfahren. Die marxistische Religionskritik rennt sozusagen offene Türen ein. Die eigentliche Sache des Evangeliums liegt abseits aller „Religion" der Welt, sie vollzieht sich in der Rechtfertigung des „Gottlosen" (was eine weitere terminologische Angleichung an den Atheismus bedeutet) und in der Indienstnahme des Menschen für seine Mitmenschen im einzigen „Gesetz", das alle Normen, alle Moral ablöst, dem der Liebe.

Diese kurze Quintessenz einer modernen protestantischen Theologie, die sich aufgrund der gängigen Modelle und Grundgedanken, unerachtet kleiner Nuancen im einzelnen, mühelos ergibt, hat mancherlei Reize. Zunächst scheint sich hier das ganze Religionsproblem mühelos, ein für allemal und in völliger Übereinstimmung zwischen Christen und Atheisten zu erledigen. Im Geiste der die moderne protestantische Theologie durchwaltenden Simplifikation scheint sich auch der Widerstreit zwischen christlichem Glauben und Atheismus in eine vereinfachende Zusammenstimmung aufzulösen. Und es ergeben sich nebenbei für das apologetische Bedürfnis unerwartete Chancen. Es bleibt die Frage, ob nicht doch die Kosten für diesen Friedenschluß zu hoch sind und die intellektuelle Redlichkeit höhere Bedürfnisse anmeldet.

4. Ganz andere Dimensionen eröffnen sich, wenn wir uns dem Atheismus zuwenden, der das Drama der Befreiung des Menschen von der Macht Gottes im Gewissen, das Drama der Loskettung des Menschen von seinem überweltlichen Herrn vollzieht. Ich habe mich in früheren Abschnitten mehrfach auf Fr. Nietzsche bezogen und will, was zu dem Abschnitt „Der tolle Mensch" und zu den wichtigen Stellen des Zarathustra über den gestorbenen Gott zu bemerken ist, nicht wiederholen. Anders, und doch in tiefer Verwandtschaft der Absicht, tritt ihm Jean Paul Sartre zur Seite. Ich beziehe mich hier der Einfachheit halber nur auf sein Drama „Die Fliegen". Jupiter, stellvertretend für den Gott des abendländischen Glaubens, tritt selbst auf die Bühne. Er vertritt seine Sache und feiert in gewissem Sinne seine Triumphe. Er bezichtigt sich freilich des Verbrechens, daß er die

Menschen als Sterbliche schuf (II/5). Er ist mit dem Mächtigen der Erde, dem König Ägist, im Bunde. Sie züchten das Reuegefühl, um Ordnung zu halten und durch Ordnung zu herrschen. Der freie Mensch allerdings entwindet sich dieser Ordnung. „Wenn einmal die Freiheit in einer Menschenseele aufgebrochen ist, können die Götter nichts mehr gegen diese Menschen" (II/5). Der frei gewordene Mensch nimmt auf jede Gefahr seine Sache selbst in die Hand und entzieht sich der Macht der Götter. Orest sagt: „Die Gerechtigkeit ist eine Angelegenheit der Menschen. Ich brauche keinen Gott, der mich darüber belehrt." In der großen Theophanie Jupiters (III/2) versteigt er sich zu Aussagen, die wie eine Travestie des biblischen Schöpfungsberichtes wirken. Er wendet sich an den Menschen: „Du bist nicht bei dir zu Hause, Eindringling; du bist in der Welt wie ein Stachel im Fleisch, wie ein Wilder im herrschaftlichen Wald; denn die Welt ist gut: ich habe sie nach meinem Willen gemacht, und ich bin das Gute." Dem frei geschaffenen Menschen sollte wohl seine Freiheit verborgen werden, aber er nimmt sie sich und verstößt sich damit in die Einsamkeit. Orest: „Es war nichts mehr am Himmel, weder Gut noch Böse, noch irgend einer, um mir Befehle zu geben." „Ich werde nicht zu deiner Natur zurückkehren: tausend Wege sind mir darin gezogen, die zu dir führen, aber ich kann nur meinem Wege folgen; denn ich bin ein Mensch, Jupiter, und jeder Mensch muß seinen Weg erfinden." Der Gedanke Gottes wird also nicht geleugnet, aber er wird in die Metaphysik abgeschoben, die für die Existenz des Menschen keine Bedeutung mehr hat. Der Mensch hat, mit Nietzsche zu sprechen, „diese Erde von ihrer Sonne losgekettet".

Es muß auffallen, daß Nietzsche und Sartre ihren Atheismus in mythischer Gestalt aussagen. Sie „erzählen" ihn als eine, und zwar als ihre eigene Geschichte. „Gott" ist für beide Vergangenheit, er ist Erinnerung. Und die eigene Freiheit kommt nur in dem Kampf mit dieser Erinnerung zustande. „Gott" ist unvergeßlich. Man könnte — gewiß in vergröbernder Deutlichkeit — sagen: sie haben diesen „Gott" noch selber gekannt, als er noch nicht „gestorben" war. Von ihm loskommen, ist der entscheidende Akt der Befreiung des Menschen. Das Pathos der Entdeckung, das den Atheismus in seiner ganzen Geschichte begleitet, ist hier wie in keinem vergleichbaren Typus, mit Händen zu greifen. Man muß es sich fortwährend zurufen: „Gott ist tot", Jupiter ist machtlos geworden. Die Fliegen der Reue sind verschwunden. Dieser Atheismus lebt von dem Zwang, immerfort davon zu sprechen, er gerät gegen seinen Willen zu einer negativen Theologie. Denn was der Mensch für seine Freiheit bezahlt, ist ein hoher Preis. Er kann es in dieser neugefühlten Kälte kaum aushalten, er ist, wie Sartre sagt, „zur Freiheit verurteilt", er hat sich selbst in die Einsamkeit verstoßen; nicht in die Einsamkeit der Individuation, sondern in die kosmische Einsamkeit der Verantwortung für sich, die nun nichts mehr über sich hat. Es droht ständig die Versuchung des Rückfalles. Nirgends sonst hat der Mythus, dem unser Zeitalter den Abschied gegeben zu haben meint, ein ähnliches Zeugnis von seiner Lebendigkeit abgelegt.

5. Gleichzeitig freilich existiert der Atheismus abseits aller atheistischen Theorie, abseits aller mythischen Selbstauslegung in der banalsten Weise des religiösen Bedeutungsschwundes. Es ist ein Atheismus, dem man viele Namen geben mag, der aber kein Gesicht mehr hat. Er hat eine lange Geschichte in der Neuzeit. Ein Lebensgebiet nach dem anderen löst sich aus den Voraussetzungen des Gottesglaubens heraus und versteht sich aus seinen eigenen Voraussetzungen. Die Wissenschaft folgt ihrem eigenen Gesetz und nimmt die wissenschaftliche Theologie auf diesem Wege der Anwendung säkularer Methoden mit sich. Hugo Grotius begündet das Naturrecht aus der vernünftigen Natur des Menschen. Pierre Bayle entfaltet in seinem Philosophischen Kommentar (1686/87) den Gedanken der Toleranz in der Weise, daß er den religiösen Überzeugungen den Charakter von zwingenden evidenten Vernunfteinsichten bestreitet. Im Glauben sind die Menschen getrennt, aber die Vernunft ist das Allgemein-Menschliche. Wir können die revolutionären Folgen dieser Einsichten für die Staatslehre kaum mehr nachfühlen. Der Gottesgedanke wird hier nicht geleugnet, aber er wird isoliert und der Gottesglaube hat für das ganze Feld der Ethik seine unmittelbare Bedeutung verloren. In dieser Weise kann man den Vollzug des Schicksal der Säkularität in viele einzelne Themenreihen zerlegen. Die religiöse Sprache fällt hinter die Entwicklung der Alltagssprache zurück und für immer mehr Menschen werden ihre Sätze und Glaubensaussagen Leerformeln. Die ganz und gar dem Menschen gehörende Welt verliert jede Transparenz für das Heilige, und das Göttliche wird zum Fremdkörper, unverstanden, unbekannt, nichtssagend. Es ist der radikalste Atheismus, nämlich der einzige Atheismus, der keine Theorie von sich selber hat und nicht mehr von sich spricht.

Auch der Atheismus ist, in jeder seiner vielfältigen Gestalten, Interpretation von Religion. Darin liegt seine religionsphilosophische

Bedeutung. Aber unser Überblick hat gezeigt, wie wenig Eindeutigkeit ihm im Laufe seiner geschichtlichen Äußerungen zukommt. Darum ist es schwierig, ihn als einen pauschalen Begriff in die Diskussion zu ziehen. Jede Gestalt des Atheismus muß im Kontext der Epoche begriffen werden.

Dasselbe gilt von der Religion. Ich sehe dabei von dem Naheliegendsten völlig ab, von ihrer positionellen, d. h. von ihrer religionsgeschichtlichen, auch dogmatischen und konfessionellen Vielfalt. Ihre begriffliche Selbstauslegung ist zeitgebunden, was zu den schwersten Mißverständnissen, auch in der Selbstauslegung, Anlaß gibt. So hat sicher zu seiner Zeit ein ontologisch interpretierter Gottesglaube, eine Theorie vom ens realissimum, von der „Existenz" eines höchsten Wesens, das „Persönlichkeit" hat, religiösen Sinn gehabt. Aber dieser Sinn kann sich so verflüchtigen, daß der atheistische Protest gegen eine derartige unhaltbare Metaphysik mit der „religiösen" Überzeugung genau übereinkommt. Die Bedeutung des Atheismus liegt daher für die Religion darin, daß er sie zur Beachtung der Sprachprobleme zwingt. Wenn erkannt wird, daß durch überholte Sprachformen Mißverständnisse ausgelöst werden, dann muß die Religion selbst sich neu interpretieren, und sie hat — religionsphilosophisch gesehen — den religiösen Satz semantisch gegen andere Bedeutungen zu sichern.

Keinesfalls hat also die Religionsphilosophie dem Atheismus gegenüber eine apologetische Aufgabe. Ihre Aufgabe ist die Interpretation, Verstehen und Auslegen von Begriffen.

Zwei wesentliche Interessen sind dem förmlichen Atheismus gemeinsam. Es ist einmal die Wahrheit der Aussage, die intellektuelle Redlichkeit; und es ist das Eintreten für die Menschlichkeit für die Achtung der Vernunft, für ihren Gebrauch im Dienste der Erkenntnis, der Freiheit und der Zukunft des Menschen. Darum nimmt der neuzeitliche Atheismus gerne in positiver Wendung den Begriff des Humanismus für sich in Anspruch. Das bedeutet aber eine neue Phase der Auseinandersetzung, soweit man diese überhaupt theoretisch umgreifen kann. Das Problem des Atheismus hat sich aus dem Felde der Metaphysik und der Erkenntnislehre herausverlagert, es ist zu einer anthropologischen Frage geworden, nämlich zu der nach dem möglichen oder unmöglichen Sinn von Religion. Alle konkret religiösen Fragen, sogar die theologischen Themen im engeren Sinne, sind, philosophisch, in diesen Problemhorizont eingezeichnet.

Die in der neueren protestantischen Theologie weitverbreitete Ablehnung des anthropologischen Interesses, etwa unter dem formelhaften Stichwort

„nicht anthropozentrisch, sondern theozentrisch", weicht dem fälligen Problem nur aus. Tatsächlich wird hier auch über den möglichen Sinn aller theologischen Aussagen und Bekenntnisse entschieden.

Man kann die hier gestellte Frage etwa so formulieren: Wenn wir nur nach dem Maße des menschlichen Geistes das Göttliche erfahren und uns allenfalls auch in diesen Grenzen Vorstellungen und Begriffe von ihm machen können, warum fragen wir dann noch nach diesem Göttlichen selbst? Überschreiten wir hier nicht in unzulässiger Weise eben die uns durch unseren Geist, unsere Vernunft gezogenen Grenzen?

Im Grunde dient das ganze Buch der Antwort auf diese Frage. Das Menschenbild aller Religion meint den sich selbst transzendierenden Menschen. Es meint den Menschen, der dem Göttlichen, dem Heiligen begegnet, der als Geist sich dem Geiste Gottes gegenüber weiß und der, indem ihn das alles in seiner Existenz trifft, ihn „unbedingt angeht" (nach Tillich), zu seinem eigentlichen Wesen hindurchfindet. Sich transzendieren bedeutet Offenheit zum Göttlichen hin, das von der Offenheit zum Mitmenschen gar nicht getrennt werden kann. „Glaube" und „Liebe" sind die untrennbaren Kurzformeln dafür. Es ist im Gegensatz zu jeder Form von Atheismus und Religionsfeindschaft die Überzeugung der Religion, daß der sich dagegen verschließende Mensch seine Menschlichkeit beschädigt. Das schließt nicht aus, daß er in einer „schweigenden" Religion diese Offenheit bewährt, ohne daß es in seinem Bewußtsein deutlich wird. Davon ist im 10. Kap. zu sprechen.

Was aber das Göttliche selbst betrifft, das ja der Atheismus zum Gegenstand seiner Bestreitung macht, so ist abschließend auf zweierlei hinzuweisen. Beides setzt voraus, daß das Göttliche nicht im Menschlichen untergehen kann, ohne aufzuhören, das Göttliche zu sein. Ich meine einmal das unaufgebbar „Jenseitige" im Göttlichen, und zweitens das ebenso unverzichtbare „Menschliche" im Göttlichen.

1. Für Erfahrung und bildhafte Vorstellung der Jenseitigkeit des Göttlichen sind zwei Extreme vorhanden, die sich in der Religionsgeschichte immer wieder bestätigen. Die härteste Form der „Jenseitigkeit" Gottes ist seine Fremdheit. Gott ist der Herr, der überlegene Schöpfer der Welt, der Lenker unserer Schicksale, der Mitwisser und strenge Richter der Gedanken und Taten des Menschen. Vor ihm erfährt der Mensch seine Kleinheit, seine Ferne von Gott, seinen Unwert. — Die entgegengesetzte Form der „Jenseitigkeit" des Gött-

lichen ist diese: Gott macht sich bekannt, der „ferne Gott" wird zum „nahen Gott", zum Freund, der Weltenschöpfer „offenbart sich" als Vater, Gott wird Bruder, kommt zu uns, bewegt unser Herz.

2. Ebenso ist das Menschliche im Göttlichen unverzichtbar. Auch hier ein breiter Fächer der Erfahrungen und Vorstellungen. Es kommt eben im Bildhaften selbst zum Ausdruck: Gott nimmt menschliche Züge an, Liebe, Güte, Barmherzigkeit. Es ist immer eine Erniedrigung Gottes in den Religionen, wenn die menschlichen Züge aus seinem Bilde entfernt werden, wenn er Tiergestalt annimmt, zum Dämon, zum „blinden Schicksal" erstarrt. Aber hier vollzieht sich zugleich eine dialektische Umkehrung. Es ist eine Erhöhung des Menschen, wenn sein Gott menschliche Züge annimmt. Das ist der Kern der zur formulierten Überzeugung ausgestalteten Erfahrung, daß in diesem Göttlichen sich der Mensch — nicht etwa „wiederfindet", sondern daß er überhaupt erst so zu seiner eigenen und eigentlichen Existenz findet. Es ist das „neue Sein", von dem Tillich spricht.

3. Die Idee der Unsterblichkeit[7]

(a) Für die religionsgeschichtliche Forschung ist der Unsterblichkeitsglaube und der Seelenglaube ein altes und kaum je zu Ende zu bringendes Thema. In der Theologie und noch früher in der Philosophie des Abendlandes hat der Unsterblichkeitsglaube eine Rationalisierung erfahren, deren Summe die Unsterblichkeitsidee ist, die in jeder Epoche der Geistesgeschichte selber Geschichte erfahren und in der Herausforderung von Zustimmung oder Widerspruch Geschichte gemacht hat. Von ihr soll im Nachfolgenden die Rede sein. Ich spreche von der Idee der Unsterblichkeit, weil sie — vollends in Ansehung ihres geschichtlichen Wandels — etwas eigentümlich Undefiniertes an sich trägt. Zu allen Zeiten war sie doch mehr ein zur Interpretation aufrufender Leitgedanke als ein fest umrissener Begriff, zumal sich die Zuversicht zu einer hinreichenden Definition seit Leibniz immer

---

[7] G. Simmel: Tod und Unsterblichkeit, in: Lebensanschauung. Vier metaphysische Kapitel, 1918, 130 ff. — A. Schlatter: Das christliche Dogma, 1923², §§ 123, 128 — Tor. Andrae: Det osynligas värld (1933), dt. Ausg. u. d. T. Die letzten Dinge (übers. v. H. H. Schaeder), 1940, 21-102 — G. van der Leeuw: Phänomenologie §§ 44, 46, 47 — N. Luyten, A. Portmann, K. Jaspers, K. Barth: Unsterblichkeit o. J. (1957) — Art. Unsterblichkeit, RGG³ VI, 1174 ff. (H. Graß) — H. Jonas: Unsterblichkeit und heutige Existenz, in: Zwischen Nichts und Ewigkeit. Drei Aufsätze zur Lehre vom Menschen, 1963.

mehr verflüchtigt hat. Vollends hat sich die Zuversicht zur empirischen Nachweisbarkeit in sektiererische Kreise zurückgezogen, von einem wissenschaftlichen Beweis redet im Ernst kein Mensch mehr. Idee ist der Gedanke der Unsterblichkeit eben in der Neutralisierung als Gedanke, der doch als Postulat im Kantischen Sinne wirkungsreich bleibt, eine unstillbare metaphysische Frage, faszinierend um der Bedeutung willen, die noch immer jeder möglichen Lösung des Problems zukommt.

Unsterblichkeit ist eine von den drei Religionsideen der Aufklärung: Gott, Freiheit, Unsterblichkeit. In ihr sind jedenfalls in der abendländisch-christlichen Tradition griechische und biblische, näherhin neutestamentliche Gedanken zusammengeflossen, denn Platons Phaidon hat sich in Sachen dieser Idee schon frühzeitig als stärker erwiesen als das Alte Testament, das von der Unsterblichkeit nichts weiß.

D. Fr. Strauß, Die christliche Glaubenslehre II. Bd., 1841, S. 697: „Den ganzen reichen Hausrath der kirchlichen Eschatologie überläßt das moderne Ich ohne sonderliche Gemüthsbewegung dem kritischen Brande, zufrieden, aus demselben seine nackte Fortdauer nach dem Tode zu retten. Mit Continuität des Bewußtseins, versteht sich; sonst würde es ja nicht als Ich fortbestehen. Dieser Unsterblichkeitsglaube ist die Seele der jetzigen Gefühls- und Verstandesreligiosität: der gebildete Fromme läßt sich eher noch seinen Gott und Christus, als die Hoffnung auf Fortdauer nach dem Tode nehmen. Was nützt mir ein Gott, welchen Grund habe ich, Christi Joch auf mich zu nehmen, wenn im Tode Alles aus ist? Nach der Kantischen Sichtung der alten Ideenwelt blieben noch Gott, Freiheit und Unsterblichkeit, diese drei: aber die Unsterblichkeit ist die größeste unter ihnen." Müssen nach 130 Jahren diese skeptischen Sätze nicht gerade als harmlos beurteilt werden?

Aber das Interesse war auch darum immer so lebendig, weil es eine Prärogative des Menschen betrifft. Seit der Psychologie des Aristoteles (De anima II,2) durchs ganze Mittelalter hindurch ist die bekannte Dreiheit der Seele Allgemeingut des Denkens: sie kommt als anima vegetativa auch den Pflanzen zu, sie ist als Tierseele (anima sensitiva) zugleich begehrend, empfindend, bewegend, und als menschliche Seele (anima rationalis) vernünftig, geistig. Diese anima rationalis aber ist schon bei Aristoteles eine andere Art von Seele als die der Tiere, sie ist vom Leibe abtrennbar und kann für sich selbst bestehen, sie ist unsterblich. Sie ist also der Inbegriff der höchsten Würde und des einzigartigen Vorzuges des Menschen. Dieses Überdauern des Todes, das der menschlichen Seele zukommt, bezeichnet einen antinaturalistischen Zug — es soll hier noch nicht davon die

Rede sein, welche Selbsterfahrung des Geistes darin eine Interpretation gefunden haben mag. Ohne Frage sind auch in diesen metaphysischen Postulaten von Anfang an solche Erfahrungskerne lebendig gewesen, Erfahrungen der Unabhängigkeit von „Welt", von Sinneseindrücken, Überdauern von Zeit, mystische Erfahrungen; denn ohne solche tragenden Gründe im Inneren kann keine philosophische Theorie dauern, wie denn auch der Platonische Phaidon sein Beweisverfahren mit dem Zeugnis des Sokrates vermählt. Es ist die sublimste Form der Ich-Erfahrung, nämlich die von seiner alle zeitlichen Grenzen überdauernden Identität.

(b) Als Ludwig Feuerbach 1830 mit seiner zunächst anonym erschienenen Schrift „Gedanken über Tod und Unsterblichkeit" seine kritischen Gänge über die Religion eröffnete, da lag im Für und Wider in diesen Sachen die Entscheidung. Georg Simmel hat aber schon vor zwei Generationen auf die heute völlig veränderte Lage hingewiesen, wenn er schreibt: „An die Unsterblichkeit als behauptete, bewiesene, modifizierte, widerlegte — dürfte sich für eine jedenfalls sehr große Zahl moderner Menschen kaum ein anderes als ein antiquarisches Interesse knüpfen" (a.a.O. 130). Die Idee erweist sich als eine metaphysische These, die als solche mit dem Interesse an der naiven Metaphysik überhaupt verfällt. Die Thematik des Todes, des Seins zum Tode hat auf der Folie der Heraufkunft des Nihilismus schon seit Nietzsche das Interesse an der Unsterblichkeitsidee weit überrundet. „Die große Lüge von der Personal-Unsterblichkeit" ist für Nietzsche erledigt (Werke IV, 330, VIII, 271), zugleich aber wird sie in einem anderen Sinne die Probe auf den Willen zum Leben: ob wir in der ewigen Wiederkehr Unsterblichkeit „ertragen könnten" (XII, 369). Aber das bedeutet jedenfalls in keinem Sinne mehr Unsterblichkeitsglauben im alten Sinne.

Mehr als das aber zeigt sich in unserer Frage einfach die Wirkung des naturwissenschaftlichen Denkens. Sie zeigt sich in doppelter Hinsicht. Einmal darin, daß die Vorstellung einer vom Leibe getrennt existierenden Seele als ein Ungedanke erscheint. Die biologische Entzauberung des Lebens, die Entsprechung des Entwicklungsgeschehens bei Mensch und Tier lassen für die Vorstellung eines organisch nicht gebundenen Lebens keinen Raum; mehr als das: der Mensch wird in organischer Hinsicht als ein Glied der Tierwelt erkannt. „Die neue Denkweise hat keinen Ort mehr für die Eigenart eines besonderen Schicksals, das den einzelnen Menschen über alle anderen Lebewesen hinaus zu etwas ganz Besonderem macht und ihm in irgendeiner Weise ein ewiges Leben gewährt", sagt A. Portmann (a.a.O. 25). Die Sonderstellung des Menschen im Kosmos bleibt immer ein zentrales Thema der Anthropologie, gleichviel, ob es sich um biologische oder philosophische oder theologische Anthropologie handelt. Aber es gibt keinen wissenschaftlich zwingenden Grund, der uns zur Annahme einer Unsterblichkeit der Seele nötigen würde. Um noch einmal Portmann zu zitieren: „Ja, diese Sonderheit, die wir das Geistige nennen können, kann sehr groß gesehen werden, ohne daß irgendein zwingender Grund uns zur Annahme der Unsterblichkeit des einzelnen Menschen führen muß. Der Nachweis der Sonderstellung des Menschen ist das Ergebnis einer wissenschaftlichen Untersuchung der humanen Daseinsform; er bedeutet nicht die wissenschaftliche Anerkennung einer besonderen Glaubensform, wohl aber bedeutet er das Aufzeigen einer besonderen Art des Welterlebens, in der religiöse Bedürfnisse tief verankert sind. Der Glaube an Unsterblichkeit ist an sich so wenig ein Ausweis über höheres Menschentum, als sein Fehlen eine Abwertung des Humanum bedeuten muß" (26).

Bedenkt man, daß diese Grundüberzeugungen sich immer mehr dem allgemeinen Bewußtsein mitteilen, auch wenn der einzelne nicht in der Lage sein sollte, sich über die Grundsätze dieses Denkens zu äußern, dann wird deutlich, daß es sich um einen tiefgreifenden Bewußtseinswandel handelt, mit dem zugleich auch ein Wandel der Sprache bezeichnet ist. Unsere Sprache hat sich so verändert, daß mitunter umfassende Darlegungen über Unsterblichkeit und ewiges Leben gegenstandslos werden. Ihre poetischen Analogien, ihre Bilder und apologetischen Gefechte mit dem Monismus oder Materialismus haben noch vor zwei Menschenaltern den Ansprüchen der Leser genügt. Sie können heute nicht mehr genügen.

(c) In der evangelischen Theologie kommt nun von einer ganz anderen Seite eine weitere Erschwerung des Problems hinzu. Der Gedanke der Unsterblichkeit wird als der stärkste Gegensatz zur Auferstehungsverkündigung verstanden (z. B. von K. Barth, E. Brunner, O. Cullmann u. a.). Unsterblichkeit sei eine griechische Idee, welche den Menschen in einen sterblichen Leib und eine unsterbliche Seele zerteile und den Tod idealisiere, weil er die reine Seele aus dem Gefängnis des sündigen Leibes befreie. Ich verzichte auf die Wiedergabe der Darlegungen, welche sich bei den einzelnen Theologen über die Unsterblichkeitsidee finden und die sich bis zu apologetischen Karikaturen steigern können. Während die ältere Theologie, selbst die der Reformatoren, diese schroffe Entgegensetzung von Unsterblichkeit und Auferstehung nicht gekannt hat, hat sie sich in der letzten Generation bis zu einer selbstverständlichen These verstärkt.

Natürlich heben sich deutlich gegen eine allgemeine Rede von Unsterblichkeit jene Gedanken ab, welche das theologische Interesse an der Auferstehung begründen. Die Auferstehungshoffnung betrifft den ganzen Menschen nach Leib und Seele und nicht nur die Seele oder ein unkörperliches eigentliches Wesen des Menschen. Sie rechnet mit der Realität des Todes in ganzer Tiefe und Radikalität, so daß für die Kontinuität der Daseinsform der Auferstandenen zu ihrem jetzigen irdischen Leben die geringste eben noch erträgliche Kontinuität angenommen werden muß, damit das andere, neue Leben als das Ziel dieses Lebens gelten kann. Der Gedanke der Auferstehung stellt ferner die extreme Transzendierung des Lebens nach dem Tode dar, er verweist auf ein Leben in einer neuen, anderen Welt. Ein Verbleiben nach dem Tode in dieser Welt, also im Raume einer wie auch immer gedachten Erfahrbarkeit des „Fortlebens", jede Vorstellung von einem Hereinwirken der Toten in das Leben der noch Lebenden kommt einer Leugnung der Auferstehung gleich. Das Wichtigste ist aber etwas anderes. Der Gedanke der Auferstehung bindet alle über den Tod hinausweisende Hoffnung an einen göttlichen Akt der Erweckung, um nicht zu sagen der Neuschöpfung zwischen Tod und neuem Leben. Er bindet diese Hoffnung an den Vorgang der Auferstehung Christi; die eigene Auferstehung soll in der Analogie und Nachfolge der Auferstehung Christi geschehen. Während also — so muß das Argument für die radikale Entgegensetzung von Auferstehung und Unsterblichkeit verstanden werden — die Unsterblichkeit nur eine Idee allgemeiner Art ist, die übrigens zu ihrer Realisierung des Beweises bedarf, ist der Auferstehungsglaube etwas unverwechselbar Christliches und kann gar nicht zu einer allgemeinen Idee konvertiert werden.

Ich habe in diesem Zusammenhang sowohl hinsichtlich des Auferstehungsglaubens als auch hinsichtlich der Unsterblichkeitsidee den gedanklichen Gehalt vor Augen. Ich lasse dabei die Frage noch außer Betracht, ob sich für einen solchen Vergleich die beiden Gedanken eindeutig und unmißverständlich abgrenzen lassen, was allerdings viele Theologen vorauszusetzen scheinen. Es ist aber die Frage, ob diese radikale Entgegensetzung gerechtfertigt ist. Es lassen sich einige kritische Gegenfragen nicht vermeiden.

Annähernd alle Gründe, welche gegen die Unsterblichkeit, gegen ein „Fortleben nach dem Tode" aufgeboten werden, treffen auch den Glauben an die Auferstehung der Toten. Wenn jemand nur sterben oder getötet werden kann, weil er sterblich ist, so kann auch der Gedanke der Auferstehung bzw. der Auferweckung nur dann gedacht werden, wenn ein Leben jenseits des Todes überhaupt im Horizont der Denkbarkeit liegt. Man kann nicht mit L. Feuerbach im Bunde das Plaidoyer für den Auferstehungsglauben glaubhafter machen. Das sind nicht nur logische Irrtümer, sondern listige Kunstgriffe. Bekanntlich ist die christliche Theologie jahrhundertelang bei der näheren Ausführung ihrer individuellen Eschatologie geradezu gezwungen gewesen, auf den Unsterblichkeitsgedanken zurückzugreifen. Die Lehre von der Auferweckung am Jüngsten Tag hat — in dem Maße, als der Jüngste Tag als endgeschichtliches Datum verstanden worden ist — die bekannte Schwierigkeit geschaffen, in welchem „Zwischenzustand" denn die Verstorbenen bis zu jenem Jüngsten Tage zu denken seien. Wie immer die Auskunft auf die Frage nach dem Zwischenzustand auch lauten mag, sei es durch die Lehre vom Purgatorium, sei es durch die Lehre vom Seelenschlaf, immer muß auf die Unsterblichkeitsidee zurückgegriffen werden. Man kann natürlich diese Frage und damit auch die Antworten verbieten. Dann aber nähert man erst recht die Lehre von Auferstehung und Gericht der Unsterblichkeitsidee an; denn man verzichtet dann auf den Realismus der Endgeschichte.

Von einer anderen Seite her verstärkt sich nur der Zwang, sich allgemeinerer Unsterblichkeitsvorstellungen zu bedienen. Je radikaler nämlich der Gedanke des Todes und der der Erweckung gedacht werden, desto mehr hebt der eine wie der andere die Kontinuität zwischen der irdischen und der jenseitigen Seinsweise des Menschen auf. Die Erweckung muß in demselben Maße als eine völlige Neuschöpfung gedacht werden, und das widerstreitet dem Gedanken des Gerichts, der die Identität des Menschen voraussetzt. Kraft welcher Identität ist der im Gericht zur Seligkeit Erhobene oder der Verworfene denn derselbe Mensch, der für sein irdisches Leben einzustehen hat? Unterbricht nicht der radikal gedachte Auferstehungsgedanke eben diese Identität, welche der Gerichtsgedanke geradezu fordert?

Schleiermacher hat in seiner scharfsinnigen Kritik der Eschatologie diese Zwiespältigkeit auch beobachtet: Glaubenslehre[2], § 161, Abs. 2: „Und so müssen wir schwanken zwischen dieser mehr biblischen Vorstellung, nach welcher durch die Wirksamkeit Christi im Zusammenhang mit großen kosmischen Veränderungen das künftige Leben und die triumphierende Kirche plötzlich, aber freilich auf Kosten der unterbrochenen Stetigkeit, als ein großes Ganzes dasteht, und jener minder biblischen, welche — aber freilich auf solche Art, daß man ihr, da sie genaue Verwandtschaft mit den irdischen Zuständen zum Grunde legt, eine naturwissenschaftliche Bewährung wünschen müßte, — die Continuität der Persönlichkeit möglichst rein erhält, nach der aber die vollendete Kirche nur allmälig aus dem gleichzeitig mit ihr fortbestehenden Erdenleben heranwächst."

Auch vom biblischen Befund her ist der Gedanke der Auferstehung weder eindeutig noch exklusiv definierbar. Der Auferstehungsglaube ist gewiß, wie Tor Andrae (61) sagt, „der tiefste Ausdruck für die Unsterblichkeitshoffnung", er steht nicht im Gegensatz dazu, schließt den Gedanken der Unsterblichkeit nicht aus, sondern ist, wenn man der Kühle klarer Begrifflichkeit nicht ausweichen will, ein Modus des Glaubens an die Unsterblichkeit, oder doch an das ewige Leben.

„Unsterblichkeit" und „ewiges Leben" — ist beides dasselbe? Wie steht es überhaupt mit der Denkbarkeit dieser Begriffe?

(d) Es geht im Nachfolgenden nicht um die Frage, wie ich zur Überzeugung von der Unsterblichkeit, von meiner Unsterblichkeit gelangen könne. Nicht die naive Frage, ob und warum „ich" „fortleben werde", soll uns hier beschäftigen, so wichtig sie in anderem Betracht auch sein mag. Vielmehr steht hier die theoretische Seite der Sache zur Verhandlung, also die Frage der Denkbarkeit, die freilich in vieler Hinsicht mit der Frage der Vorstellbarkeit und mit der Frage der verschiedenen Bildgehalte verschmilzt. Diese Fragestellung mag primitiv erscheinen. Aber sie bringt sofort grundlegende Undeutlichkeiten ans Licht. Diese Undeutlichkeiten verwirren das unmittelbare religiöse Empfinden und verleiten die Theologie dazu, sich ihrer aus apologetischem Interesse zu bedienen. Der Gedanke der „Unsterblichkeit" bezeichnet die Unzerstörbarkeit des Personkerns, also der „Seele", des „Ich". Schon an dieser geringfügigen Vertauschung von „Seele" und „Ich" kann man sichtbar machen, daß die Polemik gegen einen isolierten Seelenbegriff ins Leere gehen kann, weil er möglicherweise eine Chiffre bezeichnet, welche mit psychologischen Kategorien nur unzureichend erfaßt wäre. Denn meint nicht die so verstandene „Seele" den eigentlichen und ganzen Menschen? — Hingegen besagt „Fortleben nach dem Tode" oder „Überleben des Todes" nur, daß die „Seele" länger dauert als der Leib, was aber keine eigentliche Unsterblichkeit bedeuten muß. Darum sind spiritistische Phänomene, wie immer man sie sonst beurteilen mag, jedenfalls kein Argument zugunsten der Unsterblichkeitsidee. — Handelt es sich bei den eben erwähnten Begriffen um metaphysische Thesen, so ist der Begriff des ewigen Lebens bzw. des Lebens der zukünftigen Welt ein ausgesprochen religiöser Begriff. In der rationalen Ausführung fließen alle diese Begriffe häufig zusammen. Aber ich habe damit schon vorgegriffen und muß mich nunmehr den Unsterblichkeitsvorstellungen im einzelnen zuwenden.

Aus der antiken Welt ist uns der Ruhm, das Fortleben des großen Namens, als eine weitverbreitete Form der Unsterblichkeitsidee bekannt. Schillers „Ist der Leib in Staub zerfallen, lebt der große Name noch" zeugt von der Fortdauer dieser Vorstellung. Wir pflegen sie heute wohl als reine Rhetorik abzulehnen. Aber die urmenschliche Tendenz, den Namen zu bewahren, Erinnerung zu pflegen, gleich als ob man durch die Bewahrung des Gedächtnisses den Abgeschiedenen selber noch in unserem Dasein festhalten könnte, spricht gegen die bloße Rhetorik. Leben heißt Wirken, und die Fortdauer der Wirkungsgeschichte über den leiblichen Tod hinaus ist tatsächlich eine Art des Überdauerns der Person. Erst das totale Vergessenwerden bedeutet einen völligen Tod (Ps 103, 16). Um ihrer vitalen Kraft willen sind diese gedanklichen Zusammenhänge sicher ernst zu nehmen. Wir alle stehen unmittelbar in ihrem Bann. Trotzdem liegen die Einwände gegen diese alte und säkulare Form der Unsterblichkeitsidee auf der Hand. Was ist mit denen, die keinen „Namen" haben? Wir wissen, wie Name, Nachruhm und Gedenken manipuliert, ebenso hochgespielt wie (etwa aus politischen Gründen) ausgetilgt werden können. Der Ruhm wird nicht immer nach Verdienst, sondern häufig nach Wünschbarkeit und nach Vorurteilen zugemessen. Ganz abgesehen davon, daß Ruhm, Name und Nachwirkung niemals „ich selbst" bin; das alles ist wandelbar, wechselvoll und letztlich vergänglich.

Gedanklich verwandt damit ist die jüdische Vorstellung des Fortlebens in der irdischen Geschlechterkette, d. h. in den leiblichen Nachkommen, so daß notfalls die Pflicht erwächst, dem Abgeschiedenen zu Nachkommen im rechtlichen Sinne zu verhelfen, wenn er keine natürlichen Nachkommen hat — Grundgedanke der Leviratsehe Dt 25, 5 ff. Über die Vorstellung des Fortlebens der Ahnen in uns und in der Erinnerung des Stammes, und dementsprechend unseres Fortlebens in den Nachkommen im afrikanischen Denken vgl. J. S. Mbiti a.a.O. passim.

Die materialistische Bestreitung der individuellen Unsterblichkeit in jeder Form hat immer den bestrickenden Vorzug einer konsequenten und radikalen These. Sie kann sich und muß sich auf die Erfahrung berufen. Aber sie bedeutet jedenfalls auch die These, die weit über das Weltanschauliche des Materialismus hinaus einfach den naturwissenschaftlichen Grundsatz aussagt, daß uns kein Leben ohne organische Grundlage bekannt ist. Der Spiritismus und verwandte Weltanschauungen (Swedenborg) bieten dagegen „Erfahrungen" auf, welche ein Überleben der Seelen bezeugen und über den Zustand, evtl. über Phasen des Zustandes nach dem leiblichen Tode Erkenntnis vermitteln sollen. Wir sehen in unserem Zusammenhang natürlich davon ab, daß solche „Erfahrungen" nicht allgemein zugänglich und überdies starken erkenntniskritischen Bedenken ausgesetzt sind. Uns muß vielmehr der gedankliche Gehalt dieser Erfahrungen auffallen, der den vollen Sinn der Unsterblichkeitsidee gar nicht erreicht. Vielmehr finden wir hier nur ein relatives Überleben des leiblichen Todes behauptet, wie denn derartige spiritistische und visionäre Erfahrungen sich nur auf die Geister der Verstorbenen aus einer jüngeren Vergangenheit zu beziehen scheinen. In Sage und Märchen geben diese Geister auch den Wunsch kund, nicht mehr erscheinen zu müssen, sondern Frieden zu haben.

Wir sind mit diesen ungewissen Spekulationen aber auf das kritische Problem der Dauer der Unsterblichkeit aufmerksam gemacht. In der orthodoxen Lehre hat das Endgericht, zu dem Christus am Ende der Welt erscheinen wird, einen doppelten Ausgang: piis et electis dabit vitam aeternam: impios autem homines ac diabolos condemnabit, ut sine fine cruciantur (Hutterus, Compendium, 32, 1). Diese Vorstellung, in der die Taten eines vergänglichen Erdenlebens mit einem ewigen Schicksal beantwortet werden, befindet sich seit alters im Widerstreit mit unserem Gerechtigkeitsempfinden. Abgesehen davon, daß die Unbeweglichkeit und Ereignislosigkeit dieses ewigen Zustandes trotz aller Versuche einer phantasiereichen Ausmalung aller Vorstellbarkeit sich entziehen, ist die unmittelbare Folge dieser alle Maße übersteigenden Entsprechung, daß dem kurzen Erdenleben eine für die Ewigkeit entscheidende Bedeutung beigelegt wird. Damit ist aber die undifferenzierte Alternative, die auf ewiges Leben oder ewige Verdammnis lautet, nach unserer Einsicht in menschliche Lebensgänge, durch das diesseitige Bild des irdischen Lebens in seiner Differenziertheit nicht gerechtfertigt. Es liegt auf der Hand, wie solche in jeder neuen Wendung erneut unvollziehbaren Vorstellungen ihre Kraft in der christlichen Gemeinde einbüßen müssen. Je mehr aber das kritische Nachdenken an dieser harten Alternative hängen geblieben ist, desto mehr haben sich vermittelnde Auskünfte angeboten, die aus der Dogmengeschichte bekannt sind, wenn auch keine dieser Auskünfte zu kirchlicher Anerkennung gekommen ist.

Zu diesen problematischen Vermittlungen gehören alle Vorstellungen von Läuterungen, die den Abgeschiedenen im Jenseits widerfahren. Offenbar hat Schleiermacher an derartiges gedacht, und zwar nach Art einer sich über den Tod hinaus fortsetzenden individuellen Entwicklung (Gl. L. § 159, 1), aber doch ohne für solche Erwägungen irgendwie kirchlichen Charakter in Anspruch nehmen zu wollen. Die katholische Lehre vom Fegfeuer, das immerhin nicht nur als das Abbüßen zeitlicher Sündenstrafen, sondern auch als „Zustand der sittlichen Läuterung, in welchem die noch nicht gänzlich reinen Seelen durch Strafen gereinigt und für den Himmel geeignet werden" (B. Bartmann, Grundriß der Dogmatik, 1923, 576), gedeutet wird, kommt damit nicht ohne weiteres überein; denn die hier vorwaltende und ins Jenseits übergreifende Rechtsidee, der Ausgleich von Schuld und „zeitlicher" Strafe setzt andere Akzente, was auch dadurch zum Ausdruck kommt, daß Lebende diesem Ausgleich fürbittweise, durch Zuwendung guter Werke oder durch Ablässe zu Hilfe kommen können. Durchweg handelt es sich dabei um die bemerkenswerte Tatsache, daß sittliche Bedürfnisse auf metaphysische Vorstellungen Einfluß nehmen. Daß früher Verstorbenen der Gewinn späterer Erleuchtung, die Erkenntnis fortgeschrittener Zeitalter nicht vorenthalten werden soll, hat inmitten der Aufklärung bei Lessing dazu geführt, daß er zu der „ältesten Hypothese" zurückkehre, daß der einzelne Mensch mehr als einmal auf dieser Welt vorhanden gewesen sein könnte.

Erziehung des Menschengeschlechtes §§ 94—100. Aber auch Goethe bekennt sich am 25. Jan. 1813 im Gespräch mit J. Falk, veranlaßt durch das Begräbnis Wielands an diesem Tage, zur Metempsychose und — ohne scharfe begriffliche Abgrenzung — zur Wiederverkörperung. Er sagt am Schluß des Gesprächs: „Ich bin gewiß, wie Sie mich hier sehen, schon tausendmal dagewesen und hoffe wohl noch tausendmal wiederzukommen." (Goethes Philosophie aus seinen Werken, hrsg. von M. Heynacher. Philos. Bibl. 109, 1922[2], S. XCV ff.)

Das Bedürfnis nach einer ausgleichenden Gerechtigkeit, das auch den gefallenen Geistern (Origenes) oder doch jedenfalls den unvollendeten Individualitäten den Weg zum Heil offenhalten möchte, muß so oder anders jenseitige Läuterungsperioden annehmen. Aber es geht dann nicht ohne kühne Ausgriffe der metaphysischen Phantasie in eine phantastische Metaphysik, wie denn diese vermittelnden Auskünfte alle ein Gefälle zur Apokatastasislehre aufweisen.

Die Reinkarnationsvorstellungen sind zunächst ganz und gar durch das Interesse an der Individualität getragen, die dann, im Buddhismus, im Zustand der vollkommenen Läuterung allerdings ihre Konturen und sich selbst im Nirvana verliert. Die rapide Vermehrung der Menschheit mindert aber schon im gegenwärtigen Bewußtsein das Empfinden für den Wert der individuellen Existenz; die Reinkarnationen müssen sich ja eigentlich nun in immer schnellerer Folge vollziehen, wie denn auch in anderer Weise das Quantitätsdenken Einfluß auf metaphysische Vorstellungen genommen hat: „das quantitative Mißverhältnis zwischen der materiellen Natur und der aufsteigenden Geisterwelt" hat schon in der Gnosis, aber dann wieder in der Neuzeit die unbeantwortbare Frage geweckt, ob nicht nur ein Teil der Geschöpfe zum höchsten Sinn der Welt, zur Freiheit oder zum Heil bestimmt sei.

Dogmengeschichtliches Material bei D. Fr. Strauß a.a.O. II, S. 734 ff.; „aristokratische" Argumente gegen den Gedanken einer allgemeinen Unsterblichkeit bei Goethe in den Zahmen Xenien:

Ein Sadduzäer will ich bleiben.
Das könnte mich zur Verzweiflung treiben,
Daß von dem Volk, das mich hier bedrängt,
Auch würde die Ewigkeit eingeengt.
Das wäre doch nur der alte Patsch,
Droben gäbs nur verklärten Klatsch.

Vgl. aber auch E. Troeltsch, Art. Theodizee III, RGG[2]V. Sp. 1105 f., wo der Gedanke der bedingten und begrenzten Teilnahme an der ewigen Bestimmung in kühnen Spekulationen erwogen wird.

(e) In jeder Weise stößt die Idee der Unsterblichkeit an die Wände des Unvorstellbaren an. Hier liegt der Angelpunkt alles Zweifels. Diese Aporien beziehen sich im Vordergrund auf die Unmöglichkeit, sich eine Existenzform jenseits aller Sichtbarkeit und diesseitigen Erfahrbarkeit vorzustellen. Sie entstammen den Widersprüchen, mit denen die Vorstellungen erkauft werden müßten, sie werden in der Theologie mit der Kritik an dem zugrunde liegenden Menschenbild begründet, also vor allem an der Unterscheidung der unsterblichen Seele von dem sterblichen Leibe. Die Aporien greifen aber auch auf ethische Argumente zurück, wenn sie die Gerechtigkeit Gottes gegen die Unangemessenheit „ewiger" Folgen aus den Handlungen und Unterlassungen unseres flüchtigen zeitlichen Lebens geltend machen. Alles in allem aber ist es das Erlahmen der metaphysischen Phantasie und die Beziehungslosigkeit unserer praktischen Vernunft zum Mythos, was die Schuld trägt für „die Ungastlichkeit des zeitgenössischen Geistes für die Idee der Unsterblichkeit" (H. Jonas 44).

Die christliche Theologie der Neuzeit ist offenbar nicht willens, ihr zu Hilfe zu kommen. Das hat eine eigene Geschichte, die mit Schleiermacher beginnt. Er hat in den „Reden über die Religion" der Aufklärung auch in der Form den Abschied gegeben, daß er die Religion von den drei konstitutiven Ideen unabhängig gemacht hat und am Ende der zweiten Rede auch die Idee der Unsterblichkeit, wenigstens „die Art, wie die meisten Menschen sie nehmen", die Sorge um die Ewigkeit ihrer Person, einer schneidenden Kritik unterworfen hat. In der Glaubenslehre (§ 158) hat er sich dann wesentlich umsichtiger geäußert. Sofern die Fortdauer der Persönlichkeit „durch die Tätigkeit des Erkennens, also auf dem Wege des objektiven Bewußtseins als Wahrheit ermittelt worden" wäre, „so gehörte dann diese Lehre in die höhere Naturwissenschaft". Ein Zusammenhang zwischen diesem Glauben und dem Gottesbewußtsein an sich kann nicht behauptet werden, wofür Schleiermacher seine Gründe nennt. „Wohl aber läßt sich behaupten, daß der Glaube an die Fortdauer der Persönlichkeit mit unserem Glauben an den Erlöser zusammenhängt." Hier beginnt bereits das Desinteresse der evangelischen Theologie in der Neuzeit an der Idee der Unsterblichkeit, sofern sie nicht im christologischen Kontext steht. Bei Albrecht Ritschl spielt der Begriff keine Rolle. Das „ewige Leben" ist ein durch die Rechtfertigung erschlossener gegenwärtiger Besitz. Im Bewußtsein der neueren Theologie hat sich, wie gesagt, die merkwürdige Vorstellung entwickelt, die „griechische" Idee der Unsterblichkeit bedrohe die Reinheit des Auferstehungsglaubens, bzw. die Abwehr dieser Idee käme im Horizont des modernen Bewußtseins dem Glauben an die Auferstehung zugute.

Das Material der Religionsgeschichte weist weit über die Grenzen der griechischen Tradition hinaus, vgl. K. Th. Preuß, Tod und Unsterblichkeit im Glauben der Naturvölker, 1930 (SgV 146); G. van der Leeuw, a.a.O.; M. Eliade, a.a.O. 336 ff.

Tatsächlich hat der Unsterblichkeitsglaube ganz unabhängig von den verschiedenen lehrhaften Ausprägungen unmittelbar anthropologische Wurzeln, genauer gesagt: seine Wurzeln in einer Selbsterfahrung menschlicher Individualität. Es handelt sich um ein Urphänomen, was nicht bedeutet, daß diesem Urphänomen auch schon ipso facto „Wahrheit" zukäme. Dieses Urphänomen menschlichen Selbstbewußtseins kann durch völlig andere, vielleicht sogar richtige Erfahrungsreihen überlagert, dementiert und bis zum völligen Gegenteil verändert werden. Ich bestreite aber, daß es erst einer geistes- oder dogmengeschichtlichen Tradition bedarf, um diese Idee lebendig werden zu lassen. Die griechische Tradition ist in dieser Sache nur ein Modus der Denkbarkeit. Tatsächlich aber zeigt sich in der genannten theologischen Beurteilung der Unsterblichkeitsidee nur, wie sehr die Theologie einen positiven Bezug zu diesem alten Anliegen der „Religion" verloren hat.

Aus der Schwierigkeit, sich die Unsterblichkeit vorzustellen, sie zu denken, die metaphysische Idee mit unserer rationalen Erfahrung in Einklang zu bringen, kann man zwei ganz verschiedene Schlüsse ziehen. Der eine Schluß ist der, daß die Idee durchgehalten werden, aber anders als durch eine rationale Begründung gerechtfertigt werden muß. Ich werde auf diese Folgerung im letzten Absatz zurückkommen. Der andere Schluß aber würde darin bestehen, daß die Idee selber an den Aporien scheitert, die wir uns vor Augen geführt haben, und daß sie daher redlicherweise aufgegeben werden muß. Die Möglichkeit der einen wie der anderen Folgerung zeigt an, daß keine von beiden logisch erzwungen werden kann, sondern daß die Entscheidung in jedem Falle aus Tiefen unseres Bewußtseins hervorgeholt werden wird, die unverrechenbar sind. Keine der hier möglichen Antworten wird das Fragen ein für allemal völlig stillen. Es ist das Privileg der Philosophie und auch der Religionsphilosophie, den theoretisch unlösbaren, aber zugleich um unseres Menschseins willen unstillbaren Fragen unablässig auf der Spur zu bleiben. So läßt sich auch hier beim einen wie beim anderen Schluß etwas über die sich eröffnenden Gründe und auch über die sich eröffnenden Folgen ausmachen. Ich möchte zunächst davon sprechen, welche Folgen sich im Horizont der christlichen Tradition ergeben, wenn man die Unsterblichkeitsidee wegnimmt. Ich möchte dabei, auf die Gefahr, ans Triviale anzustreifen, auch das selbstverständlich Scheinende nicht aussparen.

Es entfällt zunächst jede Zukunftseschatologie, d. h. jede Reflexion unseres Glaubens auf eine Zukunft, an der der Mensch nach seinem eigenen Tode noch irgendwie beteiligt sein könnte. Es entfällt also die Sinnhaftigkeit jeder Art von Drohung und Verheißung, die über die Schwelle des sichtbaren Lebens hinausgreifen. Es entfällt der Trost, daß die Verfolger der Jünger Jesu zwar den Leib, aber nicht die „psyche" zu töten vermögen (Mt 10, 28). Wie denn die Apostel und Märtyrer von der Hoffnung beseelt waren, zum Leben einzugehen (Phil 1, 23; Apk 7, 13—17). Es entfällt der Gedanke des Gerichts nach dem Tode; denn dieser Gedanke setzt, wie immer seine Relation zum Auferstehungsglauben sein mag, die Identität des auf Erden Lebenden mit dem nach dem Tode für sein irdisches Leben vor Gericht geforderten Ich voraus.

Bis hierher mag eine naive endgeschichtliche Eschatologie auch den Gedanken der Unsterblichkeit an der Naivität eines alten Weltbildes teilhaben lassen. (Welcher Glaube, der den Namen verdient, ist völlig frei von Naivität?) „Schuld" ist, wenn man diese Naivität einmal preisgibt, nur noch innerweltliche Schuld. Diese Schuld erlischt konsequenterweise mit dem Tode. Der Tod tilgt die Schuld absolut aus, nicht indem er sie einlöst oder sühnt, sondern indem er sie annulliert, d. h. zu einem Nichts macht. In der Beziehung zwischen Mensch und Mensch gibt es so nur bis zur Todesgrenze Schuldverhältnisse. Man kann also, um die logische Konsequenz bis zum äußersten zu erpressen, Schuld dadurch beseitigen, daß man den Menschen, dem man etwas schuldet, beseitigt. Je frühzeitiger man den Menschen beseitigt, desto früher ist man frei, je massenhafter man die Menschen beseitigt, desto unbeschwerter lebt man. Ich behaupte nun keineswegs, daß der Wegfall oder das Erlöschen der Unsterblichkeitsidee solche unmenschliche Praktiken zwangsläufig bewirkt; denn das ist nicht der Fall. Wohl aber gibt es nach dem Erlöschen der Unsterblichkeitsidee keine metaphysischen Gründe mehr gegen jene Konsequenzen, und die ja keineswegs nur erdachte Praxis, auf die ich angespielt habe, ist in den auf die Maße der puren Sichtbarkeit des Lebens reduzierten Schuldbegriff genau eingepaßt.

Nur die Unsterblichkeitsidee ermöglicht es, daß der Tod die Verschuldung gegen die Toten nicht aufhebt. Die Toten stellen auch nach ihrem „Tode" eine fortwirkende Instanz für menschliche Schuld und für das menschliche Gewissen dar. Das übersteigt alle Rationalität. Aber hier kommt zum Ausdruck, daß die Unsterblichkeitsidee die mächtigste Chiffre für den „unendlichen Wert" des einzelnen Menschen darstellt. Jede Einschränkung der Unsterblichkeit oder vollends jede Verneinung schränkt ein oder verneint auch den „unendlichen Wert" der menschlichen Individualität.

(f) Ich sagte, daß man aus den Aporien der Unsterblichkeitsidee, aus ihrer Unbeweisbarkeit, ihrer gehemmten Vorstellbarkeit und aus den Widersprüchen der verschiedenen lehrhaften Ausformungen zwei verschiedene Schlüsse ziehen könne: man kann entweder die Idee überhaupt dementieren oder aber die Idee zwar durchhalten, sie aber anders als rational rechtfertigen. Ich wende mich nunmehr dieser zweiten Schlußfolgerung zu. Die Energie, mit der man in der beginnenden Neuzeit die Idee der Unsterblichkeit zum Angelpunkt der Religion gemacht hat, hat trotz aller Rationalität ihrer Verfechter gewiß andere als rationale Gründe. Ich verweise einmal auf B. Spinoza, der im V. Teile der Ethik vom Lehrsatz 23 an die Ewigkeit der Seele gelehrt hat. Man darf dabei gewiß nicht übersehen, daß seine Argumentation nicht an der Individualität interessiert ist und daß er der Seele nur in ihrer Verbindung mit dem Körper eine zeitliche Existenz zuerkennt, daß also ihre Ewigkeit ohne zeitliche Analogien, nicht im Sinne einer unendlichen zeitlichen Dauer gemeint ist. Aber um ihrer „Ewigkeit" willen ist die Seele der Liebe zu Gott fähig. Lessing hinwiederum hat in der „Erziehung des Menschengeschlechtes" § 58 Christus das höchste Prädikat beigelegt, indem er ihn den „ersten zuverlässigen, praktischen Lehrer der Unsterblichkeit der Seele" nannte. Es ist dabei nicht zu übersehen, daß Lessing im § 60 ausdrücklich nicht „die Unsterblichkeit der Seele als eine philosophische Spekulation vermuten" will, sondern er meint „seine inneren und äußeren Handlungen darnach einrichten", d. h. er meint die Gewißheit der reinen Subjektivität, die „innere Reinheit des Herzens in Hinsicht auf ein anderes Leben", wie er § 61 sagt. Es ist daher zu fragen, ob die Hegelsche Linke in ihren leidenschaftlichen Angriffen auf die Idee der Unsterblichkeit wirklich diesen Kern der Sache beschädigen konnte. Elf Jahre nach Feuerbachs Destruktionsversuch war es in D. Fr. Straußens Glaubenslehre geradezu das letzte Wort, daß er in beziehungsvoller Travestie auf 1. Kor 15, 26 „das Jenseits" (und es ist ja im ganzen Abschnitt von nichts anderem als von der Unsterblichkeit die Rede) als den „letzten Feind, welchen die spekulative Kritik zu bekämpfen und womöglich zu überwinden hat" bezeichnete (a.a.O. 739).

Handelt es sich also bei der Idee um eine Gewißheit der reinen Subjektivität, so ist die Frage nach den Gründen nicht auszuschließen. Ich habe schon im 1. Absatz auf die Erfahrungskerne hingewiesen, die sich hier zum Worte melden. Wir müssen diese Erfahrung, weil sie noch vor aller gedanklichen Reflexion ist, gewiß als naiv kennzeichnen. Es ist die Gewahrung einer Teleologie des eigenen Lebens, einer Bestimmung, die im begrenzten Raume der eigenen zeitlichen Existenz nicht erfüllt werden kann. Es ist eine Ich-Erfahrung, die mit dem wahrgenommenen biologischen Leben nicht übereinkommt und die der Individualität zu jener Gleichheit mit sich selbst verhilft, die zusammen mit Wachstum, Reifung, Lernprozessen, aber auch zusammen mit Alterung, körperlichem Verfall und Vergessen besteht und es ermöglicht, daß das Ich sich selbst in seinen Veränderungen ebenso „objektiviert", wie es sich auch die äußere Welt in wachsenden, sich verändernden und auch abnehmenden Horizonten zur Gegebenheit bringt. Es ist eine Ich-Erfahrung, in der wir das eigene Ich in einer anderen als biologischen Lebendigkeit meinen verstehen zu müssen. Das schließt freilich keineswegs aus, daß auch diese naive Erfahrung alsbald der Anfechtung unterliegt, wie alle „Naivität" der Reflexion, der „Aufklärung" und Enttäuschung per definitionem ausgesetzt ist. Das heißt in unserem Falle, daß die angedeutete naive Ich-Erfahrung durch die Erfahrung der Sterblichkeit angefochten ist. „Die Frage der Sterblichkeit wird also überhaupt erst dem eigentlichen Individuum, im Sinne des Unwiederholbaren, Unersetzlichen, gegenüber akut" (G. Simmel, a.a.O. 130). Anders ausgedrückt kommt in dem naiven Selbstbewußtsein, in der Vorstellung von der „gefeiten Person", zuzüglich aller Anfechtung dieses Bewußtseins in der Todeserfahrung die Individualität zustande. Es bedarf keines Wortes, daß alle diese Erfahrungen, sobald sie sich artikulieren, sich leicht im rational vertretbaren Anspruch vergreifen und in Gleichnissen sprechen müssen.

Wir sehen davon ab, auf Erfahrungen zu rekurrieren, die um so weniger nachvollziehbar sind, als sie nur von einzelnen in Anspruch genommen werden können, wie die mystischen. Ich verweise aber überdies auf Erfahrungen des sittlichen Lebens. Es ist der Augenblick der Entscheidung, der die Zeit zum Verschwinden bringt und uns im Nu vor das Forum der Ewigkeit stellt. Die reine Sittlichkeit steht uns immer in der Form vor Augen, daß sie in keiner Weise mehr auf ein irdisches Forum oder auf mögliche Folgen Bedacht nimmt. Ich möchte hier, ohne das ins einzelne zu beschreiben, nur daran erinnern, daß wir auch bei diesen Erfahrungen in Schwierigkeiten geraten, sobald wir sie artikulieren; denn wir pflegen dann zu der Form des „als ob" unsere Zuflucht zu nehmen: Wir handeln, „als ob" wir für die Ewigkeit handelten; wir sind bereit, „wenn wir wieder vor dieselbe Entscheidung gestellt werden", ebenso uns zu entscheiden und ebenso zu handeln. In der theoretischen Umsetzung dieser Erfahrung gewinnt sie alsbald etwas Fiktives: Ewigkeit, Wiederholung der Situation, „letzter Augenblick" — das alles sind in keiner Weise Gegebenheiten, sie sind in der Aussageform nur noch Probefälle, so wie ja auch bei Nietzsches Idee der ewigen Wiederkehr der praktische Einsatz derselben zu einem Gedanken auf Probe zusammenschrumpft, was sicherlich weder dem Ursprung der Idee noch ihrem eigentlichen Sinne entspricht.

Es bleibt also bei der Subjektivität der Idee, so sehr sie sich im Kontext des Selbstbewußtseins als sinnvoll erweist. Ich habe für diese Subjektivität ausdrücklich eine konstitutive „Naivität" vorbehalten. Sie wird durch die Erfahrung des Todes angefochten, aber sie wird dadurch nicht eigentlich beseitigt. Im Angesicht des Todes bedeutet es die ambivalente Erfahrung, daß „dieser Tote" „selber da ist", und die völlig entgegengesetzte, daß „dieser Tote" eben in keiner Weise „er selber" ist. Aber das ist immer eine Erfahrung, die sich im Horizont der äußeren Welt vollzieht, die sich als Frage auf jeden Menschen zurückwirft, aber diese Frage ist nicht beantwortbar.

Wir haben damit die Unsterblichkeitsidee in einer doppelten Weise näher gekennzeichnet. Einmal haben wir sie der Anthropologie zugewiesen. Hier ist ihr Ort, sofern das ursprünglichste Selbstverständnis des Menschen anthropologische Kompetenz in Anspruch nehmen darf. Zugleich aber erkennen wir, daß die hier in Rede stehenden Grunderfahrungen auch vor aller lehrhaften Ausformung Bedeutung und Gewicht haben, ja in gewissem Sinne diesen lehrhaften Aussagen gegenüber immer die größere Ursprünglichkeit für sich haben. „Unser Lebensgefühl hat eine Deutlichkeit, die sich gegen den Vernichtungsgedanken auch da sträubt, wo das Gottesbewußtsein nur schwach vorhanden ist. Einen Beweis für die Unsterblichkeit kann man aber dies nicht heißen", sagt A. Schlatter (a.a.O. 528).

Wenn wir uns aber in einer lehrhaft verfestigten Form zu der Idee der Unsterblichkeit stellen, so eröffnen sich neue Probleme. Die Idee ist nicht notwendig religiös, so sehr sie religiös offen ist. Sie kann auch eine „leere" Idee sein. Schlatter sagt: „Bloß mit dem Gedanken der Fortexistenz ist uns keine Hilfe verschafft, da an ihm sofort die Frage entsteht, mit welchem Inhalt sie sich fülle, und an dem, was jetzt uns innerlich bestimmt, entstehen die düsteren Ahnungen, die uns den Gedanken an das, was nach dem Sterben folgen kann, bitter machen" (a.a.O. 532). Eine leere Fortexistenz kann auch die Hölle sein, und es ist kein Zweifel, daß bis in die Mitte der inhaltlich gefülltesten christlichen Dogmatik eben dieses Problem zur Verlegenheit werden kann, wie denn die in der Unsterblichkeit vermeintlich uns zu eigen gegebene Existenz ausgefüllt werden soll.

Solange man nach einer „Lösung" des Problems der Unsterblichkeit in der Richtung auf Dauern bzw. Überdauern der Seele über den

Tod des Leibes hinaus sucht, sind alle diese Versuche zum Scheitern verurteilt. Alle Arten von Vorstellung einer Seele, die vom Leibe getrennt existieren soll, oder die zwar einen Anfang, aber kein Ende ihrer Existenz haben soll, zerbrechen an den Konsequenzen, die sie herausfordern. Alle Bilder, zu denen wir unsere Zuflucht nehmen, setzen eine Naivität voraus, die wir nicht aufrechterhalten können. E. Hirsch hat daher gelegentlich von der „Nacht der Bildlosigkeit" gesprochen, mit der sich der Ewigkeitsglaube vermählen muß. Es sei denn, daß man diese Bilder als Symbole versteht für eine Idee, die sich in keinem Bild und in keiner Vorstellung hinreichend auszusprechen vermag.

Es ist gewiß nicht nur die fuga mortis, die Angst vor dem Tode und vor dem Zerfall der Einheit unseres Wesens, was die Idee der Unsterblichkeit trägt. Es ist vor allem der Gedanke des ewigen Lebens, der Gemeinschaft mit dem ewigen Gott als unserem Ursprung, der die Idee der Unsterblichkeit in der Menschheit trotz aller gedanklichen Aporien lebendig erhält.

Darauf deutet auch folgende Überlegung. Wenn die Idee der Unsterblichkeit sinnvoll sein soll, dann nicht im Praeteritum und nicht im Futurum. Es ist widersinnig, zu sagen X war unsterblich, wie es widersinnig ist, zu sagen: X wird unsterblich sein. Sinnvoll ist es ausschließlich, in der Form einer Wesensaussage im Präsens von dem Menschen, seinem Wesenskern, seiner „Seele" — oder wie man es bezeichnen mag — zu sagen: es ist unsterblich. Aber eben dieses Präsens kann nur das Präsens der Ewigkeit meinen, eine „jetzt schon" und allezeit gegenwärtige Gegenwart des Göttlichen und seines Lebens. An ihm teilzuhaben, und zwar schon jetzt, ist der einzig mögliche Sinn der Idee der Unsterblichkeit, die im übrigen alle menschlichen Bilder vernichtet und alle Vorstellungen sprengt.

8. Kapitel

Gut und Böse

1. Religion als Praxis und das moralische Mißverständnis

Religion, das was uns (nach Tillich) unbedingt angeht, ist Praxis. Wenn man sagt: Religion setzt sich in Praxis um, dann setzt das schon eine Unterscheidung von beidem voraus. Man muß von einer untrennbaren Einheit von Glaube und Verhalten, von Religion und Praxis ausgehen. Es ist niemals gleichgültig, wie sich der Mensch verhält, wie er sich benimmt, was er unterläßt. In dieser Praxis erscheint seine Religion. Demgegenüber scheiden und unterscheiden wir in unserer späten Reflexionsstufe, was ursprünglich zusammengehört: Glaube und Leben. Wir tun so, als ob das Leben außerhalb des Glaubens, der Glaube abseits des Lebens bleiben könne. Wir unterscheiden Dogmatik und Ethik, so wie man Ideologie und Praxis trennt, und läßt diese aus jener abfolgen. Wir unterscheiden Religion und Sittlichkeit und meinen jedenfalls seit Schleiermachers „Reden", daß die Reinheit der Religion um so heller erstrahle, je mehr wir die Religion von ihrem sittlichen Effekt getrennt beurteilen. Wir unterscheiden innere Einstellung und äußere Handlung und machen den Wert der äußeren Handlung davon abhängig, daß ihr die Gesinnung, und welche Gesinnung ihr entspricht. Schon Nietzsche hat diese Abwertung des Äußeren kritisch bemerkt und die Überschätzung der Innerlichkeit verspottet. „Wie oberflächlich ist alles Innere"; „Die ‚innere Welt' ist viel dünner und kürzer als die mechanische. Überschätzung!" (W. XIII, Nr. 595 u. 596).

Ich verzichte darauf, an die Materialfülle der primitiven Religionen zu appellieren. Die großen Weltreligionen bestätigen den Satz: Religion ist Praxis. Der Buddhismus ist von Anfang an praktizierte Lebensphilosophie, Erlösungslehre; was theoretisch an ihm ist, auch alle späteren Lehrdifferenzen zwischen den buddhistischen Konfessionen, betreffen die Methodik der Meditation, der Enthaltsamkeit und der Einübung in Weisheit. Er ist Technik der fortschreitenden Befreiung von der Macht der Dinge, von dem Schein der individuellen Existenz; er zielt auf eine Befreiung von der fürchterlichen Wiederkehr von Geburt und Tod. Schon der Name des Mahayana („das große Fahrzeug") bringt das zentrale Interesse an einem gleichsam kanonischen Erlösungsverfahren zum Ausdruck, in dem der klassische Buddhismus seine Theorie sammelt[1].

Die optische Täuschung über eine von allen „dogmatischen" Implikationen gereinigte Sittlichkeit hat sich immer wieder an den Dekalog geklammert, den alle christlichen Katechismen enthalten (Ex 20, 2—17; Dt 5, 6—21). Ohne auf die historischen Probleme einzugehen, welche dieses „Zehnwort" aufwirft, läßt sich leicht zeigen, wie diese Formel von Hause aus dem Bund Jahwes mit seinem Volk rechtlichen Ausdruck verleiht: Die Tafelgebote tragen die Form der Gottesrede; der Gott, der sein Recht verkündet, stellt sich vor, indem er in Anknüpfung an das heilsgeschichtliche Credo das Volk

---

[1] André Bareau: Der indische Buddhismus, in: Die Religionen Indiens, 1964 (= Die Religionen der Menschheit, hrsg. Ch. M. Schröder, Bd. 13), 120 ff. — Ed. Conze: Der Buddhismus, Wesen und Entwicklung (Buddhism its Essence and Development), 1962³, 11 passim.

an die Herausführung aus Ägypten erinnert. Unübersehbar sind die Privilegforderungen Jahwes; das Bilderverbot, das Schutzgebot für den Sabbat, und auch die folgenden Gebote sind dazu gegeben, die Bundesgemeinde intaktzuhalten. Die liturgische Segens- und Fluchverkündigung schützen diese Grundordnung des israelitischen Bundesrechtes.

Wenn man versuchen wollte, aus dem Neuen Testament so etwas wie eine Ethik zu abstrahieren, würde man sehr bald auf zwei Schwierigkeiten stoßen. Einmal sind es sehr wenige Grundgedanken, welche die ganze „Praxis" der Gemeinde Jesu in Bewegung setzen: das Doppelgebot der Liebe, die Paulinische Mahnung, in der Freiheit zu bestehen, zu der uns Christus befreit hat (Gal 5, 1), Reinheit der Gesinnung, absolute Wahrheitspflicht und Selbstverleugnung, und jedenfalls nirgends ein Kanon von spezifisch christlichen Vorschriften. Und zweitens ist keine dieser Elementarregeln von der Verkündigung des Reiches Gottes, von der Versetzung der Christen in ein neues Sein loszulösen. Glaube und Liebe, Glaube und Praxis durchdringen sich unzertrennlich. Vollends sind Grundgedanken wie der des Abtuns des Alten und Anziehens des Neuen, der Reinigung und Heiligung des Lebens gar nicht mehr in unserem Sinne isoliert „ethisch" zu verstehen.

In einer so ausgesprochen gesetzlichen Religion wie dem Islam ist es, wenigstens in dieser Hinsicht, nicht anders. Jede Lebensäußerung soll in Übereinstimmung mit dem Willen Gottes sein. Speisegesetze (Koran 2, 168; 5, 4—7.95.97 als Beisp.), Ehe- und Scheidungsrecht, Gebetsvorschriften (z. B. 5, 8 ff.) sind alle sakrales Recht. Es geht ein ungebrochener Weg von hier zur Mystik. Der Wille Allahs bestimmt über Gut und Böse. Das Böse aber kommt als Verführung von außen, Satan ist eine äußerlich drohende Macht, und das Böse tun bedeutet nicht eine negative Qualität, sondern das Ende in dem Feuer der Hölle. Es bedroht die Existenz.

Lebendige Religion hat nicht nur immer eine ihr eigene Praxis, sondern sie ist Praxis. Das will sagen: sie fordert ebenso als Kultus wie im Alltagsverhalten bestimmte Handlungen heraus, sie drängt andere zurück und hat für den Verhaltensstil ein Bewertungssystem bereit. Insoweit ist diese Praxis als „Ethos" zu verstehen. Dieses Ethos ist keineswegs in allen Religionen gleich. Als Praxis bezw. Ethos bedingt und bewirkt jede Religion einen spezifischen Lebensstil des Menschen. Dieser Stil prägt die Gesellschaft. Die Affinität zwischen Religion und Ethos drückt sich in doppelter Weise aus. Der dem Verhalten zugrundeliegende Glaube erklärt vieles am Verhalten, und wiederum kann das Ethos den Zugang zu den „Geheimnissen" des Glaubens erschließen, jedenfalls erleichtern. Die Religion hat viele Möglichkeiten, sich in „Kultur" auszudrücken. Das Ethos, der Stil des gesellschaftlichen Verhaltens ist vielleicht nur die deutlichste Sprache einer Religion. Aber Praxis bedeutet doch noch mehr als Ethos im heute üblichen Sinne. Denn auch der Kultus, also Gottesdienst, Sakramente, heilige Handlungen wie Segen und Fluch und

Einweihung, Zeremoniell bis in den Stil der alltäglichen Gesten hinein sind „Praxis", und wir pflegen diese „religiösen" Handlungen, Kultus und Ritus, vom Ethischen zu unterscheiden. Denn das Ethische handelt von den Entscheidungen des Tages, von dem, was heute und morgen richtig sein soll und was wir verantworten können, es soll uns unabhängig machen von dem, was „man so im allgemeinen tut", von der Moral, und es soll uns dazu ausrüsten, auch dem Unerwarteten zu begegnen.

Ich muß hier eine terminologische Bemerkung einfügen. Mit M o r a l bezeichne ich die jeweils geltenden Verhaltensnormen. Ihre Grundsätze und die aus ihnen abfließenden Verhaltensregeln stellen ein M o r a l s y s t e m dar. Die M o r a l w i s s e n s c h a f t (vgl. G. Simmel: Einleitung in die Moralwissenschaft 1892/93) hat die Aufgabe, diese moralischen Grundsätze und Verhaltensnormen darzustellen und zu erklären, eventuell mit Hilfe der Psychologie oder der Kulturgeschichte. Sie ist eine deskriptive Wissenschaft. Der von Kant gerne verwendete Begriff der M o r a l i t ä t meint den Gesinnungskern der Moral, das, was eine Moral dazu macht, daß sie den Namen verdient.

Demgegenüber meine ich mit E t h i k die kritische Reflexion über die Moral. Der Ausdruck kommt bei Kant kaum vor, und wo er ihn gebraucht, bezeichnet er nichts anderes als Moralität im Sinne von Sittlichkeit. Im Unterschied von Moral, die den Durchschnitt des jeweils geltenden und üblichen Stiles der Verhaltensweisen bezeichnet, hat E t h i k ein davon unabhängiges höheres Niveau in sich. Die Moralwissenschaft gibt keine Normen und begründet keine Normen, sondern sie beschreibt nur, wie es ist, und erklärt, warum es so ist. Die Ethik ist eine kritische Tätigkeit, sie setzt Gründe gegen Gründe und soll zu selbständigen Entscheidungen in den Stand setzen.

E t h o s ist der die bewußte Moral tragende Stil des Verhaltens, der „Geist", der sich im Tun und Lassen, in Umgang und Gesinnungen äußert. Auch die wissenschaftliche Beschäftigung mit dem Ethos kann nur deskriptiv sein, beschreibend und verstehend, ohne den Anspruch, Vorschriften zu machen und Normen zu geben, und in respektvoller Zurückhaltung gegenüber der Vielfalt von Ethos.

Es ist durchaus damit zu rechnen, daß sich auch unvorhergesehene Situationen mit dem Regulativ der religiösen Tradition bewältigen lassen. Aber es ist doch nicht sicher, ob das ganz ohne Auslegungskünste und Gewaltsamkeiten gelingt. Die moderne Koranexegese hat große Mühe, die im Koran vorausgesetzten Umstände aus der Zeit des Propheten, das Weltbild jener arabischen Antike mit den Errungenschaften der technischen Zivilisation des 19. und 20. Jahrhunderts in Einklang zu bringen. Die geltende Moral schon repräsentiert jeder Tradition gegenüber die bedrängende Notwendigkeit, mit den Verhältnissen zu leben. Die sich kritisch verstehende Ethik ist vollends, bei aller Verwandtschaft mit der Religion, der stärkste Faktor der Emanzipation von den Voraussetzungen ihrer Tradition. Wenn sich aber die Praxis von der Religion emanzipiert, dann kommt es zu der Scheidung und Unterscheidung dessen, was ursprünglich eins ist. Die Praxis ist genötigt, die Begründung für ihre Normen, soweit die religiöse Tradition nicht mehr trägt, in der Vernunft zu suchen.

Damit ist ein vielschichtiges Problem in unseren Blick gekommen. Die wandlungsreiche Geschichte des moralischen Bewußtseins seit dem 16. Jahrhundert ist ein Drama, in dem sich das christliche Erbe des Abendlandes und die Säkularisierung, alte und neue Theologie, Rationalismus und Irrationalismus den Rang ablaufen. Ohne die Lösung der ehedem ungeteilten Einheit von Glaube und Leben, ohne die Emanzipation der Moral von Metaphysik und Religion gibt es keine Aufklärung. Die Menschen müssen sich über ihr gegenseitiges Verhalten verständigen, müssen über Gut und Böse, über Recht und Unrecht für ihren Alltagsbedarf zu einer Übereinkunft kommen. Aber man kann nicht mehr damit rechnen, daß sie sich über die dogmatischen Voraussetzungen, über die Autorität für die Gutheit des Guten verständigen können.

Das schließt nicht aus, daß auch innerhalb dieser säkularen, vernünftig begründeten Moral gewisse Grundphänomene durch die hinzutretende religiöse Erfahrung religiös gedeutet werden: ich denke dabei an den Begriff des Gewissens oder der Pflicht; die Forderung der Nächstenliebe wird ohne religiöse Reminiszenzen kaum inhaltlich gefüllt werden können. Auch der Begriff des Rechtes bietet sich für eine religiöse Auslegung an. Ich habe die Rechtmäßigkeit einer religiösen Interpretation dieser Begriffe hier nicht zu untersuchen. Die Möglichkeit der religiösen Deutung bestätigt nur das Wesen aller Säkularisierung, welche per definitionem die Herkunft aus dem Sakralen voraussetzt, und das erklärt dann auch das Durchschimmern alter, vergessener, verblaßter oder auch durch Uminterpretation getilgter religiöser Deutungen.

Aufs Ganze gesehen ändern solche religiösen Reminiszenzen oder auch neu einsetzende religiöse Deutungen nichts an der grundsätzlichen Verselbständigung der Moral. Die religiösen Deutungen sind niemals zwingend, und sie sind der auf ihren eigenen Gründen ruhenden Moral nachträglich hinzugefügt. Die Alternative von Gut und Böse wird jedenfalls nicht mehr religiös entschieden, indem man prüft, ob eine Entscheidung oder ein Verhalten dem Willen Gottes entspricht. Vielmehr wird die praktische Vernunft (mit und ohne Beziehung auf Kant) zur obersten Richterin über die sittliche Qualität. Die Frage nach dem obersten Maßstab der Sittlichkeit ist bis heute nicht ausdiskutiert. Vor allem ist es die immer wieder sich erneuernde Frage, ob die Wurzel sittlicher Gutheit in der Gesinnung, mit Kant im „guten Willen" oder in der Nützlichkeit des sittlichen Verhaltens gesucht werden muß.

Ganz unabhängig von den weitreichenden Alternativen der ethischen Diskussion, fallen zwei Tendenzen immer wieder in den Blick. Einmal nämlich soll der Maßstab des Sittlichen jedermann einsehbar sein, und zweitens soll das sittliche Verhalten von jedermann unter den gleichen Bedingungen in gleicher Weise geübt werden können. Das Verlangen nach Evidenz und das nach Gleichheit bewegen die ganz in sich ruhende, emanzipierte „profane" Moral. Daß die Moral von diesen beiden Ideen „bewegt" wird und nicht zur Ruhe kommt, das liegt daran, daß die Forderung der Evidenz die gleiche Vernünftigkeit der Menschen und zudem die Bereitschaft ihres guten Willens voraussetzt und daß die Idee der Gleichheit gleiche persönliche Voraussetzungen in den Individualitäten und vor allem die gleichen Situationen voraussetzt. Aber die Menschen sind unendlich verschieden, und die Situationen sind von Tag zu Tag neu und überraschend. Und insofern liegen die beiden Ideen der Evidenz des Moralgesetzes und der Gleichheit immer mit den Tatsachen im Streit.

Ich sagte: Gut und Böse bekommen in der aus ihren religiösen Voraussetzungen herausgenommenen Moral einen neuen Sinn. Aber welchen? Ganz allgemein ist nämlich eine sich wissenschaftlich begründende Moral darauf angewiesen, sich zugunsten der zunehmenden Einsehbarkeit und Gleichheit ihrer Anwendung zu formalisieren. Daß Kant seine Ethik der Gesinnung, seine Theorie des „guten Willens" eben auf dem Wege einer extremen Formalisierung zustande gebracht hat, ist der Beweis von der einen Seite. Im Grunde ist auch die ältere wie vor allem die neuere Werttheorie ein Versuch, Kriterien anzugeben, nach denen die Richtigkeit einer sittlichen Entscheidung formalisiert werden kann. Diese Rücksicht auf Anwendbarkeit, auf Brauchbarkeit des Verfahrens dringt tief in die Moral selbst hinein: Vernünftigkeit bedeutet dann immer Pragmatik der Normen, Nützlichkeitserwägungen, was nicht nur den Nutzen des in Frage stehenden

Handelns meint. „Nützlich" ist ja die Moral einfach schon dadurch, daß sie die mühseligen Alltagsentscheidungen standardisiert, Spielregeln für das Verhalten anbietet und den zwischenmenschlichen Verkehr dadurch erleichtert, daß man ein Übereinkommen darüber trifft, auf welches Verhalten sich man — auf Gegenseitigkeit — einstellen kann.

Man muß bis zu diesen Konsequenzen gehen, um das Verschwinden der Religion aus der Moral zu ermessen. Kant hat diesen Sachverhalt in gewisser Weise verschleiert. Er hat, in seiner bekannten Formel[2] die Religion erklärt als die „Erkenntnis aller Pflichten als göttlicher Gebote, nicht als Sanktionen, d. i. willkürlicher, für sich selbst zufälliger Verordnungen eines fremden Willens"... Auch der Begriff des höchsten Gutes hat die Bedeutung einer Klammer, welche die Moralität mit der religiösen Hoffnung verbindet: „Glückseligkeit also, in dem genauen Ebenmaße mit der Sittlichkeit der vernünftigen Wesen, dadurch sie derselben würdig sind, macht allein das höchste Gut einer Welt aus, darein wir uns nach den Vorschriften einer reinen, aber praktischen Vernunft durchaus versetzen müssen, und welche freilich nun eine intelligible Welt ist..."[3] Diese Moralität ist, so verstanden, das, was nach der Lösung von der Religion noch übrigbleibt, was noch einleuchtet und was zum Kriterium für alle Ansprüche der Religion gemacht wird. „Denn das Theoretische des Kirchenglaubens kann uns moralisch nicht interessieren, wenn es nicht zur Erfüllung aller Menschenpflichten als göttlicher Gebote... hinwirkt."[4]

An dieser Stelle halten wir ein und ziehen ein dreifaches Ergebnis unserer Beobachtungen.

1. Für die ursprüngliche Religion gilt: die „Praxis" der Religion unterliegt keiner rationalen Kontrolle; es ist keine übergeordnete „Ethik" denkbar, welche die Normen und Gebote der Religion auf ihren Vernunftgehalt und ihren Sinn prüft. „Was Gott will", das versteht sich in ungeschiedener Einheit von Glaube und Leben. Das schließt nicht aus, daß die religiösen Vorschriften vernünftigen Zwecken des menschlichen Zusammenlebens dienen. Die Regeln des Eherechtes, Inzestverbote, Reinheitsvorschriften, Gastrechte u.s.w. besa-

---

[2] Kritik der praktischen Vernunft, 1. Teil, 2. B. 2. H. V.

[3] Kritik der reinen Vernunft, tr. Meth. 2. H. 2. Abs.

[4] Religion innerhalb d. Gr. d. bl. Vernunft, 3. Stück, 1. Abt. VI.

gen, daß diese religiöse Praxis die Funktion der Moral übernimmt, das Leben des Stammes, des Volkes, wenn man will: der Gesellschaft vernünftig und pragmatisch zu ordnen. Aber die rein religiösen Normen und Gebote sind mit diesen allgemeinen Verhaltensnormen zu einer unscheidbaren Einheit verbunden: also alle rituellen Vorschriften, Gebetsordnungen, Feste, Sünde und Sühne, aber auch Hygiene, Eherecht, Erbrecht, — Gott will es so. Das schließt Kritik an hergebrachten Ordnungen nicht aus. Aber auch die mitunter grundstürzende religiöse Reform geschieht noch unter der prophetischen Berufung auf den Willen Gottes, der vielleicht vergessen oder verschüttet oder überhaupt bisher noch unbekannt gewesen ist. Hos 6, 6, von Jesus Mt 9, 13 zitiert, und die stürmischen „Reformen" der arabischen Stammesreligionen durch Muhammed, weil Allah es so will, zeigen es.

2. Es ist das Drama der Aufklärung, daß sich die Moral von den Voraussetzungen der Religion emanzipiert. Die reine Moralität wird zum Sinnträger für die wahre Religion, nachdem die Kritik die Religion von ihren mythischen Restbeständen, vom „Afterdienst Gottes" (Kant) gereinigt hat. Wahre Religion ist in ihrem Grunde dann Moralität, und die praktische Vernunft, welche die Moralität zu begründen und zu entfalten hat, hat auch über den sittlichen Gehalt der Religion und über ihre darin liegende Überzeugungskraft kompetent zu urteilen.

Die Religion ist dann in Moralität untergegangen.

(Zusatz 1) Der Satz von dem Untergang der Religion in Moralität ist eine Extremformel. Sie schließt sich den beiden Extremformeln an, welche ich in dem vorausgehenden Text begründet habe. Ich sprach im Zusammenhang mit der Säkularisierung von einem Untergang Gottes in Weltlichkeit, d. h. davon, daß die neuzeitliche Welterfahrung ihre Transparenz für die Gotteserfahrung verliert (Kap. 6, 3). Im Zusammenhang mit dem Atheismus sprach ich von einem Untergang „Gottes", d. h. der Intention auf das Göttliche in Menschlichkeit (Kap. 7, 2). Dem fügt sich nun diese dritte Extremformel an. Diese drei Formeln sind Ausdruck für die Fragilität der Religion. Es gehört zu ihrem Wesen, daß sie leicht entgleitet in Undeutlichkeit, Mißverständnis, in Umdeutungen und Verwechselungen. Es gehört zu der kritischen Aufgabe der Religionsphilosophie, die Religion gegen diese Gefährdungen ihres Verständnisses zu sichern.

(Zusatz 2) Die Extremformel vom Untergang der Religion in Moralität bezeichnet kein unaufhaltsames Schicksal. Die lebensdienliche Moral bedarf zwar der rationalen Begründung für die Normen des menschlichen Zusammenlebens und muß es in der neuzeitlichen Gesellschaft auch bei dieser Berufung auf die praktische Vernunft bewenden lassen. Die Menschen dieser Neuzeit werden sogar froh und dankbar sein müssen, wenn eine so begründete Moralität unter ihnen zur Geltung gelangt. Aber das schließt nicht aus, daß sich gleichzeitig eine religiöse Begründung sittlicher Normen durchsetzt. Moralische Grundbegriffe wie Pflicht oder Gewissen oder Verantwortung, Sozialbezüge wie Geschlechtlichkeit, Ehe oder Staat können inmitten einer profanen Handhabung dieser Moral bis in die Tiefe „religiös" begriffen werden.

3. Nach der Auflösung des Verständnisses der Religion als unteilbarer „Praxis" spaltet sich, wie wir sehen, die Moralität ab und begündet sich selbständig. Sie beansprucht es, die Funktion der Religion zu übernehmen, die Religion zu beerben bzw. sich als Rest-Religion zu verstehen. Das ist das moralische Mißverständnis der Religion seit der Aufklärung. Es verändern sich nicht nur religiöse Begriffe, die in der „Religion als Praxis" einen bestimmten Sinn haben; es werden auch Tatbestände, welche in der Religion gar keine Erheblichkeit, keinen hohen Stellenwert besessen haben, durch die Moral aufgewertet und dadurch entstellt. Die Religion steht dem moralisch „Bösen" mit auffälliger Gelassenheit gegenüber, die Lebensläufe der Propheten, Patriarchen und Heiligen der Religionen sind oft, gemessen an der späteren „Moral" ihrer Religionen, allzumenschlich und fragwürdig. Erst wenn die Religion dem moralischen Mißverständnis ihrer selbst unterliegt, werden Dinge wichtig, die es vordem nicht waren, und für welche die Religion Verstehen, vielleicht sogar Rechtfertigung und Versöhnung offen hielt. Das Böse aber, das in der Tat ein ursprüngliches Thema der Religion darstellt, liegt in einer anderen Dimension. Von ihm ist nunmehr zu handeln.

2. *Mysterium Iniquitatis*[5]

Wir müssen zunächst noch einmal zu den Elementen der sittlichen Praxis zurückkehren, zu einer kritischen Besinnung über ihre elementaren Grundbegriffe. Man kann die Ethik als die Lehre vom Guten bezeichnen. Auch wenn wir damit rechnen, daß dieses Gute im praktischen Vollzug des Lebens und Handelns weitgehend evident sein mag, so ist es doch sehr schwierig, diese Gutheit des Guten auch theoretisch zu begründen. Liegt der Grund zu dieser Gutheit in der Gesinnung oder in der Handlung, was die aufgebotenen Mittel einschließen würde, oder in ihrem Erfolg? Oder liegt die Gutheit der Handlung in der richtigen Wahl innerhalb einer Wertordnung begründet, die dann freilich selber erst auf ihre Rechtmäßigkeit zu

---

[5] „Geheimnis der Bosheit", nach 2 Thess 2, 7 (vulg.)

prüfen wäre? Aber ich will mich hier nicht bei diesen Fragen aufhalten. Vielmehr möchte ich auf eine elementare Schwierigkeit hinweisen, welche zunächst nur begrifflicher Natur zu sein scheint, die also auf dem Gebiet der Logik erwächst. Was ist nämlich als Gegensatz zu dem sittlich Guten anzunehmen? Wie ist dieser Gegensatz zu bezeichnen? An diese Frage hat Nietzsche in der „Genealogie der Moral" seine ganze Moralkritik angeschlossen. Wenn wir nämlich den Gegensatz als das Schlechte bezeichnen, dann verwenden wir einen Begriff, der auch auf Mängel von Sachen und Funktionen angewendet werden kann. Wir pflegen zu sagen: „Diese Speise schmeckt schlecht" oder „Dieser Motor funktioniert schlecht" oder „Diese Frucht ist schlecht geworden". Die derartig bezeichneten Mängel sind aber allesamt keine sittlichen Mängel. Das bedeutet, daß der Begriff Schlecht und damit auch das Begriffspaar „Gut und Schlecht" vom Begriff her keine ethische Eindeutigkeit besitzt. Wenn man aber den Gegensatz zum Guten als das Böse bezeichnet, dann scheint zunächst diese Eindeutigkeit gesichert zu sein. Sie ist es nicht, sobald man (lat.) bonum et malum in Gegensatz bringt, denn eben der lateinische Terminus malum kann sowohl moralisch als auch physisch und sogar metaphysisch ausgelegt werden. Es mag schon richtig sein, wenn man sich bei der moralischen Auslegung des malum auf die Absicht beschränkt, welche durch das Prädikat charakterisiert werden soll. Aber ist das zwingend?

In einer optimistischen Weltauffassung mag das Gute in dem Sinne dominant sein, daß alles „Böse" — um nun bei diesem Begriff zu bleiben — nur als eine Minderung, Abweichung oder Abschwächung des Guten verstanden werden kann. Das würde bedeuten, daß man dem Bösen keine Selbständigkeit beimißt, daß man ihm also kein eigenes Sein zubilligen möchte. Aber damit sind wir unvermerkt in die Sprache der Ontologie geraten, und das widerspricht dem kritischen Programm unserer Arbeit.

In einem entfernteren Sinne mag es freilich schon zur Sache gehören und dem Verstehen dienen, wenn wir den Weg verfolgen, den der Begriff des Bösen in die Ontologie und dann sogar in die Metaphysik führt.

Es sind, wenn ich recht sehe, zwei Anlässe, an Hand des Gegenbegriffes zum „Guten" den Bezirk des ausschließlich Sittlichen zu überschreiten. Einmal nämlich ist an die Doppelsinnigkeit des lateinischen Begriffes malum anzuknüpfen. Wenn man es als „Mangel", sei es an Sein, sei es an Vollkommenheit z. B. des Funktionierens oder auch des Effektes einer Handlung erklärt, dann ist man mitten in der Ontologie. Für so verschiedene Männer wie den späten Neuplatoniker Joh. Scotus Eriugena und

Thomas Aquinas ist diese ontologische Erklärung des Bösen kennzeichnend: es ist „das nicht Seiende" (τὸ μὴ ὄν) bzw. „Raub" am Seienden, privatio boni. Dem Bösen, das so verstanden wird, kommt dann natürlich keine Aktivität mehr zu, wie es bei dem Gedanken der Sünde der Fall wäre. Auch fällt bei einer solchen ontologischen Erklärung der radikale Gegensatz von Gut und Böse dahin, er verwandelt sich in einen Gradunterschied, und das ganze sittliche Problem wird, wenn man es hart ausdrücken will, zu einem Problem der Vermittlung und der Annäherungswerte an das vollkommene Gute.

Der andere Anlaß, die Grenzen des ausschließlich Sittlichen, und zwar zur Metaphysik hin zu überschreiten, ist durch die Frage nach dem Ursprung des Bösen gegeben. Hier verbinden sich metaphysische Probleme mit dogmatischen Interessen. Es ist die Einmengung der Gottesfrage, und zwar in der Gestalt, daß man nach der „Verursachung durch Gott" fragt. Grob gesprochen, gibt es dabei nur zwei Möglichkeiten. Entweder gehen die Gute wie das Böse auf Gott zurück, oder wir müssen neben Gott noch ein zweites Prinzip, nämlich das des Bösen annehmen. Im Vollzug dieser Theorien komplizieren sich dann die Dinge doch erheblich.

Wenn man alles, das Gute und das Böse, auf Gott zurückführt, dann ergibt sich natürlich die Frage, was das Böse dann eigentlich sei. Heraklit hat geantwortet: „Für Gott ist alles schön und gut und gerecht; (nur) die Menschen halten das eine für ungerecht, das andere für gerecht".[6] Das malum ist also nur ein Schein, und für die sittliche Praxis gilt: „Die Einsicht ist die größte Tugend, und Weisheit ist es, Wahres zu reden und gemäß der Natur zu handeln, indem man auf sie hört".[7] Zwischen der Tugend und ihrem Gegensatz gibt es also nur Gradunterschiede; aber für die Frage des Ursprunges von Gut und Böse gibt es nur eine „monistische" Antwort. Und in der Tat wagen nur „heidnische" Mythologien, sich zu einem eindeutigen Dualismus zu bekennen. Dafür ist die älteste und zugleich klassische Ausprägung die Religion Zarathustras, die Lehre von den beiden Prinzipien, von dem guten und dem bösen Gott, wobei wir hier von religionsgeschichtlichen Differenzierungen absehen können. Die im Banne des jüdisch-christlichen Denkens stehende abendländische Metaphysik mußte vor der Idee eines reinen Dualismus in der Herkunft des guten und des bösen Prinzips zurückschrecken.

Freilich kam die Spekulation auch hier zu vermittelnden Auskünften. Das Böse hat sich erst nach der Erschaffung aller Dinge aus der Einheit mit Gott und in Gott gelöst, der Satan als „abgefallener Engel" wirkt nun gegen Gott. Auch hier sind noch verschiedene spekulative Möglichkeiten sichtbar. Entweder kann man sagen, daß das Böse schon von Anbeginn als eine Möglichkeit in Gott gelegen habe, gleichsam eine Potenz in Gottes Wesen war und sich nur zu einer selbständigen Wesenheit emanzipiert hat[8]. Oder

---

[6] Die Vorsokratiker (Capelle), 140, Nr. 48.

[7] a.a.O. 140, Nr. 50.

[8] So in der Nachfolge Jakob Böhmes Schelling, Fr. Baader und in der Theologie H. L. Martensen: Christl. Dogmatik (dt. Ausg. 1858⁴) §§ 79 bis 107.

aber, wenn man diese „Mitschuld" Gottes am Bösen ausschließen will: daß sich das Böse der Allmacht Gottes entwunden habe und daß es infolgedessen dieser Allmacht Gottes eine Grenze zöge, sie mithin, in weiterer Konsequenz, zunichte mache. Freilich sollte es dabei nicht bleiben. In dem unvermeidlichen Kampf des göttlichen Reiches mit dem Teufel ist der Sieg Gottes, der Sieg des Guten sicher, und das Böse wird verschwinden, was wiederum in doppelter Form gedacht werden kann; nämlich als Vernichtung oder als Versöhnung des Bösen.

Wir sind also in unseren Reflexionen ganz von den Fragen der Moralphilosophie abgeglitten. Die Frage nach dem Sittlichen selbst ist in den Problemen der Metaphysik untergegangen, wenn man es nicht vorzieht, von einem Untergang in Mythologie zu sprechen. Es scheint unvermeidlich zu sein, zwischen dem reinen Monismus auf der einen Seite (der Gott zum Ursprung auch des Bösen machen müßte) und dem reinen Dualismus auf der anderen Seite (der der Allmacht des einen Gottes eine Grenze ziehen würde), zu vermitteln. Und aus solchen vermittelnden Theorien ergeben sich, zusammenfassend, folgende theoretische Auskünfte:

(a) man kann ontologisch das Böse als „nichtseiend" (Joh. Scotus Eriugena) oder als „vermindert seiend" (privatio boni, Thomismus) erklären. Diese privatio läßt sich leicht in Gradabstufungen denken.

(b) Man kann sich die Vermittlung so denken, daß das Böse unter der Zulassung Gottes wirkt. Das läßt sich mindestens in zwei typischen Formen denken. Entweder entstammt das Böse aus einem Abfall Satans, der ursprünglich auch ein guter Engel gewesen ist. Der Mensch steht in Kampf und Anfechtung, er ist als Sünder der Erlösung bedürftig; aber dieses Drama von Sündenfall und Erlösung ist doch dazu bestimmt, eines Tages einen eschatologischen Abschluß zu finden. Diese Vorstellung entspricht, in kurze Züge zusammengefaßt, ungefähr der alten kirchlichen Lehrtradition. Die andere Weise, nach diesem Typus eines heilsgeschichtlichen Dramas zu vermitteln, ist heterodox. Danach wäre das Böse neben dem Guten schon in Gott selbst angelegt gewesen; es war eine Möglichkeit, eine Potenz in Gott. Der Dualismus von Gut und Böse ist also nur ein relativer, er spiegelt einen Dualismus wider, der in Gott selbst vorbereitet ist, und der dazu bestimmt ist, in einer letztlichen Wiederbringung Aller (ἀποκατάστασις πάντων) zur Einheit in Gott zurückzufinden.

(c) Auch Hegel hat sich das Verhältnis von Gut und Böse als einen relativen Gegensatz gedacht, wobei das Böse, der Sündenfall, nur eine notwendige Durchgangsphase darstellt zwischen dem Stande der Unmittelbarkeit, der Unschuld des paradiesischen Zustandes und jener Bewußtheit des Geistes, der erst nach dem Erleiden des Widerspruches, nach der Trennung, nach der Phase der Reflexion möglich ist. Nur das Verweilen, das Festhalten, sei es an der tierischen Unschuld des Urstandes oder auch das Verharren im Widerspruch, in der Vereinzelung wäre das wirklich Tödliche[9].

In diesen Theorien vollzieht sich also eine ständige Ausschweifung der philosophischen Spekulation in das Dogmatische, wie auch die christliche

---

[9] Ausführlich in meinem Beitrag zur Festschrift für G. von Rad, 1971: Felix culpa. Zur Deutung der Geschichte vom Sündenfall bei Hegel.

Dogmatik nicht mehr mit dem biblischen Stoff zurechtkommt, sondern ihn in freier Mythologie ergänzen muß; dies geschieht etwa in den Theorien vom Abfall Satans oder in der Lehre von der Konfirmation der Engel, durch die einer Ausweitung der satanischen Abtrünnigkeit vorgebeugt werden sollte.

Ebenso die Neugier wie die Produktivität der Phantasie haben das Auswuchern der Vorstellungen begünstigt. Ihre Naivität hat sich dann als ein großes Hindernis für die vernünftigen Überlegungen der Problematik des Bösen erwiesen.

I. Kant hat im „Ersten Stück" seiner Religionsschrift und darüber hinaus an einigen wenigen anderen Stellen diesen Ausweg in die Metaphysik abgeschnitten, ohne sich doch auf eine abstufende Vermittlung der moralischen Gegensätze einzulassen. Im „Dritten Stück" führt er aus, daß im Menschen ein natürlicher Hang zum Bösen besteht, der, obgleich er in seiner Gattung liegt, immer selbstverschuldet sein muß. Wir können es ein radikales, angeborenes (nichtsdestoweniger aber uns von uns selbst zugezogenes) Böses in der menschlichen Natur nennen. Der Hang ist unerforschlich, unableitbar, er läßt sich nicht aus einem Mangel an Einsicht etwa oder als Naturanlage (d. h. außermoralisch) erklären, sondern nur als eine Verkehrung der Maxime des Handelns. Das Böse liegt in der Widerstrebung gegen das Gesetz; d. h. der Mensch „ist sich des moralischen Gesetzes bewußt und hat doch die gelegenheitliche Abweichung von demselben in seine Maxime aufgenommen".

Man muß die Bedeutung dieser Aussagen Kants in ihrem vollen Umfang ermessen. Er läßt zunächst einmal die Frage nach dem Ursprung dieses Hanges zum Bösen nicht mehr zu; daß der Hang unerforschlich ist, das ist sein letztes Wort. Also keine metaphysische, keine mythologische oder biblisch-dogmatische Auskunft. Aber gleichzeitig bricht er an dieser Stelle mit dem Optimismus der Aufklärung. Der Hinweis auf die „Gattung" des Menschen, kraft deren der ihr zugehörige einzelne von Hause aus als böse bezeichnet werden muß, wie er gewiß auch des Guten von Hause aus fähig ist, — dieser Hinweis greift über die individuellen Grenzen hinaus, innerhalb deren der einzelne gleichsam mit seinen Maximen, seinen Handlungen und Verantwortlichkeiten völlig allein ist. Das Böse ist nicht nur „mein" Böses, und doch ist es „mir" zuzurechnen.

Die Erfahrung des Bösen sprengt die Moral. Wollte man das Böse mit den Begriffen der Moral deuten, dann wäre es eben ein Irrtum. Welches ist die Erfahrung des Bösen und was besagt sie? Das Böse wird als eine fremde Macht über den eigenen Willen erfahren. Sie hindert den eigenen Willen, der klaren Einsicht in das Gute und Richtige zu folgen, und zwingt den Willen, statt dessen etwas anderes zu tun. Dabei erweisen sich die Medien der Einflüsterung dieses fremden Willens, der Verführung oder Beeinflussung, als auffallend belanglos, obwohl sie in der moralischen und vollends in der strafrechtlichen Beurteilung von Vergehen oder Verbrechen eine wichtige Rolle spielen mögen. Zur „religiösen" Deutung des Bösen aber führt die Erfahrung der fremden Macht, der dadurch sich ereignenden Entfremdung von sich selbst („das bin ich gar nicht mehr" oder „ich kenne mich nicht mehr") und der zerstörerischen Effekte. Wenn der Mensch dieser Zerstörung innewird, was ja im Akte der Reue mitgesetzt ist, dann reagiert er auf die drohende Macht des Bösen mit Angst.

Die Wahrnehmung der Angst vor dem Bösen, die Sündenangst, ist oft zum Gegenstande des Spottes gemacht worden. Das ist nicht weiter verwunderlich. Sobald religiöse Intentionen moralisch interpretiert werden, werden sie lächerlich. Diese Lächerlichkeit wird aber noch gesteigert, wenn ältere, vorkritische Vorstellungen über das Böse, vor allem die bekannten Personifikationen als „Teufel" oder böse Geister, in die Sprachzusammenhänge der modernen Gesellschaft transponiert werden. Wenn beide Sinntransporte aber gleichzeitig vorgenommen werden, dann sind der billigen Komik natürlich keine Grenzen gezogen.

Tatsächlich aber ist ein auf der Linie solcher Personifikationen liegender Begriff bis heute im Gebrauch der Religionsphilosophie. Es ist der Begriff des Dämonischen. Er hat eine lange Geschichte in der Neuzeit, und er ist, solange kein besserer Name erfunden worden ist, jedenfalls eine brauchbare und, von ihrer Herkunft betrachtet, nicht ungeeignete Bezeichnung für das als übermenschliche Macht erfahrene Gegengöttliche.

Goethe hat in „Dichtung und Wahrheit", IV. Teil, 20. Buch sich über das Dämonische geäußert. Es ist „eine der moralischen Weltordnung, wo nicht entgegengesetzte, doch sie durchkreuzende Macht. ... Am furchtbarsten aber erscheint dieses Dämonische, wenn es in irgend einem Menschen überwiegend hervortritt". — S. Kierkegaard hat im „Begriff Angst", IV. Kap. § 2 das Dämonische, im Anschluß an neutestamentliche Texte, als die Angst vor dem Guten gedeutet und in alle psychischen Phänomene hinein verfolgt: als das Verschlossene und das unfreiwillig Offenbare, als das Plötzliche und dann wieder als das Inhaltsleere, das Langweilige (Übers. v. E. Hirsch [1952] 120—160). — K. Jaspers: Der philosophische Glaube (1948) verhandelt 92—100 in seiner Weise die Dämonologie. Vgl. auch S. Holm: Religionsphilosophie 311—315.

Das Verdienst, den Begriff in das neuere religiöse und philosophische Denken wieder eingeführt und mit einigermaßen deutlichen Umrissen versehen zu haben, gebührt P. Tillich. Er hat dem Begriff schon in seiner Religionsphilosophie (1922) eine Stelle angewiesen (I, 338 f.), er hat dann, nach einer kleinen Studie von 1926 darüber (VIII, 285—291), immer wieder daran erinnert, zuletzt mannigfach in der Syst. Theol. passim. Tillich hat den Begriff des Dämonischen in enge Verbindung mit der „Zweideutigkeit des Göttlichen" gestellt. Besonders wichtig aber scheint es mir, daß in diesem leicht mißdeutbaren Begriff eine Verbindung der Religionsphilosophie mit der vergleichenden Religionswissenschaft hergestellt wurde: ein Name für ein unendlich wandlungsreiches Thema. Mit der Erneuerung des Begriffes durch Tillich war auch deutlich, daß es sich nicht um eine irgendwie geartete Rückkehr zu einem religiös wie metaphysisch unhaltbaren Dualismus handeln dürfte. Freilich wird auch eingestanden werden müssen, daß der Begriff des Dämonischen trotz Tillich und nach ihm häufig, bes. in der protestantischen Sozialethik, zu unklaren Bezeichnungen angenommener Gegner und zu verschwommenem Engagement Anlaß gegeben hat.

Es hängt mit der Nicht-objektivierbarkeit des Göttlichen zusammen, daß das Gegengöttliche, das Dämonische ihm zum Verwechseln ähnlich ist. Das Dämonische hat als solches keine selbständige Existenzmöglichkeit. Dieser Satz gilt ebenso, wenn man das Dämonische in aller unkritischen Naivität personifiziert (Der Teufel kann ohne Gott nicht gedacht werden), wie wenn man es moralisch versteht (malum non est nisi in bono[10]). Zu dieser Verwechselbarkeit gehört, daß auch das Heilige in seiner Unberührbarkeit gefährlich ist; Begeisterung und Besessenheit liegen nahe beisammen. Böse Geister gleichen guten Geistern oft um ein Haar, und das christliche Charisma, die Geister zu unterscheiden[11] ist selten. Mit der Konvertierbarkeit des Heiligen zum Dämonischen ist grundsätzlich zu rechnen, und selbst wenn man, was wohl richtig sein mag, die Zerstörungskraft des Bösen als ein entscheidendes Kennzeichen versteht, so ist das kein absolut sicheres Indiz. Denn auch das Göttliche kann sich im zerstörerischen Durchbruch durch bestehende Wertsysteme und Institutionen manifestieren, um Raum für neues Leben, für Erkenntnis nach einer Zeit des Irrtums zu schaffen.

Ich bin geneigt, vom Bösen als von einer religiösen Kategorie zu sprechen. Das könnte man zunächst dadurch rechtfertigen, daß in dieser Bezeichnung ausdrücklich verneint wird, daß es eine moralische Kategorie ist. Das ist ja gerade das „moralische Mißverständnis", von dem ich sprach. Das Böse

---

[10] Thomas Aqu. S. Theol. I, Qu. 48, art. III: malum non est ens; bonum vero est ens; Qu. 49, art. III: quod omne ens, in quantum est ens, bonum est; et quod malum non est nisi in bono ut in subjecto. — Summa contra Gentiles, III, cap. IV—XV.

[11] 2 Kor 12, 10.

überschreitet die Grenzen des Moralischen dadurch, daß es das bewußte Zuwiderhandeln gegen das erkannte Gute bezeichnet. Es ist ein Geheimnis, moralisch gesehen, daß jemand gegen seine Einsicht und seine eingestandene Überzeugung handelt. Im Moralischen aber gibt es kein Geheimnis. Im Moralischen ist alles aufklärbar.

Auch aus einem anderen Grund neige ich zu der Bezeichnung des Bösen als religiöser Kategorie. Innerhalb einer Kategorie gibt es nämlich mehrere Möglichkeiten der Konkretisierung, die dann doch alle einen gleichen philosophischen Sinn haben. Das würde im vorliegenden Falle dies bedeuten: Auch wenn man sich das Böse im vorkritischen, naiven Sinne vorstellt, also in Form einer Dämonologie, wofür die Religionsgeschichte Beispiele in Fülle bereithält, treffen die Aussagen zu. Ebenso wie sie nicht entkräftet werden, wenn man das Phänomen ganz und gar in der Region des Bewußtseins aufsucht. Auch dann entdecken wir die unaufklärbare Komponente der Erfahrung des Bösen, daß in ihr etwas zur Wirksamkeit kommt, das „nicht ich selbst" bin.

Die Nähe und Konvertibilität des Heiligen und des Dämonischen kommt aber drastisch darin zum Ausdruck, daß die Kategorien des Heiligen im Sinne R. Ottos auch auf das Dämonische ihre Anwendung finden. Auch das Dämonische ist mysterium fascinans. Es zieht uns in seinen Bann; das Böse macht „böse" Menschen, es setzt sich in eine korrupte Moral um, es kommt, wie das Kant ausgedrückt hat, zu einer Abweichung vom Gesetz der Sittlichkeit, was der Mensch zu seiner Maxime macht. Als mysterium fascinans hat das Böse unmittelbar moralische Folgen. Daher stammt das „moralische Mißverständnis". Und zweitens: Auch das Dämonische ist mysterium tremendum. Es erregt Angst, der Mensch schreckt vor ihm zurück. Er erschrickt davor, wessen der Mensch nicht nur in weit zurückliegender Vergangenheit, sondern wessen er in unserer Epoche fähig ist. Daß ein Mensch die entsetzlichsten Gräuel begeht, aber vorher und erst recht nachher wie ein harmloser Bürger ein geordnetes Leben führen kann, womöglich noch mit einem guten Gewissen, das ist „moralisch" nicht aufklärbar. Denn im Moralischen als solchem ist alles aufklärbar.

Wenn das nun aber so ist, daß auch für das Dämonische — als die „Macht" des Bösen — die Kategorien des Heiligen gelten, dann ergibt sich zwangsläufig die Frage, ob sich nicht doch Kriterien für eine Unterscheidung nennen lassen. Auf die Gefahr der begrifflichen Unschärfe lassen sich gewiß solche Kriterien nennen. Die Mängel einer begrifflichen Schärfe erklären sich daraus, daß die Kriterien eigentlich nur in der Sprache der religiösen Erfahrung selbst, sowohl der Erfahrung des Heiligen wie des Bösen, ausgedrückt werden können. Es scheinen mir drei Kriterien zu sein.

1. Das Heilige zeigt — früher oder später — ein „menschliches Antlitz". Der Moloch hat kein Menschengesicht. Das Böse hat, wo es sich gibt, mindestens ein verzerrtes Antlitz. Wo hingegen das Böse ein menschliches Antlitz zeigt, wie etwa in den Dostojewskijschen Romanen, da ist die „Macht" des Bösen gebrochen. Die Vergebung hat ein menschliches Antlitz[12].

2. Das Heilige ist lebenspendend und schöpferisch, das Böse ist eine Zerstörungsmacht. Allerdings ist damit zu rechnen, daß auch das Göttliche sich zunächst in einem zerstörenden Durchbruch durch vorgefaßte Anschauungen, durch geltende Moralauffassungen und Institutionen hindurch manifestiert. Ich erwähnte es schon. Aber es wird sich darnach durch das neue Leben ausweisen. Hinter der Zerstörung, welche das Böse bewirkt, kommt nichts mehr. Die Zerstörung ist sich in der Logik des Bösen selbst genug. Daß „Gott" auch noch das durch die böse Absicht Verwirrte und Zerstörte zurechtbringen kann (Gen 50, 20), ist eine den Glauben tragende Gewißheit, aber es ist zugleich für die Theologie und für die Philosophie eine Verführung der Gedanken in die freie Spekulation.

3. Das Heilige begegnet in der religiösen Erfahrung als Wahrheit, das Böse als Lüge; eben die im Faszinierenden zum Ausdruck kommende Versuchlichkeit des Bösen ist mit der Erfahrung der Lüge verbunden. Versuchung oder Verführung — beide Begriffe sind schon „moralisch" — sind phänomenal dadurch charakterisiert, daß sie etwas vorspiegeln und versprechen, was sich durch die Befolgung der Verführung in Enttäuschung, vielleicht sogar in Entsetzen verwandelt.

Es ist deswegen so schwer, über das Böse allgemeingültige Aussagen zu machen, weil mit weit auseinanderliegenden Erfahrungsweisen des Bösen zu rechnen ist. Auf die weite Ausfächerung der Vorstellungsmöglichkeiten habe ich schon hingewiesen; sie bewegen sich zwischen realistischer Dämonologie und Psychologie. Nicht minder weite Spielräume ergeben sich durch die verschiedenen Erfahrungsweisen, die je nach Kultur und Epoche, nach Unmittelbarkeit des Geschickes oder eine aufs Hörensagen angewiesene Distanz drastisch oder blaß sein mögen. Was an Bösem überhaupt menschenmöglich ist, welchen Grad von Realismus das Vorstellbare in Anspruch nehmen darf, das entzieht sich allen Dekreten im Namen der Philosophie. Darum differieren auch die religiösen und — wenn man so will —

---

[12] M. Doerne: Gott und Mensch in Dostojewskijs Werk, 1957, 78 ff.

die „dogmatischen" Deutungen des Bösen völlig. Das enthebt uns aber nicht der philosophischen Nachfrage, welchen möglichen Sinn diese Aussagen, auch wenn sie vom Vorstellungsmäßigen her große Zumutungen an die Vernunft in sich schließen, eben im Kontext der Vernunft haben können.

Auch Heilung und Erlösung werden, von diesen Erfahrungen aus gesehen, unverzichtbare Religionsbegriffe.

Mit einer beiläufigen Bemerkung mag das Kapitel abgeschlossen werden. Ich habe im Kap. 7, Abs. 2 den Atheismus in die Thematik der Religionsphilosophie aufgenommen. Zunächst scheint es sich bei der Erfahrung des Göttlichen, dem „Glauben" auf der einen Seite und dem Atheismus auf der anderen Seite um radikale Gegensätze zu handeln. Natürlich wäre es unsinnig, von einer Harmonisierung der beiden Themen zu sprechen. Aber es läßt sich nicht leugnen, daß die beiden Themen wie Glaube und Zweifel nahe beisammenliegen und daß im einen Thema oft die gegenüberliegende Problematik zur Sprache kommt.

Wenn wir vom Dämonischen sprechen, dann ist die Lage genau entgegengesetzt. Zuerst erscheinen beide, das Göttliche und das Dämonische, in einer Ähnlichkeit, die zu Verwechselung Anlaß gibt. Beide erweisen sich als außer- und übermenschliche Mächtigkeit, beide manifestieren sich als „Geist", der unseren Geist anspricht und auf ihn bis zur völligen Erfüllung Einfluß nehmen kann. Dann aber treten das Göttliche und das Dämonische als absolute Gegensätze auseinander, und wenn man es so begriffen hat, dann wird es zu einem Bestandteil der Phänomenologie des Bösen, daß es sich als das Gute, oder — im moralischen Mißverständnis — als der Harmlose tarnt. In der einleuchtenden Lüge beruht die Macht des Dämonischen. Vor ihr schützt nur die Erkenntnis der Wahrheit.

III. PROBLEME DER INTERSUBJEKTIVITÄT

9. Kapitel

Religion in Gemeinschaft

„Ein Geist, der nicht offenbar ist, ist nicht Geist... Der Geist ist dies, sich selbst zu erscheinen, dies ist seine Tat und seine Lebendigkeit" (Hegel)[1]. Indem wir das für die Religion in Anspruch nehmen, müssen wir mit dem Thema der Religion ganz neu einsetzen. Zwei Erscheinungsformen der Religion sollen zur Sprache gebracht werden: ihre Realität als Gemeinschaft und die damit verbundenen Probleme, und ihre Sprache. Man muß freilich sofort zweierlei hinzufügen. Diese Erscheinungen kommen nicht etwa zur Religion noch hinzu, sondern die Religion wird in diesen Erscheinungen selber begriffen. Es ist also nicht so, daß zunächst die Religion da ist und in sich begriffen werden könnte, und dann diese Religion aus sich soziale Erscheinungen und eine religiöse Sprache entließe, sondern sie wird selbst in diesen Erscheinungen ganz begriffen. Es sind Totalaspekte. Freilich stehen diesen Totalaspekten andere zur Seite oder auch gegenüber. Die nun zur Verhandlung stehenden Aspekte meinen also jeweils die Religion selbst, nicht nur ihre Folgen, aber sie sind nicht die einzig möglichen oder auch nur ausreichenden Betrachtungsweisen. J. Wach hat daher sehr glücklich die Religionssoziologie als eine „Aspektwissenschaft" bezeichnet. Und die zweite Bemerkung: Diese Erscheinungsformen der Religion schließen in jedem Falle die Negation in sich: „Gemeinschaft" kann auch negiert werden, „Sprache" kann unterbleiben und versagt werden, beides aus einer weitausgefächerten Fülle möglicher Gründe. Es müssen auch die Gegenformen der Erscheinungen in das Erscheinungsbild der Religion mit aufgenommen werden.

1. Heilige Gemeinschaft

Die Nachbarschaft der Religionssoziologie zwingt zunächst dazu, unsere Problemstellung abzugrenzen und auf einige methodologische

---

[1] Philosophie der Religion, 16, 197 (= Lasson II/2, 32).

Schwierigkeiten einzugehen. Dieser Umweg könnte sich sogar als eine Abkürzung des Weges in die Sachfragen selbst erweisen.

Es ist natürlich nicht unsere Absicht, in die Religionssoziologie selbst einzusteigen. Diese setzt die Sozialität der Religion schon voraus. Ich lasse auch den alten Grundlagenstreit der Religionssoziologie unberührt, ob sie für einen grundlegenden Religionsbegriff selber eine Kompetenz in Anspruch nehmen solle und könne. Auch die Sammlung von religionsgeschichtlichem Material zu unserem Thema und seine Ordnung ist nicht unsere Aufgabe. Auch nicht die Rolle der Religion in der modernen Gesellschaft[2] oder Situationsanalysen über das religiöse Bewußtsein verschiedener Bevölkerungsschichten[3], obwohl diese Fragen sehr deutlich den Gegenwartshorizont unserer Problemstellung beschreiben.

Wichtiger ist hier etwas anderes, und das betrifft zunächst nur die Methode. Die Soziologie liebt den Methodenstreit und hat die Neigung, über die Verfahrensweisen, insbesondere aber für den Einsatz und die Manipulation von Begriffen, diktatorische Verfügungen zu erlassen. Es ist eine Eigentümlichkeit der Religion, daß ihr ein in definitorischer Deutlichkeit abgrenzbarer „Gegenstandsbereich" fehlt. Ich habe das im voraufgehenden Text dadurch zum Ausdruck gebracht, daß ich von dem „Göttlichen" gesprochen habe. Es ist ein von allen Kennern immer wieder eingeschärfter Grundsatz: Es muß, etwa für die Religionssoziologie, ein Begriff von Religion zugrunde gelegt werden, der nicht nur an einer Religion gewonnen und daher auch nur auf eine bestimmte Religion, etwa die christliche, angewendet werden kann, sondern der viele und im Idealfalle alle Religionen decken soll. Dieser Grundsatz hat aber unmittelbar jene objektive Unschärfe zur Folge. Es kommt hinzu, daß die lebendige Religion auch abgesehen von ihrer geschichtlichen Pluralität überaus variabel ist. Ich denke etwa an die Variationen zwischen naiver und reflektierter Religion. Man kann bei raffinierter Intellektualität gleichzeitig „naive" Glaubensüberzeugungen haben, und ein nachdenkliches Kind vermag mitunter die einschneidendsten Zweifel gegen religiöse Zumutungen vorzubringen. Oder eben die Variationen, welche sich in dem Verhältnis des homo religiosus zu der Gemeinschaft seiner

---

[2] Thomas Luckmann: Die Religion in der modernen Gesellschaft, 1962.

[3] so G. Kehrer: Das religiöse Bewußtsein des Industriearbeiters. Eine empirische Studie, 1967 (= Studien zur Soziologie, hrsg. von R. Dahrendorf, Bd. 6).

eigenen Religion zeigen: sie kann ihm als ein mit allen ihren organisatorischen Umständen lästiges „notwendiges Übel" erscheinen oder als Gegenstand seines Glaubens („credo ecclesiam"); die Gemeinschaft kann dem Gläubigen nur instrumental wichtig, vielleicht sogar samt ihren ritualen Erfordernissen Gegenstand des Witzes sein („jüdischer Witz"), und sie kann im Gegensatz dazu sogar ein Gegenstand der religiösen Verehrung werden.

Daraus folgt, daß Begriffe, welche diese Variabilität der religiösen Wirklichkeit nicht einfangen oder sich ihr nicht anpassen können, für unsere Fragestellungen ungeeignet sind. Das ist sehr schwierig; seit F. Tönnies ist der Begriff der „Gemeinschaft" belastet, heute drohen durch den Begriff der Institution und der Institutionalisierung neue Gefahren der Versteifung in der Debatte. Mindestens müssen, soll der Institutionsbegriff in der Frage der religiösen Gemeinschaft erhellende Kraft besitzen, verschiedene Schichten gegeneinander abgehoben werden, der Begriff muß so beweglich wie nur möglich gehalten werden. In den Offenbarungsreligionen, z. B. im Judentum, werden Institutionen in der Regel „Stiftungen" religiösen Charakters sein, die man „heilsgeschichtlich" datieren kann. Aber das trifft in diesem Verständnis sicherlich nicht auf jede Religion zu. Versteht man Institution als organisierte Gruppe, die zum Verfolg eines oder mehrerer Interessen oder Zwecke zusammengetreten ist („Assoziation"), dann folgt unmittelbar die weitere Frage nach der Art dieser Interessen, Zwecke oder auch der Bedürfnisse, denen zuliebe oder um derentwillen diese Gruppe sich organisiert hat[4]. Aber es ist immer möglich, daß diese Zwecke und Bedürfnisse wechseln, daß etwa eine so verstandene religiöse Institution einmal „politische" Zwecke und Bedürfnisse zu ihren „religiösen" hinzunimmt, jene in diesen integriert, das andere Mal die religiösen Zwecke und Bedürfnisse von allen „weltlichen" peinlich absondert. Aber das alles trägt für unsere Fragestellung wenig oder gar nichts aus; es sind rein soziologische Interessen, die eigenen Rechtes sind, aber sich nicht mit unserer Frage decken.

Der Ursprung unserer Frage liegt in der Beobachtung, daß die freie religiöse Subjektivität nicht ausreicht, die Religion zu erklären oder zu begründen. Denn auch die freieste Subjektivität wächst in die Religion hinein, sie findet sowohl die Motive als auch die Aus-

---

[4] Zum Thema der religiösen Institutionen H. Schelsky (Hrsg.): Zur Theorie der Institutionen, 1970 (= Interdisziplinäre Studien, Bd. 1).

drucksformen, Symbole und Traditionen schon vor und ist schon im ersten Schritt zur Religion hin nicht mehr frei. Die Subjektivität transzendiert sich selbst, zunächst als Individuum begriffen zur Gemeinschaft hin. Es ist Geistgemeinschaft (Spiritual Community, Tillich), d. h. Gemeinschaft des Glaubens, der liebenden Verbundenheit und der Lebensgrundsätze, der Praxis. Das Individuum überschreitet sich selbst zur Gemeinschaft hin. Was ist aber dann das religiöse Element an der religiösen Gemeinschaft? In der religiösen Gemeinschaft fallen gleichsam zwei Transzendierungen in eine zusammen. Die eine Weise, in der das Individuum sich zur Gemeinschaft hin transzendiert, ist die in der Horizontalen, zur „Gruppe", zur „Institution" hin, zu den anderen Individuen hin; sie bedeutet in jedem Falle des Zusammenschlusses zu einer wie auch immer strukturierten Gemeinschaft mehr als die bloße Summe der Individuen. Zu dieser Weise des Transzendierens kommt dann aber die religiöse Dimension hinzu. Sie bedeutet Transzendieren des Irdischen zum Göttlichen hin, mag man es sich als „über" allem Irdischen Waltendes oder als den Wesensgrund aller Dinge vorstellen. Diese beiden Weisen des Transzendierens werden in der religiösen Gemeinschaft eins.

Die Unterscheidung der beiden Weisen des Transzendierens in der integrierenden Einheit des Vollzuges von religiöser Gemeinschaft scheint zunächst nur eine Abstraktion zu sein, welche durch den Zweck der theoretischen Erklärung gerechtfertigt werden kann. Es ist aber doch mehr als nur das. An dieser integralen Verbindung zweier Weisen des Transzendierens entscheidet sich nämlich der Unterschied von „natürlichen" und religiösen Gemeinschaften. Er bezeichnet ein weitläufiges Feld religionssoziologischer Forschung[5]. Auch wo natürliche und religiöse Gemeinschaft sich zu einer unscheidbaren Einheit verflechten, läßt sich doch immer wieder der Nachweis führen für die integrierende Funktion der religiösen Erfahrung, welche auf allen Stufen sozialer Gruppierung zu einer Verstärkung des Zusammenhaltes führt. Aber ebenso dann die typischen Formen der Trennung natürlicher und religiöser Gemeinschaft. Diese Trennung kann sich in der Weise vollziehen, daß die natürlichen Gemeinschaften, Volk oder auch „moderne Gesellschaft", sich der religiösen Sinndeutung ihrer Institutionen entledigen, wie es in allen Säkularisierungsprozessen der Fall ist. Das steht heute im allgemeinen im Vordergrund

---

[5] Vgl. J. Wach: Religionssoziologie, dt. Ausg. 1951, II. Teil, Kap. IV u. V.

des Interesses. Es ist aber auch in der anderen Weise möglich, daß die Religion selbst sich aus den natürlichen Gruppierungen zurückzieht. „Ein Schüler Buddhas zu werden bedeutet, Eltern und Verwandte, Weib und Kind, Heim und Vermögen und alles andere zu verlassen ,wie die Flamingos ihre Seen verlassen'".[6] Auch das Christentum kennt sowohl in seiner Ursprungsgeschichte wie in den späteren Jahrhunderten diese Distanzierung. An die Stelle der „alten" treten „neue" Gemeinschaftsformen, die alte Familie wird verlassen, der Jünger erhält dafür neue Väter, Brüder und Schwestern. Das alte Volk versinkt, man gehört einem neuen Volk an. Diese neue geistliche Gemeinschaft kann dann, wie die genannten Beispiele in Erinnerung rufen, der Struktur der natürlichen Ordnung völlig entsprechen (vgl. Mk 3, 31—35), sie kann aber auch nach oben und unten von ihr abweichen, d. h. sie kann in sich viel primitiver oder viel komplizierter, jedenfalls von der Analogie der natürlichen Ordnung ganz unabhängig sein. Aber das gehört schon zur Religionssoziologie im engeren Sinne; unser Interesse gilt der Eigentümlichkeit des Transzendierens zur Religion als Gemeinschaft, d. h. zur religiösen Geistgemeinschaft.

Die Religionsgeschichte und Religionsphänomenologie stellen uns für die Gestaltung des Verhältnisses von Individuum und religiöser Gruppe eine ganze Typologie zur Verfügung. Es handelt sich um Typen der Gruppierungen selbst: Ehe, Sippe, — Familie, Geschlecht und Stamm — Kaste, Gemeinde, „Kirche" und Sekte, Männerbund, Ordensverband und Jahrgang derer, die gemeinsam den Weiheritus empfangen haben. Innerhalb dieser Gruppen findet sich der einzelne in seiner Rolle, eventuell unter verschiedenen Gruppierungsmöglichkeiten in mehreren Rollen gleichzeitig, wobei eine gewisse hierarchische Ordnung bei der Aufzählung fast unvermeidlich zu sein scheint. Das ist nicht zufällig; denn jeder Ort des einzelnen innerhalb der religiösen Gemeinschaft ist mit einer Autorität verbunden, so daß J. Wach geradezu von „Typen religiöser Autorität" sprechen kann[7]. Das mag im Blick auf den „Stifter" der Religion und seine frühesten Anhänger und die Gewährsleute der entstehenden Tradition ganz problemlos erscheinen, ebenso auch im Blick auf Propheten, Seher, Zauberer, Wahrsager, Heilige und Priester wie Prediger. Wenn man aber auch die unteren Ränge einer derartigen Typenreihe,

---

[6] J. Wach: Vergleichende Religionsforschung, 133.
[7] Religionssoziologie II, Kap. VIII.

etwa die Laien, die Zuhörerschaft, Hausväter, Brüder und Schwestern dazu rechnet, dann ist die auch diesen „Geringen" noch zukommende Kompetenz oder „Macht" eben nur noch religiös zu erklären.

Nach dieser Wegstrecke am Rande soziologischer Fragen wende ich mich nun wieder der eigentlichen Thematik zu: Was bedeutet der Gedanke der Gemeinde für die Religion? Die bloße Subjektivität reicht nicht aus, um die Religion zu erklären. Wenn Schelsky sagt: „Das religiöse Leben als Glaubensinnerlichkeit ist kein soziologischer Gegenstand"[8], dann gilt das auch für die kritische Religionsphilosophie: sie vermag bloße Glaubensinnerlichkeit in keiner Weise auf einen vernünftigen Begriff zu bringen. Hingegen lassen sich vier Antworten geben.

1. Wir gingen von dem Satz aus, daß es auch von der Religion gelten müsse, daß sie „erscheint". Gemeinschaft aber ist das eine wesentliche Element ihres Erscheinens. Dabei wird die Religion als eine Einheit verstanden. Es ist nicht die Rede von einem unerfahrbaren, „unsichtbaren" Göttlichen, sondern von dem erfahrenen, erlebten, verkündeten Göttlichen, das sich in und an der Welt manifestiert und insofern in und mit der Religion erscheint. Die Religion ist nicht das Göttliche selbst, davon kann gar keine Rede sein, wohl aber ist Religion in sich ein Ganzes in der Welt, so versteht sie sich jedenfalls selbst, und als dieses „erscheint" sie.

2. Der einzelne Gläubige findet sich „in" der Religion, insofern sie eben als Gemeinschaft erscheint. In dieser Gemeinschaft aber erfährt der einzelne Gläubige die Analogie des eigenen mit dem fremden Glauben der anderen Gläubigen. Geistgemeinschaft, von der wir sprachen, beruht eben in diesem Korrespondieren der Individuen zum Einklang, zum Einverständnis, das sich in den unverzichtbaren Lebensäußerungen des Ritus, des Gebetes, des Gesanges und der Praxis manifestiert. Der einzelne erfährt daraus eine Bestätigung der Stimmigkeit seines Glaubens.

3. In der Gemeinschaft sein, heißt, die Wechselbeziehung von Einzelbewußtsein und Gesamtbewußtsein erfahren. Die Wechselbeziehung kommt darin zum Ausdruck, daß zwar das Gesamtbewußtsein in Gestalt der Tradition schon vor dem Individuum dawar, daß aber das Individuum erst vom eigenen Erkennen an („Geburt", Bekehrung, Gläubigwerden ...) den Anfang seiner Religion datiert. Es ist

---

[8] ZEE 1957, 156.

ein Streit der Prioritäten, der theoretisch nicht entschieden werden kann. Er entspricht aber genau dem Widerstreit der Vorrangigkeit in anderen Regionen geistiger Erfahrung. Es ist das Souveränitätsrecht der Subjektivität, daß jedes Heute einer gewonnenen Erkenntnis vor aller Tradition der Erkenntnis den Vortritt in Anspruch nehmen darf.

4. Diese Sätze über die Bedeutung der religiösen Gemeinschaft erreichen ihre Summe in dem Satz: Die religiöse Gemeinschaft ist selbst ein Gegenstand des religiösen Verhaltens. Sie hat numinosen Charakter. Sie wird nicht nur erlebt, man bedient sich nicht nur ihrer dankbar, sondern sie wird „geglaubt". Im einzelnen hat das Numinose der religiösen Gemeinschaft viele Erscheinungsformen. Hier kommt der Begriff der Institution zum tragen: Die religiöse Gemeinschaft als Institution begriffen — sozusagen auch theoretisch ausgebaut — bildet ebenso einen hohen Begriff von sich selbst aus, wie sie dazu neigt, sich auch in sinnlichen Daten zu manifestieren. Wenn man in solchen Zusammenhängen von „Kirche" spricht, dann meint man eine zum Theologumenon gewordene religiöse Gemeinschaft, die mit Heiligkeitsprädikaten ausgestattet ist. Die sinnlichen Manifestationen binden die heilige Gemeinschaft an Tempel, an heilige Orte und besonders an heilige Stätten der Erinnerung, an denen der Gläubige dem in der Gemeinde wohnenden Numen näher zu sein meint als an anderen Orten der ganzen Welt. Aber man kann auch auf diese Materialisationen verzichten, ohne den numinösen Charakter der heiligen Gemeinschaft preiszugeben: jeder Gläubige ist Bruder, auch wenn man ihn gestern noch nicht gekannt hat.

In dem Maße, als die aufgeklärte Kritik auch an der heiligen Gemeinde das Unzureichende, Menschliche und Irdische wahrnimmt, verliert die Institution ihren sakralen Charakter und wird nur noch instrumental begriffen. Der Zweckcharakter tritt hervor, und es wird auf die durch die Institution zu befriedigenden Bedürfnisse reflektiert. Die Organisation wird den Bedürfnissen angepaßt und dementsprechend wandelbar, wie auch der Kultus und die Verfassung der Religionsgemeinschaft nicht mehr nach dem „Gesetz, wonach sie angetreten", d. h. nach dem Wortlaut der „Stiftung" und in einer Bindung ans Ursprüngliche, was den Fluß der Zeiten überdauert, sondern nach Zweckerwägungen geregelt wird. Solche Zweckerwägungen sind dann etwa die Verständlichkeit der Liturgie, der Kultsprache, die Störung des wirtschaftlichen Alltages durch Feiern und Festkalender der Religion, die Unmöglichkeit, rituelle Speisevorschriften in der modernen Welt durchzuhalten u. a.[9]

Hierbei läuft natürlich eine gelinde Selbsttäuschung unter. Die Angleichung der religiösen Institutionen an die materiellen Bedürfnisse der Kultur, die Prüfung der tradierten Institutionen auf ihre Zweckgerechtigkeit bedeutet doch nicht, daß sie nun einfach in den Katalog der realen, natürlichen Bedürfnisse eingegliedert werden. A. Gehlen hat vielfach gezeigt, wie die Kultur des Menschen nach allen Seiten hin das bloße Naturbedürfnis überschreitet und ein System von sekundären Zweckmäßigkeiten hervorruft[10]. Die Bedürfnisse und instinktnahen Handlungen werden in der Kultur zu Mitteln im Sinne von Ausdrucksmitteln, sie werden mit ethischen Leitbegriffen und mit psychologischen Möglichkeiten „innerlich" gefüllt. Und wie innerhalb der Kultur selbst diese unaufhebbare Spannung zwischen der nackten Lebensdienlichkeit vitaler Zwecke und der Menschlichkeit überpersönlicher Versachlichung in einem eigenen Zwecksystem nicht hinwegzudenken ist, so ist auch in der Religionsgemeinschaft, diese als Institution begriffen, die Reflexion auf „Zweckmäßigkeit" eben ein Indiz für eine eigene Kategorie von Zwecken und keineswegs eine Kapitulation vor den Primärbedürfnissen.

Trotzdem werden wir dem Wandel nachzugehen haben, der sich hier ankündigt. Die religiöse Institution lebt nicht mehr allein von der Berufung auf die heilige Stiftung (institutio) und beruft sich nicht mehr auf deren Wortlaut. Der Hinweis auf die pure Autorität der Institution wird durch die Frage nach dem „Sinn" und der Zweckmäßigkeit ersetzt. Ebenso werden die uralten Rollenbilder, die in einer gewissen Typik vielen historischen Religionen gemeinsam sind, nivelliert. Sie verlieren ihre Konturen und Differenzen. Von diesen Problemen der Modernität ist dann im nächsten Absatz zu handeln.

Welches ist nun der philosophische Ertrag unserer bisherigen Beobachtungen? Er scheint mir in einem Dreifachen zu liegen.

1. Die bloße Subjektivität reicht zur Religionsbegründung nicht aus. Das ist der Irrtum der subjektivistischen Religionstheorien zu Anfang des 20. Jahrhunderts gewesen, Simmels oder auch H. Bergsons: Das Wesen der Religion ist die Religiosität, also das was nach

---

[9] Vgl. den Beitrag von Trutz Rendtorff bei H. Schelsky: Zur Theorie etc. 148.
[10] A. Gehlen: Urmensch und Spätkultur, 1956, bes. § 46.

der Destruktion von aller vermeintlichen Wirklichkeit hinter der wahrnehmbaren und „objektivierbaren" Realität noch übrigbleiben mag. Man könnte auch an Religionsphilosophen wie Axel Hägerström denken[11]. Sobald freilich diese Religiosität damit beginnt, sich vorzustellen und zu denken, ist sie auf Modelle der Vorstellungen und der Gedanken angewiesen, die ihr aus der Tradition einer religiösen Gemeinschaft zukommen. Geistesgeschichtlich gesehen ist es fast eine Banalität, daß alle Liberalismen von der Voraussetzung eines orthodoxen Schemas, alle Abweichungen von der Regel und dem Regelbewußtsein und alle Subjektivismen von dem geheimen Bewußtsein eines Problemmodells leben, das in einer Lehrtradition vorgegeben ist.

2. Die religiöse Gemeinschaft kommt dem Bedürfnis entgegen, der Religion in der sichtbaren und erfahrbaren Welt zu begegnen. Dieses Argument stellt uns vor eine religionsphilosophisch nicht unerhebliche Alternative. Wenn man die Religion im Sinne des Subjekt-Objekt-Schemas spaltet, dann kommt auch die religiöse Gemeinschaft allein auf die Seite der Subjektivität zu stehen, und das Göttliche erscheint als das gegenüberstehende „Objekt" der Religion. Das kann dann positiv verstanden werden, indem dieses Objekt der Religion geglaubt, vielleicht auch philosophisch bewiesen, jedenfalls zum eigentlichen Gegenstand der Religionsphilosophie gemacht wird. Diese muß dann „Philosophie von Gott" sein. Oder aber: diese Objektseite der Religion wird als Illusion verstanden, wie bei Feuerbach, oder doch als etwas, worüber schlechterdings keine sinnvolle Aussage möglich ist, wie im Positivismus. Es gibt aber die andere Auffassung, welche im Zeichen der aufgehobenen Subjekt-Objektspaltung steht. Sie bedeutet, daß die Religion selbst immer das ungeteilte Ganze ist, also ganz Praxis, ganz Gemeinschaft u.s.w. Hier hat Hegels Religionsbegriff den Grund gelegt. Eine Reflexion auf unsichtbare, gegen das Sichtbare abgehobene Elemente ist in dem Kontext des Hegelschen Religionsbegriffes sinnlos, er ist hierin ganz und gar Erbe der Aufklärung, wenn auch in einem weit fortgeschrittenen Verständnis. Das Göttliche ist, so verstanden, „in" der Religion, nicht „daneben", „darüber" oder in irgend einem denkbaren Sinne außerhalb der Religion selbst.

---

[11] z. B. Natur och Kultur, Religionsfilosofi, hrsg. v. M. Fries, Stockholm 1959. Über H. seine Selbstcharakteristik in: Philosophie der Gegenwart in Selbstdarstellungen, 7, 1929, und G. Nygren, Religion och Sanning. I. Studier i Axel Hägerströms Religionsfilosofi... Åbo Akademie 1968

3. Schließlich vollzieht sich in der Religion als Gemeinschaft die Intersubjektivität des Geistes. Das ganze Geistproblem ist in ihr lebendig. Geist spricht zu Geist und findet seine Bestätigung am begegnenden Geist. Es ist die Grunderfahrung, welche Hegel im zweiten Teil seiner großen Encyklopädie ausgebreitet hat. Der Begriff des Geistes ist insofern gefährlich, als er sich der Präzisierung entzieht. Es trifft auch auf ihn zu, was Schelsky gelegentlich vom Begriff der Religion sagt, er ist „gegenstandsinstabil"[12]. Er oszilliert, er bezeichnet eine allem Verstehen zugrundeliegende Bewegung, Gleichheit der Erfahrung unter vielen, er bezeichnet das durch Wort und Werk „Durchscheinende", so wie der „Geist" eines Zeitalters durch die Phänomene einer Epoche durchscheint, und keiner, der das nicht begreift, kann den Anspruch auf historisches Verstehen einer Epoche erheben. Vor allem aber ist der Begriff des Geistes die Übergangsstelle zu den anschließenden Sprachproblemen, von denen das letzte Kapitel handeln wird.

H. Schelsky hat sich im Zusammenhang mit dem Begriff „Gesellschaft"[13] auch zum Geistbegriff geäußert. „D i e Gesellschaft ist also nur noch ein metaphorischer Begriff, darstellerisch unentbehrlich, aber kein Gegenstand der exakten Theorie; er wird aus ihr verschwinden, ähnlich wie der Begriff ‚Seele' aus der Psychologie, ‚Geist' aus der Philosophie im wissenschaftlich-exakten Sinne verschwunden sind." (Man könnte den Begriff der ‚Natur' hinzurechnen, der aus den Naturwissenschaften verschwunden ist.) Der Hinweis ist bestechend und wirft viele, auch uns hier unmittelbar berührende Fragen auf. Dabei hat jeder einzelne der als Beispiel angeführten Begriffe seine eigene Problematik. Was den Begriff des Geistes angeht, so mag man fragen, was sein Verschwinden besagen soll, solange Hegels in der Philosophie noch gedacht wird. Aber es mag hier einmal eingeräumt werden, der Begriff sei in der Tat eine Metapher. Dann ergibt sich die Frage, ob er in den Klartext der von Schelsky postulierten „Philosophie im wissenschaftlich-exakten Sinne" übersetzt werden kann. Wenn der Begriff aber einen bestimmten Problembestand deckt, wie es unsere Meinung ist, dann ergibt sich die Frage: Was ist das für eine „Philosophie", welche den Problembestand nicht wahrhaben will? Und selbst wenn diese sog. „Philosophie" gegen einen Problembestand vorbringt, den Einwand, daß sich für diese Probleme keine „Lösungen" anbieten, dann könnte das immer noch zweierlei bedeuten. Es könnte bedeuten, daß die Probleme Scheinprobleme sind, also Fragen darstellen, welche sinnlos sind. Oder es könnte bedeuten, daß es sich um Probleme handelt, welche zwar unlösbar, aber auch zugleich unstillbar sind und insofern die Befindlichkeit des Menschen selbst beschreiben. — Ich meine freilich nicht, daß dies Letztgesagte auf den Begriff des Geistes zutrifft.

---

[12] ZEE 1957, 161.
[13] „Zur Theorie ..." 11.

Blenden wir nun noch einmal auf den Ausgangspunkt dieses Abschnittes zurück. Ich sagte, daß die Religion aus der bloßen Subjektivität nicht erklärt werden kann. Will man das in einem positiven Aussagesatz wiederholen, so ließe sich der elementare Satz denken: In der Religion ist einer auf den anderen angewiesen. Diese Angewiesenheit des einen auf den anderen kommt in den Rollenbildern deutlich heraus, welche ein weites Thema der Religionsphänomenologie und der Religionssoziologie darstellen: In der unmittelbarsten Nähe des Individuums sind es, wenn man die primitive Religion einmal in die Betrachtung mit einbezieht, die Inhaber der geheimen Macht: Zauberer, Wahrsager, Priester, Seher, Charismatiker, und die Inhaber des geheimen Wissens, Propheten, Prediger, Weise u.s.w. „Geheim" bedeutet in diesem Zusammenhang einfach die Verfügung über Fähigkeiten, Wissen und Erfahrungen, welche den anderen nicht zu Gebote stehen, auf die sie aber angewiesen sind. Uns kann hier nur die Angewiesenheit selbst interessieren. Sie ist durchaus wechselseitig denkbar, Gabe kann durch Gegengabe aufgewogen werden. Wesentlich ist etwas anderes. Alle Religion lebt von Vermittlung und kann ohne „Mittler" nicht gedacht werden. Die religiöse Gemeinschaft ist das fortdauernd wirksame Medium der Vermittlung, und alle differenzierbaren Rollen innerhalb dieser Gemeinschaft haben in irgend einem Sinne Mittlerfunktionen.

Schleiermacher hat auch in der zweiten seiner „Reden über die Religion" den Mittlerbegriff eingeführt: „Jeder Mensch, wenige Auserwählte ausgenommen, bedarf allerdings eines Mittlers, eines Anführers, der seinen Sinn für Religion aus dem ersten Schlummer wecke und ihm eine erste Richtung gebe, aber dies soll nur ein vorübergehender Zustand sein; mit eigenen Augen soll dann jeder sehen und selbst einen Beitrag zutagefördern zu den Schätzen der Religion, sonst erdient er keinen Platz in ihrem Reich und erhält auch keinen". So richtig dieser in Schleiermachers Text mehr beiläufige Satz ist, so greift doch der Mittlergedanke in der Religionsgeschichte weit über die hier transitorische Bedeutung hinaus.

In den primitiven Religionen ist die Vermittlung der Heilkräfte und des geheimen Wissens auf viele Gestalten verteilt. Mit den Hochreligionen konzentriert sich der Mittlergedanke in einer Ursprungsgestalt, in einem „Stifter" (Mose, Zarathustra, Muhammed), von dem aus die gesamte, „neue" Gotteserkenntnis und Heilsgemeinde ihren Ursprung nimmt. Dieser Gründungsgestalt kommt „auctoritas" zu, also ebenso Grundlegung wie fortdauernde Maßgeblichkeit. An ihr — und das kann mancherlei bedeuten — entscheidet sich das Heil. „An ihr" — das kann heißen: an ihrer Lehre oder auch an dem fortdauernden Kontakt mit ihr. Es kann modellhafte Vorbildlichkeit besagen oder eine an die Person des „Mittlers" geknüpfte Zukunftserwartung. Eben an dieser Person des Mittlers entscheidet sich die Zugehörigkeit zur religiösen Gemeinschaft. Im allgemeinen erscheint der Mittler in dreifacher Funktion, was erhebliche religionsgeschichtliche Varianten nicht aus-, sondern einschließt.

Einmal: Der Mittler ist der Repräsentant Gottes. Er ist näher bei Gott selbst als der gewöhnliche Sterbliche. Besonders wichtig ist dabei, daß er Gott in der sichtbaren Welt repräsentiert. Er vermag also zu sagen, was Gott in den konkreten Bezügen dieser sichtbaren Welt von den Menschen erwartet. Diese größere Nähe des Mittlers zu Gott führt dann dazu, daß er in der ihm zukommenden Heiligkeit höher eingestuft wird. Das kann paradoxe Folgen haben, indem er entgegen seiner theozentrischen Botschaft selbst vergottet wird. Der Mittler wird selbst zum Inhalt der Offenbarung. Entgegen seiner Lehre von selbstauslöschender Askese wird Buddha zu einem Gegenstand kultischer Verehrung erhoben.

Zum zweiten aber, und entgegengesetzt dem eben Gesagten, wird die Menschlichkeit des Mittlers betont. In ihm kommt Gott uns nahe, in ihm erscheint ein Bote Gottes in unserer Gestalt. Der Mittler ist wie wir. Das führt dazu, daß in der Legende über den Mittler menschliche Züge hervorgehoben werden. Heilige haben in ihrer Legende oft ausgesprochene Flecken und Sünden, welche sie uns näher bringen. Bei den eigentlichen Stiftern jedenfalls sind Versuchungen, sie von ihrem Wege abzubringen, wie die des Gautama Buddha durch Mara, und Anstößigkeiten, welche die ersten Anhänger kopfscheu machen, oder menschliche Bedürfnisse wie Hunger und Durst Bestätigungen der Menschlichkeit. Das kommt nun dem Bedürfnis entgegen, sich mit dem Mittler zu identifizieren. Er ist wie wir, und wir sollen werden wie er ist. Der Gedanke der Nachfolge, der Nachahmung hat dann viele Formen.

Schließlich aber ist es nicht die geringste Funktion des Mittlers, daß er die Verbindung der verschiedenen Individuen und Elemente zur religiösen Gemeinde — nicht herstellt, sondern darstellt. In ihm sind alle eins, am Bekenntnis zu ihm erkennen sich die Glieder der Gemeinde. Der Mittler spendet und heilt, und seine Wohltaten kommen allen zugute. Alle haben von ihm empfangen. Auch diese Funktion gerät dann zu einer Sublimierung. Denn der Mittler, der Mittelpunkt und verbindende Kraft seiner Gemeinde ist, wird Gegenstand des Kultus oder doch kultischer Verehrung; Muhammeds Name wird im Zusammenhang mit dem Bekenntnis zu dem einen Gott Gegenstand der symbolischen Anrufung und Ausrufung.

In der Tat erweist sich die Gestalt des Mittlers in der Religionsgeschichte als fundierend für die religiöse Gemeinde. Aber der Zusammenhang ist umkehrbar. Die Gemeinde selbst übernimmt unbemerkt diese Mittlerfunktion selbst, sie repräsentiert die Gegenwart des Mittlers und verhindert so, daß die Mittlergestalt immer mehr hinter den Horizont der Vergangenheit und der zunehmenden Unerreichbarkeit versinkt. In der frühen Geschichte des Christentums findet sich bereits im Epheserbrief diese Identifikation der Ekklesia mit dem Christus praesens. Eine Funktion des Mittlers, abgesehen von der durch ihn gegründeten und in ihm geeinten Gemeinde, ist undenkbar.

Das bedeutet aber, daß die Figur des Mittlers in das Zwielicht der geschichtlichen Distanz tritt, welche erst im neuzeitlichen Bewußtsein als Problem empfunden wird. Und das führt uns dann überhaupt zu dem Modernitätsproblem religiöser Gemeinschaft.

2. *Einsamkeit, Vereinzelung*

Einsamkeit bezeichnet eine Grenze, an der jede Gemeinschaft zu Ende ist. Geburt und Tod, und vielleicht äußerste Situationen, in denen der Mensch sein Leben wagt, müssen allein durchgestanden werden. Keiner kann für den anderen eintreten. Für den Einsamen ist jedes Du weg. Er sieht sich ins Nichts gestellt. Hier wenigstens muß sogar die Soziologie schweigen. Freilich stellt schon das Weinen des Einsamen, des Verlassenen, und das Lachen dessen, der das Wagnis bestanden hat, die verlorene Beziehung zu den anderen Menschen wieder her[14]. Diese Einsamkeit ist der Gegenstand aller Urangst, der Angst, ins Nichts zu fallen. In Gestalt dieser Angst ist die Einsamkeit auch mitten im gemeinschaftlich vollzogenen Leben gegenwärtig. Einsamkeit bedeutet: vor dem Letzten, vor Gott oder dem Nichts stehen. Keine Gemeinschaft hebt diese Möglichkeit, diesen Hintergrund ihrer selbst auf, wie es umgekehrt keine Einsamkeit gibt, welche nicht auf die ferngerückte Gemeinschaft bezogen ist, welche einen letzten Halt,

---

[14] H. Plessner: Lachen und Weinen. Eine Untersuchung nach den Grenzen menschlichen Verhaltens, 1950, passim, bes. 106 ff., 155 ff.

letzte Sinngebung hätte bedeuten können, wenn sie nicht ins Unerreichbare entrückt wäre. Der Einsam-gewesene wird niemals mehr restlos in die Gemeinschaft integriert, es bleibt ein Rest im Menschen, den er nur für sich allein hat, wo die unverwechselbare Individualität „Ich" sagt. In dieser potentiellen Einsamkeit wird eine Verantwortung erfahren, welche in der Verantwortung vor dem anderen, vor dem Du, vor der Gemeinschaft nicht aufgeht.

Gemeinschaft bedeutet Leben. Darum ist auch die Ausstoßung aus der Gemeinschaft, aus dem Volksverband der Primitiven wie die Exkommunikation in der Alten Kirche, die Preisgabe an die Einsamkeit, sie ist der Tod[15].

Es ist daher sicher zu harmlos gedacht, wenn man das Schema Individuum-Gemeinschaft dem Problem des Einzelnen zugrundelegt. Es ist wahrscheinlich nicht einmal ausreichend, statt dessen, wie es Schelsky vorschlägt[16], das Verhältnis zwischen kritisch reflektierender Subjektivität und dem Anspruch der Institutionen ins Auge zu fassen. Was S. Kierkegaard mit Subjektiv-werden und Subjektivität meint, geht auch über diese „kritisch-reflektierende Subjektivität" der Soziologie hinaus. Es ist die in keiner Art von Allgemeinem aufgehende, in keiner Weise in (Hegelscher) „Weltgeschichte" verrechenbare Subjektivität, womit dieser „Ernst", nämlich die Kategorie der Einzelheit begriffen werden kann[17]. Die Spannung zwischen der kritischen Subjektivität und der Gruppe kann also sehr verschieden weit gegriffen sein. Auch bei den Primitiven hat, worauf Tor Andrae hingewiesen hat[18], die Individualität einen viel größeren Spielraum, eine viel einschneidendere Bedeutung, als es dem von außen kommenden, fremden und typisierenden Beobachter auffällig sein mag. Die kritische Distanz und Spannung zwischen Individualität und Gruppe ist eine Frage des Kräftespieles; es können der Gemeinschaft im einen Falle Kräfte entzogen werden, oder es können ihr durch die freien Elemente der Subjektivität auch Kräfte zugeführt werden. Die wichtigste Frage ist bei alledem freilich, wie mir scheint, diese: Ist die

---

[15] G. van der Leeuw: a.a.O. § 32.
[16] Zur Theorie...[11].
[17] S. Kierkegaard: Einübung III, Christliche Erörterungen VI: die Einsamkeit der Nachfolge!; Die Krankheit zum Tode, II. Abschnitt, B, b: Die Kategorie der Sünde ist die Kategorie der Einzelheit!
[18] a.a.O. 195 ff.

Individualität, ist die Einzelheit des Subjektes für die Gemeinschaft fundierend, ist es gar eine institutionell bedingte Einsamkeit, oder aber bedeutet die Einzelheit des Individuums eine Abspaltung von der primären einen, das ganze Leben tragenden Gemeinschaft.

Unterscheiden wir also die originäre religiöse Einsamkeit von der sekundären, der nachgängigen Vereinsamung, die ein Abstandnehmen ebenso von der religiösen Gemeinschaft, der „Gruppe" wie von ihrem Glauben und ihrer Praxis bedeutet.

Zu der originären Einsamkeit ist vor allem die Einsamkeit des Stifters zu rechnen: die Einsamkeit Buddhas, des Mose am feurigen Busch und dann wieder auf dem Horeb, die vierzigtägige Einsamkeit Christi in der Wüste u.s.w. Es ist die Einsamkeit, die dem Empfang besonderer Offenbarungen vorausgeht und die alsdann förmlich beendet wird, woraufhin der Einsame zu seinen Jüngern und zu seiner Gemeinde zurückkehrt. Solche transitorischen Herstellungen von Einsamkeit finden auch statt zur Vorbereitung auf Initiationsriten. Dauernde Einsamkeit begleitet viele Formen der Askese, bei den Inklusen des Mittelalters liegt die Isolierung bereits im Begriff. Diese Einsamkeit ist in jeder Phase gemeinschaftsbezogen. Auch die dauernde Einsamkeit wird paradoxerweise unter den Augen der Gemeinde, oder wie bei den frühchristlichen Eremiten, nach einer gemeinschaftlichen Regel übernommen.

Der Sinn dieser originären Einsamkeit liegt in ihrer stiftenden oder — im sekundären Falle — in ihrer wiedererinnernden Funktion. Die prophetische Einsamkeit ist Einsamkeit vor Gottes Angesicht. Es ist eine Einsamkeit insofern, als sie ohne Menschen, ohne irdische Teilnahme, außerhalb aller sozialen Ordnungen ist. Aber sie kommt mit ihrem vollen Ertrag — sei es an Erkenntnis, sei es an „Heilsbedeutung" — der Gemeinde zugute. Ja es ist denkbar, daß die Gemeinde erst aus dieser Einsamkeit erwächst, wie die christliche Gemeinde aus der Gottverlassenheit Christi am Kreuz. Der Märtyrer ist insofern in der Einheit mit dem originären Stifter, als auch er in Einsamkeit sein „Zeugnis" ablegt, ohne jede Garantie durch eine religiöse Institution, ohne jede Deckung seines Wahrheitsanspruches. Er ist völlig allein. Der Ertrag seines Zeugnisses kommt erst nachträglich auch der Gemeinschaft zugute. Der Märtyrer steht insofern auf der Schwelle zwischen der originären Einsamkeit des Stifters und des Propheten und der sekundären Einsamkeit des Asketen oder des einsamen Predigers. Dessen Dienst ist die Wiedererinnerung an das Ursprüngliche. Er repräsentiert den „Ernst" (Kierkegaard). Die Wiedereinholung des Ernstes zugunsten einer verweltlichten, in den Routinebetrieb übergegangenen religiösen Institution geht durch die Einsamkeit. Diese Einsamkeit ist durch das Leiden gekennzeichnet. Leiden ist immer, wie es auch sich real vollziehen mag, sei es als Verzicht oder als öffentliche Verspottung oder unauffällig als leibliches oder seelisches Leid, sinnerfüllte Einsamkeit. Man hat niemanden zur Seite, der helfen kann oder will. Das Religiöse an diesem Leiden liegt darin, daß es den verlorenen Ernst der Religion zurückholt. Es ist transitorisches Leiden, transitorische Einsamkeit. Aber von diesem transitorischen Charakter kann der Leidende nichts wissen, er hat keinerlei Garantie dafür, daß etwas Besseres und anderes nachfolgt. Das Religiöse ist also nur in der Hoffnung zur Seite. Aber immer gilt: Diese Einsamkeit führt zur Gemeinschaft. Darum ist auch die religiöse Hinnahme des Todes als der letzten Einsamkeit nur in der nachfolgenden Gemeinschaft erträglich, der Gemeinschaft mit Gott, der Seligkeit einer „vollendeten Gemeinschaft" jenseits aller Vorstellbarkeit. Und umgekehrt gilt auch, daß keine religiöse Gemeinschaft ohne die grundlegende Einsamkeit denkbar ist.

Zur Phänomenologie der Religion gehört auch das Aufhören von Religion. Und auch dieses Ende weist die Vereinzelung auf. Es ist ein Phänomen der späten Phasen. Vereinzelung setzt die nachlassende Integrationskraft der Religion voraus. Die religiösen Institutionen werden leer und verlieren ihren Sinn. Der Vereinzelte wird von dem „Ernst" der Religion nicht mehr erreicht. Wenn der Sinn der Religion darin liegt, daß der menschliche Geist Weltschranken, Grenzen von Sichtbarkeit überschreitet, und in diesem Transzendieren erst „Welt" als sinnvoll erfährt, dann bedeutet die im Ende der Religion sich vollziehende Vereinzelung das Erlöschen von „Sinn". Das Erlöschen des Ernstes der Religion stellt vor das Nichts. Diese Erfahrung des nihil ist konstitutiv für echte Einsamkeit, und insofern ist in der Tat die erste Einsamkeit, die jeder Mensch erfährt, wie wir sahen, und die letzte Einsamkeit zum Verwechseln ähnlich.

W. Lepenius hat in seinem Buche: Melancholie und Gesellschaft (1969) die Melancholie durch alle ihre Spielarten, vom Erleiden der Einsamkeit bis zum elitären Kokettieren mit dem Außerhalbstehen, als ein bürgerliches Phänomen analysiert. Dieses stoffreiche und mehr noch geistvolle Buch dementiert nichts von dem hier Dargelegten. Aber wie Lepenius die soziologische Seite des Phänomens vor die psychologische stellt, so interessiert uns hier die religionsphänomenologische Seite vor der soziologischen Betrachtungsform.

3. Religion in der modernen Gesellschaft

Schon die bisherigen Überlegungen haben uns tief in die Fragestellung hineingeführt, der ich mich jetzt zuzuwenden habe. Hat das, was wir heute als Religion auf seinen Sinn und Bestand befragen, überhaupt noch etwas zu tun mit der Religion in vorausgegangenen Epochen? Es ist die Frage nach der Identität der Religion mit sich selbst unter den Bedingungen der Modernität, d. h. unter den Bedingungen der radikalen Aufklärung und der industriellen Gesellschaft. Es ist nicht damit zu rechnen, daß wir diese Frage hier erschöpfend beantworten. Es fehlt uns die Distanz zu einem geistigen Schicksal, in das wir selber einbegriffen sind. Diese mangelnde Distanz hat zur Folge, daß wir häufig einseitigen Aspekten verfallen, daß uns z. B. das Problem nur durch die gegenwärtige Soziologie zugänglich zu sein scheint, was ja leicht seine Rechtfertigung findet[19]. Vor allem hat die fehlende Distanz den Nachteil, daß man die inneren Zustände in der abendländisch-westlichen Kultur, praktisch also in Mittel- und Westeuropa sowie in Nordamerika absolut setzt, Verhältnisse, die dadurch gekennzeichnet sind, daß es sich nur um das Zusammentreffen der christlichen Tradition mit der industriellen Kultur handelt. Dieser Umstand und andere Umstände mehr zwingen uns erhebliche Vorbehalte auf.

Immerhin lassen sich unter Berücksichtigung aller Vorbehalte fünf Gesichtspunkte nennen, unter denen das Moderne in der veränderten Situation der Religion begriffen werden kann.

1. Religiöse Gemeinschaft und profane Gesellschaft treten auseinander. Genauer gesagt: Die profane Gesellschaft und der Staat als ihr sichtbarer, offizieller Sachwalter ziehen sich von der religiösen Gemeinschaft zurück. Dies geschieht mitunter sehr zögernd, schrittweise, und es kann durch eine scheinbar starke Position der verfaßten Kirche in den abendländischen Nationen, der „offiziellen Religion" in den islamischen Staaten, in Ostasien, verdeckt sein. Diese offizielle Position der religiösen Institutionen in der Gesellschaft kann über Nacht zusammenbrechen, wenn kein Öffentlichkeitswille der religiösen Gemeinde selbst mehr dahinter steht. In allen Fällen wird sich dann die profane Gesellschaft, der Staat als das stärkere

---

[19] Th. Luckmann a.a.O.; ferner die Übersicht von J. Matthes: Einführung in die Religionssoziologie I, Religion und Gesellschaft, 1967; II, Kirche und Gesellschaft, 1969.

Element gegenüber der religiösen Gemeinschaft erweisen. Die praktische Anteilnahme am Leben der religiösen Gemeinde („Kultusfrequenz") verliert ihren obligatorischen Charakter und geht prozentual zurück. Sie zeigt auch deutlich einen Rückzug auf solche sozialen Schichten, welche zu den vorherrschenden Strukturmerkmalen der industriellen Gesellschaft marginal sind (Th. Luckmann). Diese Beobachtungen sind ebenso statistisch nachprüfbar wie in mancher Hinsicht doch vordergründig. Sie schließen sich aber mit den folgenden Beobachtungen leicht zu einem Bilde zusammen.

2. Die alten Rollenbilder der religiösen Gemeinschaften werden unscharf und verblassen. Die Erinnerung an bestimmte „Typen religiöser Autorität" (J. Wach), z. B. an Propheten, Wahrsager, Zauberer oder Medizinmänner, haben für das moderne Bewußtsein nur noch antiquarischen Charakter. Selbst die Bedeutung der „unteren" und „oberen" Weihegrade in der katholischen Kirche ist schon seit langer Zeit ins Unkenntliche abgesunken. Die einstige Vielfalt wird reduziert, die „Ämter" werden „demokratisiert". Nichts läßt sich aufrechterhalten bloß deswegen, weil es durch das Herkommen sanktioniert ist. Alles muß sich auch innerhalb der Bedürfnisse der religiösen Gemeinde als sinnvoll und zweckmäßig legitimieren. Das hat eine institutionelle Vereinfachung innerhalb der religiösen Institutionen zur Folge, die zu der zunehmenden Kompliziertheit des öffentlichen Lebens genau gegenläufig ist.

3. Auch die heilsgeschichtliche Fundierung der religiösen Gemeinschaften und ihrer einzelnen Institutionen verblaßt. Und zwar in mehrfacher Weise. Die „historischen" Behauptungen über Ursprünge, praktisch also die Ursprungslegenden der Religionen, verfallen der Kritik. Das ist nicht nur „wissenschaftlich" gemeint. Sie verfallen auch im allgemeinen Bewußtsein der skeptischen Beurteilung. Soweit aber die Ursprungslegende an bestimmte heilige Orte gebunden ist, trägt einfach die weite Verbreitung der Religion, die Zerstreuung ihrer Anhänger und die Entfernung von jenen legendären Orten dazu bei, daß die Kraft der Erinnerung verblaßt. Die eigentliche Ursache liegt aber viel tiefer. Es ist der uns immer wieder begegnende Grundsatz, ein philosophisches Axiom, wenn man so will: Alle Religion verlangt Gegenwart. Dieses Axiom setzt den Zweifel aus sich heraus: Wie kann sich der Glaube auf längst entschwundenen Daten gründen? Das schließt gewiß nicht aus, daß in diesen Daten sich — wie man es immer bezeichnen mag — uralte Wahrheit, Weisheit und göttliche

Kraft verbergen. Aber diese Kräfte müssen sich als gegenwärtig manifestieren. Ihre bloße heilsgeschichtliche Normkraft hat als solche für das moderne Bewußtsein keine überzeugende Autorität mehr.

4. Im Bilde der neuzeitlichen Religiosität spielt überhaupt die Individualität eine immer größere Rolle. Das setzt der soziologischen Forschung eine schwer überschreitbare Grenze; denn diese individuelle Religiosität ist eben „The invisible religion" (Th. Luckmann), nicht Irreligiosität, sie steht zur überlieferten religiösen Institution in Spannung, vielleicht im Gegensatz, freilich auch mitunter in deutlicher Ablehnung. Aber was heißt angesichts dieser Spielarten „deutlich"? Man wird von dieser individuellen Religiosität immerhin soviel sagen können: sie erkennt sich in der religiösen Institution, also, was die christliche Tradition betrifft, in der Kirche nicht mit Selbstverständlichkeit wieder. Die individuelle Religion privatisiert sich und internalisiert sich. Auch bei hohem Bildungsstand der Betroffenen muß gelten, daß die traditionelle religiöse Sprache gegenüber der Gegenwartssprache rückständig wird.

Dieses Sprachproblem ist außerordentlich vielschichtig. Es soll im letzten Kapitel noch ausführlicher erörtert werden und ist hier nur im symptomatischen Zusammenhang von Interesse. Im allgemeinen wird sich die Entfremdung von der religiösen Sprache für das in der Umgangssprache sich äußernde Gegenwartsbewußtsein darin ausdrücken, daß dieses sein Nichtverstehen bekundet. „Das sagt mir nichts", „ich weiß nicht, wovon du sprichst". Aber selbst diese Beteuerung kann manches verbergen. Es gibt eine hartnäckige Naivität, an den Formeln der überkommenen religiösen Sprache festzuhalten, eine Rechthaberei, die in der Tat kein Ohr mehr findet. Aber es gibt — hart daneben — eine hintersinnige Naivität dieser religiösen Sprache, verbunden mit der selbstironischen Andeutung, daß man das Religiöse als etwas Urmenschliches nicht besser auszudrücken weiß, die dann in eben derselben Menschlichkeit aufgenommen werden kann. Wie es hinwieder eine krampfhafte Modernität des „religiösen" Sprechens gibt, eine Anbiederung, hinter der sich ein raffinierter Klerikalismus verbirgt, der sich allerdings als solcher am wenigsten wahrhaben will. Aber diese breite Skala der möglichen Vermittlungen zwischen der zurückbleibenden religiösen Sprache und der Gegenwartssprache hebt die Entfremdung nicht auf. Selbst wenn man damit rechnet, daß alle religiösen Sprachformen sich langsamer wandeln als die Alltagssprache, so kann doch die Spannung zu groß, sie kann unerträglich und tödlich werden.

5. Schließlich muß auch der thematischen Reduktion gedacht werden. Es wäre freilich zu einfach, solche verloren gegangenen Themen zusammenzustellen und dann ihren Verlust zu beklagen. In der Religionsgeschichte können vielmehr alle großen Wendungen und Neuanfänge auch als Reduktionen beschrieben werden. Welche Vielfalt altarabischen Götterglaubens und welcher Reichtum von Kulten ist durch das Auftreten Muhammeds zugrunde gegangen. Welche thematische Reduktion bedeutet allein die Reformation: Erlöschen von Autoritäten, Auflösung von Institutionen, Freisetzung von Kritik. Und daneben tritt dann das Neue, das in seiner augenblicklichen Evidenz zugleich das unmittelbar Selbstverständliche wird und eben in dem Maße, als es durch keine historische Reflexion hindurchgegangen ist, nur schwer zum artikulierten Bewußtsein kommen mag.

Aber was heißt überhaupt „religiöse Thematik"? Wir müssen auf den Ausgang unserer Arbeit zurückgehen. Alle Religion beginnt mit der Überschreitung unserer Alltagserfahrung. Diese Alltagserfahrung allein, in augenblicklichem Wahrnehmen, in zweckdienlichem Reagieren und Agieren, ist „sinnlos". Erst im intentionalen Überschreiten leuchtet „Sinn" auf. Dieser Sinn ist immer ein Mehr als das, was vor der Hand und vor Augen liegt. In diesem Mehr erweitert sich der Horizont des Augenblicks und begreift Vergangenheit und Zukunft ein. In diesem Mehr verlasse ich mein enges eigenes Gehäuse, der andere Mensch ist nicht mehr Objekt, sondern ich sehe mich in seinem Spiegel, begegne seiner auf mich gerichteten Erwartung und erfahre meine Verantwortung, die ebenso wie Liebe und Schuld alles momentane Bedürfnis überschreitet. Ich komme zu mir selbst, werde Person, indem ich von mir Abstand gewinne. Aber das ist nur ein Anfang. Religion meint eine grundsätzliche Erfahrungstranszendenz, welche die Materie der bloßen Alltagserfahrung durchwirkt und in einer vielleicht niemals ganz abschließbaren Dichte mit „Sinn" erfüllt.

Diese Erfahrung von Bindung und Transzendenz, von sinngebender „Jenseitigkeit" ist aber ebenso von Anfang an ein sozialer Vorgang. Es ist Sinngebung des menschlichen Daseins, in dem ich mich selbst ebenso wie den anderen Menschen begriffen finde. Es ist keine objektive Sinnstruktur, sie ist nicht demonstrierbar, aber sie findet ihre intersubjektive Bestätigung und Deutung in der Sprache. In der Sprache gewinnt die Erfahrungstranszendenz ihre eigentümliche Objektivität. Es kommt darauf an, ob die Sprache dieser Erfahrungstranszendenz überhaupt Ausdruck zu geben vermag. Sie vermag es in dem Maße, als sie selbst zu dieser Sinnhöhe sich aufschwingt, als hyperbolische Sprache für diese Transzendenz Ausdruck findet. Den transzendenten Bedeutungsgehalten der Erfahrung entspricht die symbolische Sprache, überhaupt eine ganze symbolische Realität. Diese symbolische Wirklichkeit durchwaltet die alltägliche Wirklichkeit und erfüllt sie mit Sinn. Die Transzendenzerfahrung spricht sich im Symbol aus und erkennt sich im Symbol wieder.

Dieses Symbol ist unverzichtbar in der Religion. Es ist aber doppelsinnig. Es ist nicht die transzendente Welt selbst, sondern es repräsentiert diese nur. Es gehört dieser sichtbaren Welt an, es ist historisch, es ist als Zeichen, Begriff oder wohl auch als symbolischer Satz, als Mythus auf Verstehen angewiesen, es ist im extremen Falle sogar dem Mißbrauch ausgesetzt. Aber es hat in dieser realen, erfahrbaren Welt die Bedeutung, daß es die transzendente Welt, das Göttliche repräsentiert, daß es also, wenn es in Funktion ist, selber transzendent ist, über sich hinausweisend, daß es darin seine Bedeutung hat, das Unsagbare auszusagen.

Wenn ich von religiösen Themen gesprochen habe, dann meine ich Folgendes: Die Bedeutung eines bestimmten Symbols wird im Kontext der Alltagserfahrung als sinnvoll und sinngebend anerkannt. Der im Symbol ausgedrückte Gedanke kann auch innerhalb des alltäglichen Gesprächs zum Thema gemacht werden. Oder noch kürzer: Die Bedeutung des betreffenden Symbols ist im Bewußtsein einer bestimmten Generation lebendig. — Dementsprechend ist der Verlust an religiöser Thematik, die thematische Reduktion, das Erlöschen dieser aktuellen Bedeutung.

Es ist aber aus mancherlei Gründen schwierig, diese thematische Reduktion genau festzustellen. Das Verschwinden religiöser Themen kann nämlich einmal bedeuten: Das Thema verfällt der Negation. D. h. also: Dem Symbol wird die bisher geltende Bedeutung ausdrücklich abgesprochen, ein bisher als wahr geltender Satz wird als unwahr erkannt und als falsch verworfen. Das Verschwinden des religiösen Themas kann aber auch bedeuten, daß es verblaßt und seine Bedeutung unauffällig verliert, weil andere neue Themen in den Vordergrund treten und es mit ihrer Ausstrahlung in den Schatten stellen.

Zu dieser Undeutlichkeit tritt erschwerend eine weitere. Sie liegt in dem Verlust der Ausdrucksfähigkeit. Die symbolische Sprache stellt gegenüber der Alltagssprache, vollends aber den auf bestimmte technische Zwecke eingespielten Sprachformen eine sehr diffizile Nuance dar. Angesichts der Spezialisierung der technischen Gesellschaft muß immer damit gerechnet werden, daß jemand für bestimmte Erfahrungen keinen sprachlichen Ausdruck findet. Er „überläßt es dem anderen, es richtig zu sagen". Die Segmentierung der gesellschaftlichen Struktur hat auch eine sprachliche Segmentierung zur Folge. Über das Elementare und Konventionelle hinaus vermag der in einem bestimmten alltäglichen oder beruflichen Sprachstil Eingewöhnte nicht mehr zum Ausdruck zu bringen, was ein religiöses Symbol bedeutet. Natürlich ist dann damit zu rechnen, daß dem Sprachverlust auch der Bedeutungsverlust folgt oder zur Seite geht.

Statt im Registrierverfahren den Umfang der thematischen Reduktion abzumessen, versuche ich einige Tendenzen in der Veränderung des religiösen Bewußtseins in der modernen Gesellschaft aufzusuchen.

Diese Veränderungen sind deswegen so schwer greifbar, weil sie viele Spielarten zwischen extremen Möglichkeiten aufweisen. Man wird das Beharren des religiösen Bewußtseins im Schutze der Traditionen auch dann ernst nehmen müssen, ernster, als es oftmals der Neigung des soziologischen Beobachters entspricht, wenn es sich dabei um eine zahlenmäßig kleiner werdende Gemeinde handelt und wenn sich im Rahmen dieser kleiner und unbedeutender werdenden Gemeinden im Augenblick keine Sensationen abzeichnen. Das verhältnismäßig primitive Bild, das sich hier zeigt, wird sofort kompliziert, wenn man jene sei es verlegene, sei es elitäre Distanz betrachtet, in der sich die Individualität zu diesen in der Tradition verharrenden Institutionen verhalten kann. Man nimmt dann zwar am Leben dieser Institution nicht teil; denn die persönlichen Vorbehalte gegenüber den Repräsentanten dieser Gemeinde verbinden sich mit doktrinaler Skepsis. Aber damit verbindet sich eine heimliche Zustimmung, die sich in hohen Erwartungen, mitunter angesichts kritischer Zeitprobleme sogar in emphatischer Zustimmung äußern kann.

Im allgemeinen gilt aber doch ein anderes Bild. Es ist die Abkehr von der offiziellen Religionsübung, die Neutralisierung der offiziellen Religion und die Hinwendung zum Persönlichen und Privaten. Das Doktrinale, das „Dogmatische", die religiöse „Wahrheitsfrage" interessiert nicht mehr, es lohnt schon gar keinen aufklärerischen Protest, hingegen ist man allenfalls empfänglich für Hilfe bei der Bewältigung persönlicher Schicksale, in familiären oder sexuellen

Krisensituationen, welche aus den unsicher gewordenen Verhaltensnormen entspringen. Man hat mit Recht von einer Verbraucherorientierung gesprochen: man nimmt von der Religion das an, was man brauchen kann: Therapie und allenfalls Seelsorge. Wunscherfüllungen in der privaten Sphäre werden zu einer religiösen Daseinserfüllung aufgewertet. Vielleicht werden sogar politische Utopien mit Resten einer religiösen Ideologie gekoppelt. Jedenfalls hat eine so begriffene Religion jede „Tiefe" verloren, sie hat alle doktrinalen Konturen eingebüßt, welche eben am Glauben der tradierten Religionen hängen. Insofern ist allerdings die in Kirche und Theologie herkömmliche Ablehnung der allgemeinen Rede von „Religion überhaupt" nur allzusehr verständlich und gerechtfertigt.

Wie schwierig es ist, diese Phase der religiösen Verflachung und Indifferenz auf Themen zu fixieren, kann man an einem Beispiel ablesen. Es ist eine immer wiederholte Behauptung, daß der Tod aus dem Bewußtsein der heutigen Gesellschaft verdrängt werde. Man dürfe nicht von ihm sprechen, nicht einmal an ihn denken. Auch Th. Luckmann vertritt diese Behauptung in seinem Buch: Das Problem der Religion in der modernen Gesellschaft (1963). W. Fuchs: Todesbilder in der modernen Gesellschaft (1969), ein in vieler Hinsicht sonst enttäuschendes Buch, hat dieser These nachdrücklich widersprochen. Er zeigt die Vielfalt, in der sich die heutige Gesellschaft mit dem Tode beschäftigt, eine Art von institutioneller Ratlosigkeit, und vor allem die archaischen Modelle, in denen sie ihr Denken über den Tod orientiert.

Man kann von hier aus zu dem anderen Extrem übergehen, zu dem völligen Versagen jeder Sinnfrage. Die Verbrämung durch berufliche Vielgeschäftigkeit reicht nur eine Weile aus, diesen Zustand eines Lebens in Alltagserfahrungen ohne Erfahrungstranszendenz zu verbergen. Es ist die decouvrierende Bedeutung des müßigen Existierens, die entschleiernde Funktion einer Kunst der puren Langeweile und einer Dramatik ohne Pointe, der die Klarheit über diese Situation zu verdanken ist. Es gibt kein sinnvolles Ende. An diesem Extrem kann die Sinnfrage von neuem ihren Anfang gewinnen. —

Wir kehren an dieser Stelle zu dem Thema des Kapitels zurück, zu der Frage der Intersubjektivität der Religion, und zwar hier in der Form ihrer Gestaltwerdung in religiöser Gemeinschaft. Das Moderne, so habe ich gezeigt, liegt zunächst darin, daß sich die religiöse Gemeinschaft und die allgemeine, natürliche Ordnung der Gesellschaft in zunehmendem Maße unterscheiden. Es ist vielleicht nicht richtig, bei dieser Beobachtung von einer ursprünglichen Identität beider auszugehen, wiewohl es nicht an Beispielen dafür fehlen mag. Man wird aber weitgehend von Anfang an mit der Unterscheidung von religiöser und profaner Sprache rechnen müssen, so sehr wiederum sich beide Welten durchdringen und „ursprünglich" nicht getrennt gedacht werden können. Modernität bedeutet jedenfalls, daß die Unterscheidung zunimmt und sich bis zur Scheidung und Trennung zu steigern vermag. Modernität bedeutet in diesem Prozeß fernerhin, daß die säkulare Welterfahrung vorherrscht, daß sie gegenüber der religiösen Erfahrung im Vordringen ist und die überlegene faszinierende Wirkung ausübt. Die Erfahrung der zunehmenden Einheit der Welt, ihre zunehmende Beherrschbarkeit, die Machbarkeit des Daseins, wachsende Möglichkeiten der Vorausplanung und der Voraussicht überspielen allen Anreiz, den die in ihren Traditionen gefangene Religion ausüben kann. Wie immer man den Begriff der Säkularisierung auslegen mag, die faszinierende Wirkung dieser Ideologie allein ist ein Indiz für die Verlagerung des Gleichgewichtes.

Die Spaltung zwischen religiöser Gemeinschaft und allgemeiner profaner Gesellschaft ist auf die Dauer unerträglich. In der Regel schreibt die profane Sozialform der religiösen vor, wie sie sein soll. Es kann freilich auch umgekehrt verlaufen. Wenn die Religion in sich kräftig und die religiöse Gemeinschaft sich ihrer Substanz bewußt ist, dann halten sie der Welterfahrung stand.

Zugunsten der religiösen Institutionen spricht Folgendes. Nur in ihnen werden die religiösen Symbole bewahrt. Wenn es so ist, daß die Erfahrungstranszendenz ein anthropologisch unverzichtbares, sinnspricht, daß sie hier ihren wesentlichen intersubjektiven Ausdruck findet, dann ist das von weittragenden Folgen. Einmal nämlich ist nicht damit zu rechnen, daß diese Symbole nach Art und Zahl in beliebiger Weise vermehrt werden können. Es ist überhaupt nicht damit zu rechnen, daß das neuzeitliche Bewußtsein gerade in der Erweiterung der Erfahrungstranszendenz und in der Entfaltung einer neuen, unerwarteten Symbolkraft für die Menschheit Überraschungen und Fortschritte bereithalten wird. Andererseits aber ist die Erfahrungstranszendenz ein anthropologisch unverzichtbares, sinngebendes Element menschlichen Daseins. — Im Anschluß daran muß aber dann auch davon gesprochen werden: Die religiösen Institutionen, also die im geschichtlichen Raum vorfindlichen religiösen Gemeinschaften sprechen die religiöse Sprache. Die religiöse Sprache ist in den religiösen Gemeinschaften zuhause, sie hat hier ihren institutionellen Ort. Und es ist damit zu rechnen, daß ohne diesen institutionellen Ort die religiöse Sprache in dem unfraglich viel weiter gespannten Raum von Sprache überhaupt verfällt, sich verliert, in Mißverständnis, Travestie und Entstellung untergeht.

Indem ich so die religiöse Gemeinschaft zu legitimieren versuche, ist freilich sogleich von einer Gefahr zu sprechen. Diese Gefahr hängt mit der zunehmenden Trennung von religiöser und profaner Gemeinschaft unmittelbar zusammen. Die Trennung kann nämlich nicht nur von der Profanität her über die religiöse Gemeinschaft verhängt werden, sondern sie kann auch den Sinn einer Abwehr, einer apotropäischen Schutzgeste der Religion gegen ihre Entfremdung annehmen. Die Folge ist eine Einkapselung der Religion gegenüber der Profanität, eine harte Verschließung, Klerikalisierung und Verengung in jeder Hinsicht. In äußerster Konsequenz kann diese Verkrustung nicht durchgeführt werden. Das Ende wäre der Tod. So ergibt sich für die religiöse Gemeinschaft die Dringlichkeit, sich zur allgemeinen Kultur hin aufzuschließen. Sie muß sich öffnen und sich selber zur Welt hin auslegen.

Ich habe im Rahmen der Religionsphilosophie nicht davon zu sprechen, in welcher Weise sich das in der gegenwärtigen Welt tatsächlich vollzieht. In der ökumenischen Bewegung erinnern sich die christlichen Kirchen und Denominationen gegenseitig an die möglichen Gemeinsamkeiten ihres Glaubens und vereinigen sich zu gemeinsamer Wahrnehmung einer sozialen und politischen Verantwortung. Sie öffnen sich, wie das gelegentlich der ökumenischen Konferenz in Addis Abeba (1971) unwidersprochen postuliert wurde, der Notwendigkeit eines Dialogs unter den Weltreligionen. Dieses Phänomen versteht sich zudem in Korrespondenz zu einem „säkularen Ökumenismus". Ich möchte diese eigentümlichen Prozesse, auf welche ich hier nur hinweise, als ein Indiz dafür verstehen, daß der Begriff der „Religion" aufhört, als eine bloße Abstraktion verdächtig zu sein und daß er eben im selben Prozesse seine Auslegung zur Welt hin besorgt.

Von der anderen Seite her gesehen gilt dann etwas Entsprechendes. In dem Maße, als in der Kultur präreligiöse Sachverhalte entdeckt werden, wird erkennbar, daß diese in der Religion ihre eigentliche Auslegung erfahren. Natürlich ist das nicht so gemeint, daß sich die Religion allmählich zu einer „theonomen Kultur" hin auflöst. Dieser (Tillichsche) Begriff kann nicht mehr besagen, als daß sich die Religion zur Kultur in allen ihren Konsequenzen bekennt. Auch die Kultur kann nicht zur Religion werden. Beide werden sich immer wieder auf sich selbst zurückziehen müssen. Die Religion wird sich spezifisch religiös auslegen, und die Welt wird sich in reiner Weltlichkeit verstehen. Die Religion wird sich darin zur Welt kritisch verhalten und umgekehrt.

Aber die Todeslinie eines Endes der Welt in Inhumanität bedroht ebenso die Religion wie die Kultur, und diese Eventualität umschließt beide in einem gemeinsamen Horizont.

10. Kapitel

Die Sprache der Religion

1. Was meinen wir mit religiöser Sprache?

Nicht nur die Problematik der Intersubjektivität spitzt sich im Sprachproblem zu, sondern das Problem der Sprache durchdringt, wie wir wahrgenommen haben, auch unsere früher verhandelten Themen. Hier soll es nun um die religiöse Sprache selbst gehen. Aber was meinen wir damit? Wir meinen die Frage nach dem Sinn und der Bedeutung der religiösen Sprache, nach ihrer Eigenart, ihrem Recht, und dahinter verbirgt sich dann die Frage nach ihrer Wahrheit — vorsichtiger ausgedrückt: die Frage, unter welchen Bedingungen religiöse Sprache „Wahrheit" für sich in Anspruch nehmen könne.

Solange hier kein Problem bewußt geworden ist, besteht auch kein Bedürfnis darnach, ein Problem zu lösen. Wo kein Problem bewußt geworden, solange keine Frage gestellt worden ist, sprechen wir von Selbstverständlichkeit. Wo also die religiöse Sprache mit Selbstverständlichkeit gebraucht wird, wo ihr Sinn, ihre Bedeutung, ihre Eigenart und demzufolge auch ihr Recht und ihre Wahrheit bei allen Beteiligten außer Frage steht, da gibt es kein Problem der religiösen Sprache. „Alle Beteiligten" — das ist ein sehr unbestimmter Ausdruck: gemeint sind alle Teilnehmer an dem sprachlichen Austausch, also die Gläubigen untereinander, dann Klerus und Laien, Prediger und Hörer, Lehrer (im weitesten Sinne) und Schüler, ja selbst der in menschlicher Sprache sich offenbarende Gott und der Gläubige, der im Gebet oder im Bekenntnis seinem Gott antwortet.

Es ist nicht so gleichgültig und überflüssig, wie man zunächst meinen möchte, auf diese ursprüngliche Selbstverständlichkeit der religiösen Sprache einzugehen. Jede Art von Selbstverständlichkeit, die einem Problem zugrundeliegt oder auch vorausgeht, ist eben als diese Grundlage, als Material, als Indiz der Weitläufigkeit oder auch als Grenze der hier möglichen Problematik in aller Strenge wahrzunehmen.

Wenn z. B. in der modernen analytischen Philosophie und in ihren theologischen Derivaten die ganze Problematik ausschließlich und von vorneherein auf den „religiösen Satz" eingeschränkt wird, dann liegt darin eine vorweggenommene Eingrenzung des zur Verhandlung gestellten Sprachproblems. Das schließt nicht aus, sondern ein, daß wir auf einige logische Probleme der religiösen Sprache eingehen werden.

Erst, wenn die genannte Selbstverständlichkeit erschüttert und in Zweifel gezogen wird, dann wird die religiöse Sprache zum Problem. Und man wird sofort hinzufügen müssen, dann ist das Problemfeld möglicherweise genau so ausgebreitet wie das Tatsachenfeld der religiösen Sprache. Aber die Dimension der Sprachproblematik soll uns erst später beschäftigen.

Wir gehen davon aus, daß die Selbstverständlichkeit religiöser Sprache schon innerhalb einer religiösen Sprachgemeinschaft erschüttert werden kann. Selbstverständlichkeit besagt ja Eindeutigkeit: ein bestimmter Begriff oder Satz, ein Text wird von allen Angehörigen des gleichen Glaubens in demselben Sinne genommen und mit derselben Bedeutung versehen. Beispiele für die Auflösung dieser Eindeutigkeit liegen nahe. So kann der Begriff der „Buße", seine religiöse Bedeutung dabei vorausgesetzt, einmal bestimmte auferlegte äußere Werke der Wiedergutmachung, das andere Mal eine innere Erneuerung bedeuten. Religionsbegründende Texte können bei gemeinsamer Beibehaltung ihrer Autorität doch in verschiedenem Sinne ausgelegt werden. Wenn man es sehr pauschal zur Anschauung bringen will, darf man daran erinnern, daß man das Alte Testament jüdisch und christlich auslegen kann, ganz abgesehen von den Spuren des Alten Testamentes im Koran. Solche Auflösungen der Selbstverständlichkeit von Begriffen, das Zerbrechen der Eindeutigkeit von Sätzen und ihren Konsequenzen bis hin zur Mehrdeutigkeit ganzer Schriften und Schriftkomplexe, wie eben z. B. des alttestamentlichen Kanons, können sich innerhalb einer Glaubensgemeinschaft halten, sie können aber auch zur Auflösung dieser Gemeinschaft führen und geradezu zum Indiz der Trennung von Konfessionen und Religionen werden. Diese Erschütterung der Selbstverständlichkeit der religiösen Sprache ist immer noch eine solche ersten Grades; denn sie hebt den grundsätzlich „religiösen" Sinn der Begriffe und Sätze nicht auf, auch die äußersten Gegensätze vollziehen sich unter der faktisch kaum je eingestandenen Voraussetzung, daß es sich dabei jedenfalls um Differenzen in religiöser Bedeutung handelt.

Die Entstehung von Problematik radikalisiert sich aber, wenn die religiöse Bedeutung der Sprache als solche in Frage gestellt wird.

Jede Sphäre im Reich des Geistes hat auch ihr zugeordnete „Sprachen", welche, wie wir es hier von der Religion gesagt haben, ihre grundsätzliche Selbstverständlichkeit in Anspruch nehmen. Es gibt eine Sprache, in der Rechtsverhältnisse ausgesagt werden. Sie kann als juristische Sprache zur wissenschaftlichen Präzision hin verstärkt werden. Aber es gibt auch hier ein völliges Versagen des Verständnisses der Rechtssphäre überhaupt, was sich im Versagen gegenüber den Eigentümlichkeiten der speziellen Sprachnuancen ausdrückt. Es ist ein weiter Weg zur Aufschließung der Eigentümlichkeit einer Sprache, in der ein bestimmtes Wirklichkeitsverständnis, eine spezifische Wirklichkeitserfahrung „zur Sprache kommt". Für die eigentümliche Problematik der religiösen Sprache, die schon in ihrer begrenzten Verstehbarkeit zum Ausdruck kommt, wird herkömmlicherweise vor allem der Bereich des ästhetischen Verstehens, des ästhetischen Urteils zum Vergleich herangezogen. Durchaus mit Recht. Es handelt sich in beiden Fällen um Sprachbereiche, welche bestimmte Erfahrungsweisen an der erfahrbaren Welt zur Sprache bringen, sprachlich ausdrücken wollen, die aber nicht durch ein in objektivierbaren Maßen datierbares Faktum der äußeren Welt als Bereiche legitimierbar sind. Und es handelt sich in beiden Fällen um Sprachbereiche, welche nicht mit Selbstverständlichkeit alle an der Sprache überhaupt teilnehmenden vernünftigen Wesen einschließen. Das bedeutet: Diese Sprachbereiche sind problematisch. Problematisch besagt nicht, daß sie für solche absolut unzugänglich sein müssen, welche nicht mit Selbstverständlichkeit an diesen begrenzt gemeinsamen religiösen oder ästhetischen (z. B. musikalischen) Erfahrungen teilhaben können. Vielmehr ist eine Problematik in diesem Sinne prinzipiell auflösbar, so wie eine Frage prinzipiell beantwortbar sein muß. Die Auflösung der Problematik der religiösen Sprache, ihres möglichen Sinnes, ihrer Bedeutung, ihrer Eigenart und ihres Rechtes kann nicht bedeuten, daß durch diese Auflösung jemand mit logischen Mitteln Anteil an der religiösen Erfahrung erhalten soll. Das Ziel kann nur sein, daß das Verständnis für die religiöse Sprache erschlossen wird, daß falsche Wege zu ihrem Verständnis als falsch erkannt und die Menschen verhindert werden, sie zu beschreiten.

Unterstellen wir zunächst, daß es sich beim Problem der religiösen Sprache tatsächlich und vielleicht sogar ausschließlich um sprachliche Sachverhalte handelt, welche mit Hilfe der Logik auf ihre Eigentümlichkeit untersucht werden können. Ich werde im Verlauf der Untersuchung zu zeigen versuchen, daß der Tatbestand der religiösen

Sprache den im engeren Sinne als „sprachlich" zu beschreibenden Bereich überschreitet. Aber das hindert nicht, die Eigentümlichkeit des „religiösen Satzes" ins Auge zu fassen und an ihr das Problem der religiösen Sprache einer ersten Beantwortung zuzuführen.

Auf die Frage „Was meinen wir mit religiöser Sprache?" lassen sich zwei Antworten denken. Einmal diese: „Religiöse Sätze sind solche, welche von religiösen Gegenständen handeln." Aber diese Antwort leidet unter der Schwierigkeit, daß man dann einen abgegrenzten, „definierten" Bereich nennen muß, für welchen gilt, daß die darin befindlichen „Gegenstände" als „religiös" zu bezeichnen sind. Man könnte z. B. entscheiden, daß es sich bei diesen Gegenständen nur um „Gott" oder „das Göttliche" handeln könne. Aber wie steht es dann mit Begriffen und Vorstellungen wie Himmel oder Hölle, Engel oder Satan, wie steht es mit Gestalten aus den heiligen Schriften der Religionen? Und gehört nicht, wenn ich an früher (Kap. 6, Abs. 1) Ausgeführtes erinnere, auch der Weltbegriff zu den religiösen Begriffen? Kann man einen nur undeutlich abgrenzbaren, kaum definierbaren „Gegenstandsbereich" zum Kriterium dafür machen, was ein „religiöser Satz" ist? — Das führt zu einer anderen möglichen Antwort. „Religiöse Sätze sind solche, denen wir eine religiöse Bedeutung beilegen." Das macht den religiösen Satz zunächst einmal unabhängig von seinem Gegenstand. Er kann von beliebigen Gegenständen handeln. Und die zweite Antwort besagt ferner, daß ein Satz diese religiöse Bedeutung nicht seinem Wortlaut nach hat, sondern daß sie ihm — vom Hörer oder vom Sprechenden — beigelegt wird.

Ein Satz kann also verschiedene Bedeutungen haben. „Ich lehne die Ehescheidung ab" kann einen Rechtsgrundsatz bedeuten. Derselbe Satz kann ein Urteil in einem konkreten Falle, er kann aber auch ein religiöser Satz sein, dann nämlich, wenn ich ihm eine religiöse Bedeutung beilege. — „Es gibt keinen Zufall" kann eine deterministische These sein, es kann aber auch ein Bekenntnis zur Vorsehung Gottes bedeuten.

Nicht alle Sätze können in beliebiger Weise mit religiöser Bedeutung ausgezeichnet werden. Man wird aber darauf hinweisen müssen, daß diese beigelegte Bedeutung, welche erst einen Satz als religiösen Satz qualifiziert, einen erheblichen Spielraum entfaltet. Innerhalb dieses Spielraumes zeigen sich dann Unterschiede der Bedeutung.

Ich greife ein Beispiel von H. Graß[1] auf. Der Satz „Gott ist Liebe" kann ein persönliches Bekenntnis und als solches ein religiöser Satz sein. Er kann,

---

[1] Erwägungen über den religiösen Satz, in NZSTh 9, 1967, 133.

als theologischer Satz, etwa in der sog. Eigenschaftslehre in einer christlichen Dogmatik, Produkt einer Reflexion über die vielfältigen Aussagen der Lehre von den Prädikaten Gottes sein, und derselbe Satz kann angesichts eines schweren Unglücks laut geäußert, den puren Hohn auf jede religiöse Tröstung darstellen.

Durch eine derartige Überlegung wird man den Satz, daß die beigelegte Bedeutung allein über die Eigenschaft eines Satzes als eines „religiösen" entscheidet, dahin erweitern müssen, daß die Situation qualifizierend hinzukommt.

Ein Tischgebet ist als religiöser Satz kaum anzuzweifeln. Dennoch kann diese religiöse Bedeutung unerachtet der Intention des Betenden völlig vernichtet werden, wenn es in einem Bahnhofsrestaurant demonstrativ und zu Ohren eines unbeteiligten Publikums gesprochen wird. Auch für religiöse Handlungen ist die Situation konstitutiv: Das Abendmahl in Fr. Schillers „Maria Stuart" ist nur gespielt, es ist Theater und kein religiöser Akt.

Ich bin damit schon in den Bereich logischer Probleme eingetreten und der Fortschritt unseres Nachdenkens wird uns weiterhin dazu Anlaß geben. Aber es ist auch Anlaß, an dieser Stelle unsere Interessen von denen abzugrenzen, welche heute vielfach mit der Einführung der Methoden der analytischen Philosophie in die Theologie verbunden werden. Wenn wir nach der Eigenart, dem Sinn und der Bedeutung von religiöser Sprache fragen, so müssen wir uns davor hüten, sie mit theologischen oder gar dogmatischen Sätzen zu identifizieren.

Derartige unberechtigte Identifikationen begegnen uns fortwährend z. B. bei William Horden: Speaking of God, The Nature and Purpose of Theological Language (1964), und bei Joseph M. Bocheński: Logik der Religion (dt. Ausg. 1968). John Macquarrie: God-Talk, An Examination of the Language and Logic of Theology (1967) ist thematisch auf die Sprachprobleme der Theologie konzentriert. Hingegen ist Raeburne S. Heimbeck: Theology and Meaning, A Critique of Metatheological Scepticism (1969) trotz des Titels an den Problemen der religiösen Begriffe und Aussageformen über die theologischen Fachgrenzen hinaus interessiert.

Wir haben in unserem bisherigen Verfahren bereits ausgeschlossen, daß „religiöse Sätze" als mehr oder weniger „gegenständliche" Sätze über Gott verstanden werden. Wenn man eine derartige Bestimmung des sog. „religiösen Satzes" von einem „Gegenstandsbereich" her vollzieht, dann ist natürlich die nächste Folge, daß man den Unterschied von religiösen und profanen Sätzen statuiert.

Diese Vorstellung einer Stabilität des religiösen Charakters religiöser Sätze kennzeichnet ebenso wie die Vorstellung von Grundaxiomen religiöser Sätze — gemeint ist praktisch die Annahme eines Statuts der kirchlichen

Lehrautorität — die schon genannte „Logik der Religion" von Bocheński. Diese Verschlossenheit gegen die Eigenart der religiösen Sprache, vor allem freilich auch die bis tief in die Sache reichenden unvertretbaren „historischen" Urteile in diesem Buche, machen es angesichts der anregenden Fragestellung zu einer philosophischen Enttäuschung.

Auch die Unterscheidung von wahren und falschen Sätzen in der analytischen Logik verfehlt häufig den Gegenstand, dann nämlich, wenn die Alternative zu statisch allein an dem in Frage gestellten Satz gewonnen wird, statt das Subjekt des Satzes, die Situation, in der der Satz ausgesprochen wird und seine Intention mit in den Blick aufzunehmen. So hat man mitunter den Eindruck, daß die Tendenz der analytischen Philosophie, Scheinprobleme zu beseitigen, sich gegen ihre eigenen Analysen wenden kann.

Man kann das Problem der religiösen Sprache aber nicht sachgemäß verhandeln, wenn man nicht zwei Unterscheidungen in dem Felde der religiösen Sprache beachtet, welche gleichzeitig eine ungewöhnliche Ausweitung des zu untersuchenden Sprachfeldes zur Folge haben. Ich meine, daß diese ungewöhnliche Ausweitung selbst geeignet ist, die Eigenart der religiösen Sprache zu beleuchten.

Die erste Unterscheidung ergibt sich daraus, daß religiöse Sprache, die sich ja auch als Sprache einer bestimmten Glaubensgemeinschaft des Sprachmaterials der gewöhnlichen und allgemein verständlichen Sprache bedient, sich in diesem Mitteilungscharakter und Informationszweck der Sprache nicht erschöpft. Solche reinen Kommunikationszwecke sind selber religiös mannigfach begründet und bedingt: die Überlieferung, die Lehre, Unterricht, Predigt und die Mission der Weltreligionen, die Auslegung der religionsbegründenden Texte und die zu allen diesen Funktionen erforderlichen Wissenschaften („Theologie"). Das alles führt zu Sprachformen, die nach den Regeln der Logik untersucht, auf ihren Sinn und ihren Bedeutungsgehalt geprüft und mit anderen Klassen von Sprachen bezw. mit den allgemeinen Sprachgesetzen verglichen werden können. Aber damit ist das Feld der religiösen Sprache nur zu einem Teil sichtbar geworden. Es gibt nämlich religiöse Sprachformen, welche gar nicht auf das Verständnis durch andere Menschen gerichtet sind. Das ist vor allem beim Gebet der Fall. Es ist an Gott gerichtet und nicht an verstehende Mitmenschen, es kann als inneres Sprechen auf jede Äußerung verzichten und es kann als „seufzen", als „Notschrei" oder als „Freudenjubel" überhaupt alle diskursiv sprachliche Form hinter sich lassen. Dennoch ist es religiöse Sprache im eminenten Sinne. Es gibt ferner in der

Religion Sprachformen, welche derartig auf wenige Beteiligte oder gar nur auf einen einzigen Beteiligten beschränkt sind, daß die Bezeichnung als „Sprache" überhaupt problematisch wird. Es kommt zu dem religionsgeschichtlich wohlbekannten, gleichwohl im logischen Sinne paradoxen Fall der „unaussprechlichen Worte" (2 Kor 12, 4), zu der exklusiven, nicht für andere Ohren bestimmten mystischen Sprache: Wie die Vision, so ist auch die Audition eine exklusive Mitteilung. Sie ist nur dem Adressaten vernehmbar, dem Unbeteiligten, der auch in nächster Nähe stehen mag, bleibt sie verschlossen.

Wir haben also in der religiösen Sprache eine primäre oder auch originäre Schicht von einer sekundären zu unterscheiden, für welche — bei allen hermeneutischen Vorbehalten — eine allgemeine Verstehbarkeit intendiert wird. Diese sekundäre Sprache betrifft die Verständigung der Gemeinde unter sich und den Verkehr der Gläubigen mit anderen Menschen, also jene durch die allgemeinen Sprachzwecke gerechtfertigte Sprache, die dann unerachtet dieser allgemeinen Zweckhaftigkeit durchaus noch ihre Eigentümlichkeiten haben mag. Aber diese Eigentümlichkeiten ergeben sich in allen Gruppierungen der Gesellschaft, sie sind nichts Außergewöhnliches und können immer hermeneutisch aufgelöst werden. Die primäre Sprache hingegen rührt an den Ursprung der Religion überhaupt. Wenn sich das Göttliche „offenbart", dann teilt es sich in der eigentümlichen Doppelheit von Verhüllung und Enthüllung, von velatio und monstratio mit, es spricht für diejenigen, welchen es gegeben ist, in einer verstehbaren Sprache, die aber zugleich den anderen unhörbar ist. Ebenso ist das Gebet primäre religiöse Sprache, es entzieht sich darum aller Kontrolle der Logik. Diese tritt erst wieder ein, wenn das Gebet etwa in literarischer Form, als festgelegter ritueller Text oder in einem Bericht, gleichsam neutralisiert, zugänglich wird. In dieser Form freilich verliert sich sein aktueller religiöser Sprachsinn. Im frühen Christentum war das „Zungenreden" (Glossolalie) ein Charisma, das unmittelbar die Verstehensproblematik aufgewühlt hat (1 Kor 14).

Ich möchte nicht leugnen, daß auch bezüglich der religiösen Primärsprache Analysen möglich sind, die freilich im einzelnen mehr in das Gebiet der Religionsphänomenologie als in das der logischen Analyse der Sprache fallen. Unter diesem Vorbehalt ist etwa schon die Tatsache bemerkenswert, daß die religiöse Primärsprache ein „arcanum" darstellt, d. h. daß sie grundsätzlich nur für den verständlich ist, dem sie „gilt", und daß sie gleichzeitig für diejenigen verschlossen ist, welche außerhalb stehen.

Auch die begrenzte Öffentlichkeit der Kulte ist ein Bereich, in dem die religiöse Primärsprache als arcanum zu beobachten ist. Die von der öffentlichen Umgangssprache getrennte Kultsprache hat Arcancharakter; ihre Abschaffung zugunsten der allgemeinverständlichen Umgangssprache im Gottesdienst erweist sich immer auch als ein religiöser Umbruch. Innerhalb der liturgischen Sprache ist besonders von Wichtigkeit, daß die Sprache des Gebets Probleme sichtbar macht, welche am arcanum des Gebetsaktes selbst entstehen: ob man viele oder wenige Worte gebraucht; die Wiederholung der immergleichen Worte als Element der Meditation, aber auch als Ausdruck des Bestrebens, die garantiert richtigen Worte zu brauchen, die allein wirksame Formel, (das „Vater-unser"), was dann auch ein Erstarrungselement werden kann.

Grundsätzlich wird gelten müssen, daß die religiöse Primärsprache in die Sekundärsprache übersetzbar sein muß, sie muß in Sätzen der religiösen Sekundärsprache interpretierbar sein. Darum trägt diese auch im logischen Sinne die Beweislast, und alle Fragen der Kritik nach Sinn und Bedeutung eines religiösen Satzes bezw. der religiösen Sprache meinen die religiöse Sekundärsprache. Sie ist nämlich im Unterschied zum arcanum der Primärsprache öffentlich, sie muß auch dort, wo man den in ihr ausgedrückten Glauben nicht teilt, verstehbar (einfühlbar) sein. Das schließt nicht aus, daß sie in sich Varianten aufweist. Nach der einen Seite, gewissermaßen in Richtung auf das Niveau der religiösen Primärsprache, vollzieht die Sekundärsprache eine Annäherung an das persönliche Bekennen aus eigener Erfahrung, sie wird zur Aussage der emphatischen Wahrheit, in welche sie den Partner des Sprachvorganges einbeziehen will. Nach der anderen Seite verringert sich das persönliche Engagement, die religiösen Aussagen werden durch den Verstand reflektiert, vielleicht nur noch (unter Aufrechterhaltung der Zustimmung) im historischen Bericht weitergesagt.

In jedem Falle ist die religiöse Sprache zur Deutlichkeit und zur Sorgfalt ihrer Aussagen verpflichtet. Sie wird entstellt und entleert, wenn sie dem Mißverständnis erliegt, sie könne die Eigentümlichkeiten der religiösen Primärsprache für sich in Anspruch nehmen. Es kommt dann zu einer vermeintlichen religiösen „Erbaulichkeit", welche doch nur den Ersatz der Gedanken durch scheinbare Gefühle darstellt und sich auf ein innerreligiöses Sprachspiel zurückzieht, das mit der Umgangssprache nichts mehr zu tun hat. Es handelt sich um Verfallsformen der Religion.

Aber was heißt nun — in dieser Zuspitzung auf die religiöse Sekundärsprache — eigentlich überhaupt „religiöse Sprache"? Diese Frage bewegt den ganzen Absatz und fordert eine Antwort.

Hch. Scholz hat in seinem berühmten Aufsatz: Wie ist eine evangelische Theologie als Wissenschaft möglich? (ZZ 1931, 8—48) die Mindestforderungen an eine Wissenschaft diskutiert und den Anspruch der evang. Theologie, eine Wissenschaft zu sein, daran gemessen. Er hat als unumstrittene Mindestforderungen drei Bedingungen genannt: das Satzpostulat, das Kohärenzpostulat und das Kontrollierbarkeitspostulat. Als umstrittene Mindestforderungen fügte er dieser Tafel hinzu: das Unabhängigkeitspostulat, d. h. die Freiheit von Vorurteilen bezw. von unzulässigen Denkvoraussetzungen, und dann das Konkordanzpostulat, d. h. die Freiheit von innerem Widerspruch. Zweifellos würde heute diese Tafel nicht mehr ebenso formuliert werden können. An die Stelle eines Kontrollierbarkeitspostulates müßte die geforderte Nachprüfbarkeit als Verifizierbarkeit oder als Vorbehalt einer Falsifizierung beschrieben werden. Wichtiger ist etwas anderes: Unsere Frage ist nicht die, wie Theologie als Wissenschaft möglich sei, sondern es ist die Frage: Was meinen wir mit religiöser Sprache? Die Frage nach der möglichen Wahrheit von religiösen Sätzen muß sich aus der Beantwortung der ersten Frage ergeben. Die Fragestellung von Hch. Scholz ist ein Modell für unsere Fragestellung, aber wir können uns auch nicht mehr an die Theorie des religiösen Urteils binden, welche Scholz in seiner dem genannten Aufsatz weit vorausliegenden Religionsphilosophie dargelegt hat.

Ich gebe hier zunächst drei allgemeine Bedingungen für das, was wir mit religiöser Sprache meinen. Daran anschließend sind dann zwei weitere Bedingungen zu nennen, in denen die Eigentümlichkeit der religiösen Sprache innerhalb der vorausgehenden drei allgemeinen Bedingungen zu nennen ist.

Wir meinen mit „religiöser Sprache" ein System von Sätzen, die in sich sinnvoll sind, die untereinander stimmig sind, die aber durch grobe Widersprüche zur Welterfahrung falsifiziert werden können. Diese drei Bedingungen halten sich im Rahmen des Bisherigen. Ich möchte nur zur Verdeutlichung einige Bemerkungen hinzufügen.

Die erste Bedingung lautet: die religiösen Sätze müssen sinnvoll sein. Das heißt nicht, daß sie von jedermann als wahr zugestanden werden müssen. Es heißt nur, daß sie nicht als sinnlos, als nicht verstehbar, als nicht einfühlbar angesehen werden müssen. Beispiel: Ein religiöser Satz ist dann als sinnvoll anerkannt, wenn ein Ungläubiger sagen kann: „Ich verstehe diesen Satz zwar (wenn ich mich in dich hineinversetze), aber ich halte ihn für falsch, ich glaube ihn nicht." Ebenso ist ein religiöser Satz dann als sinnvoll zugegeben, wenn jemand sagt: „Ich halte diesen religiösen Satz für ein Produkt der Angst vor dem Tode, oder für ein Produkt der Autoritätsbedürftigkeit und insofern für verhängnisvoll." Die Verstehbarkeit des Satzes ist aber in einer derartigen Bestreitung nicht aufgehoben. Hingegen ist ein offenkundig nicht verstehbarer, nicht mehr einfühlbarer Satz („Jeden Morgen spricht ein Engel mit mir durch die Wasserleitung") sinnlos und darum auch kein möglicher religiöser Satz.

Die zweite Bedingung lautet: Die religiösen Sätze müssen untereinander stimmig sein. Das besagt, daß nicht ein religiöser Satz den anderen aufheben darf. Die naheliegenden Beispiele liegen auf dem Gebiete der religiösen

Metaphysik. Man kann nicht zugleich Gott als den Schöpfer aller Dinge und die Ungeschaffenheit der Welt behaupten. Aber die mitunter unvermeidliche Dialektik von Glaubensaussagen und dementsprechend auch von theologischen Sätzen scheint dem Postulat der Stimmigkeit doch zu widersprechen. Die paulinischen Paradoxien sind hier zu nennen: „als die Unbekannten und doch bekannt; als die Sterbenden, und siehe, wir leben..." (2 Kor 6, 4—10); „Wenn ich schwach bin, dann bin ich stark" (2 Kor 12, 10); wir sprechen von Gottes Macht und Ohnmacht, von der Abhängigkeit und Freiheit des Menschen. Aber diese Widersprüche gelten unter der Voraussetzung, daß sich die widersprüchliche religiöse Erfahrung zu einer letzten Stimmigkeit hin aufklären wird. In dieser Verbindung von Leiden und Gewißheit, von Anfechtung und Glaube, Gebundenheit und Freiheit hat die Religion ihre überzeugende Lebendigkeit, ihre innere Bewegung und Leidenschaft.

Die dritte Bedingung lautet: Die religiösen Sätze können durch grobe Widersprüche zur Welterfahrung falsifiziert werden. Wenn hier von groben Widersprüchen die Rede ist, dann sollen damit scheinbare Widersprüche ausgeschlossen werden. Ein religiöser Glaube, welcher die Anfechtung durch Unglück, Leid und Tod mit in seine Gotteserfahrung aufgenommen hat, wird durch Unglück, Leid und Tod nicht dementiert. Aber ein System von religiösen Sätzen, welche einen eudämonistischen Glauben aussagen, nach dem der Gute letztlich belohnt, der Böse immer seine Strafe finden wird, wird durch die grobe Welterfahrung widerlegt.

Ich komme nunmehr zu den Bedingungen, welche die religiösen Sätze als „religiöse" kennzeichnen. Denn die Fehldeutungen der Religion beruhen in der Regel darauf, daß die undeutlichen Bedingungen eines religiösen Satzes, bezw. der religiösen Sprache zu Verwechselung etwa mit ästhetischen oder sozialpolitischen Aussagen führen.

Die eine Bedingung dafür, daß wir Sätze als „religiös" kennzeichnen, liegt in ihrem transzendierenden Sinn. Das kann leicht mißverstanden werden. Es ist nicht davon die Rede, daß so etwas wie eine „jenseitige", zweite, andere und in diesem Sinne „transzendente" Wirklichkeit zum Gegenstand der Aussagen gemacht wird. Sondern die Meinung ist (im Sinne von Kap. 4 Abs. 2) die, das jeweils „Mehrmeinung" einfließt, welche die banale Wörtlichkeit der vorliegenden Aussage überschreitet. Jede religiöse Aussage hat einen über sie hinausweisenden Sinn. Selbst die vermeintlich unmittelbaren Religionsbegriffe, die ja auch außerhalb von religiösen Sätzen vorkommen können (etwa in Referat, Polemik oder Verspottung), haben im religiösen Satz einen mehr als nur buchstäblichen Sinn. Auch wenn wir über „Gott" reden, ist mehr gemeint als nur ein heiliger Begriff, als ein Objekt unserer Vorstellung oder gar als ein jenseitig

„existierendes Wesen". Man könnte also von einem Transzendenzpostulat sprechen, davon jedenfalls, daß die Mehrmeinung von Satzaussagen zu den unerläßlichen Bedingungen eines religiösen Satzes gehört.

Diese Mehrmeinung, diese Transzendenz religiöser Sätze muß natürlich sinnvoll sein, und sie muß sich mit dem Sinn anderer Sätze des gleichen religiösen Systems zu einem Sinngefüge im Horizont unserer gesamten Welterfahrung zusammenfügen.

Die andere zusätzliche Bedingung, welche einen Satz als religiösen kennzeichnet, ist die besondere Art der Zustimmung, die der Urheber des Satzes dem Satz mitgibt. In der Regel wird ja die Wahrheit eines Satzes, von der man überzeugt ist, nicht weiter hervorgehoben. Die Wahrheit eines gewöhnlichen, vernünftigen Satzes ergibt sich entweder aus seiner Evidenz oder aus der schlüssigen Folgerung aus anderen als wahr bekannten Sätzen. Im Falle der religiösen Wahrheit ist aber immer zu bedenken, daß es keine Religion ohne das Element der Sbjektivität gibt, daß also die Beteiligung, die Ergriffenheit des Subjektes von der fraglichen Wahrheit zur Sache gehört. Es gibt auch in Sachen der Religion eine Art der bloßen Kenntnisnahme, des vorläufigen Wissens, was noch nicht zu dieser Zustimmung geführt hat. Erst mit der wachsenden Zustimmung, mit der Überzeugung, verwandeln sich die ausgesprochenen Sätze in religiöse Sätze. Zusammenfassend gilt also, daß die besondere Art der Zustimmung, der Einsatz der eigenen Überzeugung, die Beteiligung des „Ich" an der ausgesprochenen Wahrheit ein unerläßliches Kennzeichen eines religiösen Satzes ist. Man könnte von einem Subjektivitätspostulat sprechen.

Diese Zustimmung muß natürlich begründet sein. Sie ist wertlos, wenn sie grundlos oder aus unzureichenden Gründen erfolgt. John Henry Newman hat diese Zustimmung zur religiösen Wahrheit, ihre Vorbereitung, ihr Wachstum und ihr Verhältnis zum christlichen Glauben zum Kerngedanken seiner großen Religionsphilosophie gemacht: Grammar of Assent (1870). Melanchthons Zustimmungslehre, in der er im Horizont seiner humanistischen Philosophie eine Theorie des Glaubens entwickelt hat, beschreibt eine Steigerung der im Glauben sich vollziehenden Zustimmung: notitia — assensus-fiducia (Kenntnisnahme, Bejahung, herzliches Vertrauen).

Skeptische, zweifelnde Aussage, in der Frage, Zurückhaltung wie ernsthaftes Bedenken auf gemessene Distanz zum Ausdruck kommen, bestätigt nur von der entgegengesetzten Seite aus das Subjektivitätspostulat.

Die Gründe der Zustimmung rühren freilich an die Zuständigkeit der inneren persönlichen Erfahrung. Es kann hier keine allgemeine Regel geben. Pascal sagt: „Nous connaissons la vérité non seulement par la raison mais encore par le cœur" (110 Lafuma) und „Le cœur a ses raisons que la raison ne connaît point" (423 L.).

2. Sprache und nichtsprachlicher Ausdruck

Die Mehr-Meinung des religiösen Satzes ist im bloßen Wortlaut des Satzes nicht ausgesprochen. Sie liegt jenseits des Satzes, in seiner Intention. Sie liegt aber nicht außerhalb der Ausdrucksmöglichkeiten. Vielmehr ist die ganze lebendige Sprache wie der gesprochene Satz von nichtsprachlichem Ausdruck durchzogen und umgeben: der Tonfall ersetzt in der gesprochenen Sprache das Fragezeichen, das Mienenspiel, „Kälte" oder „Wärme" des Ausdrucks geben zum gesprochenen Satz den Kommentar; ein Gespräch, in dem der im Augenblick Sprechende nicht mehr die außersprachlichen Signale des Gesprächspartners, Zeichen seiner Zustimmung oder einer beabsichtigten Erwiderung, zur Kenntnis nimmt, entartet zum Monolog.

In seinem Beitrag „Zur Hermeneutik des nichtsprachlichen Ausdrucks" in: Das Problem der Sprache, VIII. Kongreß für Philosophie Heidelberg 1966 (München 1967), 555—566 hat Helmuth Plessner vorwiegend Lachen und Weinen und den musikalischen Ausdruck behandelt und einige Bemerkungen zum Symbolbegriff angefügt. Er hat dort den Begriff der „Nichtsprachlichkeit, die gleichwohl von einem inneren Bezug zur Sprache lebt" sehr schön bezeichnet: Es handelt sich um „jene Ausdrucksformen, welche einmal in ihrem Bezug auf Sprache deren Unvermögen erkennen lassen, sie mit ihren Mitteln mitzuteilen und zu verstehen, oder aber in Fortführung gewisser sprachlicher Intentionen auf deren Mittel verzichten". Gewiß gilt immer „Nur in einer Sprache kann etwas gesagt werden, was einem Sachverhalt entspricht" (Plessner 563). Dennoch ist in dem Begriff des Ausdrucks eine Intentionalität gemeint, welche das Problem bezeichnet: nämlich die Fülle des nichtsprachlichen Ausdruckes an der Sprachlichkeit zu messen und sie womöglich auf die Maße der Sprache zurückzuführen.

Es liegt auf der Hand, daß dem Problem der Nichtsprachlichkeit in Hinsicht auf die religiöse Sprache eine besondere Bedeutung zukommt. Es kann keine Rede davon sein, daß Nichtsprachlichkeit nur hier ein Thema wäre; es ist z. B. in allen ästhetischen Untersuchungen und Deutungen das Problem, ob man nichtsprachlichen Ausdruck in Sprache interpretieren kann. Das Problem besteht sogar gegenüber dem sprachlichen Kunstwerk; denn hier gilt die Regel, daß eine Aussage über eine Sprache, wenn diese Aussage überhaupt eine Bedeutung haben soll, in einer anderen Sprache, nämlich in einer Metasprache formuliert werden muß. Ich kann also das, was ein Gedicht spezifisch nur als solches zum Ausdruck zu bringen vermag, nicht ebenfalls wieder in Gedichtform interpretieren. Vielmehr tritt hier die nichtästhetische Sprache, also etwa die Umgangssprache oder eine wissenschaftliche Sprache als Metasprache in die Rolle des Interpreten ein.

Man kann das auch so ausdrücken: Es muß die Möglichkeit bestehen, den nichtsprachlichen Ausdruck in Sprache zu interpretieren. Diese Interpretation besagt aber nicht, daß das Nichtsprachliche einfach „in Sprache übersetzt" werden soll oder auch nur könnte. Denn es hat schon seine guten Gründe, warum „es" nur in Nichtsprachlichkeit, also etwa in einer Geste, im Lachen oder im Weinen zum Ausdruck kommt. Wenn es in der diskursiven Sprache erklärt wird, dann ersetzt das den nichtsprachlichen Ausdruck nicht, sondern macht ihn im günstigsten Falle verstehbar. Die Interpretation eines Kunstwerkes, einer Symphonie oder eines Bildes, ist kein Ersatz, keine Wiederholung in sprachlicher Form, sondern etwas ganz anderes. Jede Interpretation entfremdet den nichtsprachlichen Ausdruck, macht ihn zwar vielleicht verstehbar, aber nimmt ihm eben das weg, um dessentwillen die Nichtsprachlichkeit gewählt wurde, etwa das Einmalige, das Schöpferische. Ein Witz, der aus der Situation geboren, uns zum Lachen hinreißt, ist tot, wenn man ihn erklärt. Ein Gebetstext, der formgeschichtlich erklärt wird, hört auf ein Gebet zu sein.

Noch einmal: Das Verhältnis des nichtsprachlichen Ausdrucks zum sprachlichen hat für das Verständnis der religiösen Sprache unmittelbare Bedeutung. Denn es liegt in ihrem Wesen, sich zum nichtsprachlichen hin zu transzendieren. Ich sagte schon im vorigen Abschnitt, daß für eine Untersuchung der Struktur der religiösen Sprache nicht die Primärsprache, sondern nur die in die Alltagssprache eingebettete und sich zu ihr vermittelnde Sekundärsprache in Betracht kommt. Sinngehalte und Bedeutungen der religiösen Primärsprache müssen also durch die religiöse Sekundärsprache vermittelt werden. Nun stehen wir vor einer zweiten Unterscheidung. Es gibt nichtsprachlichen Ausdruck, welcher der religiösen Sprache in spezifischer Weise zugeordnet ist. Er m u ß also interpretiert werden. Es bedarf eines Auslegungsverfahrens, einer besonderen Hermeneutik des nichtsprachlichen Ausdrucks von Religion. Dieses hermeneutische Verfahren wird aber nicht bedeuten, daß die nichtsprachlichen Tatbestände einfach in die religiöse Sprachlichkeit übersetzt werden, sondern es ist damit zu rechnen, daß die Auslegung der Nichtsprachlichkeit in neutraler, wenn man will: in profaner Sprache erfolgt.

Bei „religiöser Sprache" im Sinne der Sekundärsprache handelt es sich um folgende Anwendungsgebiete: einmal um die religiöse Tradition, die religionsbegründende Literatur, Glaubensnormen, Dogmen, Dokumente der Glaubensgeschichte, Thesaurierung von Wahrheit und Weisheit. Es handelt sich ferner um die Sprache der Gemeinde im gegenseitigen Verkehr. Drittens ist an die gelehrte Beschäftigung mit der geltenden Religion, an ihre wissenschaftliche Begründung, ihre Verteidigung gegen Bestreitungen, kurz an ihre Theologie zu denken. Viertens geschieht auch die öffentliche Bezeugung des Glaubens in Predigt und Mission in dieser religiösen Sprache.

Ich kann hier nicht darauf eingehen, wie die Bereiche der religiösen Sprache unter sich verschieden sind. Die Vertauschung der verschiedenen Sprachformen kann zu Entartungen der Religion führen oder solche Entartungen sichtbar machen. Wenn in der wissenschaftlichen Theologie gepredigt wird, oder wenn die wissenschaftliche Reflexion den Besuchern eines Gottesdienstes als Predigt zugemutet wird, dann ist es ein Zeichen dafür, daß die Vertreter dieser Religion ihrer Sache nicht mehr sicher sind. Aber diese Differenzierungen innerhalb der religiösen Sprache sind hier nicht Gegenstand unseres Interesses; sie sind es um so weniger, als nicht in allen Religionen in dem weiten Felde der Religionsgeschichte diese differenten Sprachformen die gleichen sind.

Der artikulierten religiösen Sprache steht nun der nichtsprachliche Ausdruck von Religion gegenüber. Dabei mag die sog. religiöse Kunst, Musik und Malerei, im Vordergrund des Interesses stehen. Aber was ist das? Beschränkt sich etwa diese religiöse Kunst auf die im Kultus angewandte Kunst, den kultischen Gesang, das Kultlied und die Bilder im Kultraum? Man könnte demgegenüber (es schleichen sich immer moderne Voraussetzungen in solche Fragen ein) daran erinnern, daß Artefakte, die einen religiösen Sinn haben, als Spurelemente für die Durchdringung des Alltagslebens mit Religion dienen können. Aber auch das täuscht; denn die beim Kunsthändler gekaufte Madonna im Rauchsalon ist ihres Kontextes verlustig gegangen. Es ist doch nicht ganz einfach, diesen Verlust zu erklären. Zum Begriff der Religion gehört die sie tragende Subjektivität. Über die Wahrheit eines religiösen Satzes (veritas) kann ohne Kenntnis vom Wahrheitsbewußtsein des Urteilenden (veracitas) nicht entschieden werden. Die gleichsam von ihrem Subjekt losgebundene bloße Satzaussage, die also in einen anderen Kontext transportierte (etwa in einen historischen Kommentar), verliert ihren unmittelbaren, religiösen Sinn. Auch zur Nichtsprachlichkeit gehört es, daß das sich ausdrückende Subjekt noch in seiner Intention fühlbar ist, welche es in den Ausdruck, in das Kunstwerk etwa, hineingegeben hat, und daß dieses Subjekt, gewiß anders als es in Sprache der Fall ist, verstanden werden will. Das erlischt, wenn der nichtsprachliche Ausdruck von seinem Ursprung losgekettet und in den Sog fremder Interessen hineingestrudelt wird, ein Kunstwerk zum Objekt der Kunst- und Kulturgeschichte oder des Kunsthandels gemacht wird. Auch die Travestie setzt das

Erlöschen der ursprünglichen Intention voraus, wenn auch nicht das Vergessen des Ursprungs. Ein weitläufiges Problem! Ich möchte hier nur auf zwei Formen des religiösen nichtsprachlichen Ausdruckes eingehen. Die erste ist die Gestaltung des Raumes, wobei es natürlich naheliegt, den Kultraum, den sakralen Raum in den Vordergrund des Interesses zu stellen. Aber ist er denn für jede Religion charakteristisch? Im religiösen Universum des Afrikaners (John S. Mbiti 71 f.) sind keine Bedürfnisse nach heiligem Haus und besonderen Räumen zu erkennen. Viel eher handelt es sich in seiner Religionswelt um abgelegene heilige Plätze im Busch, in Höhlen oder auf heiligen Bergen; man soll sich Gott nicht allein und nicht direkt nähern. Die Gebetsrichtungen zum Sonnenaufgang oder im Islam zu den heiligen Stätten beziehen sozusagen die ganze Welt in das Raumbewußtsein ein. Dem entspricht bis zu einem gewissen Grade der sakral nicht zentrierte Kultraum, der zunächst nur auf rituelle Zweckmäßigkeit hin angelegt ist. Trotzdem kann man am Raumbewußtsein wie an der Raumgestaltung etwas „ablesen", und d. h. eben: nichtsprachlichen Ausdruck verstehen.

Man kann sich dem Raum nicht entziehen, der Raum ist Rahmen unseres Daseins. Das Raumkunstwerk, die Architektur spiegelt unser ursprüngliches Raumbewußtsein, wie es dieses Raumbewußtsein auch bildet und wach erhält. Das Bauwerk stiftet Zusammenhang aller, die im selben Raume leben, es ist auch der Ort für alle anderen Künste, der Raum entscheidet mit seiner Akustik über das Gelingen von Musik. Die Raumkunst muß gegen Hindernisse durchgesetzt werden wie keine Kunst sonst: ihr werden „Aufgaben" gestellt, die sie lösen soll, sie ist an die vorgegebenen Bedingungen des Ortes gebunden, an die Bodenbeschaffenheit, an Nähe oder auch Entlegenheit zum Verkehr, dem Werk ist sein Zweck vorgeschrieben, sind mit Bedarf und vorhandenen Mitteln ebenso Ziele wie Grenzen gesetzt, die Schwere des Materials muß bewegt und gefügig gemacht werden. Dem gebauten Kunstwerk eignet vor allen anderen Kunstprodukten Einmaligkeit, es ist nicht reproduzierbar — alle vermeintlichen Reproduktionen der Neuzeit waren tatsächlich neue architektonische Aussagen. Insofern ist die Baukunst die abstrakteste Kunst, das, was an ihr Kunst ist, liegt am wenigsten nackt und manipulierbar zutage, es liegt jenseits der bewegten und nun erstarrten Masse, es ist selbst in der gelungensten Erfüllung seiner Zwecke immer noch nicht völlig als das Kunstwerk begriffen, das es ist. Seine „Aussage" liegt mehr als sonst jenseits seiner.

Darum wird nun, was die schweigende Dimension dieser Sprache betrifft, am Bauwerk die Intersubjektivität des gestaltgewordenen Ausdruckes handgreiflich. Es umschließt jeden und nimmt jeden in seiner Subjektivität in Anspruch. Es ist die Chance des Kultraumes.

Insofern gilt von diesen Erfahrungen, was H. G. Gadamer in „Wahrheit und Methode" (1960) 234 ganz unabhängig von den Problemen des künstlerischen Ausdrucks sagt: „Es ist klar, daß die Lebenswelt immer zugleich eine gemeinschaftliche Welt ist und das Mitdasein anderer enthält. Sie ist personale Welt, und solche personale Welt ist in natürlicher Einstellung immer als geltend vorausgesetzt. Aber wie ist diese Geltung aus einer Leistung der Subjektivität zu begründen?" Gadamer bezieht sich hier auf Husserls Beschäftigung mit dem Problem der Intersubjektivität, und er faßt dessen und seine Position so zusammen: „Die transzendentale Subjektivität ist das ‚Ur-Ich' und nicht ‚ein Ich'. Für sie ist der Boden der vorgegebenen Welt aufgehoben. Sie ist das Irrelative schlechthin, auf das alle Relativität, auch die des forschenden Ich, bezogen ist". Gewiß, diese transzendentale Subjektivität ist nicht ein beliebiges, individuelles Ich. Aber das individuelle Ich ist in diesem transzendentalen Ich aufgehoben. Es kommt in diesem zu sich selbst. Man kann das in andere Terminologien übersetzen; z. B. in den von Tillich vielgebrauchten Begriffen würde das heißen: In dem, was alle im tiefsten angeht, erkennt das Ich dasjenige, was es selbst unbedingt angeht.

Das aber ist in purer Sprachlichkeit möglicherweise gar nicht zu erbringen. Man wird sich nur davor hüten müssen, dieses Verstehen dessen, was jenseits der Sätze liegt, durch eine voreilige Psychologie erklären zu lassen, etwa unter Verweisung auf das Gefühl oder dergl.

Der Ausdruck, durch welchen aber alle Sprachlichkeit ebenso begleitet wie überschritten wird, ist der Gesichtsausdruck und die Geste. Beide können den gesprochenen Satz hervorheben, zum Ausdruck der Höflichkeit machen, ihn als Ironie erweisen, dementieren. Die Geste kann, wo die sprachliche Verständigung versagt, selber die Funktion der Sprache übernehmen. Sie kann „an Deutlichkeit nichts zu wünschen übrig lassen". Die Chagga am Kilimandjaro verstärken die Begrüßung, indem sie beim Handreichen die linke Hand auf den rechten Arm legen. Verbeugung, Zurücktreten und Einladung haben nahezu in aller Welt ihre gleiche unmißverständliche Gestik. Die religiöse Tradition des Abendlandes ist randvoll von Möglichkeiten des Ausdruckes: Knien, Prostration, Bekreuzigung, Falten oder Zusammenlegen der Hände oder auch ihre Ausbreitung. Der Alltag ist erfüllt von Symbolik, und auch wenn in der Gegenwart viel davon erloschen ist, es ist noch genug übrig, und es ist dementsprechend auch viel an neuen symbolischen Formen nachgewachsen.

Ich muß hier noch einmal, in etwas anderem Zusammenhang, auf das Symbol eingehen. Ich habe im vorigen Kap. davon als der

Repräsentanz des „Jenseitigen" gesprochen und auf seine Funktion in der religiösen Gemeinschaft verwiesen. Hier soll auf seine Suffizienz als Ausdruck eingegangen werden.

Durch die zentrale Stellung, welche P. Tillich dem Symbolbegriff in der Theologie eingeräumt hat, ist der Begriff zwar sehr zu Ehren gekommen, aber seine Eindeutigkeit hat sehr gelitten. Diese Eindeutigkeit ist vielleicht auch nie ganz erreichbar. Man sollte sich immerhin einen Überblick verschaffen über die verschiedenen Kategorien, in denen wir von Symbolen sprechen. Jedes Handbuch der Liturgik, besonders ein so materialreiches und traditionelles wie Ludwig Eisenhofers „Handbuch der katholischen Liturgik", 2 Bde. 1932 verschafft einen solchen Überblick. Das Spektrum der Anwendung des Symbolbegriffes reicht von den „Natursymbolen", wie Licht, Weihrauch, Wasser und Öl, zu der Symbolik des gottesdienstlichen Raumes, z. B. der Symbolik des Grundrisses der Kirche, des Altars, dann zur Symbolik der liturgischen Gefäße und Kleidung bis hin zur Symbolik der „heiligen Zeiten", die etwa in den Abständen der kirchlich verordneten Termine untereinander („Quadragesimalzeit", „vierzig Tage von Ostern bis Himmelfahrt") zum Ausdruck kommt. Bedenkt man aber, daß auch das liturgisch gebrauchte Bekenntnis als Symbol bezeichnet wird, dann liegt die Vielfalt des Materials deutlich vor Augen. Und dabei ist dieses Material nur an der abendländischen Liturgie gewonnen. Es ist aber kaum damit zu rechnen, daß die Heranziehung des in außerchristlichen Religionen vorhandenen Materials und dann vor allem die säkulare Symbolik, z. B. das Arsenal der politischen Symbole wie Hakenkreuz, Hammer und Sichel die Kategorien wesentlich erweitern würde, um deren Analyse es uns zu tun ist.

Man wird zunächst kritisch feststellen müssen: Keines der Symbole ist von Hause aus eindeutig. Jedes Symbol bedarf der Deutung. Aber diese Deutung erfolgt im Zusammenhang mit einem Übereinkommen, sie ist „konventionell" im doppelten Sinne des Begriffes. Erst eine „Gebrauchsanweisung" vermittelt die Eindeutigkeit. Daß das „Rote Kreuz" kein christliches Symbol ist, sondern die Umkehrung des Wappens der Schweiz zuzüglich der Übertragung auf eine internationale Organisation darstellt, das muß vereinbart werden, und man muß diese Vereinbarung kennen, wenn das Symbol in seine Funktion treten soll.

Dennoch wird man zugleich eine Anschaulichkeit des Symbols in Anspruch nehmen, welche die Deutung und In-Geltung-setzung dieses Symbols für diesen Sinngehalt erleichtert. Hier ist mit einer Variationsbreite zu rechnen. Auf der einen Seite finden sich nämlich Symbole, welche von ihrer Natur her nahezu für sich selbst sprechen und auf eine ausdrückliche Deutung nicht angewiesen zu sein scheinen. Sie haben eine eigenartige Transparenz. Kein Symbol bezw. kein Symbolgegensatz hat in der Geschichte der Menschheit vielleicht ähnliche Ursprünglichkeit bewiesen wie der Gegensatz von Licht und Finsternis[2].

Was dieses Symbol meint, kann man unmittelbar begreifen. Auf der anderen Seite aber finden wir Symbole, welche sich erst erschließen, wenn man den Schlüssel des Verständnisses weiß, wenn man die Deutung kennt. Die Bedeutung des Symbols ist dann an der Erscheinung selbst noch nicht ablesbar. Kennt man aber die Bedeutung, dann hat das Symbol gegenüber der gedanklichen Fülle den Vorzug der Anschaulichkeit, es repräsentiert auf einen Blick, es erspart viele Worte, es kann möglicherweise auch variante Deutungen zulassen: das Kruzifix! Es können sich aus der Anschaulichkeit eines Symbols immer neue Symbole ergeben, so daß sich Wirklichkeitsbereiche mit einem ganzen Netz zusammenhängender Symbolik überziehen. Es gibt ein historisches Wachstum der Symbolik. So bedeutet an der Kirche des späten Mittelalters schließlich alles etwas, die Säule, der Grundriß, die Himmelsrichtung, alles bis hinauf zum Dachziegel. Kompilatoren der Zeit wie Honorius Augustodunensis sind unerschöpfliche Fundgruben solcher Deutungen.

Eben an dieser dem Symbol mitgegebenen Deutung ergibt sich dann freilich noch eine weitere Variationsmöglichkeit. Wo sich die Bedeutung des Symbols mehr oder weniger „von selbst" ergibt — es könnte ja auch eine solitäre Geste aus der Situation heraus zum emphatischen Symbol werden, um als solches sofort wieder zu erlöschen —, da ist es nahe beim Zeichen: es erinnert, ohne daß Worte nötig sind. Wo aber das Symbol zugleich mit seiner Erscheinung immer an seinen Ursprung erinnert, da lebt es von der Stiftung. Das Symbol ist dann „mehr als ein Zeichen" (Gadamer 146). Es repräsentiert nicht nur einen zum Symbol abgekürzten Gedanken, sondern es repräsentiert die Stiftung selbst. Im äußersten Falle wird gelten: die Kraft der Stiftung ist in ihm, und sie erscheint jedesmal mit dem Symbol neu. Indem das Symbol so die Stiftung selbst repräsentiert, nimmt es etwas von der Heiligkeit des Repräsentierten selbst in Anspruch. Die Variationsbreite spielt also zwischen der Erinnerung, freilich auch mehr als nur das, und der vollen Vergegenwärtigung und Heiligkeit, freilich auch das letztlich nicht in der ganzen Fülle, sondern „nur" als Repräsentanz.

---

[2] Vgl. hierzu H. Blumenberg: Licht als Metapher der Wahrheit, in Studium Generale 1957, H. 7, und J. Macquarrie, a.a.O. 192 ff.: Light as Religious Symbol.

Es ist bekannt, wie in der Theologie der Reformation diese gleitende Skala vom „signum" zum „sacramentum" wahrgenommen wurde. Der Begriff des signum, in Melanchthon frühen „Loci" noch unbedenklich für das Sakrament gebraucht, wird alsbald zum Gegenbegriff. Wie weit die Repräsentanz des heiligen Wortes selber Heiligkeit in Anspruch nehmen kann oder muß, hat sich schon früher im Judentum an der Frage nach der Heiligkeit der Thora-Rollen und im Islam wenigstens an der Frage nach der Heiligkeit des arabischen Korantextes ergeben, den die Orthodoxie für unübersetzbar erklärte.

P. Tillich hat den Symbolbegriff ausgeweitet. Für ihn sind religiöse Begriffe repräsentativ für entscheidende Sachverhalte des Glaubens, welche eine lange Glaubensgeschichte in sich sammeln und immer neu ausgelegt werden müssen. Man kann sie nicht willkürlich machen. Sie sind „auf das Unendliche ausgerichtet, das sie symbolisieren, und andererseits auf das Endliche, durch das sie es symbolisieren". Sie bedürfen immer der Auslegung. (Syst. Th. I, 278 u. ö.) K. Jaspers hat dafür den Begriff der Chiffre gebraucht: Der philosophische Glaube angesichts der Offenbarung, 1962, bes. im IV. Teil: Vom Wesen der Chiffren. Tillich verwendet den Symbolbegriff unablässig, aber er hat eigentlich keine ausgeführte Lehre vom Symbol gegeben. Und er hat vor allem die Anwendung des Symbolbegriffes weit über den Bereich des nichtsprachlichen Ausdrucks hinaus ausgeweitet. Symbol zu sein, ist geradezu eine Erklärung für Begriffe: für „Erlösung", „König", „mystischer Leib Christi", „Persönlichkeit" (als Symbol für Gott) usw. (IX, 89 ff.). Das „Reich Gottes" ist Symbol, ebenso „das Jüngste Gericht" (Syst. Th. III, 407 ff.; 450 ff.), um nur Beispiele zu geben. Jede traditionelle Lehre kann für Tillich zum Symbol werden. Aber damit ist die Kontur des Symbolbegriffes verwischt. Denn so sehr die Anwendung desselben variiert, im konkreten Falle sind doch immer drei Kennzeichen für jedes echte Symbol anzunehmen: Es ist ein nichtsprachliches Phänomen, das in seiner Anschaulichkeit etwas bedeutet; es repräsentiert etwas, was jenseits seiner liegt, und es erfüllt in der religiösen Gemeinschaft die bestimmte Funktion der Orientierung, der Sammlung der Gläubigen und meistens auch noch die der Abgrenzung gegen andere.

3. Religiöse Sprache als Handlung

Für die folgende Thematik gehe ich von der Unterscheidung von performativen und konstatierenden Äußerungen aus, welche von dem Oxforder Philosophen J. L. Austin stammt und die in der modernen Sprachphilosophie zu interessanten, auch kritischen Studien Anlaß gegeben hat.

In einer Abhandlung „Performatif-Constatif" (1958) schreibt Austin: „Die konstatierende Äußerung, unter dem bei Philosophen so beliebten Namen der Aussage, hat die Eigenschaft, wahr oder falsch zu sein. Demgegenüber kann die performative Äußerung niemals eins von beiden sein, sie hat vielmehr eine eigene Funktion: sie wird zum Vollzug einer Handlung gebraucht. Eine solche Äußerung tun, i s t die Handlung vollziehen, eine Handlung, die man vielleicht kaum, zumindest nicht mit gleicher Präzision, auf andere Weise vollziehen könnte. Hier einige Beispiele: Ich taufe dieses Schiff „Freiheit"; ich bitte um Entschuldigung; ich heiße Sie willkommen; ich rate Ihnen, das zu tun." (Sprache und Analysis. Texte der englischen Philosophie der Gegenwart, hrsg. R. Bubner, 1968, 140) L. Bejerholm hat in seiner Arbeit über „Religiöse Performative" (NZsystTh 1966, 255) mit Recht darauf hingewiesen, daß den Performativen, die innerhalb des religiösen Sprachbereiches vorkommen, bisher noch keine Aufmerksamkeit gewidmet worden ist. Er selbst hat dort die Performative als Schlüssel zu einigen theologischen Problemen aufgeboten, z. B. zum Problem der kirchlichen Ordination, der Eheschließung, der Abendmahlslehre.

Halten wir hier zunächst fest, daß der Begriff des Performativs besagt: die betreffende Äußerung ist zugleich eine Handlung. Ich lasse vorerst solche kritische Fragen beiseite, welche sich an die logische Struktur der Performative anschließen werden. Ich halte zunächst fest, daß Performative, also Handlungen, ausgeführt durch Sprache (durch einen Satz, durch „Wort"), durch Eigenschaften gekennzeichnet sind, welche Handlungen zukommen: sie können gelingen oder mißlingen, sie können wirksam oder unwirksam sein, sie können Macht oder Ohnmacht beweisen. Ebenso können wir davon ausgehen, daß sich von hier aus ein Zugang zu der religiösen Primärsprache eröffnet. Wir verschaffen uns daher einen Überblick über das weite Feld der Primärsprache, das voll ist von sprachlichen Begriffen, welche Handlungen meinen.

Ich muß mich hier auf das Material beziehen, welches in der Religionsphänomenologie gesammelt ist, vgl. van der Leeuw, §§ 17, 58, 59, 82; Fr. Heiler, Erscheinungsformen 266—339; G. Widengren 161 f., allerdings in unterschiedlicher Intensität der Aufmerksamkeit auf das Problem. Frazer und Eliade tragen weniger dazu bei.

Es gibt in der lebendigen Religion keine „leeren Worte". Gott erschafft durch das Wort Himmel und Erde, Segnen und Fluchen sind Ausübung von Macht zum Guten oder zum Bösen, sie gehen dem Menschen nach, der davon betroffen worden ist. In der Primärsprache der von keiner Kritik und keinem Zweifel angefochtenen Religion wird die Mächtigkeit des Wortes durch seine Richtigkeit, durch die Anwendung des genauen Wortlautes und durch die rechte Handhabung: Stimmlage und begleitende Gesten, garantiert. Gottes Namen zu kennen, verleiht die Macht, ihn anzurufen, wie die Namengebung den Menschen, der diesen Namen trägt, in eine besondere Beziehung zu Gott oder einem Schutzpatron versetzt; durch den „neuen Namen" wird der Getaufte aus dem Reich der Dämonen in ein anderes Reich, nämlich in das Reich des wahren Gottes versetzt und seines Heiles teilhaftig. Der Eid ist das schlechthin verbindliche Wort. Das Gebet ist wirksamer Anruf, es ruft Hilfe und Beistand der göttlichen Macht herbei. Worte der Stiftung wirken noch in die fernsten Geschlechter nach, und die Weihe eines Gegenstandes fügt diesen in die Wirksamkeit der Stiftung ein, die Wiederholung der Stiftungsworte, der verba institutionis, garantiert die Gegenwart der in der Stiftung eingeschlossenen Segensmacht. Das Wort der Sündenvergebung ist schon diese Vergebung selbst, das aus grauer Vorzeit überlieferte göttliche Gebot wird durch den eintretenden Anwendungsfall unmittelbar wirksames Befehlswort.

Alle diese Beispiele belegen für die religiöse Primärsprache das Zusammenfallen von Sprache, bezw. Satz oder „Wort" mit Handlung. Es ist nicht sinnvoll, an diese sprachlichen Ausdrücke die kritische Frage zu stellen, ob sie wahr oder falsch seien, sondern die kritische Frage kann nur lauten, ob die Sätze bezw. „Worte" wirksam seien oder nicht. Die Kritik, welche den Standpunkt der naiven Aufklärung hinter sich gelassen hat, wird freilich die Frage vorschalten, welches Gesamtverständnis von Sprache und Wirklichkeit hier eigentlich zugrundeliegt.

„Vornehmlich dieser Gedanke (sc. der Verfügung, der Herrschaft) aber ist es, nach welchem die Sprache auf der mythischen Stufe überhaupt gefaßt ist. Das Wort gilt hier für den wirklichen Namen des Dinges, so daß, wer den Namen des Dinges hat oder das Ding zu benennen versteht, auch das wirkliche Wesen des Dinges hat oder über es verfügt. Daher gerade verbietet das Alte Testament, Gott selbst einen Namen zu geben oder ihn abzubilden, weil damit über das Höchste verfügt wäre. Es herrscht hier im ganzen die Überzeugung des Wortzaubers, daß zwischen dem Wort und dem Ding unmittelbar ein Kraft-Zusammenhang obwaltet. Sprechen meint Bannen, und noch die aufgeklärteste Sprache, wissenschaftliche wie überredende, ist von der Vorstellung nicht frei, sie beherrsche, sie bestimme oder ordne das Sein". H. Schweppenhäuser im Art. Sprachphilosophie im Fischer-Lexikon Philosophie (1958) 314.

Es mag zwar gelten, daß sich diese Unmittelbarkeit der Sprache als Handlung, Wort als Schöpfung und Wirkung nur als ein Ausdruck der mythischen Stufe erklären läßt. Aber setzt das diese religiöse Primärsprache ins Unrecht? Gewiß bedeutet jede Interpretation eines dem modernen Bewußtsein fremden Phänomens als „mythisch" zunächst eine Verlegenheit, Ausdruck eines erschwerten Verstehens. Aber zugleich ist ja in jedem „Mythischen" eine ursprüngliche Erfahrung verborgen. Diese Erfahrung aber verlangt ihr Recht, weil sie auch im Übergang des Bewußtseins über die Schwelle der Kritik nicht einfach erloschen ist. Der Begriff des Mythischen ist nicht der geeignete Schlüssel, um die religiöse Sprache als Handlung zu erschließen. Auch für die religiöse Sekundärsprache bleibt das Problem der Performative bestehen; es ist überhaupt gar kein spezifisches Problem der religiösen Sprache, da auch die Umgangssprache (ordinary language) von Performativen durchsetzt ist. Aber zu den genannten Beispielen von Sprachhandlung innerhalb der religiösen Primärsprache kommen für die religiöse Sekundärsprache noch weitere hinzu. Neben Gebet, Gebot, Sündenbekenntnis und Vergebungswort handelt es sich dabei um jene Sprachlichkeit, welche mit der religiösen Institution und ihren Bedingungen und Bedürfnissen entsteht. Nur der Einfachheit und Anschaulichkeit halber wähle ich die Beispiele aus dem christlichen Raum; sie können beliebig auf außerchristliche Analogien ausgedehnt werden. Es ist die Theologie, bezw. die kompetente „Lehre", vor allem die den Vollzug des sakramentalen Lebens begleitende Sprache (Einsetzungs- und Spendeformeln), Ordination, Eheschließung, und nicht zuletzt das weite Feld der Predigt, der Verkündigung des Glaubens sowie des freien Zeugnisses. Man könnte etwas gewagt geradezu sagen: Die Religion vollzieht sich in Sprache.

Es handelt sich bei diesem letzten Satz natürlich um einen „Spitzensatz". Er bedarf ebenso der Erläuterung, wie er auch erhebliche Abstriche zuläßt. Zur Erläuterung wäre zu bemerken, daß er nur die sich äußernde, also in Erscheinung tretende, sich geschichtlich auswirkende Religion meint. Und zweitens: daß Sprache dann in dem weiten Sinne von Ausdruck überhaupt verstanden werden muß.

Wenn ich bisher den Begriff des Performativs ohne Einschränkung und ohne auf seine Problematik einzugehen gebraucht habe, so sollte das den Gedanken der Sprache als Handlung auf eine Kurzformel bringen. Nun ist aber von der Problematik des Begriffes zu sprechen; und das macht dann in der Folge auch die besondere Problematik der religiösen Sprache als Handlung sichtbar. Ich schließe mich zunächst an Austin an und führe dann weiter.

Wir sahen: Performative Aussagen sind so beschaffen, daß sie nicht wie konstatierende Äußerungen als wahr oder falsch bezeichnet werden können. Wenn ein Priester oder ein Standesbeamter eine Ehe „für geschlossen erklärt", so ist das im logischen Sinne weder wahr noch falsch. Trotzdem bestehen auch hier Alternativen, welche die performative Äußerung außer Kraft setzen können. Die performative Äußerung kann nämlich unwirksam sein.

(a) Der Sprechende muß kompetent sein, um die Sprachhandlung vollziehen zu können. Jede Inkompetenz vernichtet die Sprachhandlung selbst, macht sie unwirksam.

(b) Auch die Situation muß stimmen. Unter falschen Voraussetzungen ist die Sprachhandlung „null und nichtig", etwa ein Befehl, wenn der, dem befohlen wird, gar kein Untergebener ist.

(c) Die performative Äußerung muß ernst gemeint sein, d. h. sie muß in der Absicht erfolgen, eine gültige Handlung zu vollziehen. Wenn die Sprachhandlung z. B. nur gespielt wird (in einem Theaterstück) oder wenn sie nur probeweise eingeübt wird, ist sie nicht gültig.

Falls die performative Äußerung in Ordnung ist, so ist sie wirksam.

Ich sehe in diesem Zusammenhang von anderen Bedingungen der Wirksamkeit und Gültigkeit einer Sprachhandlung ab: daß sie nicht erzwungen oder nur zufällig geschehen sein darf, daß sie sprachlich (grammatikalisch) jeden Zweifel ausschließen muß, nicht fiktiv sein soll.

Eine Überlegung der sprachlichen Form eines Performativs mag zunächst überflüssig erscheinen. Auch wenn man als Regelfall eines gültigen Performativs die 1. Pers. Sing. des Präsens annehmen mag („Ich vollziehe hiermit..." „Ich erkläre für eröffnet"), so gibt es natürlich auch Passivformen mit dem gleichen Sinn: „Die Gäste werden gebeten...", oder indikative Sätze, welche scheinbar eine konstatierende Aussage darstellen, tatsächlich aber einen performativen Sinn haben: „Dieses Abteil ist nur für Nichtraucher". Schließlich die abgekürzte Form einer Warnung: „Vorsicht! Bissiger Hund!". So formalistisch diese Bemerkungen erscheinen mögen, so haben sie nach zwei Seiten eine erhebliche Bedeutung.

Einmal nämlich wird an ihnen sichtbar, daß ein Performativ, eine Sprachhandlung nur im Präsens, bzw. in einer das Präsens durch allgemeine Gültigkeit ersetzenden Form überhaupt sinnvoll ist. Sobald wir das Performativ ins Präteritum setzen, erlischt es als solches und wird zur konstatierenden Aussage. Alsbald ist zu prüfen, ob es wahr oder falsch ist. Der Priester oder Standesbeamte, der im Präteritum von einer durch ihn vollzogenen Eheschließung berichtet, handelt nicht, sondern konstatiert. Dasselbe gilt beim Übergang ins Futur. Das bedeutet aber, daß sich, auf religiöse Performative bezogen, der Grundsatz erneut bestätigt, daß der Ernst der Religion nur im Präsens gilt. Denn auch das religiöse Performativ „erlischt", sobald man es ins Präteritum transformiert.

Das andere ist Folgendes: Die sprachliche Transformierbarkeit der Performative zeigt, wie schwer es ist, sie durch ihre sprachliche Form allein eindeutig von konstatierenden Sätzen, von den sonst in der Logik zugrundegelegten Aussagesätzen abzugrenzen. Und das führt uns zu der weiteren Beobachtung, daß auch konstatierende Sätze leicht so modifiziert werden können, daß sie performativen Charakter bekommen.

Beispiele: Der Zeuge macht vor Gericht folgende Aussage: „..." „Ich mache darauf aufmerksam, daß..." — kann ein ganzes Gebäude von wissenschaftlichen oder rechtlichen Voraussetzungen zum Einsturz bringen. Eine bloße „Meldung" kann die Kriegslage ändern.

Im übrigen ist es nicht so, daß für konstatierende Äußerungen nur die Kriterien von wahr oder falsch gelten. Auch sie können, ebenso wie performative Aussagen, „mißlingen", um ihren Effekt gebracht werden, wenn sie z. B. sprachlich (grammatikalisch) fehlerhaft und unverständlich sind; wenn sie im Blick auf die angesprochene Wirklichkeit absurd oder auch in sich selbst widersprüchlich sind. Auch bloße konstatierende Aussagen setzen, nicht anders als performative, eine Kompetenz voraus: Man kann nur dann etwas aussagen, wenn man etwas weiß. Selbst wahr oder falsch kann problematisch werden, wenn es sich um Annäherungen an die Richtigkeit handelt, die eben gerade noch oder schon nicht mehr akzeptiert werden können.

Setzen wir nun aber eine unanfechtbare konstatierende Äußerung voraus, so liegt es offenkundig an der Situation, ob sie eine beiläufige Konstatierung oder eine wirksame Sprachhandlung darstellt. Eine „Information" kann zum Bruch eines bislang gehüteten Geheimnisses werden, „Aufdeckung von Tatsachen" können entlarven und ein Leben vernichten. Der alte Satz: „Nomina sunt odiosa" besagt, daß eine Story durch bloße Einsetzung der wirklichen Namen für die handelnden Personen zu einer folgenschweren Sprachhandlung werden kann.

Fassen wir also zusammen: Performative können durch Modifikationen des Tempus in konstatierende Aussagen verwandelt werden. Andererseits können konstatierende Aussagen unter bestimmten Bedingungen in Sprachhandlungen verwandelt werden.

Was die religiösen Performative betrifft, so läßt sich aus dem bisher Gesagten Folgendes festhalten. Sofern die lebendige Religion im sprachlichen Ausdruck erscheint, erscheint sie in Sprachhandlungen. Alle Sprachhandlungen erlöschen, sobald sie aus dem Präsens ins Präteritum transponiert werden.

Zur Abwendung von Mißverständnissen ist daran zu erinnern, daß Religion nicht nur im sprachlichen Ausdruck erscheint, sondern ebenso in ihrem

Ethos wie auch im nichtsprachlichen Ausdruck, z. B. im Kunstwerk: „Sprache" gilt im engeren und im weiteren Sinn.

Wenn der primäre sprachliche Ausdruck der Religion ins Präteritum transponiert wird, dann wird er historisch. Und alle Interpretation von religiöser Sprache, von religiösen Texten, Zeugnissen und Handlungen setzt den Übergang der Religion in Geschichte voraus. Deshalb mißrät jede Religionskritik, welche diese Geschichtlichkeit übersieht und die historischen Kategorien vernachlässigt.

Was über die religiöse Sprache als Handlung zu sagen ist, hat sich also nur als ein Anwendungsfall dessen erwiesen, was über Performative im allgemeinen zu bemerken ist. Dennoch eröffnen sich sowohl für die religiöse Primärsprache als auch vor allem für die religiöse Sekundärsprache wichtige Aspekte. Vor allem die Sekundärsprache der Religion zeigt ihre ihr eigentümlichen verwundbaren Stellen; denn sie ist es ja, die in die Umgangssprache eingebettet ist und mit ihr, etwa als Predigt, als Zeugnis, Verkündigung usw. in Konkurrenz und Austausch treten muß.

Ich sehe ab von den Problemen, welche durch die Frage nach der „Wahrheit" eines „religiösen Satzes" aufgeworfen werden. Ich beschränke mich hier auf diejenigen Probleme, welche sich durch den Handlungscharakter der religiösen Sprache ergeben. Unter welchen Bedingungen ist religiöse Sprache als performative Äußerung „in Ordnung" und demzufolge „wirksam"?

(a) Das Performativ erlischt, so sahen wir, wenn die Kompetenz zu der Sprachhandlung fehlt. Es kann sich bei der Prüfung der religiösen Performative nur um menschliche Kompetenz handeln. Der Glaube, bezw. die Vorstellung, daß Gott durch sein Wort handelt („Es werde Licht"), steht außerhalb unserer Erörterung. Wie wäre aber menschliche Kompetenz zu einer religiösen Sprachhandlung zu denken? Der Sprecher kann ermächtigt sein durch ein Amt, etwa durch eine religiöse Weihe, durch seinen Glauben oder durch den ihn treibenden Geist. Die amtliche Kompetenz ist in der Regel nachprüfbar. Sie wird aber nicht pauschal in jeder denkbaren Religion anerkannt, und wird möglicherweise auch dann nicht immer ausreichen, wenn sie in einer Religion erforderlich ist. Die Berufung auf Glauben oder Geist ist subjektiv, sie kann immerhin dadurch bestätigt werden, daß sie Überzeugung hervorruft. Aber die Kompetenzfrage hat noch eine Kehrseite. Wenn nämlich religiöse Kompetenz auf Gebieten in Anspruch genommen wird, wo sie offenkundig nicht besteht (z. B. in politischen oder medizinischen Fragen), dann erlischt die Effizienz der religiösen Sprache sofort, und es ist denkbar, daß sie auch auf dem eigenen Gebiet durch die vorausgegangenen Entgleisungen unglaubwürdig wird.

(b) Auch das religiöse Performativ setzt die zutreffende Situation voraus. Eine religiöse Sprache, welche die Situation verfehlt, erlischt sofort und wird „unwirklich" in dem doppelten Sinne von unwirksam und irreal. Wenn z. B. Sünden gebrandmarkt werden, die gar nicht begangen wurden, oder wenn Situationen aus der Ursprungsgeschichte der betreffenden Religion vorausgesetzt und fiktiv angesprochen werden, welche auf die Gegenwart nicht mehr zutreffen, wenn in der religiösen Sprache sozusagen die Jahrhunderte verwechselt werden, dann wird die religiöse Sprache unerachtet ihres emphatischen Anspruches unwirklich, gespenstisch, zu einem nullum. Es hat hier vollends gar keinen Sinn mehr zu fragen, ob die Aussagen wahr oder falsch seien. Sie sind irreal, und das ist vernichtend.

(c) Schließlich setzt die religiöse Sprachhandlung noch voraus, daß sie in der richtigen und gültigen Intention, also mit Überzeugung, aufrichtig gesprochen wird. Das hat dann zur Folge, daß jede Unechtheit, jedes fromme Gerede, jede gedankenlose sprachliche Routine die religiöse Sprache ihrer Effizienz berauben kann, daß sie auch aus diesen Mängeln dazu verurteilt sein kann, zu einem Nichts zu werden.

4. Uneigentlichkeit und Sachgemäßheit der religiösen Sprache

Zum Problem des Mythos

Religiöse Sätze stehen unter einem hohen Wahrheitsanspruch. Was sie sagen, soll einleuchtend und wahr, es soll sachgemäß sein. Aber zugleich ist die religiöse Sprache zu einer spezifischen Uneigentlichkeit verurteilt. Dafür ist der viel verhandelte Mythos und die mythologische Rede ein uraltes, das klassische, wenn auch keineswegs das einzige Beispiel.

Das Mythusproblem begleitet die religionsgeschichtliche Forschung seit ihren Anfängen, und diese Anfänge reichen schon sehr weit zurück. Seine moderne Problematik hängt wahrscheinlich mit der Tatsache zusammen, die Arnold Gehlen so beschrieben hat: „Unsere durchrationalisierte und disziplinierte Religion hat alle Phänomene dieser Art, die das urtümliche religiöse Leben beherrschen, vernichtet und unmöglich gemacht".[3] Das Mythusproblem verdankt seine Ak-

---

[3] Anthropologische Forschung, 1964 (rde 128), 125.

tualität der nicht nur heute unzeitgemäßen Naivität des Mythus. Der Mythus zeigt uns Gott im Bilde einer menschlichen Gestalt. Und sobald wir von diesem Gott Aussagen machen, erzählen wir von ihm eine Geschichte; das heißt aber nicht mehr und nicht weniger: wir sind mitten in der „Mythologie".

Wir hören von Himmel und Erde, das Göttliche erscheint in menschlicher Gestalt, als Mann oder als Weib. Uranfängliche Ereignisse erklären Zustände, Verhängnisse oder auch Gebräuche der Gegenwart. Der Mythus begründet den Ritus. Die Ursprungsgeschichte drängt auf cyklische Wiederholung: vom Aufgang der Sonne bis zu ihrem Niedergang, im Wochencyklus, in Mondphasen oder auch „alle Jahre wieder". Mythen sind an Anschaulichkeit und Eindruckskraft kaum zu überbieten, aber sie sind ein Anstoß der kritischen Vernunft, und sie diskreditierten für zahllose moderne Menschen die Religion. Sie sind eine „Sprachform". Aber was ist von ihr zu halten?

Die Problematik des Mythus teilt sich, wenn ich recht sehe, in drei letztlich nicht auflösbare Fragenkreise; wir stehen jedesmal in einer Kette von Beobachtungen, die zu keinem befriedigenden Schluß führen. Das schließt nicht aus, daß wir einige historische und philosophische Orientierung gewinnen können.

a) Wo uns in Literatur und Forschung der Mythus als solcher begegnet, da ist er bereits eine hinter dem Betrachter liegende Phase des anschauenden Denkens; da wird er schon nicht mehr eigentlich und buchstäblich geglaubt. Homer war kaum ein naiver Gläubiger. „Von Homer vollends haben sich Zeus und die übrigen Götter gar nicht mehr erholt, wozu der 8. Gesang der Ilias allein schon genügen würde[4]." Marcus Terentius Varro ist in seinen Antiquitatum rerum humanarum et divinarum libri XLI der die Geistesgeschichte des Mittelalters mit allen mythologischen Kenntnissen ausstattende Antiquar, aber er war alles andere als mythengläubig. Wo Augustin den Varro ausbeutet[5] und die antike Mythologie noch einmal an den Pranger stellt, da ist er bereits auf diese literarische Quelle angewiesen und kann sich beim Leser kaum mehr auf eine lebendige mythologische Detailkenntnis verlassen. Alles Ordnen und Sammeln der Mythen zur „Mythologie" ist ein Reflexionsprodukt, und die My-

---

[4] J. Burckhardt: Griechische Kulturgeschichte I (Kröner), 360; hierzu Fr. Nietzsche: Menschliches, Allzumenschliches, Nr. 125 (KGA IV, 2, 121).

[5] De civitate Dei VI.

thenkritik beginnt bereits mit den Anfängen der griechischen Philosophie. Selbst ein so positiv „theologischer" Vorsokratiker wie Heraklit läßt im 5. vorchristlichen Jahrhundert bei aller pantheistisch-rationalen Theologie auch nicht mehr die geringste Spur eines positiven Verhältnisses zum griechischen Mythus erkennen. In diesem distanzierten und neutralisierten Verhältnis zum Mythus ist es dann möglich, daß selbst Kirchenväter ihn zu paradigmatisch-lehrhaften Zwecken aufbieten, wie das Basilius in der Schrift „Mahnwort an die Jugend über den nützlichen Gebrauch der heidnischen Literatur"[6] tut, wo freilich Historien und Mythen bunt durcheinandergehen. Alles das setzt den längst vollzogenen Bruch mit dem Mythus voraus[7]. Die Mythenliteratur geht schon in der klassischen Antike von dem überwundenen, eben zur Literatur gewordenen Mythus aus. Die Literatur ist in sich für den Mythus schon eine Reflexionsphase.

Dennoch ist die Sachlage nicht eindeutig. Denn das Interesse am Mythus erlischt nicht. Der Mythus lebt ohnehin in den unteren Schichten, in der Form der örtlich gebundenen und nicht ins mythologische System eingebundenen Kultsage lebendig fort. Die nachfolgende Geschichte des Mythus und der Mythologie ist wie eine fortwährende Rehabilitierung, Rückbesinnung im Bildungsinteresse. „Es ist was dran", und so empfindet man immer aufs neue eine Aufforderung zur Interpretation, sei es als Moralparadigma — Herkules am Scheidewege —, sei es zur philosophischen Exegese. Die moralische Deutung ist freilich immer ein Spurelement des Rationalismus. Die philosophische Interpretation aber geht noch über ihren Text hinaus. Platon ist nicht nur Mytheninterpret, sondern auch Mythopoiet, er erzählt selbstgedachte Mythen wie die Geschichte vom Demiurgen im Timaios, was in seiner Beiläufigkeit schon dadurch zu erkennen ist, daß er in keinem anderen Buch jemals wieder auf diese Geschichte zurückkommt.

Es spricht alles für die Unausrottbarkeit des Mythus, immerhin durchweg nicht mehr in der naiven, sondern in der reflektierten Hinnahme desselben. Es ist eine eigenartige Zwischenlage. Der Ungläubigkeit Homers, von der wir sprachen, steht bruchlos das andere gegenüber: „In der Totenklage um Hektor und Patroklos endet die Ilias. In den Strömen von Tier- und Menschenblut, die Achill dem toten Freund fließen läßt, ist der alte Mythos schauervoll gegen-

---

[6] Migne, PG XXXI, 564—589.
[7] J. Burckhardt a.a.O. II, 360—379.

wärtig. In der Lichtwelt des Epos geht die Realität des Todes auf. Homer transzendiert sich selbst zur Tragödie[8]." Bei Stefan George, der wie kein anderer moderner Dichter der Realität des Mythus zugewendet war, ist die Zwischenlage mit Händen zu greifen:

„Das edelste ging euch verloren: blut
Wir schatten atmen kräftiger"

aber in unmittelbarer Nähe dazu das andere:

„Mag traum und ferne uns als speise stärken
Luft die wir atmen bringt nur das lebendige"[9].

Es ist eine ganze Skala von Spielarten des Verhältnisses zum Mythus, von tiefer Faszination bis zur Skepsis und dem Spiel mit alten und neuen Mythen, vom letzten Ernst zum Scherzo, was eigentlich nur in der Weise der romantischen Ironie begriffen werden kann, die hier schon in Epochen anzutreffen ist, die noch nichts von romantischen Kategorien wußten.

b) Das zweite Problem liegt darin, daß der Mythusbegriff eine eigenartige Unschärfe aufweist. Wir können ihn offenbar nicht in eine Definition einfangen, es eignet sich kein fester Begriff für seine Deutung.

Eindringliche Forschungen sind seit F. Creuzers „Symbolik und Mythologie der alten Völker, besonders der Griechen" 4 Bde., 1810—1812 an Begriff und Sache des Mythus gewendet worden. Ich hebe hervor E. Cassirer: Philosophie der symbolischen Formen II: Das mythische Denken (Oxford 1958³) und Blumenberg: Paradigmen zu einer Metaphorologie (Archiv für Begriffsgeschichte Bd. 6, 1960), bes. 84 ff. Diese Forschungen verdienen m. E. den Vorzug vor G. van der Leeuw: Phänomenologie der Religion (1956²), der in seinen Ausführungen über den Mythus, bes. § 60 468 ff., die Sache viel zu wenig konturiert. Hingegen M. Eliade: Die Religionen und das Heilige. Elemente der Religionsgeschichte (1954), 463 ff.; hier über das Absinken des Mythus 490 ff. Der Art. Mythus (J. Haekel), RGG³ IV, 1271 ff. bietet eine gute Zusammenfassung.

Schelling hat zweifellos etwas Richtiges erkannt, wenn er in der 1. Vorlesung zur Philosophie der Mythologie 1842 sagt: „Jeder Sinn ist in der Mythologie aber bloß potentiell, wie in einem Chaos, ohne sich eben darum beschränken, partikularisieren zu lassen; so

---

[8] Hans Freyer: Weltgeschichte Europas I, 1948, 339.
[9] Stefan George: Der Siebente Ring. Die erste Stelle aus dem Alfred Schuler („Ingenio Alf Scolari") gewidmeten Gedicht: Porta Nigra, die andere Stelle aus dem benachbarten Gedicht der gleichen Sammlung: Franken.

wie man dies versucht, wird die Erscheinung entstellt, ja zerstört; lasse man den Sinn, wie er in ihr ist, und erfreue sich dieser Unendlichkeit möglicher Beziehungen, so ist man in der rechten Stimmung, die Mythologie zu erfassen".[10] Natürlich: Mythus ist ein griechisches Wort. Auch Augustin erinnert uns an die Übersetzung: fabula[11]. Das Was dieser „Erzählungen" ist gelegentlich als Einteilungsprinzip vorgeschlagen worden, und darum reden wir von kosmogonischen, anthropologischen, theogonischen und Urstandsmythen[12]. Urstand und Endzeit, aber auch die vorweggenommene Erzählung vom Ende der Welt und die Deutung der Naturmächte, Sterne und Sternbilder sind ewige Themen des Mythus. Immer bewegt sich der Mythus in der Vorstellung, die den klaren Gedanken ersetzen soll, die ihn zum einen Teil nicht erreicht, zu einem anderen Teil wohl aber auch überbietet: der Mythus sagt mehr, als man denken kann. Unübertrefflich ist Hegels Beobachtung: „Der Mythus ist immer eine Darstellung, die sich sinnlicher Weise bedient, sinnliche Bilder hereinbringt, die für die Vorstellung zugerichtet sind, nicht für den Gedanken; es ist eine Ohnmacht des Gedankens, der für sich noch nicht festzuhalten, nicht auszukommen weiß. Die mythische Darstellung, als älter, ist Darstellung, wo der Gedanke noch nicht frei ist: sie ist Verunreinigung des Gedankens durch sinnliche Gestalt: diese kann nicht ausdrücken, was der Gedanke will. Es ist Reiz, Weise anzulocken, sich mit Inhalt zu beschäftigen".[13]

Das Göttliche wird im Mythus welthaft gedacht, das Weltliche, das Irdische ist in einer überirdischen Geschichte gegründet, durch göttliche Mächte gelenkt. Der Anthropomorphismus ist unverzichtbares mythisches Element. Das nicht datierbare Ereignis in Vorzeit oder Endzeit, jenseits aller Geschichte, trägt unser kleines Schicksal und ist Gegenstand von Furcht und Hoffnung. Dieses im Mythus erzählte Ereignis geht uns an, es kommt in der rituellen Wiederholung auf uns zu, wir dienen ihm im Ritus und wir verehren es im Ritus, wir „begehen" es im Kreislauf des Jahres. Es ist das Ereignis, durch das ich an den Elementen des Weltlaufes teilhabe. Aber dieser Mythus ist immer unscharf. Die Begehung des Mythus wirkt auf

---

[10] Werke VI (hrsg. M. Schroeder), 16.
[11] a.a.O. VI, 5. Augustin bezieht sich hier auf die von Varro erwähnten drei genera der Theologie: das genus fabulosum ist das mythicon.
[12] J. Haekel: a.a.O.
[13] Vorlesungen über die Geschichte der Philosophie II, 18, 188 f.; vgl. aber auch I, 17, 114—122.

unser Leben ein und ist doch nicht Magie; der Mythus ist Erzählung, er ist fabula, wie wir sahen, und ist doch mehr als Legende oder Sage. Er ist nicht bloß naive, novellistische Überlieferung aus früheren Tagen. Seine Uneigentlichkeit hat nichts mit der Künstlichkeit der Allegorie zu tun. Das schwebende Verhältnis zum Mythus, Zuversicht und Skepsis, ist doch ein anderes als es das Verhältnis ist, das ein Mensch zu einem Aberglauben hat. Mythus ist auch nicht einfach „vorwissenschaftliches Weltbild", so sehr er durch den Sonnenaufgang der wissenschaftlichen Vernunft ins Wesenlose zu verdämmern pflegt. Und doch grenzt der Mythus an das alles an.

c) Der Mythus bedarf der Interpretation. Er ruft die Interpretation heraus. Er reizt zu der Frage: Was bedeutet das, was soll das besagen? Mythen erfahren ihre Sinnbestimmung immer erst in Interpretation. Es ist den Mythen gleichsam mitgegeben, daß sie nicht buchstäblich gemeint sind. Der Bildgehalt wird durch jede Übertragung in Gedanken zwar deutlicher, aber zugleich auch ärmer. Der Bildgehalt ist in jedem Mythus immer schon hyperbolische, alle Vorstellbarkeit übersteigende und sprengende „Vorstellung".

Daß der Mythus die Interpretation ruft, daß er nach einer Übersetzung in „Sinn" verlangt, das läßt sich im Abendland seit über zwei Jahrtausenden aus dem bewußten Verhältnis zum Mythus nicht mehr wegdenken. Aber was heißt Interpretation? In erster Linie denken wir an eine verstehende, zustimmende, wenn man will sogar gläubige Interpretation. Es ist jedenfalls eine Interpretation, die ihrem Text vorweg die Chance einräumt, wahr zu sein. In jeder christlichen Predigt wird so interpretiert, und wie oft hat die Predigt Anlaß, zu interpretieren, bevor sie ihre Hörer anreden kann. Man denke an den Paradies-Mythos oder an die Rede des Hebräerbriefes von den Einzelheiten des himmlischen Tempels. Jede Predigt muß hier übersetzen, fortführen und das, was eigentlich gemeint ist, zur Sprache bringen. Aber es gibt auch eine andere Interpretation, welche die Wahrheitsfrage suspendiert, welche gar nicht nach einer möglichen „Wahrheit" des Mythus fragt, sondern von vornherein dem Text die Chance, wahr zu sein, wegnimmt. Es ist die „aufklärende" Interpretation, die nach dem Worte Max Schelers wie ein Psychiater den Text nur zu dem Zweck erklärt, um die Krankhaftigkeit, das Abwegige in ihm, Trug und Irrtum ans Licht zu bringen.

Was ich sichtbar machen möchte, liegt nicht in dieser Differenz der Vorurteile. Es liegt vielmehr darin, daß der Mythus im Zuge einer

Interpretation, die ihm die Wahrheit zutraut, bestärkt und bestätigt werden kann, so daß er nicht verschwindet und verdämmert, sondern vielmehr zurückkehrt und selbst zu einem Interpretament wird. Das würde nun ein Doppeltes bedeuten. Einmal kehrt sich das stets vorausgesetzte Verhältnis um. Der so zurückkehrende Mythus ist nicht das Erste, und die ihn in „Sinn" auflösende Interpretation das Zweite — wobei der eigentliche Mythus dann zum Verschwinden kommt —, sondern zuerst ist ein Faktum, dessen „Sinn" ausgesagt werden soll. Es zeigt sich aber, daß diese Aussage von Sinn in mythischer Form am sachgemäßesten geschieht, daß keine andere Weise der Interpretation der mythischen Aussage an Sachgemäßheit gleichkommt. Dann aber ist der Mythus nicht das Erste, sondern das hermeneutisch Zweite geworden, was natürlich nicht ausschließt, daß das alte Gesetz der Interpretationsbedürftigkeit von Mythus sich auch an dieser Gestalt des sekundären Mythus erfüllt. Das Andere ist dies: Der Mythus als Interpretament bietet sich in dem Augenblick an, in dem andere Aussageformen sich als unterlegen erweisen. Wir kennen das im Raume der kirchlichen Sprache zur Genüge, wenn es auch wenig beachtet worden ist. Es gibt Inhalte, Gedanken, die man in der Predigt genuiner aussagen kann als in der Dogmatik. Es gibt sogar Textauslegungen, die erst im Predigtvollzug zum Tragen kommen, deren Notwendigkeit, abgesehen von Predigt, vielleicht gar nicht in den Blick des Exegeten kommt. In anderer Hinsicht, d. h. im Blick auf andere Sachverhalte scheint es mir durchaus wahrscheinlich zu sein, daß sich bestimmte Sachverhalte — überhaupt, oder in bestimmten Epochen, das mag unentschieden bleiben — in mythischer Aussageform besser zur „Sprache" bringen lassen als in diskursiv gedanklicher Form. Wenn R. Bultmann damit recht hat, daß er die urchristliche Christologie, aus der die altkirchliche Christologie hervorgegangen ist, als eine mythologische Redeweise bezeichnet[14], dann scheint mir jedenfalls wichtig zu sein, daß es sich hier nicht um einen ursprünglichen „Mythus" handelt. Denn das geschichtliche Datum, der — unerachtet aller historischen Undeutlichkeiten — „historische Jesus" ist jedenfalls vor diesem „Mythus". Der Mythus ist in jedem einzelnen seiner Elemente vorchristlichen (alttestamentlichen oder spätjüdischen oder hellenistischen) Traditionen entnommen. Er ist erst nachträglich als Interpretament auf Jesus bezogen worden, um

---

[14] Zuletzt noch in: Jesus Christus und die Mythologie, in: Glaube und Verstehen IV, 1965, 141 ff.

über ihn wahre Aussagen zu machen, die in einer anderen Weise zu jener Zeit nicht in gleicher Sachgemäßheit möglich gewesen wären. Der Mythus als Interpretament, als sekundärer Mythus, ist dann jedenfalls eine nachträgliche hyperbolische Aussage, eine religiöse Sprachform, die über ihren Wortsinn hinausweist und selbstverständlich wieder nach Interpretation ruft, nach Predigt und Theologie, und die doch in ihrer Weise Sinngehalte absichert, die anders nicht ebenso „sachgemäß" zur Sprache gebracht werden können.

Der Grund der Uneigentlichkeit der religiösen Sprache liegt auf der Hand: es gibt keinen objektivierbaren Gegenstandsbereich religiöser Sätze, ihre „Gegenstände" sind nicht wie Sachen definierbar und nicht mit anderen Sachen kommensurabel. Immer ist ein Widerfahrnis im Spiel, etwas, was mich betroffen hat und betrifft, was mich und dich angeht, was mein und dein In-der-Welt-Sein und In-der-Zeit-Sein, was menschliches Miteinander einschließt. Gewiß: das ist es nicht allein. Ich finde nicht nur mein Sein ausgelegt, sondern die mir widerfahrene Wahrheit bezeichnet immer noch mehr; es ist immer „außerdem noch etwas". Aber für alles das gibt es jedenfalls keine so adäquate Aussage, daß sie kraft der ihr einwohnenden Vernünftigkeit jedem anderen Vernünftigen ohne weiteres einsichtig wäre. Die Uneigentlichkeit, eine über die buchstäbliche Bedeutung hinausreichende Intention der Sätze gehört zu den elementaren Bedingungen der religiösen Sprache.

Man muß das freilich sofort eingrenzen. Religiöse Sprache, und mehr als das, religiöse Ideen, Glaubensüberzeugungen und Hoffnungen, Dogmen, Riten, Texte usw. können natürlich auch in dem Sinne Gegenstand realer Betrachtungen werden, wie ich alles im vielfältigsten Sinne Wirkliche in dieser Welt, Philosophien, Verhaltungsweisen, „Gesetze" der physischen und geistigen Welt zum Gegenstand der wissenschaftlichen Betrachtung machen kann. In diesem Sinne treffen die schwersten Bedingungen der religiösen Sprache, also ihre Uneigentlichkeit, auf weite Strecken der Religionswissenschaft gar nicht zu. Sie legt historische Texte und Tatsachen, Riten und Rechtsordnungen als innerweltliche Gegenstände aus wie jede andere vergleichbare Wissenschaft, sie treibt Religionsvergleich, Religionsphänomenologie und Religionsgeschichte. Die Eigentümlichkeit religiöser Sätze wird also implicite und stillschweigend vorausgesetzt, religiöse Sätze erscheinen hier in ihren Grenzen und in selbstverständlicher Beachtung ihrer Eigentümlichkeiten als „religiös" verstehbar, ohne daß über Zustimmung und Ablehnung ihrer Inhalte in jedem Schritt eine Entscheidung fallen oder diese Eigentümlichkeit selbst immerfort zum Problem gemacht werden müßte. So kann man Sätze als „eschatologisch" kennzeichnen, man kann sagen, dies oder jenes setze die spätjüdische Apokalyptik voraus, ohne daß der Exeget gezwungen wäre zu verraten, ob er diese Eschatologie oder gar diese Apokalyptik wirklich glaubt.

Überall versetzt uns die religiöse Sprache beim Versuch, zu verstehen, in jene Schwebelage zwischen Wörtlichkeit und hyperbolischer Intention, in die Distanz zwischen dem, was buchstäblich dasteht, und der Bedeutung, die doch nicht willkürlich geraten werden darf, sondern die sich in der Sachgemäßheit eben dieses Satzes, dieses Ausdrucks ebenso verbirgt wie kundgibt. Die aufgeklärte Plattheit hat es immer leicht, zu sagen: Dieser Satz stimmt nicht. Es ist die Schwebelage, die wir z. B. im Neuen Testament mannigfach an den unterschiedlichsten Stellen bestätigt finden, zwischen dem „Buchstaben" und dem „Geist". Wir finden sie in der vielerörterten Doppelsinnigkeit der Reden des johanneischen Christus, die das Mißverständnis geradezu herausfordern, in der Ironie der Rede von der zweiten Geburt (Joh 3, 3 f.) wie von Abraham, der den Tag Christi gesehen hat (8, 56), und an vielen anderen Stellen. Das Gleichnis des synoptischen Jesus öffnet die Botschaft vom Reiche der Himmel, ebenso wie es diese Botschaft chiffriert und dem vorbehält, dem es gegeben ist (Mk 4, 11 par.). Das alles ist nicht Mythus. Aber der Mythus ragt aus dem Alten Testament, aus Hellenismus und Spätjudentum ins Neue Testament herein, nicht nur in Gestalt des Schöpfungsmythus. Er ist erkennbar an den Erzählungen, die sofort nach einer Interpretation rufen, die von der Wörtlichkeit wegführt und zeigt, daß die Erzählung etwas „anderes" aussagt. Wenn es wahr ist, daß das Alte Testament der Mythus des Neuen ist, dann ist die Allegorie die sachgemäße Interpretation dieses Mythus.

Es zeigt sich, daß die Sachgemäßheit der religiösen Sprache das schwerere Problem ist im Vergleich zur Uneigentlichkeit, die ja deutlich zutage liegt. Gibt es Kriterien, die es uns ermöglichen, die Sachgemäßheit der religiösen Sprache zu beurteilen? Sachgemäßheit — das heißt dann zweifellos Wahrheit, die aber, wie wir sahen, keine objektivierbare Wahrheit ist. Die religiöse Sprache muß dem angemessen sein, was sie auszudrücken hat. In der Tat gibt es dafür Kriterien. Ich nenne hier deren vier, ohne daß ich diese Aufzählung für erschöpfend hielte, und auf die Gefahr einer gewissen Wiederholung von früher Gesagtem.

1. Auch bei der Uneigentlichkeit der religiösen Sprache muß sie dem Ernst der Sache in der Form angemessen sein. Das bedeutet keine Unnatur, im Gegenteil liegt es in der „Natur" der Sache selbst und schließt den Humor nicht aus. Es gibt aber einen modus dicendi, der die Glaubhaftigkeit eines religiösen Satzes ipso facto aufhebt. Die religiöse Sprache darf nicht kindisch sein. Es gibt mitunter eine läppische Form, religiöse Sachverhalte zur Sprache zu bringen. Abgeschmacktheit, aber etwa auch der Zynismus, mit religiösen Texten umzugehen, unterbricht unmittelbar die Sachgemäßheit der Sprache.

2. Zu diesem noch sehr peripheren Gesichtspunkt kommt das Gesetz der Subjektivität. Die religiöse Sprache, der religiöse Satz muß subjektiv wahr sein. Er muß die Überzeugung dessen ausdrücken, der hier spricht. Jede Heteronomie, das Sprechen religiöser Sätze im Sinne einer fremden Überzeugung unterbricht unmittelbar ihr Wahrheitsverhältnis. Auch die Heuchelei, das Vorgeben einer Überzeugung, die man tatsächlich nicht hat, macht jeden religiösen Satz zur Unwahrheit. Ich kann zwar religiöse Sätze außerhalb meiner eigenen Überzeugung referieren; das ist wissenschaftlich gerechtfertigt, es ist bis in den Alltag hinein unvermeidlich und es ist völlig unbedenklich, solange ich erkennen lasse, daß ich nicht von meiner eigenen Überzeugung spreche. Die Gefahr der Orthodoxie liegt zu allen Zeiten darin, daß die Wahrheit als objektivierbar, und das heißt als ablösbar von meiner subjektiven Überzeugung verstanden wird. Das wird zwar dann immer so begründet, daß die Wahrheit dem kleinen menschlichen Verstande überlegen ist, daß wir nicht warten können, bis wir im Vollmaß begriffen und uns diese Wahrheit angeeignet haben. Tatsächlich aber kann ich auch eine meinem Verstande überlegene Wahrheit anerkennen. Und die bestbegründete Orthodoxie wird nicht nur unglaubwürdig, sondern unwahr, wenn das Gesetz der Subjektivität verletzt wird.

3. Es kommen zwei „Vernunftgesetze", wie ich es nennen möchte, hinzu. Das eine ist dieses: Die religiöse Sprache muß sich im Kontext einer vollkommenen und wirklichen Welterfahrung halten. Sie muß sich in einer solchen Welterfahrung integrieren und darf ihr nicht widersprechen. Der religiöse Satz, der Glaubenssatz muß mit meiner Welterfahrung „stimmen". Das bedeutet nicht ohne weiteres eine Angleichung der religiösen Überzeugung an das sog. „wissenschaftliche Weltbild". Es kann sich ja um Erfahrungen handeln, die in der Sprache der wissenschaftlichen Erkenntnis gar nicht ausdrückbar sind. Aber es darf kein eklatanter Widerspruch eintreten. Nicht integrier-

bare, scheinbar religiöse Überzeugungen, die in unserer übrigen Welterfahrung wie erratische Blöcke liegen, sind purer Aberglaube.

4. Das andere Vernunftgesetz besteht darin, daß der religiöse Satz, die religiöse Sprache verstehbar sein muß. Das bedeutet nicht ohne weiteres: für jedermann verständlich. Auch mathematische Sätze sind verstehbar, aber nicht jedermann verständlich. Verstehbarkeit meint, daß die religiöse Sprache im Horizont ähnlicher religiöser Erfahrung verstehbar ist und der Mitteilung dient. Diese Mitteilbarkeit hat verschiedene Grade und Bedingungen. Die ethischen Sätze einer Religion müssen z. B. in dem Sinne mitteilbar sein, daß sie in der sozialen Wirklichkeit in die Sprache der Vernunft übersetzt werden können und sich auch dem, der den zugrundeliegenden Glauben nicht zu teilen vermag, doch als im Vollzug sinnvoll erweisen lassen können.

Alle diese Kriterien sind freilich vorwiegend formaler Natur. Es ist die Frage, ob sich auch inhaltliche Kriterien für die Sachgemäßheit eines religiösen Satzes ergeben.

Der Mythus redet von den Göttern bzw. von Gott konkret und massiv, in ungebrochener Zuversichtlichkeit in anthropomorphen Bildern und Vorstellungen. Gott der Schöpfer hat die Menschen nach seinem Bilde und in seiner Ähnlichkeit geschaffen, und darum muß wohl diese Ähnlichkeit herüber und hinüber gelten. In diesen Erzählungen von Gottes Taten, vom Wechsel seiner Gesinnungen gegen die Menschen begegnen sich auch auf dem Boden der biblischen Religion in extremer Weise Uneigentlichkeit und Sachgemäßheit der Sprache. Hier wurzelt der uralte Verdacht auf Mythologie und mythologische Rede gegen das Christentum; es ist darin offenbar nicht besser gestellt als die anderen Religionen.

Wir müssen hier, im Unterschied zu Kap. 7, Abs. 1 vom groben Anthropomorphismus sprechen. Dieser ist der Schlüssel zum Mythusproblem. Ich versuche, auf die Gefahr der Überspitzung, den Sachverhalt in elementaren Umrissen anzudeuten. Gott sieht aus wie ein Mensch und handelt wie ein Mensch. Er geht im Garten Eden wie unsereiner, er zürnt, er beschließt das Schlimmste, dann reut es ihn und er ist wieder gnädig; er verkehrt mit Adam und Eva, er lohnt und straft, er hält mit Abraham und Mose exklusive Gespräche, er lenkt persönlich mit erkennbaren Signalen den Wüstenzug. Er gibt Mose durch Vermittlung von Engeln bzw. unmittelbar von Hand zu Hand das Gesetz. Gott selbst begräbt Mose an unbekanntem Ort. Er versieht die Propheten mit Weisungen, mit Offenbarungsworten. Menschenmäßig ist alles. Menschenmäßig ist es, daß Gott einen Sohn hat, den er auf wunderbare Weise vom Himmel auf die Erde sendet und als Mensch geboren werden läßt, der nach kurzem leidvollen Erdenlauf dorthin wieder zurückkehrt. Menschenförmig sind die Vorstellungen vom Satan und vom Loskauf der verlorenen und verdammten Menschen aus seiner Gewalt. Anthropomorph sind ebenso die Vorstellungen vom Himmel, über dessen Räumlichkeiten der Hebräerbrief genaue Angaben macht, wie die Vorstellungen vom Rachen der Hölle. — Die These lautet daher: Das heute unwiderruflich durch die Wissenschaft geformte Denken hat keine Zugänge mehr zum mythischen Weltbild. Die daraus sich ergebende Forderung ist nicht minder schlüssig: Das bildhaft Gesagte, die welthafte Form, von Gott zu reden, muß zurückgenommen werden auf jenen Grundbestand des Kerygma, der das menschliche Ich von Gott her betrifft. Die mythischen Aussagen sind nicht zu eliminieren, sondern im Blick auf dieses von Gott gemeinte und ihm doch faktisch entfremdete Ich zu interpretieren; und das ist die „Entmythologisierung"[15].

Nun gilt freilich, daß die Religion immer von einem naiven Weltverhältnis ausgeht. Ich muß das deutlich machen. Unser alltägliches Verhalten in Schlafen und Wachen, in Essen und Trinken, in Liebe und Haß, in der Wahrnehmung von Schönheit und Häßlichkeit, in Furcht und Hoffnung vollzieht sich in einem „naiven", d. h. durchaus vorkritischen, gleichsam zutraulichen Verhältnis zu der Welt um uns her und dann, in der Folge, auch zu unserem eigenen Sein. Es ist eine erste und ursprüngliche Erfahrungsform, die wir haben, sobald unser Bewußtsein erwacht. Sie ist von keiner wissenschaftlichen Reflexion gebrochen, von keiner Kritik in Frage gestellt. In dieser vorkritischen Einstellung wissen wir durchaus und unmittelbar, was „oben" und „unten" heißt; Freude am Leben, Hoffnung und Angst, der Klang der Musik und das Fühlen des Materials, der Geschmack des Essens und die Erhöhung der Appetitlichkeit durch Geruch und Aussehen der Speisen, das alles gehört unserer „ersten" Welterfahrung zu. Sie erfährt ihre kompetente Bestätigung in der Kunst. Ge-

---

[15] Fr. Gogarten: Entmythologisierung und Kirche, 1953; R. Bultmann: Die christliche Hoffnung und das Problem der Entmythologisierung (1954), in: Glaube und Verstehen III, 1960, 81 ff.; H. de Vos: Nieuw Testament en Mythe, Nijkerk, 1953.

wiß, wir durchlaufen in der Entwicklung unseres Bewußtseins hinsichtlich dieser vorkritischen Primäreinstellung zur Außenwelt und zu uns selbst tiefgreifende Wandlungen. Sie beziehen sich vor allem auf die Kultivierung unseres Geschmacks und unseres Verhaltens, aber sie verhindern doch nicht, diese Primäreinstellung wieder in ihrer ganzen Unmittelbarkeit gegen alle Einmischung von Reflexionen und Vorurteilen zurückzugewinnen. Die moderne Kunst ist eine einzige Protestbewegung zugunsten der „ersten Erfahrung", die wir immer wieder vergessen.

Wir vergessen sie deswegen, weil diese Naivität durch die Einrede der Wissenschaft gebrochen wird. Das wissenschaftliche Weltbild, das in seiner Wirkung nicht Halt macht an den Grenzen eigentlicher wissenschaftlicher Forschung und technischer Kultur, macht immerfort der naiven Einstellung ihr Recht streitig. Wir lesen die biblischen Texte mit dem kritischen Blick, aufgeklärt, „wissend", mißtrauisch; wir sind auch ohne ausdrückliche wissenschaftliche Schulung dessen inne, wie sehr die Vorstellungen von Gott und den Göttern zeitbedingt und menschlicher Herkunft sind. Der Vorwurf des Anthropomorphismus, von Xenophanes bis Feuerbach in immer neuen Spielarten gegen die Religion gekehrt, erschüttert nicht mehr; die Welt ist auch für den offiziellen Diener der Religion im heutigen Alltag von Wundern entleert, ohne Theophanien, sie hat auch keine Stockwerke mehr, in denen sich jeweils Göttliches oder Menschliches ereignet, ganz zu schweigen davon, daß sich göttliche und menschliche Geschichte zu einem mythischen Drama verflechten. Diese Dinge sind bekannt. Es bedarf keiner Ausführlichkeit.

Dieser Bruch unserer naiven Einstellung zur Welt, diese Verdächtigung unserer ersten Erfahrung versetzt uns nur hinsichtlich unseres Themas in eine eigentümliche und keineswegs eindeutige Situation. Das was wir heute in der biblischen und altchristlichen Überlieferung als Mythologie anzusprechen pflegen, wobei das Zutreffende des Begriffs einmal dahingestellt bleiben mag, also jene „Erzählung vom lieben Gott" —, das alles steht im Horizont des naiven Biblizismus und darüber hinaus im Horizont einer kindlichen Welterfahrung. In dem Augenblick jedoch, in dem das Bewußtsein von der Naivität dieser naiven Seinserfahrung uns ergreift, verwandelt sich diese „Mythologie" in ein Element der primitiven Religion. Durch den Hinweis auf das wissenschaftlich Vertretbare als Norm unserer Sprache und unserer Vorstellungswelt wird uns ein schlechtes Gewissen erregt: Man schämt sich der mythologischen Rede, jener Bilder von Gott, die doch nur menschliche, d. h. von Menschen gemachte Bilder sind. Wir geben dem Bilde Gottes in Menschengestalt aus unserer Phantasie und aus unserer Sprache den Abschied. Es ergibt sich das nicht nur psychologische Dilemma, daß wir das eine unzureichende Bild durch ein anderes unzureichendes ersetzen. Das Anschauliche soll daher ins Unanschauliche übersetzt werden. Die „Erzählung" von Gott (Mythus = fabula) soll in Wahrheit verwandelt und als Wahrheit ausgesagt werden, sie soll, wenn sie schon in unsere geschichtliche Existenz hineintreffen soll, doch dadurch glaubhaft werden, daß sie aller zeitbedingten Vorstellungen, aller naiven Welthaftigkeit entkleidet wird. Gott hört auf, ein Bild zu sein, und vor unserem inneren Auge im Bilde zu erscheinen. Er verliert seine Züge, seine menschliche Gestalt und damit sein Gesicht. Wir treten ein in die „Nacht der Bildlosigkeit".

Die Idee einer Religion ohne Bilder ist uralt. Freilich zeigt die Theologie der negativen Gottesprädikationen, wie schwer es ist, sich von den Vorstellungen zu lösen; denn auch in den Negationen sind die Vorstellungen selber noch übermächtig. Die Mystik, die ja im großen Stil nicht nur das Auge vor der äußeren Welt verschließt, sondern die auch den Bildern der äußeren Welt den Abschied gibt und die „Erzählungen" grundsätzlich auf ihren geistlichen Sinn befragt, sie erschafft doch eine zweite Wirklichkeit, die im eminenten Sinne bildgesättigt ist, wie man an der Seelenburg der Therese von Jesu hinreichend erkennen kann. Die Glossolalie und das Schweigen freilich sind von diesen Problemen zunächst frei; aber sie verlangen nach Auslegung und bedürfen auch der Auslegung in Sprache, sie liegen vor dieser Auslegung auch außerhalb einer Theologie des Wortes.

Aber sind wir nicht in der Konsequenz dieser Schritte auf einen Irrweg geraten? Dieser Irrweg erklärt sich leicht durch die Suggestion der Kritik selbst, die mehr Konsequenz für sich in Anspruch nimmt, als sie der Sache nach bewähren kann. Es sind drei Korrekturen gegen diese Forderung der Bildlosigkeit geltend zu machen.

Das erste Argument ist anthropologischer Art. Es ist nämlich nicht so, daß die erste, die, wie ich sagte, naive Wirklichkeitserfahrung durch die zweite, also durch ein wissenschaftliches, jedenfalls rational geläutertes Weltbewußtsein aufgehoben würde. Beide bestehen nebeneinander fort. Das schließt eine inhaltliche Entwicklung des einen wie des anderen nicht aus. Ich wies schon darauf hin, daß sich auch unser „vorkritisches" Weltbewußtsein entwickelt, etwa in einer zunehmenden Kultivierung des ästhetischen Geschmacks, im Einströmen zwischenmenschlich gewonnener Erfahrungen, in einer zunehmenden Disziplinierung des Verhaltens. Ebenso entwickelt sich natürlich die rationale, die kritische Einstellung zu den materiellen und geistigen Objekten, auch die rationale Reflexion zu sich selbst. Sie kann sich bis zum Vollmaß des jeweils wissenschaftlich Erreichbaren entwickeln, wie ja überdies die wissenschaftliche Einsicht selbst niemals abgeschlossen ist. Aber das ist nicht gemeint, daß sich unser vorkritisches Weltbewußtsein so in das kritische hinein auflöst, daß es verschwindet. Es bleibt immer auch im Modus einer gebrochenen ersten Wirklichkeitserfahrung bestehen. Der Physiker, der sein Institut verläßt, tritt in die erste Wirklichkeitserfahrung zurück, der Physiologe schaltet, indem er seinen Hunger stillt, sein Wissen über die Entstehung der Hungergefühle, über den Verdauungsvorgang und die Sättigung ab und verhält sich vorkritisch. Das hat, was den Mythos betrifft, die Folge, daß auch der kritisch und wissenschaftlich Denkende einen Mythus verstehen kann. Sonst könnte er ihn nicht interpretieren. Was in der religiösen Sprache „oben" und „unten" bedeutet, ist trotz R. Bultmann unmittelbar einzusehen und von keinem „wissenschaftlichen Weltbild" abhängig. Jeder Interpretationsvorgang ist ein Hin- und Hergehen zwischen der vorkritischen und der kritischen Einstellung zu den Sachen. Die religiöse Wahrheit, das also, was uns im Grunde unseres Seins angeht, liegt immer im Horizont unserer ersten, unmittelbaren Seinserfahrung, wie umgekehrt die zweite, kritische Einstellung immer eine Verfremdung der ersten Erfahrung ist.

Die beiden anderen Argumente greifen früher Gesagtes auf. Gott geht, biblisch gesehen, gar nicht so sehr in sein Bild ein, wie das in der Mythologiekritik unterstellt wird. Gott ist zugleich jenseits aller Bilder, vor aller Welt und Zeit, vor Materie und Form, der alles Umfassende, er ist ebenso der Unsichtbare wie der sich Manifestierende, ebenso der Schweigende und Rätselhafte wie der Offenbare. Er ist ebenso in der Maske[16] der einen „Persönlichkeit" wie in dem alle Begriffe sprengenden Plural Elohim. Gott ist immer mehr als seine Manifestationen. Das Deus semper maior begleitet alle Manifestationen Gottes, in denen er sich dem Menschen zuneigt und vorstellbar macht. Gott geht nie in seiner Erscheinung, in seiner Vor-

---

[16] Hierzu: Maskerspel. Voor Dr. W. Leenders. Zeven Essays, Bussum, 1955. Hierin bes. W. J. Kooiman: Gods Maskerspel in de theologie van Luther.

stellbarkeit auf. Das Interesse an dem sublimierten und bildlosen, abstrakten Gottesgedanken geht durch alle Religionen, wie es ja auch in der Religionsgeschichte des Altertums nicht unbekannt war. Es ist schon von daher eine Frage, ob das Gefälle zur Bildlosigkeit ein genuin christliches Interesse ist oder nicht vielmehr ein Aufklärungsinteresse der Gebildeten aller Zeiten, das Interesse am „philosophischen Gott".

Das andere Argument ist nicht minder gewichtig. Es ist gar nicht selbstverständlich, daß die Manifestation der überweltlichen Macht, des mysterium fascinans und tremendum sich im Bilde einer menschlichen Gestalt vollzieht. Die Macht als Tier oder als die allem Menschlichen schaudervoll entfremdete Fratze des Dämons liegt nicht minder am Wege der Religionsgeschichte. Das schlechterdings Fremde, das uns in Besitz nehmen und in seine entsetzliche Gewalt bringen will, das ist es, was den Dämon auszeichnet. Insofern ist und bleibt es eine Frage, ob die bekannte Formel R. Ottos, Gott sei „totaliter aliter", wirklich das Göttliche erklärt. Und ebenso könnte es sein, daß sich das „Sachgemäße", wonach wir fragen, eben in diesem Anthropomorphismus verbirgt und erschließt.

Fassen wir zusammen: Nach welchen Kriterien und in welchem Sinne kann ein Mythus religiöse Wahrheit in Anspruch nehmen[17]?

1. Nicht jeder Mythus kann als solcher schon religiöse Wahrheit in Anspruch nehmen.

2. Die religiöse Wahrheit eines Mythus kann keinesfalls in seiner buchstäblichen Wahrheit bestehen.

3. Der Mythus ist eine Sprachform des vorkritischen und insofern naiven Bewußtseins.

4. Das schließt nicht aus, daß sich das kritische Bewußtsein aus irgendwelchen Gründen (z. B. zur Vereinfachung oder Verdeutlichung einer Aussage) dieser Sprachform bedient. Das kann dann aber nur im uneigentlichen Sinne geschehen, als gewollte Doppelsinnigkeit, ironisch, allegorisch oder sonst wie.

5. Die religiöse Wahrheit eines Mythus kann nur danach beurteilt werden, ob er in religiöse Aussagen übersetzt werden kann.

---

[17] Hch. Scholz: Religionsphilosophie, 1922², III. Buch: Die Wahrheit der Religion; E. Cassirer, a.a.O. II passim; J. Macquarrie, a.a.O. Chapter I: Mythology, 168 ff.

Anders formuliert: Die religiöse Wahrheit eines Mythus ist von seiner Transformierbarkeit in sinnvolle religiöse Aussagen abhängig.

6. Der religiöse Charakter eines Mythus entscheidet sich daran, daß er etwas darüber aussagt, wie uns die göttliche Wirklichkeit ergreift, bzw. was sie uns angeht, wie wir sie erleben. Implizit entscheidet sich der religiöse Charakter eines Mythus demzufolge daran, daß er etwas über die Manifestation (Wirklichkeit) des Göttlichen aussagt.

7. Von einer religiösen Wahrheit des Mythus kann nur dann gesprochen werden, wenn seiner durch Transformation gewonnenen Aussage eine religiöse Bedeutung zukommt, welche über die Bedeutung für ein einzelnes Individuum und für eine begrenzte kulturelle Epoche hinausreicht.

5. *Das Schweigen*

Wenn jemand auf eine Frage schweigt, statt auf sie eine Antwort zu geben, dann ist eben dieses Schweigen eine Antwort. Das heißt: Man kann durch Schweigen sprechen. Schweigen kann freilich auch „besagen", daß man nichts zu sagen hat. Oder will man nur nichts sagen, und aus welchem Grunde? Damit beginnt schon so etwas wie eine Hermeneutik des Schweigens. Wie die gesprochene Sprache, so bedarf auch das Schweigen einer Auslegung. Schweigen ist das Gegenteil von Sprache, ihr Ende, ist Verzicht auf Sprache; aber zugleich wenden wir ihm hermeneutische Bemühungen zu, als ob es Sprache wäre. Oder soll man sagen: weil es eine Art von Sprache ist?

Von wessen Schweigen soll die Rede sein? Wer schweigt? Und vor wem wird geschwiegen? Warum wird geschwiegen? Was bedeutet das Schweigen, wenn es überhaupt etwas zu bedeuten hat? Man wird nicht auf jede dieser Fragen eine hinreichend befriedigende Antwort finden. Man wird nicht einmal damit rechnen können, daß diese Fragen überhaupt in jedem Falle sinnvoll sind. Die Frage „Wer schweigt?", d. h. „von wessen Schweigen ist die Rede?" kann man nur dann stellen, wenn der Betreffende auch als Sprechender gedacht werden kann. Ein irgendwo in der Landschaft liegendes Haus kann nicht „schweigen", weil es nicht sinnvoll ist, es sich als sprechend vorzustellen. Wenn ich jedoch ein Haus betrete, dessen Tür offen gestanden hat, dann ist es sinnvoll, sich darüber zu wundern, daß in diesem Hause „Schweigen herrscht"; denn es ist ja durchaus zu erwarten, daß hier jemand ist, der sprechen und auf meinen Anruf antworten kann, wenn ich auch noch nicht weiß, wer es ist.

Nur im Zusammenhang mit dem Problem der religiösen Sprache soll vom Schweigen die Rede sein. Und so beginnen wir mit dem Schweigen Gottes. Dann soll vom Schweigen des Menschen die Rede sein, und schließlich soll das eigentümliche Gewicht wahrgenommen werden, das diesem Problem in der Neuzeit zukommt[18].

(a) Welcher mögliche Sinn kann sich mit der Vorstellung verbinden, daß „Gott schweigt"? Wenn man „Schweigen" als ein pures Nichts an irgendeiner Art von Vernehmbarkeit versteht, dann besagt das: es ist nichts von einem „Gott" zu vernehmen, weil es nichts dergleichen irgendwo gibt. Aber dann ergibt sich die Frage, ob der Ausdruck Schweigen stimmt. Denn er impliziert die Erwartung von Sprechen. Das Schweigen erregt und enttäuscht. Pascal sagt: „Le silence éternel de ces espaces infinis m'effraie" (Pensées 201 L.). Solange der Ausdruck Schweigen gebraucht wird, kann keine metaphysische (negative) These daraus abgeleitet werden. Es steht sozusagen eine Erwartung offen, wenn auch vielleicht für ewig.

Es ist ein Gedanke, der sich durch viele Religionen hindurchzieht, daß Gott im Schweigen wohnt. „Jenseits des Nennbaren liegt der Anfang der Welt" heißt es im Tao-te-king. Alle Kundgebung Gottes kommt aus dem Schweigen und setzt es voraus (Ps 50, 3), die Schechina Gottes im Tempel besagt, daß Gott hier im Schweigen gegenwärtig ist. Stille im Himmel ist (nach Off 8, 1) bei der Eröffnung des siebenten Siegels das Signal, daß neue, eminente Kundgebungen eingeleitet werden. Die ewige Tetras der Valentinianischen Gnosis besteht aus Bythos, Sige, Pater und Aletheia, und durch die ganze Gnosis zieht sich der immer wiederholte Gedanke, daß das Schweigen, die Sige, uranfänglich bei Gott war: wir finden ihn bei Ptolemaios, bei Markos u. a.

---

[18] Die Sammlungen des religionsgeschichtlichen Materials zum Thema sind zahlreich und stoffreich, aber großenteils ohne leitende Gesichtspunkte und gedanklich unergiebig. Wichtig ist immer noch G. Mensching: Das heilige Schweigen. Eine religionsgeschichtliche Untersuchung, 1926; ders.: Art. Schweigen (RGG² V, 338 f., dgl. RGG³ V 1605 f. mit E. Hertzsch) — Fr. Heiler: Erscheinungsformen, 334—339 (Lit.), van der Leeuw, passim. — Das Buch von Max Picard: Die Welt des Schweigens (1948) 1959³, ist anregend, voll von Pathos für seinen Gegenstand, aber mehr gegenwartskritisch und praktisch-meditativ als sprachphilosophisch interessiert.

Schweigen ist das Element Gottes, und es ist eine Urerfahrung aller Mystik, daß wir Gott nur im Schweigen finden. „Du Atem aus der ewgen Stille, durchwehe sanft der Seele Grund"; „Die Dunkelheit ist da und alles schweiget; mein Geist vor dir, o Majestät, sich beuget; ins Heiligtum, ins Dunkle kehr ich ein: Herr rede du, laß mich ganz stille sein" (Tersteegen). Darum ist es auch das erste Motiv für das gebotene Schweigen des Menschen in der Religion, in das Schweigen Gottes, das seine Gegenwart repräsentiert, einzutauchen, an ihm teilzunehmen und von diesem schützenden Schweigen eingehüllt, auf das zu lauschen, was Gott sagt. Es ist die Paradoxie der Mystik, daß man Gott in seinem Schweigen vernimmt, daß er aus dem Schweigen heraus spricht.

(b) Schweigen und Sprache werden so zwei Seiten derselben Sache. Vom menschlichen Schweigen in der Religion gilt dann zunächst, daß man schweigt, um zu hören. Aber der Mensch hat noch andere Gründe zu schweigen. Er schweigt, wenn seine Sprache unangemessen ist, wenn das, was nach Ausdruck verlangt, sich keinem sprachlichen Ausdruck mehr fügt. Das Schweigen wird zur Verhüllung. Man ehrt das Heilige durch Schweigen. Das „favete linguis", das dem römischen Opferakt vorausgeht, gebietet Stille angesichts des Heiligen. Aus Scham und Scheu, aus dem Bewußtsein der Unwürdigkeit entsagt der Mensch seinen eigenen Worten. Das Heilige ist das Unaussprechliche, das arrheton. Die Paradoxie der „unaussprechlichen Worte" (2 Kor 12, 4) bezeichnet das, was alle Aussagbarkeit übersteigt; man kann diese unaussprechlichen Worte zwar vernehmen, aber man kann sie nicht wiedergeben. Das schweigende Gebet, die Versenkung, die das dialogische Gebet überbietet, entsagt allen sagbaren Worten. Was da an „Wort" noch hin und hergehen mag, ist außerhalb aller menschlichen Verfügbarkeit: „Es redet", während „ich schweige". So ist auch die Glossolalie ein alles diskursive Reden übersteigendes Reden und ein Modus des Schweigens.

Es ist indirektes Schweigen. Das direkte und willkürliche Sprechen verbietet sich. Das Schweigen wird zur Verhüllung, und darum nimmt auch das verhüllende Sprechen am Schweigen teil. „Heilige Sprachen" dienen gewiß einerseits dem Zweck, den authentischen Wortlaut heiliger Texte zu garantieren; mehr noch sind sie eine Art der Verhüllung des Heiligen gegenüber der Profanität des direkten Verstehens, gegenüber der Zudringlichkeit Unbefugter: das Sanskrit, das Griechische, das Kirchenslavische, das Latein. Das leise Gebet in der altchristlichen Liturgie, die „Sekret", das Flüstern des Kanons in der lateinischen Messe sind Formen der Verhüllung, sie sind Sprache und Schweigen zugleich.

Man schweigt aber auch aus ganz anderen Gründen. Man schweigt, wenn man etwas zu verschweigen hat. Was uns selbst und anderen unerträglich und fürchterlich zu sagen und zu hören ist, wird verschwiegen. Die Sünde ist das Verschwiegene, und die Aufhebung des Verschweigens ist die Befreiung. Die Beichte ist eine Entlastung durch die Aussprache des Verschwiegenen; der, welcher die Beichte gehört hat, ist nun durch das Beichtsiegel gebunden und muß nun seinerseits verschweigen.

Ich berühre damit ein Thema, von welchem aus man unmittelbar zur Psychoanalyse und zur Psychotherapie ablenken kann. Ich will in die Frage nicht eintreten, wie Schuldgefühle entstehen, wie sie aufgeklärt werden können und wie ihre Aufklärung in der Praxis selbst eine Heilung darstellt. Die hier berührten typischen Vorgänge, Verschweigen als Verdrängung und die in der Beichte sich vollziehende „Übertragung", die Identifikationsprozesse lassen sich rationalisieren. S. Freud hat in Totem und Tabu (1913, Ges. W. IX) Zusammenhänge sichtbar gemacht, deren Kenntnis in den Elementarbesitz des neuzeitlichen Bewußtseins eingegangen ist. Vgl. hierzu auch J. Scharfenberg: S. Freud und seine Religionskritik, 1968. Aber es geht hier nicht um die genetische Frage bzw. um die Vermutung von Pseudogenesen und nicht um die Frage, in welchen Fällen etwa Sündengefühle zu Recht oder zu Unrecht erlebt oder bestätigt werden. Es geht vielmehr um den intentionalen Sinn vom Schweigen, es geht um eine Hermeneutik des Schweigens. Und das ist etwas anderes als Aufklärung durch Psychotherapie, als Religionskritik und auch als Theologie. Jede dieser Betrachtungsweisen mag an ihrem Ort in ihrem Recht sein, eine muß von der anderen wissen. Dennoch ist die Phänomenologie des Schweigens, die Hermeneutik des Verschweigens eigenen Rechtes.

Es geht nicht um die Frage, ob ein Mensch zu Recht der Überzeugung ist, daß er im gegebenen Falle etwas zu verschweigen hat. Er kann ja diesen Zwang gar nicht nur seinetwegen, sondern aus Rücksicht auf einen anderen erfahren. Kurz: man hat seine guten Gründe, zu verschweigen. Man hat oder weiß etwas, was man für sich bewahren will und bewahren muß. In der Religion zählen dazu die persönlichsten, und nach Meinung dessen, der sie hat, nicht mitteilbaren Überzeugungen. Die Religion zieht nicht nur der Subjektivität ihre Grenze, sondern verleiht ihr vor allem ihr Recht, auch der individuellen Subjektivität. Und diese hat viele Spielarten von geheimen Überzeugungen, Erfahrungen und auch Zweifeln bereit, welche verschwiegen werden sollen und wollen. Es gibt auch geheimes

Wissen, welches der andere nicht oder noch nicht erträgt. Dieses Verschweigen verdeckt oft die wirkliche religiöse Lage, unter der Decke dieses Verschweigens liegen auch mitunter die Anfänge einer heraufziehenden neuen Epoche verborgen.

Man schweigt von dem, wovon man nicht sprechen will, was unberedet bleiben soll. Gefährliche Namen und Sachen darf man nicht nennen. Namen sind gefährlich. Sie rufen den herbei, von dem die Rede ist. Die Nennung ist eine Macht, die uns alsbald entgleitet und sich gegen uns wendet. Man soll nicht „berufen", soll dem Jäger nicht vor der Jagd, dem Prüfling nicht vor dem Examen Glück wünschen. Von dem klassischen Beispiel der Vermeidung des Gottesnamens im Judentum bis zu den kleinen alltäglichen Fällen des Aberglaubens, bis zu Euphemismen und Metaphern sind die Bestätigungen zahlreich: man will verschweigen, um zu vermeiden. „Nomina sunt odiosa". Die Meidungslüge, die das Gegenteil von dem sagt, was wahr ist, um dieses Wahre nicht zu gefährden, ist bekannt, ihre Übergänge zum understatement sind fließend und unauffällig.

Aber es gibt auch einen pathologischen Fall von Schweigen. Es ist das völlige Unvermögen, zu sprechen, die Verschlossenheit des Stummen. Der Stumme ist in sich verkrampft, er kann sich nicht mehr öffnen. Die Unfähigkeit, sich selbst mitzuteilen, ist Lähmung und tiefstes Leiden. Im Unterschied zum Schweigen, das wie das Sprechen immer ein Subjekt hat („ich schweige"), ist die Stummheit anonym. Es ist hinter der Stummheit kein Subjekt mehr erkennbar, und selbst der, der im Banne dieses Verhängnisses liegt, befindet sich unter einer tiefen, für ihn selbst unerklärlichen Verschattung des Daseins. Was man sonst gerne sagen würde, ist nicht mehr sagenswert, man ist unfähig, was einem sonst lieb ist, durch Aussprache an das helle Licht des zwischenmenschlichen Austausches zu rücken. Wer schweigt, hat es jederzeit in der Hand, wieder zu sprechen. Das Stumme liegt im Gefängnis seiner Sprachlosigkeit und kann sich nicht helfen.

S. Kierkegaard hat in seiner Analyse des Dämonischen im „Begriff Angst" (1844) auf die Zwielichtigkeit der Stummheit hingewiesen. Einerseits ist sie eine psychopathologische Erscheinung, andererseits hat sie einen religiösen Sinn. Die neutestamentlichen Berichte von dämonischer Stummheit, der nur noch „von außen" geholfen werden kann, schließen sich mit der Phänomenologie der pathologischen Stummheit rätselvoll zusammen. Gebundenheit und Ohnmacht kennzeichnen die Stummheit und unterscheiden sie vom eigentlichen

Schweigen. Jede Weise zu schweigen „bedeutet" etwas. Selbst in dem extremen Fall, daß man nichts zu sagen hat, daß man nichts sagen will und vor allem: nichts sagen kann, gilt immer noch, daß das alles etwas „bedeutet". Insofern ist die Aufgabe einer Hermeneutik des Schweigens immer gestellt. Aber Stummheit „bedeutet" schlechterdings nichts; ihre Qual ist es, daß sie leer ist. Darum gibt es keine Hermeneutik der Stummheit.

„Dasselbe existenziale Fundament hat eine andere wesenhafte Möglichkeit des Redens, das Schweigen. Wer im Miteinanderreden schweigt, kann eigentlicher „zu verstehen geben", das heißt das Verständnis ausbilden, als der, dem das Wort nicht ausgeht... Schweigen heißt aber nicht stumm sein. Der Stumme hat nicht nur nicht bewiesen, daß er schweigen kann, es fehlt ihm sogar jede Möglichkeit, dergleichen zu beweisen. Und so wenig wie der Stumme zeigt einer, der von Natur gewohnt ist, wenig zu sprechen, daß er schweigt und schweigen kann. Wer nie etwas sagt, vermag im gegebenen Augenblick auch nicht zu schweigen. Nur im echten Reden ist eigentliches Schweigen möglich. Um schweigen zu können, muß das Dasein etwas zu sagen haben, das heißt, über eine eigentliche und reiche Erschlossenheit seiner selbst verfügen. Das macht Verschwiegenheit offenbar und schlägt das ‚Gerede' nieder." (M. Heidegger: Sein und Zeit, 1953[7], 164 f.)

(c) Sobald wir die Situation des neuzeitlichen Bewußtseins bedenken, modifizieren sich die Probleme des Schweigens in eigentümlicher Weise. Man schweigt auch von dem, wovon man nicht, oder vielleicht „nicht mehr" sprechen kann. Für das, wovon man sprechen wollte und sollte, fehlen die Worte. Der Satz L. Wittgensteins, mit dem er seinen Tractatus logico-philosophicus abschließt, läßt sich jedenfalls in viele Richtungen auslegen: „Wovon man nicht sprechen kann, darüber muß man schweigen".[19] Wenn ich recht sehe, kommen in dem religiösen Schweigen, sofern es das moderne Bewußtsein kennzeichnet, wenigstens zwei Motivreihen zusammen. Einmal: Man vermeidet, das Göttliche beim Namen zu nennen. Hat es überhaupt einen Namen? Und selbst wenn es einen haben sollte, so ist die Gottesmeidung ein weitläufiges und uraltes Phänomen der Religion. Das Religiöse ist in der profanen Erfahrungswelt die große Ausnahme, es ist von einem geheimen Tabu umgeben. Die Gründe dafür mögen im rationalen Bewußtsein bis in alle Banalitäten reichen. Das Heilige ist das Ungewisse und Unbewiesene, das Profane ist das Sichere. Sich von den heiligen Dingen in Distanz zu halten ist sicherer als sich dazu zu bekennen. Man schränkt den Verkehr mit den göttlichen

---

[19] Schriften (Bd. 1). Tractatus logico-philosophicus, Tagebücher 1914—1916, Philosophische Untersuchungen, 1963, 83.

Dingen, den Gebrauch der Worte, die das Heilige beim Namen nennen auf ein Mindestmaß ein, man hält sich in einem Gefühl der Unheimlichkeit und Unzuständigkeit davor zurück.

Aber das ist nur die eine Motivreihe. Die andere besteht in dem offenkundigen Sprachverlust. Die Sprache der Religion ist ja zunächst von der Tradition geprägt, und die Theologie hat für die Begründung und die Auslegung der religiösen Sprachtradition, für den Zusammenhang der Sätze in dieser Sprache, für das Verständnis ihrer Implikationen und Konsequenzen Sorge zu tragen. (In diesem Sinne ist auch Bochenskis „Logik der Religion" ganz unkritisch auf die überlieferte religiöse Sprachtradition bezogen.) Die religiösen Institutionen haben für Ämter und Gelegenheiten zu sorgen, in denen diese traditionelle religiöse Sprache zur öffentlichen Wirksamkeit kommt. Diese religiöse Sprache ist ursprünglich für den einzelnen auch subjektiv wahr. Der Sprachverlust tritt in dem Moment ein, in dem man seine eigene Sprache nicht mehr in der traditionellen religiösen Sprache wiedererkennen, indem man sie in ihr nicht mehr integrieren kann. Diese Krise fällt zunächst gar nicht auf. Man überläßt es bereitwillig den bestellten Amtsträgern der religiösen Institutionen, in der überlieferten religiösen Sprache auszusagen, „was hier zu sagen ist" und was man auch selber gerne sagen möchte. Aber man kann es selber nicht mehr mit eigenen Worten sagen. Die Sprache der Konvention mag im Kontext der religiösen Tradition durchaus „richtig" sein und anerkannt werden, aber man hat selber keine Sprache mehr dafür. Gott kommt in der profan gewordenen Umgangssprache nicht mehr „zur Sprache". An die Stelle der verlorenen Sprache tritt nicht die Verneinung, sondern das Schweigen.

Man kann die Kompetenz der Religion in verschiedenen Formen der Indirektheit bewahren, etwa auf dem Umweg über die eigene Kindheit. So hat in G. Simenons Kriminalromanen der Kommissar Maigret, der offenkundig nicht mehr praktizierender Katholik ist, nur noch dadurch eine pietätvoll bewahrte Beziehung zur Kirche, daß er sich an die Jugendjahre erinnert, in denen er in seinem Heimatdorf Saint Fiacre Meßdiener war. Das eigene und aktuelle Schweigen über religiöse Dinge erhält dadurch sein gutes Gewissen, daß sie anderwärts zur Sprache kommen.

Die Sprachlosigkeit moderner Religiosität macht eigentümliche Widersprüche sichtbar. Einerseits wird die Sprache immer komplizierter, in der Folge der verfeinerten Wissenschaft vermehren sich die Ausdrucksmöglichkeiten, seit S. Freud wird das bewußte, unterbewußte und unbewußte Seelenleben bis in unvorhergesehene Nuancen hinein aussagbar. Der heute so oft angesprochene unaufhörliche Erkenntniszuwachs ist vor allem ein Zuwachs an Aussagbarkeit, an sprachlichen Möglichkeiten. Dem steht aber ebenso ein unverkennbarer Sprachverlust gegenüber, eine sprachliche Unbeholfenheit, welche gerade im Blick auf die religiösen Ausdrucksmöglichkeiten ans Licht kommt. Man kann dafür sicher verständliche Gründe nennen. Noch in der Aufklärung war in religiösen Zusammenhängen die schlichte Aussage herrschend. Seither ist die religiöse Wahrheit durch Reflexionsstufen hindurchgegangen, selbst für den Laien gelten unausgesprochene Vorbehalte der historischen und weltanschaulichen Kritik gegenüber der wörtlichen Wahrheit. H. Schelsky hat darauf aufmerksam gemacht. Insofern als die naive Sprachform und die mythologische Anschaulichkeit immer in das religiöse Zeugnis einfließen, wird sich das reflektierende Bewußtsein immer weiter, vielleicht bis zur Unerreichbarkeit entfernen. A. Gehlen hat außerdem auf die Ästhetisierung der Bildung, auf die Übersetzung ihrer Gehalte in das Folgenlose und Unverbindliche hingewiesen[20]. Freilich wird auf die Breite der modernen Welt gesehen auch eine Primitivierung in Rechnung zu stellen sein, in der sich der Mensch bei immer geringerer „Innensteuerung" (D. Riesman) immer mehr opportunistisch an handfesten Standard-Begriffen, an Slogans und plausiblen Gesichtspunkten orientiert. Man übersetzt dann die Religion, oder was man darunter versteht — oder noch versteht, in möglichst schlichte, leicht zu handhabende Moralkriterien, in politische Kritik oder Zukunftsideale und rechtfertigt sich so angesichts der uneingestandenen Verlegenheiten.

Das Schweigen, von dem hier ausgegangen wurde, hat nun freilich in der modernen Welt seine furchtbarste Kehrseite in dem „Gerede", in dem alles Schweigen grundsätzlich aufgehoben ist. Es scheint so, als sei das Schweigen aus dem Daseinsraum des neuzeitlichen Menschen ausgeschlossen und an seine Stelle eine pausenlose, uns in Anspruch nehmende, „herausfordernde" Dauerreflexion getreten. Uns hat hier nur die Möglichkeit einer Ausschaltung des Schweigens aus dem Raum der neuzeitlichen Religion zu beschäftigen.

H. Schelsky hat in seinem Aufsatz „Ist die Dauerreflexion institutionalisierbar?" (ZEE 1957, mehrfach wieder abgedruckt, zuletzt bei J. Matthes I, 164 ff.) das Erscheinungsbild entworfen, begründet und zur Debatte gestellt. Nach seiner Meinung weist das Gesprächsprinzip auf einen institutionalisier-

---

[20] Die Seele im technischen Zeitalter, 1957, (rde 53) 33.

ten Selbstwiderspruch hin. Er besteht darin, „daß es institutionell das Schweigen umgeht, ja aufhebt, auf das es als Ziel, nämlich als schweigendes Einssein und Sicheinswissen mit Gott, hinführen will und soll. Während die tradierten religiösen Institutionen den sozialen Ort des Schweigens bestimmten, institutionalisierten, fehlt er in den modernen religiösen Institutionen der religiösen Dauerreflexion ganz und wird durch sie in den tradierten mehr und mehr aufgehoben. ‚Da wir nicht schweigen können, müssen wir mit der Sprache Schweigen hervorrufen.' Dieses paradoxe Wort Sartres über die Dichtung gibt auch die Leitidee der modernen Institutionen an: Loquor, quia absurdum est". (bei Matthes 188 f.)

Das Problem, das hier aufgedeckt wird, ist sowohl älter als auch weiter. Es ist älter: es ist das protestantische Problem. Der Protestantismus hat nämlich in Form der Predigt die Rede zur integrierenden Mitte des Gottesdienstes gemacht. Es ist so eine Religion entstanden, die immer redet und dem Schweigen nur in der Form des Zuhörens Raum und Recht gewährt.

Man darf das nicht gering veranschlagen. Durch die feste Bindung dieser Predigt an den Text, durch ihre Bindung an das Wort Gottes und ihre Zuversicht, in dieser Bindung selber Wort Gottes zu sein, ist sie auf einen festen Grund gestellt und es ist immer wesentliches, lebendiges Christentum aus der Kraft dieses Wortes geboren worden. Aber man sollte vor der schweren Gefährdung, welche dieser schweigelosen und unbeirrten Redeform der religiösen Darstellung mitgegeben ist, den Blick nicht verschließen. Es ist einmal die „objektive", orthodoxe Form der immer gleichen Lehre, welche die Kirche, die religiöse Gemeinde in eine Schule verwandelt. Wer die Lehre kennt, der verliert das Bedürfnis, weiterhin diese Schule zu besuchen. Es ist zweitens die subjektive Form, welche das Gelingen der religiösen Sprache, also der „Verkündigung", des „Zeugnisses" der beauftragten Individualität überläßt. Kann man voraussetzen, daß der Redner, der Prediger immer etwas Wesentliches zu sagen hat und daß er es auch sagen kann? Und es ist schließlich die moderne Form des Mißverständnisses, eben die Frucht der Dauerreflexion, daß die „Predigt" sich in Dialog und Diskussion auflöst und womöglich in immer neue Programmierung des gesellschaftlichen Zusammenlebens. Mag in allem etwas Richtiges zum Ausdruck kommen — aufs Ganze gesehen bleibt doch nur noch ein schmaler Grat übrig, auf dem das Richtige gelingen kann.

Ich sagte, das Problem sei älter; es ist aber auch weiter. Ich meine den Substanzverlust der Sprache im „Gerede", das seinen Boden verloren hat. Dieser Substanzverlust kommt überein mit dem Verlust des Schweigens. Im Gerede spricht sich schlechterdings nichts aus, was die Sprache lohnen würde, und es wird auch niemand mehr wesentlich angesprochen, zu Verstehen und Anteilnahme aufgefordert. Ebenso erlischt hier das Schweigen. Das Gerede verrät nur, daß auch das Schweigen nicht mehr ertragen wird. Die Religion, die in das Schicksal ihres Zeitalters eingebunden ist, erfährt auch in diesem Verlust des Schweigens ein eigenes Schicksal.

„Die Bodenlosigkeit des Geredes versperrt ihm nicht den Eingang in die Öffentlichkeit, sondern begünstigt ihn. Das Gerede ist die Möglichkeit, alles zu verstehen ohne vorgängige Zueignung der Sache. Das Gerede behütet schon vor der Gefahr, bei einer solchen Zueignung zu scheitern. Das Gerede, das jeder aufraffen kann, entbindet nicht nur von der Aufgabe echten Verstehens, sondern bildet eine indifferente Verständlichkeit aus, der nichts mehr verschlossen ist." (M. Heidegger: Sein und Zeit, 169)

So wird, wie es scheint, das Schweigen geradezu zu einem Schlüssel für die Sprache der Religion. Sein Verlust geht mit dem Verlust an Sprache zusammen; denn es erinnert an die Tiefe, aus der die Sprache stammt. In der Tiefe des Schweigens ist aber auch die Wahrheit verborgen, aus der sich die Sprache der Religion erneuern kann.

REGISTER

a) Personenregister

Andrae, T. 33, 35 ff., 159, 165, 207
Anselm v. Canterbury 47
Aristoteles 147, 160
Augustin VIII, 113 ff., 118, 143, 245, 248
Austin, J. L. 237, 240

Baader, F. 186
Bacon, F. 143
Baier, J. W. 87
Bareau, A. 177
Barth, K. 6, 23 ff., 87, 152, 154, 159, 162
Bartmann, B. 168
Basilius 246
Bauer, P. 111
Bayle, P. 11, 51, 148, 156
Bejersholm, L. 238
Berger, P. L. 71
Bergson, H. 31, 114, 201
Bloch, E. 71
Blumenberg, H. 128 f., 236, 247
Bocheński, J. M. 223 f., 266
Bonhoeffer, D. 24, 154
Brunner E. 3, 162
Brunstäd, F. 3, 61
Buddha 205, 208
Bultmann, R. 21, 102, 250, 258
Burckhardt, J. 80, 96, 245

Carnap, R. 151
Cassirer, E. 106, 119, 121, 124, 247, 259
Cohen, H. 121
Collins, A. 148
Colpe, C. 29
Comte, A. 39
Conze, E. 177
Creuzer, F. 247
Cullmann, O. 162

Darwin, Ch. 82
Demokrit 143, 151
Descartes, R. 10, 47, 69, 84
Deuerlein, E. 128
Diogenes Laertius 143
Doerne, M. 192
Dostojewskij, F. M. 192

Eisenhofer, L. 235
Eliade, M. 17, 30, 77, 124 f., 170, 238, 247
Empedokles 79
Engels, F. 150
Eriugena, J. S. 185, 187

Fabian, R. 143
Feuerbach, L. 5, 21, 25, 39, 45, 57, 62, 80, 142, 150, 161, 164, 173, 202, 256
Fichte, J. G. 13, 58 f., 147
Frazer, J. G. 63, 127, 238
Freud, S. 263, 266
Freyer, H. 247
Fuchs W. 216

Gadamer, H. G. 234 f.
Gehlen, A. 201, 244, 267
George, St. 247
Gerhardt, P. 75
Goethe, J. W. v. 96, 149, 168 f., 189
Gogarten, F. 129 f.
Gottschick, J. F. 152
Graß, H. 159, 222
Gregor v. Nazianz 47
Grotius, H. 51, 156
Grundmann, S. 128

Haekel, J. 247
Hägerström, A. 202
Harnack, A. v. 7, 147
Hazard, P. 52

Hegel, G. W. F. 3, 5, 13 ff., 29, 43 ff., 49, 58 f., 61, 64, 74 f., 77, 81, 94, 123, 138, 140, 142, 145 f., 187, 194, 202 f., 248
Heidegger, M. 118, 265, 269
Heiler, F. 17, 105, 238, 261
Heimbeck, R. S. 223
Henrich, D. 48
Heraklit 79, 186, 246
Herbert v. Cherbury 13, 52, 55
Herrmann, W. 39
Hertzsch, E. 261
Hesiod 142
Hirsch, E. 3, 52, 176
Hobbes, Th. 11, 51
Höffding, H. 27
Holm, S. 38 f., 97, 189
Homer 96, 142, 245 f.
Honorius Augustoduniensis 236
Horden, W. 223
Hume, D. 24, 39, 143 f., 152
Husserl, E. 59 f., 67, 114, 234
Hutterus, L. 167
Huxley, Th. H. 151

James, W. 38
Jaspers, K. 54, 159, 189, 237
Jonas, H. 159, 169

Kamlah, W. 129
Kant, I. 26 f., 39, 44, 47 f., 59, 88 144 f., 148, 160, 179, 181 ff., 188, 191
Kemal Pascha, M. 101
Kierkegaard, S. 44, 92, 189, 207, 209, 264
Klee, P. 68
Kooiman, W. J. 258
Kößler, H. 148
Krarup, F. C. 27

Laotse 149
Laplace, P. S. 150
Leeuw, G. v. d. 17, 30, 78 f., 81, 87 95, 105, 119, 124, 136, 138, 159, 170, 207, 238, 247, 261
Leibniz, G. W. v. 48, 143, 159
Lenin, W. I. 25, 135 f., 153
Lepenies, W. 209

Lessing, G. E. 54, 79, 88, 90, 92, 119 168, 173
Locke, J. 11, 51
Lotze, H. 3, 27, 44
Löwith, K. 60, 128
Luckmann, Th. 195, 211 f., 216
Luther, M. 123, 125
Luyten, N. 159

Mac Gregor, G. 45, 97
Macquarrie, J. 223, 236, 259
Mann, U. 3
Markos 261
Martensen, H. L. 186
Marx, K. 5, 12, 20, 25, 150, 153
Matthes, J. 210, 267
Mbiti, J. S. 86, 106, 116, 166, 233
Melanchthon, Ph. 229
Mensching, G. 261
Merleau-Ponty, M. 67 ff.
Moses 208
Muhammed 100, 183, 206, 213

Negelein, J. v. 111
Newman, J. H. 70, 229
Nietzsche, F. 20, 28, 84 f., 135, 154 f. 161, 174, 177, 185, 245
Nygren, A. 38
Nygren, G. 202

Ogden, Sch. M. 118 f.
Otto, R. 5, 28, 32, 38, 93, 122 f., 126, 133, 191, 259

Pascal, B. 84, 229, 261
Paulus 106, 120
Pettazzoni, R. 98, 135
Picard, M. 261
Picht, G. 84
Plato 160 f., 246
Plessner, H. 206, 230
Polanyi, M. 70
Polykarp 147
Portmann, A. 159, 162
Preuß, K. Th. 170
Protagoras 151
Przywara, E. 3
Ptolemaios 261

Rad, G. v. 108, 116
Reimarus, H. S. 88
Rendtorff, T. 201
Riesman, D. 267
Ritschl, A. 27, 98, 152, 170
Rodin, A. 68
Röhrich, L. 111
Russel, B. 153

Sartre, J. P. 154 f., 268
Scharfenberg, J. 263
Scheler, M. 27, 65, 249
Schelling, F. W. J. v. 186, 247
Schelsky, H. 196, 199, 203, 207, 267
Schiller, F. v. 166, 223
Schlatter, A. 159, 175
Schleiermacher, F. D. E. 5, 22, 28, 58 f., 61, 63 f., 80, 98, 106, 149, 164, 168, 170, 177, 204
Schlick, M. 151
Scholz, H. 4, 16, 226 f., 259
Schütte, H. W. 21, 143, 148
Schweppenhäuser, H. 239
Simenon, G. 266
Simmel, G. 28, 80, 159, 161, 174, 179, 201
Søe, N. H. 3
Sokrates 147, 161
Spencer, H. 39
Spinoza, B. 13, 53, 55, 147, 173
Stallmann, M. 129

Strauß D. F. 160. 169, 173
Swedenborg, E. 167

Tersteegen, G. 100, 262
Tertullian 47
Theodoret 143
Therese v. Avila (v. Jesu) 120, 257
Thomas von Aquin 8, 66, 186, 190
Tillich, P. 14, 24, 40, 70, 93 f., 97, 100, 102, 116, 123, 158 f., 176, 190, 197, 218, 234 f., 237
Toland, J. 88
Tönnies, F. 196
Torrance, T. F. 118
Trendelenburg, A. 44
Troeltsch, E. 38 f., 128, 169

Varro, M. T. 245

Wach, J. 30, 93, 97, 100, 105, 194, 197 f., 211
Weiße Ch. H. 44
Widengren, G. 17, 238
Wilberforce, S. 151
Wittgenstein, L. W. 265
Wolff, Ch. 88

Xenophanes 25, 79, 142, 256

Zarathustra 186
Zucker, K. 111

b) Sachregister

Aberglaube 6, 24, 35, 111, 150, 249, 254
Agnostizismus 28, 54 f.
Allegorie 252
Allgemeingültigkeit 52
Altes Testament 89, 99, 130, 160, 220, 239, 252
Amt 243
analytische Philosophie 29, 220 232 f.
Angst 33, 189, 206
Animismus 137 f.
Anschauung 63, 106

Anthropologie, anthropologisch 8, 25, 34, 43, 57, 136, 157, 162, 175, 257
Anthropomorphismus 25 f., 94, 99, 140 ff., 248, 254 ff., 259
Anthropozentrismus 57
Apokalyptik 105, 252
Apokatastasis 168
Apologetik 8, 61, 87, 96, 110
Apriori, religiöses 37 ff., 45
arcanum 225 f.
ästhetisch 134, 221, 228, 230

Atheismus 7, 15, 37, 50, 55, 64, 147 ff., 183, 193
Atheismus, politischer 153 f.
Audition 92, 225
Auferstehung 162 ff., 170, 172
Aufklärung (allg.) 24, 94, 174, 180, 210, 259
Aufklärung (Epoche) 15, 28, 34, 47, 50 ff., 55, 59, 87, 110, 127 f., 146 ff., 160, 168, 170, 183 f., 202, 267
Ausdruck, nichtsprachlicher 230 ff.
Autorität 180, 198, 201, 211, 213, 220

Bedeutung, religiöse 222 f.
Bedeutungsschwund 156, 215
Bekehrung 37 f., 199
Bekenntnis 22, 78, 82, 205, 235
Beweisverlangen 74 f.,
Bewußtsein, modernes, neuzeitliches 139, 212
Bewußtsein, religiöses Bewußtsein 57 ff., 63, 67 ff., 138, 140, 141, 153, 211, 215, 259
Bewußtsein, unmittelbares 79
Bild, Bild Gottes 34, 80, 94 ff., 254, 257 ff. 176, 249
Böse, das 103, 184 ff.
Buddhismus 4, 16, 78, 101, 105, 149, 169, 177

causa prima 47, 75
Christentum 5 ff., 11, 28, 39 ff., 78, 81, 130, 145 ff., 198, 206, 254

Dämon 100, 159, 259
Dämonische, das 94, 99, 124, 134, 189 ff.
Dämonologie 192
Dauerreflexion 267
Dekalog 177
Deutung 23 ff., 69, 235
Dichtung 76, 80
Dogma, Dogmen 17, 22, 35, 62, 65, 78 f., 101
Dogmatik 23, 43 ff., 61, 63, 84, 101, 188, 250

dogmatischer Satz 21, 25, 49 f., 54
Dogmatismus 49 f., 143
Dogmenkritik 50
Dualismus 186

Eid 239
Einfühlbarkeit 22
Einsamkeit 33, 156, 206, 208
Einzelne, der 198 f., 206 ff.
Ekstase, ekstatisch, 35, 120
Emanation 104
Emanzipation, emanzipiert 10, 13, 34, 127 f., 153, 180 f.,
Endlichkeit 115, 121
ens realissimum 157
Entfremdung 189, 212
Entmythisierung (Entmythologisierung) 102, 255
Entscheidung 174
Erfahrung 66, 69 f., 76, 86, 91 ff., 95, 133 f., 142 f., 173, 175, 254 ff.
Erfahrungstranszendenz 213, 217
Erinnerung 72, 115, 155, 166, 200, 236
Erlebnis 65, 89, 134
Erlösung 33, 91, 94, 103, 187, 193
Ernst, der 207, 209
Eschatologie 33, 86, 121, 128, 130 f., 164, 171 f., 252
Ethik, ethisch 15, 19, 34 f., 40, 111, 125, 134, 156, 177 ff., 182, 184
Ethos 65, 178 f., 243
Evangelium 23, 40 f., 154
Ewigkeit, ewig 66, 112 ff., 116 ff., 135 ff., 165, 170, 174, 176

falsifizieren 29, 227 f.
Ferne 97, 100, 106, 121, 158
Feste 119, 125
Freiheit 55, 59, 155 ff., 160, 169
Fremdheit Gottes 158

Gebet 33, 36, 57, 83, 86, 95 f., 99, 199, 224 ff., 231, 239, 262
Gebot 177 f., 239
Gefühl 28, 59, 63 f., 89, 149
Gegenwart 115, 117 ff., 134, 211 f.
Gegenwärtigkeit (Präsenz) 91 f., 176

Geist 136 ff., 158, 193, 203, 209, 221, 243
Gemeinde 33, 92, 153, 199 f., 205 f. 208, 211, 215, 225, 231
Gemeinschaft 140, 194 ff., 207 ff.
Gerechtigkeit 46, 53, 168 f.
Gerede 268
Gericht 164, 171 f.
Geschichte 88 ff., 105, 114, 118, 243
Geschichte, heilige 82, 105
Gesellschaft 153, 197, 203, 210 ff.
Gewissen 51 f., 69, 99, 133, 154, 180 184
Gewißheit, Gewißheitsgrad 64 f., 71 ff.
Glaube und Wissen 33, 65, 71 ff.
Glaubhaftigkeit 253
Glossolalie, Zungenreden 225, 257, 262
Gnosis 169, 261
Gott der Philosophen 43, 84, 259
Gottesbeweise 7, 10, 29, 38, 43 ff., 46 ff., 74 f., 81, 148
Gutheit, das Gute 184 ff.

Heil 32, 142, 169, 204
Heilige, das 32, 34, 110, 121 ff., 136, 156, 158, 190 ff. 262, 265 f.
Heiligkeit 93, 98, 110, 121 ff., 130 f. 135, 137, 205, 236 f.
Heilsgeschichte, heilsgeschichtlich 90, 106, 128 f., 196, 211 f.
Hermeneutik, hermeneutisch 16, 53
Hoffnung 108, 117, 142, 153, 163, 171, 209

Ich 165, 173 f., 207, 229, 234, 255
Idealismus 8, 13, 45, 61
Identität 161, 164, 172
Ideologie 12, 20
Impersonalismus 97, 99
Individualität 169 f., 172 f., 207 f., 212, 215
Innerlichkeit 51, 79, 177, 199
Institution 33, 196 f., 200 f., 207 ff., 212 f., 215, 217, 240, 266, 268
Institutionalisierung 16, 196
Intention (religiöse), intentional, Intentionalität 56 ff., 66 f., 69 f., 82 f., 224, 230, 232, 244, 251 f.

Interpretation, interpretieren 230 f., 243, 246, 249 ff., 255, 258
Interpretation, nichtreligiöse 24, 36
intersubjektiv, Intersubjektivität 134, 203, 213, 216 f., 234
Irrationalismus 66
Islam 7, 78, 99, 101, 148, 178, 210, 233, 237

Jenseitigkeit, Jenseits 70, 158, 168, 173, 213, 237
Judentum 7, 11, 78, 99, 106 148, 166, 196

Kairos 116, 125
Kausalität 47, 75
Kerygma 255
Kirche 17, 51, 89, 130, 153, 198, 200 207, 210, 212, 268
Kompetenz 243
Koran 179, 220
Kosmologie 7, 43
Kritik 14, 33, 36, 39, 50, 56 ff., 82, 88, 110, 183, 200, 211, 213, 257, 267
Kult(us), kultisch 22, 34 f., 65, 77 ff., 125, 137, 178 f., 200, 206, 213, 226, 232
Kultraum 233 f.
Kultur 178, 201, 218
Kunst 15 f., 76, 80, 216, 230 ff., 243, 255 f.

Lehre 22, 35, 40, 70, 77 ff., 89, 204, 224, 240
Leib und Seele 8, 137, 161 ff., 175 f.
Leiden 209
Logik, logisch 8, 72, 118, 151, 220 f., 223 ff., analytische Logik 224
Lüge 192

Magie, magisch 21, 99, 111, 137 f., 249
Manifestation 22 f., 97 f., 121, 132 258 f.
Materialismus 150, 166 f.
Mehrmeinung 68 f., 134, 228 ff.
Mensch, Menschlichkeit 135 ff., 157 ff.

Messias 100
Metaphysik, metaphysisch 2, 8, 13, 28, 31, 43, 56, 59, 66, 82, 84, 118, 136, 146, 155, 157, 186 ff., 261
Metasprache 230
Metempsychose 168
Mission 7, 35, 90, 224, 232
Mittler 204 ff.
Modalität 72 ff.
Monismus, monistisch 97 f., 187
Monotheismus, monotheistisch 83, 95 f., 99 f., 146
monstratio 87, 92, 225
Moral, Moralität 11 f., 26 ff., 30, 46, 51, 59, 154, 179 ff., 188
Musik 80, 105
mysterium fascinans 32, 122 133, 191, 259
mysterium tremendum 32, 94, 122, 133, 191, 259
Mystik, mystisch 89, 120, 225, 257, 262
Mythenkritik 245 f.
Mythologie 79, 186 f., 245, 254, 256
Mythos, mythisch 16, 21 f., 84 f., 104, 106, 119, 156, 169, 183, 214, 239, 244 ff.

Nähe (Gottes) 97, 100, 139, 205
naiv, Naivität 36, 135, 146, 172 174 ff., 212, 245, 255 ff., 267
Name 95 f., 99, 166, 238, 264
Natur 8, 66, 81 f.
Naturwissenschaft 82, 130, 161
Neologie 88
Neues Testament 86, 89, 106, 137, 178, 252
Nichts 209
Nihilismus 37, 54 f., 161
Numinose, das 32, 123
Nutzen, Nützlichkeit 125, 152, 181

objektivieren, Objektivierung 35, 62 ff., 77 ff., 81 ff., 253
Offenbarung 6, 11, 23 ff., 32, 40 ff., 49, 52, 58, 84 ff., 90, 95 f., 99, 112, 119, 135, 137, 142, 151 f., 205, 196, 208
Ökumene 218

Ontologie 43, 185
Ordnung 105
Orthodoxie (allg.) 17, 45, 78 f., 101, 253
Orthodoxie (prot.) 87

Panentheismus 97
Pantheismus 50, 96
Paradoxie 94, 135, 228
Performativ 237 f., 240 ff.
Personalismus 97, 99
Persönlichkeit (Gottes) 95, 135, 157, 258
Pflicht 180, 184
Phänomenologie 14, 16 f., 30, 59
Pietät 133
Pluralismus, pluralistisch 97 ff.
Polytheismus, polytheistisch 83, 95 f., 142
Positivismus (log.) 151, 202
Postulat 26, 160 f.
Präsens 133 f., 176, 241
Praxis 34 f., 40, 153, 176 ff., 199, 202
Predigt 125, 224, 232, 240, 243, 249 f., 268
primärsprachlich s. Sprache
Profane, das 36, 121 ff., 265
Profanität 126, 129, 218, 262
Protestantismus 268

Rationalismus 88, 246
Recht 22, 51, 105, 180, 221
Rechtfertigung 170, 184
Reduktion 24, 52, 55 f., 213 f.
Reflexion 77 f., 137
Reflexionsstufen 77, 109, 177, 267
Reformation 14, 38, 80, 87, 128, 213, 237
Reinkarnation 169
Relativierung, Relativismus 6, 148
Religion, natürliche 26, 52 f.
Religionsbegründung 12, 15, 18, 56, 59
Religionskritik 12 f., 18, 24, 39, 55 f. 62, 71, 124, 142, 146 f., 150, 154
Religionsgeschichte 1
Religionsphänomenologie 16 f., 31, 79, 198, 204, 225, 238

Religionsphilosphie, kritische 41 ff., 84, 147 vorkritische 8, 41 ff., 84
Religionspsychologie 1 f., 21, 31, 41
Religionssoziologie 1, 17, 35, 41, 194 f., 198, 204
Religiosität 30 f., 35, 37, 79 f., 101, 201 f., 212
Repräsentanz, repräsentieren 205, 236 f.
Ressentiment 28
revelatio generalis 92
revelatio specialis 93
Ritus, rituell 12, 34 f., 79, 134, 179, 199, 245, 248
Rolle 198, 204, 211
Ruhm 166

Sachgemäßheit 244 ff.
sakral, das Sakrale 122, 124 ff., 180
Sakralisierung 130 f.
Sakralität 127, 131, 133
Sakrament, sacramentum 92, 134, 237, 240
Säkularisat 128
Säkularisation, Säkularisierung 17, 35, 80, 124, 126, 128 ff., 180, 183, 197, 217
Säkularismus 126, 129
Säkularität 156
Satz, der religiöse 29, 151, 157, 220 222 ff., 244, 251 f., 254
Schauung (Vision) 86, 91, 120
Schicksal 100, 159
Schlechte, das 185
Schöpfung 43, 104, 139
Schrift (heilige) 78, 89
Schuld 94, 103, 127, 168, 172
Schweigen 16, 257, 260 ff.
Seele 137 f., 160 f., 165
Segen, segnen 238 f.
sekundärsprachlich s. Sprache
Selbstverständlichkeit d. rlg. Sprache 219 ff.
Semantik 151
Sinn, Sinnhaftigkeit 8, 15, 32 f., 40, 70, 94, 209, 213 f., 216, 249 f.
Sinngefüge, Sinnzusammenhang 32 f., 70, 109, 131, 229

Sittliche, das; Sittlichkeit 134, 144, 148, 152, 174, 177, 181
Situation 181, 223 f., 241 f., 244
Skepsis 33 ff., 46, 49 f., 54 f., 99, 101 f., 110 f., 143, 145 f., 151, 215
Skeptizismus 49 f., 54
Spiritismus 167
Sprache 9, 16, 101, 140, 156, 162, 194, 212 ff., 217, 219 ff., 230 ff., 240
  religiöse Primärsprache 225 f., 231, 238 ff., 243
  religiöse Sekundärsprache 225 f., 231, 240, 243
Sprachhandlung 240 ff.
Sprachlosigkeit 141, 264
Staat 51, 148, 184, 210
Stifter 198, 204, 208
Stiftung 196, 200 f., 236, 239
Stil 178 f.
stimmig, Stimmigkeit 33, 58, 98, 106 ff., 199, 227
Stimmung 104
Stoa 130
Stummheit 264
Subjektivität 57 f., 62 ff., 74 ff., 79, 93, 108, 134, 173, 175, 196, 199 ff., 207, 229, 232, 253, 263
Subjekt-Objekt-Schema 57, 65, 77 f., 80, 202
Sünde 26, 91, 103, 184, 263
Supranaturalismus 39
Symbol 78, 131, 176, 197, 214 f., 217, 234 ff.

Teleologie 47, 74, 82, 105, 173
Theismus, theistisch 43, 45, 48, 96, 99, 144, 151 f.
Theologie 8 ff., 18, 35, 40 ff., 45, 50, 57, 81, 84, 101, 141 f., 154, 156, 162, 164, 170, 224, 232, 240, 251, 257, 266
Theologie, dialektische 39, 57 f., 89
Theologie, natürliche 8, 42 f., 45, 144
Theologie, negative 25, 155
Theologie, philosophische, rationale 42, 44 f.

Tod 33 f., 161 ff., 171 f., 175 f., 209, 216
Tod Gottes 20, 84 f.
Toleranz 11, 50 ff., 54, 79, 128, 148, 156
Tradition 13 f., 21 f., 30, 40, 53, 70, 79, 89, 171, 179 f., 197 ff., 215, 224, 231, 266
transzendent, Transzendenz, transzendieren 66, 68, 70 f., 93, 100, 102, 209, 213 f., 228 f.
Trost, trösten 26, 33, 142, 171

Überlieferung (s. Tradition) 256
Übernatur 8
Überschreitung (s. Transzendenz) 65 ff., 82 ff.
Überzeugung 71, 75, 107 f., 229, 243, 253
Umgangssprache, Alltagssprache 16, 240, 243, 266
Uneigentlichkeit 244 ff.
Unsterblichkeit (der Seele) 3, 8, 10, 26, 54 f., 59, 136, 159 ff.
Urteil, Urteilslehre 72

velatio 87, 92, 225
Verantwortung 156, 184, 207
Verborgenheit (Gottes, des Göttlichen) 87, 92, 135
Vereinzelung, der Vereinzelte 141, 206
Vergangenheit 114 f., 120 f.
Vergebung 26, 239
Vergegenwärtigung 236
Verhüllung 92, 135, 225, 262 f.
Verifikation, Verifizierbarkeit 29, 151
Verkündigung 82, 84, 120, 243, 268
Vernunft 2, 10 ff., 26, 36, 38 f., 46, 51, 58 f. 63, 66 f., 76, 81, 90 f., 93, 144, 146, 148, 152 f., 156 f., 180 ff., 193, 245, 254

Vernunft und Offenbarung 87 f.
Verstand 146, 253
verstehbar, Verstehbarkeit 147, 200, 225, 227, 254
Vision (s. Schauung) 66, 92, 225
Volk 197 f., 207
Vorstellung (von Gott) 94 ff.

Wahrheit, Wahrheitsfrage 18, 88, 157, 192, 215, 219, 229, 249, 252 f., 257 ff.
Wahrnehmung 67 ff.
Weihe 131, 239, 243
Weisheit 108 f.
Welt 3, 7, 31 f., 35, 43, 46, 75, 82, 84, 93, 98, 102 ff., 121, 133, 150, 152, 161, 209, 217
Weltanschauung 110
Weltbild 109, 256, 258
Welterfahrung 74, 76, 102 ff., 115, 117, 121 ff., 136, 152, 217, 228, 253, 256
Wert 27 f., 105
Wertphilosophie, Wertsystem 27, 132
Wunder 21, 24, 70, 88, 150, 256

Zeit, Zeitlichkeit 66, 112 ff., 115, 119, 161
Zeiterfahrung 114 ff., 120
Zungenreden s. Glossolalie
Zukunft 114, 117, 120 f., 153, 157, 171, 205
Zustimmung 70, 229
Zuwendung 66 f., 69, 135
Zweckcharakter, Zweckmäßigkeit 47, 200 f., 233
Zweckhaftigkeit (d. Welt) 7
Zweifel 49 ff., 54, 63, 71, 103, 193, 211

Walter de Gruyter
Berlin · New York

de Gruyter Lehrbuch

Wolfgang Trillhaas	Dogmatik 3., verbesserte Auflage. Oktav. XVI, 544 Seiten. 1972. Gebunden DM 46,—. ISBN 3 11 004012 3
Wolfgang Trillhaas	Ethik 3., neubearbeitete und erweiterte Auflage. Oktav. XX, 579 Seiten. 1970. Gebunden DM 42,— ISBN 3 11 006415 4
Georg Fohrer	Geschichte der israelitischen Religion Oktav. XVI, 435 Seiten 1969. Gebunden DM 32,— ISBN 3 11 002652 x
Geo Widengren	Religionsphänomenologie Oktav. XVI, 684 Seiten. 1969. Gebunden DM 38,— ISBN 3 11 002653 8
Helmuth Kittel	Evangelische Religionspädagogik Oktav. XXVIII, 489 Seiten. 1970. Gebunden DM 32,—. ISBN 3 11 002654 6
Bo Reicke	Neutestamentliche Zeitgeschichte Die biblische Welt 500 v.—100 n. Chr. 2., verbesserte Auflage. Oktav. VIII, 257 Seiten. Mit 5 Tafeln. 1968. Gebunden DM 28,— ISBN 3 11 002651 1
Ernst Haenchen	Der Weg Jesu Eine Erklärung des Markus-Evangeliums und der kanonischen Parallelen 2., durchgesehene und verbesserte Auflage. Oktav. XIV, 594 Seiten. 1968. Gebunden DM 32,— ISBN 3 11 002650 3
Leonhard Fendt	Homiletik Theologie und Technik der Predigt 2. Auflage, neu bearbeitet von B. Klaus. Oktav. X, 147 Seiten. 1970. Gebunden DM 12,— ISBN 3 11 002655 4

**Walter de Gruyter
Berlin · New York**

Hjalmar Sundén   Die Religion und die Rollen
                       Eine psychologische Untersuchung der Frömmigkeit.
                       Groß-Oktav. VIII, 451 Seiten. 1966. Ganzleinen
                       DM 68,—. ISBN 3 11 006312 3
                       (Verlag Alfred Töpelmann)

Günter Kehrer   Religionssoziologie
                       Klein-Oktav. 158 Seiten. 1968. Kartoniert DM 4,80
                       ISBN 3 11 002785 2
                       (Sammlung Göschen, Band 1228)

                       Philosophische Theologie im Schatten
                       des Nihilismus
                       Mit Beiträgen von W. Weischedel, G. Noller, H.-G.
                       Geyer, W. Müller-Lauter, W. Pannenberg, R. W.
                       Jenson. Herausgegeben von JÖRG SALAQUARDA.
                       Oktav. VII, 204 Seiten. 1971. Kartoniert DM 19,80
                       ISBN 3 11 001604 4

                                        Einladung zur Subskription

Heinrich Scholz   Religionsphilosophie
                       2., neuverfaßte Ausgabe. Groß-Oktav. XI, 332 Seiten.
                       1922. Subskriptionspreis DM 48,—.

                       Der Nachdruck kann erst vorgenommen werden,
                       wenn eine ausreichende Anzahl von Bestellungen
                       vorliegt.